图书在版编目（CIP）数据

亨利八世时代 /（英）A.F.波拉德著；牛江涛译. -- 北京：华文出版社，2021.9
（华文全球史）
ISBN 978-7-5075-5494-6

Ⅰ.①亨… Ⅱ.①A…②牛… Ⅲ.①古代史—英国—中世纪②亨利八世(Henry Ⅷ 1491-1547)—生平事迹 Ⅳ.①K561.33②K835.167=4

中国版本图书馆CIP数据核字(2021)第170460号

亨利八世时代

作　　者：[英]A.F.波拉德
译　　者：牛江涛
选题策划：华盛章也
插图供应：18629596618
责任编辑：景洋子　魏丹丹
出版发行：华文出版社
社　　址：北京市西城区广外大街305号8区2号楼
邮政编码：100055
网　　址：http://www.hwcbs.com.cn
电　　话：总编室010—58336239
　　　　　发行部010—58336212
经　　销：新华书店
印　　刷：三河市燕春印务有限公司
开　　本：710×1000　1/16
印　　张：30
字　　数：365千字
版　　次：2021年9月第1版
印　　次：2021年9月第1次印刷
标准书号：ISBN 978-7-5075-5494-6
定　　价：115.00元

版权所有　侵权必究

出版前言

随着中国开放的大门越开越大，关注世界各国尤其是西方国家文明的源流、发展和未来已经成为当下世界史研究的一个热点。为了成系统地推出一套强调"史源性"且在现有世界史出版物中具有拾遗补阙价值的作品，我们经过认真论证，推出了"华文全球史"系列，首次出版约为一百个品种。

"华文全球史"系列从书目选择到译者的确定，从书稿中图片的采用到人名地名的规范，都有比较严格的遴选规定、编审要求和成稿检查，目的就是要奉献给读者一套具有学术性、权威性和高质量的世界史系列图书。

书目的选择。本系列图书重视世界史学科建设，视角宽阔，层级明晰，数量均衡，有所突出。计划出版的华文全球史中，既有通史，也有专题史，还有回忆录，基本上是世界历史著作中的上乘之作，同时也是填补国内同类作品出版的空白。

人名地名规范。本系列图书中人名地名，翻译规范，重视专业性。同时，在人名翻译方面，我们坚持"姓名皆全"的原则，加大考据力度，从而实现了有姓必有名，有名必有姓，方便了读者的使用。另外，在注释方面，书中既有原书注，即完整地保留了原著中的注释；也有译者注，又体现了译者的研究性成果。

书中的插图。本系列图书的一个重要特点是书中都有功能性插图，这些插图全方位、多层次、宽视角反映当时重大历史事件，或与事件的场景密切相关，涉及政治、军事、经济、社会、外交、人物、地理、民俗、生活等方面的绘画作品与摄影作品。功能性插图与文字结合，赋予文字视觉的艺术，增加了文字的内涵。

译者的确定。本系列图书的翻译主要凭借的是一个以大学教师为主的翻译团队，团队中不乏知名教授和相关领域的资深人士。他们治学严谨，译笔优美，为确保质量奉献良多。

"华文全球史"系列作为一套具有较高学术价值的优秀的世界历史丛书，对增加读者的知识，开阔读者的视野，具有积极的意义。同时要看到，一方面很多西方历史学家的观点符合事实，另一方面不少西方历史学家的观点是错误的，对于这些，我们希望读者不要不加分析地全盘接受或全盘否定，而是要批判地吸收外国文化中有益的东西。

华文出版社

2019年8月

序　言

　　很少有人尝试系统地讲述亨利八世的性格与生平。这一现象与其说令人吃惊，倒不如说有些遗憾，因为没有哪位统治者像亨利八世一样，如此深刻地影响了自己国家的历史，也没有哪位统治者的举动能让后人进行如此激烈、持久的争论。法院仍在争论亨利八世颁布的法令的意图，以及他的统治在道德、政治、宗教、法律方面产生的深远影响。亨利八世是"国家至上论者"，也是信徒与神职人员纷争中的主角。他的政策与英格兰王国同罗马教廷决裂息息相关，不可分割。有人如果对上述问题的态度比较极端，那么几乎不可能理性地看待亨利八世的统治。没有哪个时期比亨利八世统治时期更能生动阐明道德与政治矛盾重重。当我们想斥责亨利八世的手段非常不道德时，会否认这些手段是成功的；或者说，当我们对亨利八世取得的目标表示赞赏时，又会找借口来原谅他为实现这些目标采取的手段。对亨利八世的性格，以及他采取的政策，我们的态度也是这样。亨利八世绝非平庸之辈，他的优点和缺点都非同一般。如果忽视他的缺点只谈优点，或者忽视他的优点只谈缺点，那么就可能轻易地将他描绘成一位英雄或一个恶棍。评价亨利八世很容易引起争议，因为想要完整地描绘他的性格，既不为他开脱罪责，也不一味恶意贬斥，并不是一件容易的事。二百五十年前，爱德华·赫伯特男爵出版了著作《亨利八世生平与统治》。在案卷主事官威廉·皮克福德的指导下，已故的约翰·舍伦·布鲁尔出版了《亨利八世统治时期书信集》的前四卷。在《亨利八世统治时期书信集》的序言中，约翰·舍伦·布鲁尔详细论述了亨利八世的早年生涯。然而，在写到亨利八世1530年时，约翰·舍伦·布鲁尔溘然长逝。依照英国国家档案皇家委员会的编辑指示，续写者詹姆斯·盖尔德纳博士将约翰·舍伦·布鲁尔写的后几卷的序言内容尽可能压缩。因此，学历史的学生无缘领略一位学识无与伦比的作家写的关于亨利八世晚年的妙文华章。

关于亨利八世1530年以后的统治状况，已故的詹姆斯·安东尼·弗劳德在其最辉煌、最迷人的历史文学作品《英格兰史》中做了详述。这部杰作，即便不是在学术界，在广大读者心中也依然占有一席之地。一直等到亨利八世执政

詹姆斯·安东尼·弗劳德

期过半，他的性情因其间发生的事情及造成的影响基本稳定后，詹姆斯·安东尼·弗劳德才开始动笔撰写。此外，自詹姆斯·安东尼·弗劳德写下《英格兰史》至约翰·舍伦·布鲁尔的《亨利八世统治时期书信集》问世，其间出现了大量关于亨利八世统治时期的研究材料。这些研究材料由三万到四万个文档构成，内容非常丰富。一旦整理、汇编完成，它将构成历史上最宏伟、最壮观的文献材料体系。与此同时，出现了十二卷文献资料，内容包括如今保存在锡曼卡斯、维也纳和布鲁塞尔的国家文件，以及与之类似的英格兰与威尼斯、苏格兰和爱尔兰的往来书信，而与法兰西大使的相关外交信函则是在位于巴黎的法国外交部的主持下出版的。此外，英国皇家历史手稿委员会、卡姆登协会、皇家历史学会和其他学术团体的工作人员也提供了相关信息。

  这些资料中可能包含了至少一百万件与亨利八世统治时期有关的事件。因此，资料的选取工作将会是一桩苦差事。詹姆斯·安东尼·弗劳德认为：历史事实就像字母，我们可以任意排列组合这些字母或事实，从而获得我们想要的单词或事实。这个拼凑事实的过程非常简单，不过，我们必须考虑如何取舍、排列这些事实。历史学家如果希望自己的研究清晰、易懂，那么就别无选择。历史学家要整理、安排自己的事实，从而拼出自己认为的事实，并且出于需要，他必须隐瞒那些自认为无关紧要，或者与自身写作内容不一致的事实。不过，如果事实过多，甄选材料和隐瞒事实都需要进行，那么历史学家的判断力自然就会降低。法庭上的案件不会因证人众多而变得简单。当代大量的新证据也解决不了亨利八世统治时期的问题，它们虽然厘清了此前一些模糊不清的地方，但提出了许多以前从未有人提及的问题。在阅读古代史时，我们经常接受相关历史事件发生几百年后有人就这些事件所写的内容。之所以会这样，是因为除了这些人写的内容，我们对这些事件一无所知。但在现代历史中，我们经常看到好几个目击证人对他们亲眼所见内容描述不太一致。教条主义只是无知的结果，任何诚实的历史学家都不会假装掌握了所有事实，准确地权衡了所有证据，或者直接给出一个最终判断。

本书只是概括了亨利八世的主要性格特点，勾勒了其政策的主要特征，并且给出了一些他之所以能够取得成功的原因。要认真研究亨利八世与阿拉贡的凯瑟琳的离婚案、解散修道院，以及查明教会与国家的关系等事件，本书是远远不够的。最近，在著作《亨利八世离婚历史的罗马文献1527—1534》中，斯蒂芬·埃泽斯博士对亨利八世离婚案提出了真知灼见；弗朗西斯·艾丹·加斯凯对解散修道院一事的叙述非常详尽。然而，关于宗教改革方面的历史，目前还没有充分的、公正的分析研究。在本书中，我只能以最简短的框架提纲来处理这些受亨利八世个人行为影响的事件。就书中的事实来说，我完全依赖于亨利八世同时代的记录，从这些事实中得出的推论只是我的个人见解。我尽可能不依赖都铎王朝时期的历史学家，也几乎不看后世作者写的著作。不过，我会频繁引用《国家人物传记大辞典》中收录的詹姆斯·盖尔德纳博士的文章，尤其是与亨利八世有关的文字。这些文字可以说是对亨利八世一生最好的总结。另外，我万分感谢威廉·斯塔布斯主教关于亨利八世的两个讲座，其中，他关于亨利八世性格的一些观点让我获益良多。

A.F.波拉德

帕特尼

目　录

001　第 1 章
　　　早期的都铎王朝

023　第 2 章
　　　亨利王子的成长环境

055　第 3 章
　　　亨利八世执政初期

093　第 4 章
　　　亨利八世、弗朗索瓦一世与卡洛斯一世的争斗

127　第 5 章
　　　亨利八世与托马斯·沃尔西

151　第 6 章
　　　从加来到罗马

199　第 7 章
　　　亨利八世离婚的根源

221	**第 8 章**
	教皇克莱门特七世的困境

247	**第 9 章**
	托马斯·沃尔西垮台

267	**第 10 章**
	亨利八世与议会

287	**第 11 章**
	下议院提出"推翻教会!"

307	**第 12 章**
	英格兰宗教改革取得成功

335	**第 13 章**
	亨利八世的统治危机

365	**第 14 章**
	亨利八世与查理五世

397	**第 15 章**
	亨利八世的最后一搏

429	**第 16 章**
	结束语

439	**译名对照表**

第1章

早期的都铎王朝

纵观英国历史，与亨利八世这位"打破罗马束缚的威严王者"相比，没有哪位君主的性格能被同时代的人描述得如此不同，也没有哪位君主能引起后人如此激烈的争论。史学家中，有人认为亨利八世是残忍和邪恶的化身，也有人认为他是勇气、智慧和意志力的化身。不过，几乎所有人都同意：亨利八世绝非等闲之辈。亨利八世特立独行，卓尔不凡，就像是另一个受天命来为祸人间的阿提拉[①]，又像是第二个涤荡人间污浊的赫丘利[②]。亨利八世的旨意如同天命一般势不可当。在其统治期间，满是关于忤逆者被毁灭的记录。在他的六任王后中，阿拉贡的凯瑟琳、克莱沃的安妮被休弃；安妮·博林、凯瑟琳·霍华德遭斩首。亨利八世统治时期的四位英格兰枢机主教中，托马斯·莫尔死于刽子手的利斧之下；雷金纳德·波尔因当时不在英格兰而躲过一劫；还有一个是托马斯·沃尔西，他未等行刑就病死了。六位公爵中，有三位被褫夺了公权；有六七位伯爵、子爵，以及许多小贵族遭到同样的处治。亨利八世执政伊始便开始处决父亲亨利七世留下的旧臣，紧接着又把自己的一些朝臣送上了断头台。伦敦塔既是王宫又是监狱，朝臣和阶下囚之间身份的转换只是一瞬间的事。对阶下囚来说，能否得到救赎与他们的宗教信仰、政治见解、阶品或职业没有太大关

[①] 阿提拉（约406—453），匈人首领。统治期间，他曾多次率领大军入侵东罗马帝国及西罗马帝国，对其构成极大威胁。——译者注
[②] 赫丘利，罗马神话中的半人半神，曾一天内将奥吉亚斯王污秽不堪的牛棚打扫干净。——译者注

阿拉贡的凯瑟琳

克莱沃的安妮

安妮·博林

凯瑟琳·霍华德

托马斯·莫尔

雷金纳德·波尔

托马斯·沃尔西

亨利七世

系，他们只有默默无闻地活着才能得到救赎。枢机主教托马斯·沃尔西与"修士之锤"①托马斯·克伦威尔，前者是神职人员，后者是世俗之人，二人都是亨利八世从下层提拔起来并授予爵位的，他们的命运结局也一样。最后，托马斯·沃尔西与托马斯·莫尔，托马斯·克伦威尔与第三代诺福克公爵托马斯·霍华德都是胆战心惊地度过了生命的最后时光。英格兰的臣民无能为力地或者是漠然地观望这一切。各地纷纷把自己的议员和骑士送进议会。亨利八世的统治日趋严格。因此，议会开始定期开会。不过，议员看起来似乎只是俯首听令，给亨利八世露骨的暴政披上一层合法的外衣而已。如今，议会的特权已被亨利八世踩在脚下。议会免除了亨利八世欠下的各种债务，使他的公告有了法律效力，还授权他废止各种褫夺公权的法案，允许他随意处置自己的王位。有了议会的支持，亨利八世转身撕碎了西方基督教世界的精神统一。在教权与王权旷

托马斯·克伦威尔

第三代诺福克公爵托马斯·霍华德

---

① 在英格兰宗教改革期间，由于采取的措施比较严苛，托马斯·克伦威尔被当时的天主教教徒称为"修士之锤"。——译者注

日持久的斗争中，亨利八世给了教会一记重击，而其他各国君主一败涂地。大家都相信罗马教皇掌握着天堂与地狱的钥匙，但亨利八世以傲慢的言辞和蔑视的态度"回敬"教皇，并且把教皇的司法管辖权踩在了脚下。执政时，亨利八世借用"教随君定"的箴言，成为英格兰国教会的最高领袖。教皇利奥十世曾赐封亨利八世为"信仰的捍卫者"。凭借这一称号，亨利八世擅自规定了英格兰的宗教信仰。其他人通过手中掌握的众多军队、秘密监督部门，或者有组织的官僚机构使自己成为专制的暴君，而亨利八世的常备军只是一些老年绅士和卫兵。亨利八世既没有秘密监督部门，也没有有组织的官僚机构。英格兰人吹嘘自己不像法兰西人那样是奴隶，让外国人可以轻蔑地对法兰西的动荡说三道四。自威廉一世统治以来，英格兰人永久性地或暂时性地剥夺了近一半英格兰国王的权力。但亨利八世不仅把武器交给了臣民，还反复敦促臣民随时使用武器，从而消除了暴君通常在人民心中的神秘感。终其一生，亨利八世都是在几乎没有任何护卫的情况下，随和地穿行于臣民间。直到亨利八世寿终正寝时，他的权力魔咒依然未被打破，恐怖的名声也丝毫未减。

亨利八世究竟是什么样的人？他力量的秘密隐藏在哪里？要解释这些问题，是否必须求助于超自然的力量才可以找到答案，或者还有一种更好的解决方案？是不是亨利八世的个人意志非常强大，导致他可以强硬地、傲慢地凌驾国内外舆论之上？或者说，是不是亨利八世的个人目的受到了自私的动机和愚昧的激情支配，而这些个人目的，刚好与那些政治上可以为他所用的臣民的利益与偏见不谋而合？因此，臣民愿意宽恕亨利八世的暴政，毕竟只有少数人才会遭遇他的暴力对待。这就是每一个研究都铎王朝历史的学生需要面对的谜题。赞美亨利八世意志坚强、性格坚定也好，咒骂他的恶行，哀叹他的受害者何其不幸也罢，都不足以回答这些谜题。用"神迹"解释历史与利用"灾变论"解释地质学一样不合时宜。要解释亨利八世的统治生涯，与其研究他的性格，倒不如研究他所处的环境，找出此前此后都不具备，如今也不可能再有，而亨利八世独有的那些天时地利的条件。

一个国王能将英格兰君主制下的王权提升到前所未有的高度，并且这个国王出身低微，来自一个新王朝，这实属罕见。1485年8月22日爆发的博斯沃思原野战役之前的三百五十多年，一直是金雀花家族把持着英格兰的王位。甚至后来的两位篡权者，兰开斯特公爵博林布罗克的亨利①与约克的理查都是英格兰国王亨利二世的嫡系子孙。1154年至1485年，统治英格兰王国的一直是金雀花家族，那么都铎家族是一个什么样的家族呢？都铎家族家产微薄、血

兰开斯特公爵博林布罗克的亨利

---

①　1399年，博林布罗克的亨利成为英格兰国王，即亨利四世。——译者注

统不明。都铎家族声称自己是格温内斯王国的国王卡德瓦拉德的后代，它的家谱与大多数威尔士人的家谱一样历史悠久。不过，亨利七世的曾祖父梅雷迪思·阿普·都铎是班戈主教马修·德·恩格尔菲尔德的管家或男仆；他的祖父欧文·都铎年轻时到亨利五世的宫廷里谋出路。后来，欧文·都铎成了亨利五世的王后瓦卢瓦的凯瑟琳身边的衣橱事务官。欧文·都铎滥用亨利五世对他的信任，以巧妙的手段赢得了瓦卢瓦的凯瑟琳的芳心，使她成了自己的情妇。亨利五世驾崩后才过了几年，瓦卢瓦的凯瑟琳便偷偷与自己的这位管理衣橱的男仆以夫妻身份生活在一起。在二人的关系东窗事发后，瓦卢瓦的凯瑟琳前往伯蒙西修道院隐居，欧文·都铎则到新门监狱服刑。瓦卢瓦的凯瑟琳于1437年1月3日去世，而欧文·都铎经历了许多。欧文·都铎曾越狱逃跑，但后来被抓了回来。有一次，欧文·都铎在威斯敏斯特教堂的管辖区内避难。为了抓他，治安法官用尽各种办法诱使他去附近一家酒馆。1455年，在玫瑰战争爆发时，欧文·都铎拥护兰开斯特家族一方。1461年2月2日，在莫蒂默斯克罗斯战役中，欧文·都铎大败，被爱德华四世下令斩首。欧文·都铎与瓦卢瓦的凯瑟琳有两个儿子[①]，即长子埃德蒙·都铎与次子贾斯珀·都铎。兄弟二人深得同母异父的兄长亨利六世的欢心。埃德蒙·都铎最初被封为骑士，后又加封为里士满伯爵。1453年，议会宣布埃德蒙·都铎为王室正统。埃德蒙·都铎获得了许多田产和财产，并且成为枢密院中的一员。不过，1455年11月1日娶玛格丽特·博福特为妻才是埃德蒙·都铎一生荣华的巅峰。欧文·都铎迈出了都铎家族荣耀的第一步，他的儿子埃德蒙·都铎迈出了第二步。埃德蒙·都铎身上流淌着法兰西王室的血液，他的子孙却注定成为英格兰王国的统治者。埃德蒙·都铎与玛格丽特·博福特的结合给予了亨利七世继承英格兰王位的权利。

博福特家族成员虽然是爱德华三世的后代，但由于其先辈是私生子，他们并不具有正统的王室血统地位。在与凯瑟琳·斯温福德正式完婚前，冈特的

[①] 据说，除了埃德蒙·都铎与贾斯珀·都铎，欧文·都铎与瓦卢瓦的凯瑟琳还有一个儿子，即爱德华·都铎。——译者注

亨利五世

瓦卢瓦的凯瑟琳

伯蒙西修道院

新门监狱

爱德华四世

亨利六世

约翰已经有三个孩子了。依据英格兰法规，婚前所生子女的身份与地位完全合法。在1397年议会中，上议院贵族拒不接受用教会法代替英格兰法规的做法，并且要求议会颁布一项特别法令，以赋予博福特家族合法地位。在确认该特别法令的同时，亨利四世追加了一项特别条款，明令禁止博福特家族享有王位继承权。这一限制虽然在法律上并不能削弱英格兰法规的效力，但足以让人对博福特家族的王位继承权产生怀疑。自此以后，人们一直认为对博福特家族王位继承权的限制充分解释了为什么亨利七世不愿宣称自己是凭世袭权利继承王位的。不管怎样，在15世纪的英格兰历史舞台上，博福特家族扮演了重要的角色。无论是在亨利四世的枢密院中，还是在后来的兰开斯特王朝的统治中，博福特家族都有着举足轻重的影响力。博福特家族中出了一位温切斯特教区的主教，即亨利·博福特；一位埃克塞特公爵，即托马斯·博福特；还有一位萨默塞特伯爵，即约翰·博福特。约翰·博福特的两个儿子都是萨默塞特公爵，即第一代萨默塞特公爵约翰·博福特与第二代萨默塞特公爵埃德蒙·博福特。1444年5月27日，在圣奥尔本斯，第一代萨默塞特公爵约翰·博福特战死疆场，他是玫瑰战争中第一个战死的博福特家族成员。对博福特家族这一分支来说，这一结果可以说是毁灭性的。由于没有男性继承人，唯一能继承家族爵位的只有第一代萨默塞特公爵约翰·博福特的女儿玛格丽特·博福特，即埃德蒙·都铎的妻子。埃德蒙·都铎结婚才一年，便于1456年11月病逝。1457年1月28日，玛格丽特·博福特产下一子，即未来的亨利七世。说来似乎有些令人难以相信，当时，玛格丽特·博福特这位年轻的母亲还不满十四岁。在亨利六世与独子威斯敏斯特的爱德华相继遭到谋杀后，1471年5月，玛格丽特·博福特和亨利·都铎[①]就毫无争议地拥有了兰开斯特家族继承人的头衔。这是一个看起来似乎没什么用的荣誉头衔。1461年3月4日，爱德华四世稳稳地坐上了英格兰国王的宝座。无论从哪个角度考量，爱德华四世的王位继承权都优于都铎家族，并且

[①] 1485年，亨利·都铎成为英格兰国王，即亨利七世。——译者注

亨利·都铎没有表现出任何争夺王位的意愿,也没有提出任何异议。1483年6月,理查三世篡夺了爱德华五世的王位。之后,理查三世犯下了累累罪行。局势因此发生转变,人们开始寻找合适的人选,以取代这位双手沾满鲜血的暴君。接着,博斯沃思原野战役爆发,金雀花王朝末代统治者理查三世阵亡。1485年8月22日,都铎家族的首位统治者亨利七世即位。

博斯沃思原野战役

理查三世在博斯沃思原野战场被杀

自1066年诺曼征服以来，这还是第一次一位明确拥有英格兰血统的国王登上英格兰的王位。虽然亨利七世只有部分英格兰王室血统，但似乎在1066年的黑斯廷斯战役后，就再没有本土贵族担任英格兰国王：诺曼人之后是安茹人，安茹人之后是威尔士人，威尔士人之后是苏格兰人，苏格兰人之后就是汉诺威家族成员担任英格兰国王了。与英格兰其他大多数国王相比，都铎家族对英格兰的统治可能更得心应手一些。或许是都铎家族卑微的英格兰血统赋予了他们一种独特的能力，使他们更加了解英吉利民族的需求和想法。在臣民心中，都铎家族确立了自己的统治权。这对都铎家族来说是件好事，毕竟此前还没有一个家族能以这样微弱的继承权登上英格兰王位。如果以继承权为评判标准，那么许多人都比亨利七世更具优势，如爱德华四世的女儿，还有克拉伦斯公爵乔治·金雀花的子女。这些人的存在或许可以解释为什么亨利七世从不强求别人承认他拥有世袭的王位继承权。亨利七世还有一个更好的理由解释自己获得的继承权：如果兰开斯特家族的人要求继承王位的诉求是合法有效的，那么作为兰开斯特家族真正继承人的博福特家族应该拥有王位继承权。不过，这样一来，英格兰王位的合法继承人也不是亨利七世，而是他的母亲玛格丽特·博福特。英格兰国内从来没有承认过类似《萨利克法典》这样禁止女性继承王位的法律。偶然的情况下，在国外，玛格丽特·博福特会对《萨利克法典》的合法性表示质疑，但亨利七世不愿意自己的母亲玛格丽特·博福特执政，因为她无法通过联姻的形式将约克家族与兰开斯特家族对英格兰王位的诉求合二为一。除了其他不利条件，玛格丽特·博福特的第四任丈夫德比伯爵托马斯·斯坦利可能会因此提出要做并肩王[①]。因此，关于亨利七世拥有王位继承权的事情被审慎地以模糊的言辞掩盖过去了。议会对此心领神会，承认王位已归亨利七世所有，但没有轻率、鲁莽地询问其中缘由。事实上，亨利七世是被众人拥立为英格兰国王的，因为大家已厌倦理查三世。选中亨利七世不是

---

① 并肩王是授予君主配偶的一种称号。被授予者能获得与配偶共同统治国家的权利。——译者注

为了维护王位继承权或其他抽象权利,而是要他坚定果断地治理国家,在国内建立和平,给臣民带来繁荣。都铎王朝的君主也都记得这一点:他们是事实上的统治者,法理上王位继承权方面的争论就留给斯图亚特家族吧。

然而,和平不可能一蹴而就,三十年纷争也不可能瞬间彻底平息。亨利七世即位十五年来,公然抗命的现象与暗中煽动叛乱的言论已扰乱英格兰各地,并且威胁到了亨利七世王位的稳定。爱尔兰一直是约克家族支持者的温床。爱德华四世的妹妹勃艮第公爵夫人约克的玛格丽特正在积极地协助爱尔兰作

勃艮第公爵夫人约克的玛格丽特

乱。约克的玛格丽特没完没了地和亨利七世进行家族争执，恶意骚扰亨利七世，与希腊神话中天后朱诺不停地激怒尽责的特洛伊英雄埃涅阿斯一样，因此，她获得了"亨利的朱诺"这一绰号。其他统治者虽然不支持约克家族，但迟迟不肯承认亨利七世，并且从亨利七世的困境中获利。王位觊觎者是欧洲各国君主棋盘上有用的棋子。欧洲各国的君主虽然没有理由渴望约克家族复辟，但认为只要自己明智地对约克家族的王位竞争者略施援手，将亨利七世的精力限制在英格兰国内事务上，他们就会获得加倍的回报。在博斯沃思原野战役结束七个月后，在英格兰西部，汉弗莱·斯塔福德爵士与托马斯·斯塔福德兄弟二人起兵；在英格兰北部，弗朗西斯·洛弗尔子爵发动反叛。1486年4月23日，在约克举行的圣乔治日活动中，亨利七世险些被俘。1487年，一个出身卑微的青年兰伯特·西姆内尔突然出现。此人刚开始自称是约克的理查，后又自称是沃里克伯爵爱德华·金雀花。1487年5月24日，在爱尔兰人的一片欢呼声中，兰伯特·西姆内尔在都柏林加冕称王。没有一个人发声支持亨利七世。爱尔兰的实际统治者基尔代尔伯爵杰拉德·菲茨杰拉德，爱尔兰的伯爵、总主教、主教、男爵、高级官员，以及包括大法官在内的高级官员等均宣誓效忠兰伯特·西姆内尔这个牛津商人的儿子。爱尔兰的叛乱只是一座活火山，而英格兰国内的叛国行径和国外的阴谋活动正在与圣乔治海峡对岸的公开叛乱秘密勾结。伊丽莎白·伍德维尔被幽禁在伯蒙西修道院，并且被褫夺了作为爱德华四世遗孀应保留的地产。被理查三世钦定为王位继承人的爱德华四世的妹妹萨福克公爵夫人约克的伊丽莎白的长子——第一代林肯伯爵约翰·德·拉·波尔逃到了勃艮第；另外，约翰·德·拉·波尔的姨母[①]——约克的玛格丽特派遣马丁·施瓦茨带两千名雇佣兵去配合爱尔兰的入侵行动。不过，约翰·德·拉·波尔、弗朗西斯·洛弗尔子爵、马丁·施瓦茨及随从最终都在1487年的6月16日的斯托克平原战役中被杀死了。至此，亨利七世统治时期最严重的叛乱以兰伯特·西姆内尔

[①] 约翰·德·拉·波尔的母亲萨福克公爵夫人约克的伊丽莎白与约克的玛格丽特是姐妹。——译者注

兰伯特·西姆内尔和他的爱尔兰支持者

被派到王室御膳房去工作，以及兰伯特·西姆内尔的老师理查德·西蒙兹被关押到伦敦塔而告终。

然而，在兰伯特·西姆内尔刚到王室御膳房开始履行自己的新职责时，珀金·沃贝克，图尔奈一个船夫的儿子，他和兰伯特·西姆内尔一样觊觎王位，但他的结局并不太好。起初，珀金·沃贝克只是个受人操控的傀儡。1491年，他正在爱尔兰经商。此时，爱尔兰人正在四处寻找长相酷似约克家族王子的人。一见到珀金·沃贝克，他们就坚持认为他是爱德华·金雀花。在科克的威廉·斯

在王室御膳房工作的兰伯特·西姆内尔

基迪郡长面前，珀金·沃贝克否认了自己是爱德华·金雀花，但爱尔兰人并未因此气馁，他们说珀金·沃贝克是理查三世的私生子——格洛斯特的约翰。不过，此时格洛斯特的约翰正被亨利七世囚禁着。最后，富有想象力的爱尔兰人假称珀金·沃贝克是约克的理查。于是，兰伯特·西姆内尔的党羽聚集于珀金·沃贝克周围。珀金·沃贝克，这个"死而复活"了的约克的理查立即被召至法兰西宫廷，并且受到王子般的礼遇。在法兰西国王查理八世利用珀金·沃贝克来对付亨利七世以后，珀金·沃贝克又投靠了"所有王位觊觎者的姨母"约克的玛格丽特。与往常一样，此时英格兰上层出现了内奸。威廉·斯坦利爵士被牵扯其中，他是亨利七世的母亲玛格丽特·博福特的第四任丈夫托马斯·斯坦利的弟弟，也是博斯沃思原野战役的功臣。威廉·斯坦利的突然被捕破坏了珀金·沃贝克的阴谋。当珀金·沃贝克的船队停靠在肯特海岸时，当地村民很快就把一众胆敢上岸的鲁莽之徒打了个落花流水。于是，珀金·沃贝克调转船头前往约克家族的避难所——爱尔兰，但基尔代尔伯爵杰拉德·菲茨杰拉德不再插手此事，也没有礼待珀金·沃贝克。受珀金·沃贝克围困多日的沃特福德得以解围。珀金·沃贝克前往苏格兰，想再找个人来支持自己的军事行动。在苏格兰国王詹姆斯四世的支持下，珀金·沃贝克突袭了英格兰和苏格兰的边境，但未取得成功。从詹姆斯四世那里，除了娶到一位出身高贵的苏格兰妻子——凯瑟琳·戈登夫人，珀金·沃贝克一无所获。1497年7月16日，珀金·沃贝克第二次赴爱尔兰寻求帮助，但并未如愿。1497年9月7日，在康沃尔，珀金·沃贝克登陆。此前，康沃尔人才反抗过亨利七世的压榨勒索：1497年5月，康沃尔人从博德明出发，向伦敦进军；1497年6月17日，在布莱克希思，他们被亨利七世的军队打得落花流水。然而，亨利七世对此事宽容的处置态度助长了康沃尔人的反叛。三千康沃尔人投靠珀金·沃贝克，但他们未能攻下埃克塞特。1497年10月5日，在汉普郡的比尤利修道院，珀金·沃贝克被活捉并押解至伦敦。在居民的嘲讽、辱骂中，他被游街示众。1499年6月18日，珀金·沃贝克愚蠢地企图越狱，再加上1499年2月12日发生的拉尔夫·伍尔福德假冒爱德华·金雀

法兰西国王查理八世

威廉·斯坦利爵士

托马斯·斯坦利

玛格丽特·博福特

珀金·沃贝克

苏格兰国王詹姆斯四世

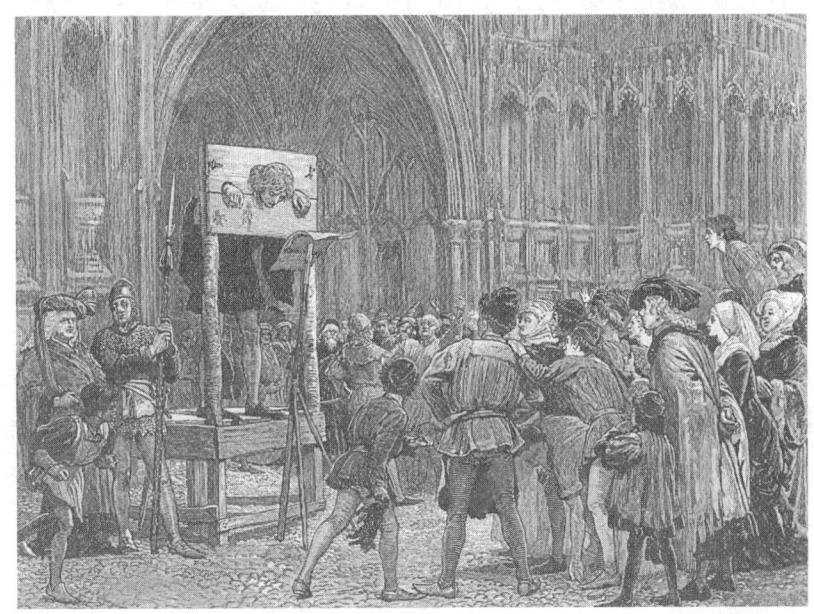
珀金·沃贝克受到伦敦居民的嘲讽、辱骂

花事件，使珀金·沃贝克、拉尔夫·伍尔福德和真正的爱德华·金雀花全部于1499年被绞死。自亨利七世即位以来，真正的爱德华·金雀花一直被囚禁，但他还是被无辜地牵扯进许多阴谋事件。爱德华·金雀花的死很可能是阿拉贡国王斐迪南二世和卡斯蒂尔女王伊莎贝拉一世的煽动造成的。当时，这两位君主正在谋划女儿阿拉贡的凯瑟琳与亨利七世的儿子阿瑟·都铎的婚姻，他们自然会担心女儿阿拉贡的凯瑟琳与亨利七世的儿子阿瑟·都铎将要共享的英格兰王位是否安全。西班牙的大使罗德里戈·德·普埃夫拉得意扬扬地写信称，现在觊觎英格兰王位的人都被消灭了。在亨利七世接下来的统治下，英格兰享受着近百年以来未曾有过的和平。亨利七世不择手段追求的目的已经实现：所有的王位觊觎者已被清除干净。在英格兰王位继承问题上，除了亨利七世的子女，再没有其他的选择。不过，如果没有子女来接替并继续亨利七世已经开始的工作，那么亨利七世所有的治国方略与努力就会付诸东流。不过有时候存在王位直系继承人这一必要条件似乎总是难以实现，因为都铎家族在子嗣方面的运气差得出奇，其后代总是夭折。正是一种对男丁的渴望导致了亨利八世与罗马教廷的决裂；玛丽一世被迫结婚并引发了一场叛乱；都铎王朝最后一位君主伊丽莎白一世意识到要生下王位继承人，必须付出极高的代价，于是她接受王位继承人这一问题很难解决，从而彻底结束了这一问题。亨利八世先后有六个妻子，但只有三个子女没有夭折。这三个子女中，爱德华六世十五岁时驾崩；玛丽一世四十二岁时驾崩，她没有子嗣。亨利八世有两个情妇，但似乎只有里士满与萨默塞特公爵亨利·菲茨罗伊这么一个私生子，他十七岁时也夭折了。据我们所知，不管是婚生的还是私生的，亨利八世没有任何孙子或孙女。亨利八世两个姐妹的运气也很差：姐姐玛格丽特·都铎与詹姆斯四世的长子詹姆斯·斯图亚特一岁时便夭折；长女出生时是死胎；次子阿瑟·斯图亚特只活了九个月；次女出生时也是死胎；第三个儿子长大成人，即詹姆斯五世；第四个儿子亚历山大·斯图亚特一岁多时就夭折了。亨利八世的妹妹，法兰西王后玛丽·都铎的儿子都铎王朝时期的第一代林肯伯爵亨利·布兰登十几岁时就夭折了。都铎家族令人为之骇然的婴儿死亡率之高不能完全归因于当时医学上的无知，因为约克家族的婴儿都顽强地活了下来。理查三世、亨利七世和亨利八世都认为很有必要通过人为手段让其他王位觊觎者众多的子女都尽早死掉。这一极端处理方式虽然为他们扫清了道路，但并不能完全解决问题。在亨利七世统治时期，都铎王朝特有的软肋已暴露无遗。亨利七世有三个儿子，其中两个先他而去：长子阿瑟·都铎死时才十五岁；最小的儿子萨默塞特公爵埃德蒙·都铎死时才十五个月大。四个女儿中，有两个夭折。最小的女儿凯瑟琳·都铎并未存活多久，还让她的母亲约克的伊丽莎白难产而死。红玫瑰与白玫瑰①的联合曾被寄予无限期望，但看起来这些希望注定是要落空的。

建立在红玫瑰与白玫瑰家族联合上的希望，很大程度上促成了亨利七世成功夺取英格兰王位。在亨利七世着手夺取王位前，他郑重承诺要娶爱德华四世的长女，即约克家族的女继承人——约克的伊丽莎白。不过，亨利七世坚决避免让人产生他是凭借约克的伊丽莎白才得以继承英格兰王位的想法。他的王位继承权已得到议会的承认。在1486年1月18日与约克的伊丽莎白结婚前，亨利七世已做了五个月的英格兰国王。1486年9月20日，在温切斯特的圣斯威森修道院，约克的伊丽莎白生下了第一个孩子。1486年9月24日星期日，在以前的西撒克逊王国的首府温切斯特的大教堂里，这个孩子接受了洗礼，并且在洗礼时取了英格兰以前的国王——亚瑟王的名字。阿瑟·都铎既不是约克家族之后，也不是兰开斯特家族之后，他不会激起众人对玫瑰战争的痛苦记忆，只会让人记住都铎王朝的继承人既有王室血统，又有英格兰统治权的事实，以及昔日约克家族的王位觊觎者如此多。阿瑟·都铎刚一出生就被封为康沃尔公爵，三岁时被封为威尔士亲王。如今，阿瑟·都铎与阿拉贡的凯瑟琳的婚姻谈判已经开始。阿拉贡的凯瑟琳是斐迪南二世和伊莎贝拉一世的女儿。斐迪南二世和伊莎贝拉一世很谨慎，他们认为在将女儿阿拉贡的凯瑟琳托付给一位英格兰

---

① 兰开斯特家族和约克家族分别以红玫瑰和白玫瑰作为家族纹章，因此，红玫瑰和白玫瑰成了两个家族各自的象征和代称。——译者注

国王之前，英格兰必须先平息叛乱，赶走王位觊觎者。因此，直到1501年10月2日，阿拉贡的凯瑟琳才在普利茅斯登陆。在她到达英格兰的正式接待仪式上，以及六个星期后在圣保罗大教堂举行的婚礼上，当时才十岁的亨利王子[①]，一直牵着阿拉贡的凯瑟琳的手，伴她左右。亨利七世不顾枢密院的建议，把这对年轻的新人送到拉德洛城堡去生活。阿拉贡的凯瑟琳到达英格兰五个半月后，她与阿瑟·都铎的婚姻就戛然而止：阿瑟·都铎于1502年4月2日去世，并且以王子的身份安葬在伍斯特大教堂。

---

① 即后来的亨利八世。——译者注

第 2 章

亨利王子的成长环境

现在，比兄长阿瑟·都铎小近五岁的亨利王子成了英格兰王位的法定继承人。1491年6月28日，亨利王子出生于格林尼治宫。他是父母的第三个孩子，也是第二个儿子。从此格林尼治宫就与都铎王朝的历史息息相关。格林尼治宫原本是一个庄园，归一个叫刘易舍姆的佛兰德斯修道院所有。该修道院解散后，庄园转入亨利四世手中，后被赏赐给格洛斯特公爵汉弗莱·金雀花。汉弗莱·金

格林尼治宫

雀花把格林尼治宫的土地圈了起来。他去世后,格林尼治宫重归王室所有。爱德华四世喜欢装饰、扩建这座宫殿,他的外孙亨利王子①许多方面遗传了他的审美和性格特点。爱德华四世将这座宫殿赠给了自己的王后伊丽莎白·伍德维尔。后来,因为伊丽莎白·伍德维尔支持约克家族的叛乱,作为惩罚,她失去了这座宫殿。随后,亨利七世将它赠给了自己的王后,即伊丽莎白·伍德维尔的女儿约克的伊丽莎白。因此,这座宫殿成了约克的伊丽莎白子女的出生地。在格

约克的伊丽莎白

① 爱德华四世的长女约克的伊丽莎白是亨利八世的母亲。——译者注

林尼治宫,曾多次举办过马上长矛打斗和骑士竞技赛。它还见证了许多化装舞会和狂欢宴饮:即位后不久,亨利八世就与阿拉贡的凯瑟琳在此举行了婚礼;亨利八世的妹妹玛丽·都铎在此下嫁给萨福克公爵查尔斯·布兰登。这里还诞生了所有未来的都铎王朝君主:爱德华六世、玛丽一世和伊丽莎白一世。因为伊丽莎白·伍德维尔被褫夺了格林尼治宫,它转归约克的伊丽莎白所有。于是,亨利王子在此地出生了。1491年,在遵规修士教堂,亨利王子接受了洗礼。亨利王子最初非常喜欢遵规修士会,后来很厌恶它。主持洗礼仪式的是当时的埃克塞特主教理查德·福克斯,此人后来成了亨利八世身边主要出谋划策的人。亨利八世的乳母叫安·卢克。即位后,亨利八世给安·卢克每年二十英镑的养老金。如果按现今的货币计算,约三百英镑。关于亨利八世早年的生活细节,我们知之甚少。一个世纪后,在《亨利八世生平与统治》一书中,爱德华·赫伯特男爵称,年轻的亨利王子受父亲亨利七世的安排去坎特伯雷教区。在那里,亨利王子接受的教育令他更适合成为神职人员,而不是担任世俗职位。亨利七世这样做的动机能很好地反映他的性格特点:用教会的收入来养活幼子,比用王室的收入更划算。不过,这一说法可能仅仅是从亨利王子接受的出色教育及亨利七世的节俭习惯中推断出来的。亨利七世即使曾有意让年幼的亨利王子以后成为神职人员,很快也就放弃了这种想法,转而让儿子接受世俗职位。1493年,亨利王子两岁时,被任命为五港总督兼多佛堡总督。这两个职位向来都是要职。不久,亨利王子被擢升为司礼大臣,具体政务由他人代为处理。但毫无疑问,司礼大臣一职的大部分薪俸都归亨利王子所有,或者是进了王室私库。1494年9月12日,亨利王子被封为爱尔兰总督;六个星期后,他被封为约克公爵;在隆重的仪式中,他被封为"巴斯骑士";1494年11月,他被封为苏格兰边区总督;1495年5月,他被授予嘉德勋章。

这些国家要职中的任何一项可能都会使一位老练的行政官员难以承担,如今竟然交到一个孩子的手中,乍一看似乎有些不合常理,但亨利七世这么做是有他的打算的。实际上,他是为了把这些职权集中到自己的手中,以便进行监管。这是早期罗马独裁官强加给罗马共和国的一种政策,虽然形式上不是专制统治,但实质上就是专制统治。这一政策限制了亨利七世统治下的贵族的权力,并且在不增加税收或减少王室私财支出的情况下,为亨利七世的子女提供了收入。公爵、伯爵和男爵等惯于滥用职权谋取私利,动辄发动战争。相比之下,政务如果交由级别较低的人来做,可以做得同样出色,并且开销更少,对国内和平的威胁也更小。在亨利七世对爱尔兰的管理安排方面,这一政策带来的好处十分明显。自约克的理查和乔治·金雀花担任爱尔兰总督以来,爱尔兰就一直是约克家族的据点。在爱尔兰,兰伯特·西姆内尔曾加冕称王。爱尔兰贵族与农民曾跟随珀金·沃贝克一起作乱。对爱尔兰这个多事之地,亨利七世必须采取行动。可能他认为选择一个都铎家族的王子担任总督,爱尔兰人对约克家族的忠诚度会有所降低。不过,亨利七世采取了一种更稳妥的措施来表明自己对爱尔兰的信任:他委任了一位虽然只是个骑士,但能力可能是枢密院中最强的人来担任幼子亨利王子的副手。1494年年底,爱德华·波伊宁斯爵士正是以此种身份前往爱尔兰的,并且召集了德罗赫达议会。从立法产生的影响的持久性来看,德罗赫达议会是最令人印象深刻的议会之一。近三百年来,爱德华·波伊宁斯制定的律令一直是英格兰与爱尔兰之间宪法关系的基础。影响更加持久的是亨利王子被封为约克公爵的先例[①]。时至今日,即从亨利八世到爱德华七世,英格兰君主或王位的法定继承人的次子几乎总是被封为约克公爵。最初选择这个头衔是因为亨利王子的名字带有鲜明的兰开斯特家族特征,因此,选择具有鲜明的约克家族特征的"约克公爵"的封号,是对约克家族针对都铎家族的偏见的一种妥协。这不由得使人想起都铎王朝时期桂冠诗人约翰·斯凯尔顿在诗歌里吟诵的:"玫瑰有红亦有白,如今合为一朵开。""约克公爵"这一封号暗示了被关押在伦敦塔中的约克王朝的末代约克公爵——什鲁斯伯里的理查已死,现在诈称是约克公爵的珀金·沃贝克是假冒的这一事实。

---

① 严格来讲,约克王朝时已有此例。此处是就都铎王朝来说。——译者注

亨利王子的画像（1509年）

　　不过，在亨利王子这个孩童的脑海中，他还不能理解爱尔兰的威胁，以及与约克家族和解这些政治问题，尽管解决这些问题的措施都是围绕他制定的。从亨利王子的画像上看，他的眉毛很浓密，长相成熟。如果这些能够反映出亨利王子当时的智力情况，那么他一定很早熟。如果不是因为那稚嫩的双唇和鼻头，亨利王子看起来就是一个五十岁男子的模样，要是再给他添上胡须，这活脱脱就是他晚年时的样貌了。德西迪里厄斯·伊拉斯谟说，亨利王子很小的时候就开始学习了。亨利王子头脑聪明、思维活跃，交给他的任务，他都能出色地完成，只要是他想做的事情，他都做得很成功。都铎家族并不像现代人这样担心孩子承受的教育压力过大。亨利八世很可能和他的儿子爱德华六世、女儿伊丽莎白一世或他妹妹玛丽·都铎的外孙女简·格雷一样,都是好学之人。不过,对亨利八世来说,幸运的是,他日渐强壮的体格赶上了早熟的心智,他对文艺的痴迷也转向了对运动的不懈追求。亨利八世是第一位在文艺复兴新思想的熏陶下接受教育的英格兰君主,他的朝臣尽是学者、修士、诗人。替亨利八世掌管家庭事务的玛格丽特·博福特是英格兰教育事业的大力赞助者。时至今日,研究玛格丽特·博福特的教授,无论是在我们古老的大学授课时,还是在自己的祷告词中,都会提及玛格丽特·博福特的名字。剑桥有两所学院尊玛格丽特·博福特为创办者;英格兰著名的印刷商威廉·卡克斯顿感恩于玛格丽

威廉·卡克斯顿

德西迪里厄斯·伊拉斯谟

特·博福特的慷慨相助。玛格丽特·博福特还把许多拉丁文和法文书籍翻译为英文。亨利七世尽管才华略逊于亨利八世,但他对艺术和文学非常感兴趣,并且为子女的学习延请了许多名师。亨利七世的王后约克·伊丽莎白被德西迪里厄斯·伊拉斯谟描述成一个具有很强判断力、行事谨慎、十分虔敬的人。阿瑟·都铎的老师——历史学家兼诗人伯纳德·安德烈很可能在亨利王子的教育中也发挥了不小的作用。在阿瑟·都铎死后,伯纳德·安德烈把自己编撰的两份王室大事年鉴呈献给了亨利王子。贾尔斯·杜维是个法兰西人,也是一本著名的法语语法书——《法语阅读听说入门》的作者,他教授亨利王子法语。多年后,贾尔斯·杜维又教授玛丽一世法语。亨利王子的书法可能是贾尔斯·杜维或伯纳德·安德烈传授的，他的意大利式笔迹虽不是很秀气，但不至于潦草。受过良好教育的英格兰人竞相模仿亨利王子的笔迹，其中，有许多社会地位不太高的人将自己想要表达的思想悉数隐藏在这样的字迹中，如威廉·莎士比亚。不过，亨利王子最有名的老师当属约翰·斯凯尔顿。此人是萨里伯爵亨利·霍华德等在诗作中时常提及的最杰出的诗人。约翰·斯凯尔顿是亨利七世执政时期的桂冠诗人，他曾在诗中提及亨利七世身着绿白两色都铎式制服的情形，也曾赞美过阿瑟·都铎被封为"威尔士亲王"，以及亨利王子被封为"约克公爵"的事情。不满九岁时，亨利王子就已经开始跟从这位被德西迪里

约翰·斯凯尔顿

厄斯·伊拉斯谟称为"英格兰文坛无与伦比的光芒和宝石"的诗人学习了。约翰·斯凯尔顿写了如下一首诗。

> 王子英名耀英伦，
> 我辈孜孜授业勤。
> 赫利孔山清泉醇，
> 东宫饮罢笔如神。

约翰·斯凯尔顿的讽刺诗中不乏粗鄙的语句，甚至公然无视神职人员的纯洁誓言。这或许让人有理由怀疑约翰·斯凯尔顿对亨利王子品格的影响是否有积极的一面。不过，约翰·斯凯尔顿一直恪守职责，并且于1501年把一本没有什么价值，以拉丁文写成的，谈论道德的论文《帝鉴》献给了他的王室学生亨利王子。深受亨利王子喜欢的还有另外两本书，这是年轻的约翰·博埃里奥后来献给他的。约翰·博埃里奥是亨利七世的热那亚医生约翰·巴普蒂斯塔·博埃里奥的儿子，也是德西迪里厄斯·伊拉斯谟的学生。据约翰·博埃里奥所说，因为父亲约翰·巴普蒂斯塔·博埃里奥的坏脾气，他受到了无数折磨。约翰·博埃里奥所献的这两本书，一本是伊索克拉底所著的《致尼古拉国王》的英译本；另一本是卢奇安所著的反对听信流言的论述《论流言》的英译本。从受亨利八世迫害的人的情形判断，年轻时他根本没把《对话集》中的警告放在心上。在其他方面，亨利王子学习得很快。他酷爱数学，精通拉丁语、法语，懂意大利语，后来可能又从阿拉贡的凯瑟琳那里学了些关于西班牙语的知识。1499年，人文主义者德西迪里厄斯·伊拉斯谟去格林尼治附近拜访自己的朋友——芒乔伊男爵威廉·布朗特时，结识了年轻的亨利王子。"当时，我住在威廉·布朗特的乡间别墅里，"德西迪里厄斯·伊拉斯谟写了如下一段文字。

> 托马斯·莫尔来看我。我们一起出去散步，一直走到了邻村。除

了阿瑟·都铎,亨利七世陛下的所有孩子都在此地上课。我们走进大厅时,一众王室侍从,以及威廉·布朗特家的侍从都聚集在那里。快九岁的亨利王子站在中间,他的言谈举止已有几分人君的气质。他谦和有礼,同时不失威仪。亨利王子右边是玛格丽特公主[①],约十一岁,她后来嫁给了詹姆斯四世。在亨利王子左边玩耍的是四岁的玛丽公主[②]。埃德蒙王子[③]尚在襁褓之中。托马斯·莫尔和同伴阿诺德向亨利王子行礼,然后呈上一部作品。亨利王子就是当今英格兰国王。对我来说,我完全没有料到会遇到如此情形,因而没有什么可呈献的,但我答应亨利王子,下次相见时,我会向他送上礼物。同时,因为托马斯·莫尔事先没有提醒我,我对此愤愤不已。吃饭时,亨利王子差人送来一张纸条,要我写点文字,以试探我的文笔。回到家后,我毫无灵感,毕竟很长时间没有写诗了。最后我花了三天时间才写成一首诗。

这首诗,即《不列颠的倾诉》,是献给身为约克公爵的亨利王子的。诗中以拟人化的英格兰的口吻,表达了对英格兰、亨利七世,以及他的子女的赞美。德西迪里厄斯·伊拉斯谟还附了一封信,信中称颂了亨利王子对学习的热诚。七年后,德西迪里厄斯·伊拉斯谟再次写信给亨利王子,如今的威尔士亲王,对亨利王子的嫂子阿拉贡的凯瑟琳的姐夫[④]——卡斯蒂尔国王腓力一世的亡故表示吊唁。亨利王子以热情的口吻予以答复,并且邀请德西迪里厄斯·伊拉斯谟继续通信。这种回信风格给德西迪里厄斯·伊拉斯谟留下了非常深刻的印象,令他有些怀疑这是不是亨利王子写的。他说:"亨利王子写信时,一定是有

[①] 即玛格丽特·都铎。——译者注
[②] 此处指玛丽·都铎。——译者注
[③] 即萨默塞特公爵埃德蒙·都铎。——译者注
[④] 腓力一世的妻子卡斯蒂尔的胡安娜是阿拉贡的凯瑟琳的姐姐。——译者注

人在思想和表达方面给予了帮助。后来，在我与威廉·布朗特的一次谈话中，威廉·布朗特用各种理由试图打消我的这种怀疑。当他感觉自己说服不了我时，他就放弃了。此事就此搁置，直到他得到可靠消息后，才又来找我。当我们第二次私下聊天时，威廉·布朗特拿出了几封亨利王子写的信，其中有写给别人的，有写给威廉·布朗特的，还有一封是给我的回信。这些信中有明显修改过的痕迹。同一封信，你可以辨认出哪封信是初稿，哪封信是第二稿、第三稿，有些甚至还有第四稿。不过，无论怎样修改，都是用的同一种笔迹。这样我就再没有怀疑的理由了，因为事实胜于雄辩。"德西迪里厄斯·伊拉斯谟补充说，威廉·布朗特和他一样，认为如果早知亨利王子有如此天分，那么当初就不会怀疑他是驳斥马丁·路德的那份大作——《保卫七种圣礼》的作者了。《保卫七

马丁·路德

种圣礼》足以证明，在亨利王子的教育中，神学研究占据重要地位。王室的思想都很传统。兰开斯特家族就如此，早期的都铎王朝也是如此：丈夫托马斯·斯坦利死后，玛格丽特·博福特致力于各种善举，过着半修道的生活；亨利七世将一个拒不皈依的异教徒绑在柱子上烧死了。在神学上，亨利八世自始至终都是个保守主义者。

　　亨利八世从未忽略过艺术。他自幼热爱音乐，这种热爱伴随了他一生。在亨利八世还是约克公爵的时候，亨利七世和阿瑟·都铎身边就有许多吟游诗人。亨利八世身边也有一群吟游诗人。他即位后，无论是巡行国内，还是为了和谈或征伐到国外去，身边都有这群诗人。亨利八世精通鲁特琴、管风琴，还有羽管键琴。国事再繁忙，他也要挤出时间弹琴。他还派人遍访全国，为王室教堂唱诗班物色人选，有时甚至还从枢机主教托马斯·沃尔西的教堂唱诗班中强行调几个人过来，因为他觉得托马斯·沃尔西的这些人比自己的那些人唱得好。亨利八世还把圣马可大教堂的管风琴演奏家狄奥尼修斯·梅莫从威尼斯共和国诱至英格兰。有时，亨利八世和朝臣会听狄奥尼修斯·梅莫独奏管风琴，一听就是四个小时。亨利八世不仅喜欢演奏乐器，还对乐理有一定的研究。音乐创作方面，他也很在行。在当时优秀的音乐作品中，亨利八世创作的声乐、器乐作品是数一数二的。这些作品的手稿如今藏于大英博物馆。他创作的《主啊，万物的创造者》成就最高，至今仍是英国各教堂中最受欢迎的圣歌之一。

　　1502年4月2日，年仅十岁的亨利王子成了英格兰王位的法定继承人。1502年4月3日，他被封为康沃尔公爵。在都铎王朝，这两件事均无先例。1503年2月18日，亨利王子被封为威尔士亲王、切斯特伯爵。按照规定，国王或法定继承人生下次子前，约克公爵的爵位自动空缺。亨利王子的重要性日渐提高的第一个表现是，他参与了迷宫一般错综复杂的联姻事宜，而联姻在16世纪外交中占据十分重要的地位。国王最不可能考虑的就是儿女的家庭幸福问题，因为儿女的婚姻是外交博弈的棋子，有时还是建国立邦的手段。腓力一世曾想撮合女儿奥地利的埃莉诺与亨利王子的婚事，同时想让亨利王子的妹妹玛丽·都

奥地利的查理

铎嫁给自己的儿子——奥地利的查理①。奥地利的查理是卡斯蒂尔王国、阿拉贡王国、勃艮第领地和奥地利大公国的继承人，生来就注定要掌握神圣罗马帝国的大权。不过，英格兰并没有回应这些提议，因为阿瑟·都铎的死使这些提议显得没有那么重要了。

一得到阿瑟·都铎去世的消息，斐迪南二世和伊莎贝拉一世立刻委派埃斯特拉达公爵斐迪南就新寡的阿拉贡的凯瑟琳与亨利王子的婚姻进行磋商。两天后，斐迪南二世和伊莎贝拉一世才给亨利七世写了一封慰问信。这一婚姻

---

① 1516年，奥地利的查理继承了西班牙的王位，称卡洛斯一世；1519年，他成为神圣罗马帝国的皇帝，称查理五世。——译者注

无疑会获得教皇尤利乌斯二世的同意。教皇尤利乌斯二世是基督教的精神领袖，但面对势力强大的君主的请愿，他态度一贯都很温和。麻烦的地方在于阿拉贡的凯瑟琳的嫁妆只付了一部分。斐迪南二世不仅拒绝交付剩余的嫁妆，还要求亨利七世退还以前阿拉贡的凯瑟琳和阿瑟·都铎结婚时他送的嫁妆。亨利七世认为自己有权得到阿拉贡的凯瑟琳全部的嫁妆，并且不会退还分毫。对阿拉贡的凯瑟琳和他唯一在世的儿子——亨利王子联姻的提议，亨利七世不屑一顾。他不是看不到英格兰与西班牙联盟的好处，也不是不在意阿拉贡的凯瑟琳的嫁妆。当亨利七世提出自己要娶阿拉贡的凯瑟琳为妻时，震惊不已的伊莎贝拉一世要求亨利七世立刻将阿拉贡的凯瑟琳送回西班牙。最后，斐迪南二世只好降低要求。因此，阿拉贡的凯瑟琳和亨利王子的联姻让斐迪南二世

伊莎贝拉一世

斐迪南二世

损失不小。1503年6月25日，在弗利特街索尔兹伯里主教埃德蒙·奥德利的家中，亨利王子和阿拉贡的凯瑟琳举行了隆重的订婚仪式。

1504年11月，教皇尤利乌斯二世及时签发了同意亨利王子和阿拉贡的凯瑟琳结婚的特许令，这让临终前的伊莎贝拉一世大感安慰。不过，此事让人们对亨利王子和阿拉贡的凯瑟琳的婚事前景并不看好。卡斯蒂尔的王位从伊莎贝拉一世手中传给了她的二女儿卡斯蒂尔的胡安娜，但卡斯蒂尔王国的管理则转归斐迪南二世，以及卡斯蒂尔的胡安娜的丈夫腓力一世（美男子）。1506年1月，腓力一世（美男子）和卡斯蒂尔的胡安娜从尼德兰出发去西班牙接管遗产，途中因船舶失事，他们的船被迫停靠在英格兰海岸。亨利七世对他们极尽礼遇，并且授予腓力一世（美男子）"嘉德骑士"的称号，而腓力一世（美男子）则授予亨利王子"金羊毛勋章"作为回礼。然而，亨利七世利用腓力一世（美男子）的困境，向他索要"白玫瑰"约克家族专享的萨福克伯爵的头衔，并且于1506年4月30日迫使腓力一世（美男子）签订了一项事关尼德兰的商业条约——《温莎条约》，即《马格纳斯协定》。佛兰芒人[①]将该条约称为"邪恶的协议"。腓力一世（美男子）返回卡斯蒂尔三个月后就病死了。亨利七世开始插手腓力一世（美男子）领地的事务，之后坐收渔利。他想到了两个关于联姻的计划：娶腓力一世（美男子）的妹妹，即尼德兰摄政王奥地利的玛格丽特，然后借她的手控制尼德兰各地；或者娶腓力一世（美男子）的遗孀卡斯蒂尔的胡安娜，然后以她的名义实际掌管卡斯蒂尔王国。最终，亨利七世选择与卡斯蒂尔的胡安娜结婚。如果无法通过和卡斯蒂尔的胡安娜结婚得到卡斯蒂尔王国，那么他认为还可以通过让卡斯蒂尔的胡安娜的继承人——六岁的奥地利的查理娶自己十岁的女儿玛丽·都铎的方式达到上述目的。无论亨利七世选择以何种方式推进自己的计划，都会让斐迪南二世心烦意乱，斐迪南二世就不会那么急迫地要求女儿阿拉贡的凯瑟琳与亨利王子完婚，亨利七世反对亨利王子的婚事

---

① 佛兰芒人，为日耳曼民族之一，属欧罗巴人种。主要居住在佛兰德斯。——译者注

教皇尤利乌斯二世　　　　　　　　　　卡斯蒂尔的胡安娜

腓力一世（美男子）　　　　　　　　　奥地利的玛格丽特

腓力一世（美男子）驾崩

腓力一世（美男子）葬礼上的卡斯蒂尔的胡安娜

就可以圆满结束了。现在，亨利七世正在与奥地利的查理的祖父——神圣罗马帝国皇帝马克西米利安一世密谋从斐迪南二世手中夺取卡斯蒂尔的统治权。对亨利七世来说，与斐迪南二世联姻的事已失去吸引力，因为亨利王子还可以从其他地方找到更合适的新娘。亨利王子本应在十四岁时与阿拉贡的凯瑟琳完婚，但他在十五岁生日前夕声明，这份婚约无效，自己是不会履行的。这一声明使亨利王子可以自由地考虑其他联姻建议，由此提高了他作为一项"可转让

神圣罗马帝国皇帝马克西米利安一世

资产"的价值。接下来,就亨利王子与瓦卢瓦-昂古莱姆的玛格丽特结婚的多轮磋商谈判开始了。瓦卢瓦-昂古莱姆的玛格丽特是昂古莱姆公爵弗朗索瓦的姐姐,而昂古莱姆公爵弗朗索瓦就是后来的法兰西国王弗朗索瓦一世。在亨利七世统治的最后几个月里,亨利王子接见了马克西米利安一世的大使。这些大使建议亨利王子娶巴伐利亚公爵阿尔布雷希特四世的一个女儿,或者尼德兰摄政王——奥地利的玛格丽特,以便结成婚姻联盟。与此同时,陷于孤立的斐迪南二世首先与法兰西人达成了和解:他娶了富瓦的热尔梅娜,并且放弃了对西班牙的纳瓦拉的所有权;然后,通过让法兰西国王路易十二全权处理意大利北部事务的方式确保了那不勒斯的安全;最后,斐迪南二世迎合马克西米利安一世对威尼斯共和国的敌意,暂时打消了马克西米利安一世占领卡斯蒂尔的想法。通过威尼斯共和国这一诱饵,斐迪南二世成功地引开了对手。1508年10月10日,康布雷同盟形成,它将斐迪南二世和路易十二、马克西米利安一世、教皇尤利乌斯二世团结了起来,对威尼斯共和国展开了非常不公正的攻击。幸运的是,亨利七世没有参与康布雷同盟,但仍未放弃控制卡斯蒂尔的计划。1508年12月,玛丽·都铎和奥地利的查理正式订婚。这是行将就木的亨利七世在世间取得的最后一次胜利。1509年年初,在临终前的几个月里,亨利七世力图让自己做到问心无愧。亨利七世主导英格兰命运的这二十四年,是西方文明发展的一个重要历史时期。这是现代历史的开端,也是我们今天了解的欧洲历史的开端,此时旧秩序正处于被清算的状态。但丁·阿利吉耶里笔下描述的一个由精神层面和世俗层面组成,由国王和教皇一统天下的世界帝国正在消逝,取而代之的是现代的,但更狭隘的独立政体理念。每个国家都追求自己的道路,要独立于其他国家之外,并且往往与其他国家发生冲突。统一让位于语言、教会和国家的多元化,世界主义者变成了民族主义者、分离主义者和爱国者。帝国君主制政体变得无足轻重;各国国王在瓜分皇帝权力的同时巩固了自己的权力,他们削弱实力比自己强的皇帝的权威,以及下属封建领主的权威,并且在双方的权限范围内扩大自己的权威。封建主义的破坏力与君主制集权的斗争,最终

昂古莱姆公爵弗朗索瓦

瓦卢瓦-昂古莱姆的玛格丽特　　　　　　　　　　巴伐利亚公爵阿尔布雷希特四世

富瓦的热尔梅娜　　　　　　　　　　　　　　　　　　　　　　路易十二

以君主制的胜利告终。国家的内部团结、统一为对外扩张铺平了道路。在这些方面，法兰西国王路易十一统治下的法兰西王国处于十分领先的地位。法兰西王国比英格兰王国早半个世纪平息了内乱，然后驱逐外敌，粉碎了封建残余势力，并且先从弱小国家入手进行扩张：勃艮第、普罗旺斯和布列塔尼的部分土地先后被法兰西王国吞并。这个新生国家——统一的法兰西王国的旺盛活力冲破了阿尔卑斯山脉的障碍，蔓延至意大利。世界帝国的时代已成为过往，但人们仍对它心有余悸。从1494年查理八世入侵意大利，到1525年弗朗索瓦一世兵败帕维亚，法兰西王国统治全世界的梦想成了其他国家君主的噩梦。如果不是其他国家纷纷效仿法兰西王国，走上内部整合道路，法兰西王国可能真的会像欧洲其他国家担心的那样，早已实现它的梦想。斐迪南二世娶伊莎贝拉一世为妻，驱逐摩尔人，建立了西班牙王国。马克西米利安一世娶了"大胆"查理的女儿勃艮第的玛丽，并且将尼德兰并入奥地利。统一后的法兰西王国发现

马克西米利安一世迎娶勃艮第的玛丽

自己遭遇的是其他统一的王国。现代欧洲的政治体制已大致勾勒出来，各个王国的边界变化不定。在意大利和神圣罗马帝国，仍有一些小公国和政权，它们随时可能被野心勃勃的邻国占领；在统治全世界这种念头的驱使下，这两个国家都做出了一些牺牲——神圣罗马帝国牺牲的是世俗制度，而意大利牺牲的是精神信仰。两国嫉妒对方的发展，不惜牺牲自身利益来遏制对方，由此产生了均势理论；为调整彼此间的争端，国际法应运而生；查探对方图谋的必要性催生出了现代外交。

在国与国之间关系中出现这些变化时，各国君主在国内的地位也发生了同样重大的变化。国家对外扩张的标志是国内王权的相应增长。在英格兰，这种变化并不新奇：撒克逊海盗部落首领登上统一的英格兰王位的每一步，都标志着王权的增长。君主的影响力每扩大一次，君主的权威就会加强一次，君主的权力影响范围就会随着自身权威所及范围的扩大而扩大。对15世纪各国君主来说，情况也是如此。地方自由和封建权力制约了布列塔尼公爵或阿拉贡国王，却无力约束法兰西国王或西班牙国王。王室权势的扩张侵蚀着其他人的权力，政府职能向王室集中。君主是国家团结的象征，是民族抱负的中心，是国民尊崇的对象。文艺复兴给这场君主集权运动注入了新的动力。人们不仅把目光投向早期基督教时代的神学、文学和艺术，还开始重新研究这一时期的政治组织和法律、法理体系。《查士丁尼法典》与原始的希腊语版本的《新约》一样具有启示性。与普通法中的野蛮条例相比，罗马帝国的律令似乎更加合理、完善，正如古典拉丁语比中世纪拉丁语更加合理、完善一样；在法兰西王国、神圣罗马帝国、西班牙王国、苏格兰王国，罗马法已取代当地原有的法律体系。罗马帝国的律令和宪法都是新兴君主制王国君主借鉴的典范。罗马帝国是专制体制，它的法律的基本原则是"君主的决定具有法律效力"，但并不总是这样。罗马皇帝总是被人习惯性地加以神化，不过罗马人一般是在皇帝驾崩后才把他们当作神一样供奉，而16世纪的人们则是在国王活着时就将其奉若神明。正如儒勒·米什莱所说，"新的救世主就是国王"。

英格兰比其他任何地方都更加强调国王的社会救世主地位。兰开斯特家族统治的六十几年，是15世纪议会制政府的黄金时代。此后，大众演说家四处演说，揭露了斯图亚特王朝专制的邪恶并呼吁其垮台。不过，对当时敏锐的观察家来说，兰开斯特家族统治的突出特点似乎是"缺乏治理"，用现代的话说就是"行政混乱"。兰开斯特王朝没有上下从属关系。兰开斯特家族的统治不够名正言顺。这一事实使国王任由议会摆布，而议会在自身权限达到顶峰时，局限性便暴露无遗。即使是在立法领域，成文法令法规也很少。议会的主要法令是减少郡选民，以便形成寡头政府；将选区的选民限制在常驻骑士和市民范围内；使议会避免成为公众舆论的焦点。因为不满足于立法权威，议会甚至去干预自己无法控制的行政领域。议会已陷入一种根深蒂固的谬论，即自由与有力的管理难以相容；行政机构是立法机构的天敌，如果一个强大，那么另一个必然软弱。议会倾向于选择一个软弱的行政机构。因此，当国王满足不了进行统治管理的最低要求时，议会便会限制国王的权力，让他"财政自理"。事实上，议会毫无责任感，什么政令也不执行。因此，兰开斯特王朝"缺乏治理"，最终在持续了二三十年的玫瑰战争中谢幕。这种混乱局面阐明了都铎王朝统治史中存在的很多问题。

的确，只有理解了15世纪的暴政、议会管理的失败，以及民众对坚定、出色的统治的强烈需求，我们才能破解亨利八世统治中的许多问题。所谓的英格兰人对议会管理总是充满热情，对议会投票充满渴望不过是现代人毫无根据的推测。对历史的解读和对《圣经》的解读一样，因时而异，并且现在的政治理论影响了我们对过去的看法。19世纪的政治发展创造了一个议会传奇，公民自由和宗教自由成了英国人的一对密不可分的政治舞台上的道具。国王无论什么时候出现在公众视线中，都必须就臣民的权利和议会的特权做一番慷慨陈词。人们想当然地认为，在自身事务管理过程中随时拥有发言权是每个人行动的动力。因此，关于亨利八世统治的故事就成了一个政治神话。事实上，热爱自由并非一直是，将来也不会一直是英国人的思想主旋律。英国人时常以坚定的决心，通过战斗与谋杀等手段来获取自由，但有时他们会想追求其他目标。有时，人们要求国家实行强有力的统治，无论采用什么样的方法；并且他们喜欢善治胜过喜欢自治。扩张战和保卫战常常会冷却人们对自由的热爱，削弱人们对议会的信心。一般来说，英国人的理想严格受限于对物质财富的热情。

在都铎王朝统治时期，这一切很明显。兰开斯特王朝的议会改革实行得过早，导致最后以失败收场，并且使议会名誉扫地。对议会的权利，人们漠不关心。大众的普遍情绪是："你们上下两院赶紧消失吧！给我们和平，尤其是国内和平。我们需要和平，以便寻求新的发财方法，新的商业发展，以及研究文学、宗教和艺术的新问题。"议会上下两院的权力大得超出了大众的认知，甚至超出了独立的政治行动范围。与自它创建以来扮演的角色相比，16世纪的英格兰议会扮演的角色微不足道。1623年，威廉·莎士比亚写下了戏剧《约翰王》，但在剧中他完全没有提及英格兰国王约翰于1215年6月15日签署的《大宪章》。这样的遗漏放到如今，或者是伊丽莎白一世驾崩后的任何时期都是难以想象的。因为在人们的心中，《大宪章》是英国宪法的安全保障，也是后来议会呼吁斯图亚特王朝遵循的、神圣的文件。不过，任何这样的呼吁都不会触动都铎时期的人们，因为他们不需要，也不想以任何武力来对抗一个体现国民愿望、按照国民意志统治的君主。与威廉·莎士比亚的作品一样，在辩论中，议会也很少提及《大宪章》。《大宪章》——这一斯图亚特王朝专制最憎恶的工具，在都铎王朝统治时期深受大众欢迎。在星室法庭，亨利八世担任法官，一切案件尽量从速办理，聘请律师的费用适中，合理但不合法的案件大都会得到公正的处理。星室法庭的主要困难在于前来上诉的人络绎不绝，法官应接不暇。16世纪，英格兰人对君主的信任远远超过了对议会的信任，君主被奉若神明。都铎王朝时期的君主的威严给予诗人灵感，使他们神化君主。诗人的这种做法确实为捍卫君主统治起到了一定作用。在亨利八世统治初期，威尼斯共和国驻英格兰的一位大使——安东尼奥·巴瓦林写道："凡是见过亨利八世的人都喜欢他。他拥有天人之姿，不是凡夫俗子。"

这就是亨利七世和亨利八世将专制统治具体化为实用利器的做法。很少有国王能像亨利七世这样获得巨大成功。正是他奠定了前所未有的基础，然后亨利八世才能在此基础上建立起自己的赫赫权威。亨利七世本是遗腹子，幼年时随叔父贾斯珀·都铎①和母亲玛格丽特·博福特等流亡海外。从约克家族的角度来看，因为亨利七世即位的可能性太大，所以招来了约克家族对他的排斥；他与兰开斯特家族的关系又太远，无力联合他们来支持自己。亨利七世把自己地位的提升归因于对手犯的错误，还有自己冷静、审慎的策略。他吸取对手的经验教训，以免自己重蹈覆辙。1485年，亨利七世冒着巨大的生命危险入侵英格兰，但此后他做事就不再靠运气了，不再让激情或热情左右自己去鲁莽冒险。他喜欢的是实实在在的事物，而不是浮华的、无法控制的权力。亨利七世抛掉所有顾忌，放下一切原则，坚定不移地追求自己毕生的任务，那就是为自己和孩子保住王位，平定叛乱，抚平战争造成的伤害、尽力挽回战争造成的损失。愚蠢的行动很容易演变成战争，但建立永久的和平需要亨利七世所有的耐心、敏锐的眼光与远见、谨慎，还有坚韧的意志。亨利七世首先要做的是使国库充盈。接着，他发现发动对外战争会带来大量财富。在他的观念里，镇压国内的叛国行为也成了有利可图的事情。叛乱贵族被没收的财产收归王室手中，填满了英格兰的国库。英格兰旧有贵族的毁灭始于玫瑰战争，而亨利七世通过褫夺财产这一都铎王朝君主实行的政策中特有的手段来加速这种毁灭。到1509年，英格兰只剩下一位公爵和一位侯爵，即白金汉公爵爱德华·斯塔福德和多塞特侯爵托马斯·格雷。亨利七世利用褫夺财产这一手段不仅铲除了叛徒，还取消了他们家族的地位、剥夺了他们家族的权力。清除执政领域中封建主义的做法始于爱德华一世执政时期，到了亨利七世执政时期，这种做法实施得更加彻底。封建社会就好比一座金字塔，现在金字塔的斜坡被摧毁了，只留下都铎王朝的君主独踞塔尖。王室成了一个自成一体的社会阶层。

---

① 亨利七世的父亲埃德蒙·都铎是贾斯珀·都铎的哥哥。——译者注

查尔斯·布兰登与玛丽·都铎

　　到目前为止，英国王室子女与贵族通婚已不足为奇。自亨利七世登基以来，这样的通婚共有四次，其中，有两次发生在萨克森-科堡-哥达王朝时期[①]。只有一次发生于16世纪，即查尔斯·布兰登与亨利八世的妹妹玛丽·都铎的结合。有些人认为，查尔斯·布兰登自作主张娶了玛丽·都铎，他应当被处死。亨利七世通过减少贵族人数、实施系统性打压等手段，削弱了英格兰的贵

[①] 指维多利亚女王的女儿露易丝公主于1871年下嫁阿盖尔公爵约翰·坎贝尔；爱德华七世的女儿露易丝长公主于1889年下嫁法夫公爵亚历山大·迪夫。——译者注

族阶层。与斐迪南二世一样，亨利七世更喜欢利用律师和神职人员治理国家。这些人可以得到法官、主教等职位，不会要求王室赏赐田宅。律师和神职人员跻身朝堂，并且将滥用职权、谋取私利的土地领主排除在政权外。亨利八世遗嘱中提名的十六位摄政王，没有一个人敢自称已经当了十二年的贵族。所有都铎王朝时期的权臣，如托马斯·沃尔西和托马斯·克伦威尔、威廉·塞西尔和弗朗西斯·沃尔辛厄姆的出身都比较低微。出于相似的目的，亨利七世通过法律，限制贵族的仆从数量，并且禁止贵族拥有私人武装力量。他还设立了星室法庭与申诉法庭，以此让权臣服从他，并且保护穷人免受权臣的伤害。深受罗马帝国箴言影响的英格兰民法程序，不仅增强了都铎王朝时期国王的王权、提升了都铎王朝时期国王的尊严，还有助于建立专制。

国王的权力由此得以发展、扩大。站在国王宝座前台阶上的亨利王子拥有继承英格兰王位有史以来最得天独厚的条件，以及他的父亲亨利七世完全不曾有过的优势。亨利王子的王位继承权安然无忧，国库里堆满金银财宝；人民与亨利王子心意相通，再也无人觊觎王位。事实上，自腓力一世将约克家族的埃德蒙·德·拉·波尔交给亨利七世后，埃德蒙·德·拉·波尔就一直被关在伦敦塔里。他面容憔悴、萎靡不振。数年前，有人曾认为汉弗莱·斯塔福德可能会继承英格兰王位。不过，王位觊觎者对王位的诉求只是提醒了人们：虽然亨利王子的幼弟萨默塞特公爵埃德蒙·都铎、兄长阿瑟·都铎已先后亡故，但亨利王子还在，王位觊觎者不可能制造出什么混乱。天下安危悬于一线，这根线就是亨利王子。如果换作是其他人，那么是不可能毫无争议地获得英格兰王位。因此，如果说英格兰人对亨利王子忠诚得有些过分，那也不足为奇。英格兰以前的国王中，从未有人像亨利王子这般才华横溢、俊美健壮。1509年4月22日即位时，亨利八世还差十个星期就满十八岁了，他从父母那里继承了优秀的品德和英俊的外貌。虽然说亨利七世晚年时身体虚弱，脾气很坏，但早期执政时，他那迷人的笑容令约克郡的市民为之倾倒。亨利八世的母亲——约克的伊丽莎白被威尼斯共和国驻英大使安德烈亚·巴多尔描述成一个非常美丽、能干的女人。约克的伊丽莎白把父亲爱德华四世许多受人欢迎的特征都遗传给了亨利八世，不过爱德华四世的军事天赋没有遗传多少给亨利八世。爱德华四世一生经历了十三场激战，没有一场战败。除非想自欺欺人，否则见过亨利八世的人一定会承认他就是人们心中理想的君主。1515年4月，在英格兰经商的威尼斯共和国人洛伦佐·帕斯夸利戈这样写道："亨利八世陛下是我见过最英俊的君主。他身材比一般人要高，小腿极美，皮肤白皙，赤褐色的头发梳成又直又短的法兰西式样，圆圆的脸，脖子又粗又长……他会讲法语、英语、拉丁语，略通意大利语；善于弹奏鲁特琴和大键琴，曲谱看过后就能唱出来；他拉弓的力气比任何英格兰男子都要大，马上长矛打斗的技艺令人叹为观止。"1519年，威尼斯共和国驻英格兰另一位大使塞巴斯蒂安·朱斯蒂尼安形容亨利八世："他十分英俊，上天已将他造得不能再完美了。他比信奉基督教的任何君主都要俊美得多，比弗朗索瓦一世也要俊美得多。亨利八世体格匀称，令人羡慕。亨利八世听说弗朗索瓦一世留着胡子，于是他也留起了长胡子。他的胡子略微发红，留长以后看起来像是金色的。他极有才艺，通晓音律，会作曲，骑术很好，马上长矛打斗技术也很精湛；会讲法语、拉丁语和西班牙语……他酷爱打猎。每次外出打猎时，沿着他想要经过的乡间路线，他总会事先安排好八匹马或十匹马。当一匹马跑累了，他就换骑另外一匹马。等他回到宫中时，这些马就已筋疲力尽了。亨利八世喜欢打网球。打网球时，他白皙的皮肤在华美的衬衫下散发着光泽。世间最美好的事莫过于看亨利八世打网球了。"

国王由冷酷多疑的亨利七世换作了亨利八世，这不可避免地让英格兰人狂喜不已。"对于新君登基，我心里没有丝毫的恐惧，"威廉·布朗特给德西迪里厄斯·伊拉斯谟写信说道，"当您听说我们的国王亨利八世——我们完全可以将他称为我们的犀大维——继承了父亲亨利七世的王位时，您所有忧愁就将烟消云散。亨利八世有着优秀的品格。您对他是非常熟悉的。拥有这样一位国王，您还有什么愿望不能实现呢？……不过，当您知道亨利八世如今的表现是多么英勇，举措是多么英明，他又是如此喜爱正义与善良，对学者有着多么深厚的情感时，我敢发誓，您无须飞上九天就能看见这颗吉星[1]。您如果能看到全世界都在为拥有这样一位优秀的国王而欢欣鼓舞，他的存在是众望所归时，那么定会喜极而泣。天地沉浸在喜悦中，万物弥漫着奶和蜜的味道！贪婪被驱逐出境，财富唾手可得。我们的国王亨利八世不要黄金、宝石或其他财宝，他只想要美德、荣耀与不朽。"威廉·布朗特的描述现代感十足，但我们如果能充分考虑到威廉·布朗特是尽力以浮夸手法去模仿老师德西迪里厄斯·伊拉斯谟的风格时，那么就足以表明亨利八世给自己同时代一个受过自由教育熏陶的人留下了多么深刻的印象。在全民性的体育运动和军事操练方面，亨利八世那无与伦比的技能对他的广大臣民来说非常具有吸引力。无论是射箭、摔跤、马上竞技，还是在球场或狩猎场上，亨利八世的表现都是英格兰最好的。论开弓、驯马等，没有人比他更熟练。他曾单独与妹夫查尔斯·布兰登[2]在马上或在地上进行骑士竞技。这一场景被一个观众比作是阿喀琉斯[3]与赫克托耳[4]的战斗。这些事绝非史册不屑记载的那种琐事，它们有助于解释亨利八世在臣民心目中具有怎样的非凡影响力。如果今天有一位年轻的王子登上王位，他擅长运动，是最好的桨手、板球选手、神枪手，那么不难想象，他一定会得到成千上万名非常关心体育但对政治毫不关心的臣民的热情支持。这位王子如果天生拥有钢铁般的意志，非常懂得臣民的所思所想，还拥有卓越的治国才能，是个行动起来大刀阔斧的人。即使是放到现在，这样的人也能保证议会权力的完整性，或者是内阁政令的持续有效性。当时，都铎王朝的臣民对长达三十年的玫瑰战争和亨利八世即位前持续了十五年的各种觊觎英格兰王位的阴谋活动仍记忆犹新。除了混乱与亨利八世，他们别无选择。贵族一一失势，议会对国王几乎俯首帖耳，国王实行独裁并不是一件可怕的事。对托马斯·克伦威尔，托马

---

[1] 指亨利八世。——译者注
[2] 1515年，查尔斯·布兰登娶了亨利八世的妹妹玛丽·都铎。——译者注
[3] 阿喀琉斯，荷马史诗《伊利亚特》中描绘的特洛伊战争中的一位半神英雄。——译者注
[4] 赫克托耳，荷马史诗《伊利亚特》中描绘的特洛伊战争中的特洛伊第一勇士。——译者注

竞技比赛中的亨利八世

斯·莫尔曾这样评论亨利八世:"如果一头雄狮知道自己的力量,那么任何人都很难控制它。"亨利八世拥有雄狮般的力量,但现在谁也不知道他要多久才会明白这一点,以及他发现这个秘密后又会怎样使用这种力量。

第 3 章
亨利八世执政初期

亨利七世经历了暴风骤雨和鏖战才赢得的王位,如今在没有来自国外的威胁,也没有国内的非议的情况下,平静地移交到了亨利八世手中。斐迪南二世满怀热忱地将自己的军队和船队交由亨利八世支配,并且愿意为亨利八世效劳。几代以来,英格兰的王位从未如此平静地移交过。因此,斐迪南二世的这种做法实在没有必要。1509年4月,当亨利七世在希恩的里士满宫抱病在床

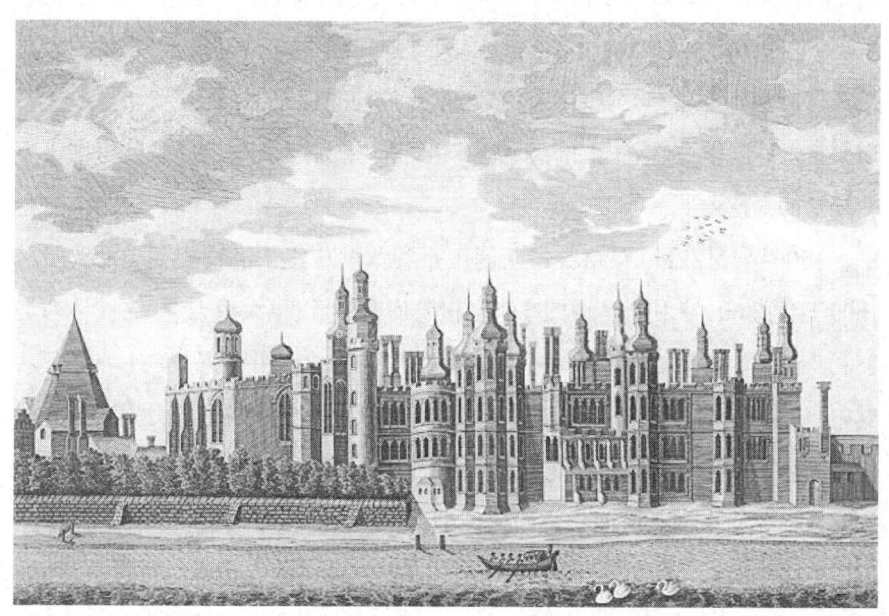

里士满宫

时，外界一片风平浪静。他的病床边站着唯一在世的儿子亨利王子。弥留之际，亨利七世给了儿子亨利王子几句忠告，希望他能与阿拉贡的凯瑟琳完婚，还规劝儿子捍卫教会，向异教徒开战，并且向儿子推荐了几位忠实的朝臣。有人相信亨利七世还敦促亨利王子处死约克家族的埃德蒙·德·拉·波尔。1509年4月21日，亨利七世驾崩。两个星期后，送葬队伍从希恩出发，缓缓行至圣保罗大教堂。著名的枢机主教约翰·费舍尔在此致悼词。接着，送葬队伍顺着河岸街行走在树篱和绿柳之间，最后到达威斯敏斯特教堂。

撒在这寸土地的，
委实是大地吞噬的，
世间最富有、最高贵的种子。

　　在威斯敏斯特教堂一座小礼拜堂的地下墓室里，亨利七世被安葬在王后约克的伊丽莎白身边。这座小礼拜堂以亨利七世的名字命名，以彰显他毕生的辉煌。弗朗西斯·培根说："这座陵寝比亨利七世在世时住的里士满宫，或者其他任何宫殿都要奢华。"多年前，技艺难分伯仲的彼得罗·托里贾诺与米开朗琪罗曾先后创作了墓室里的祭坛。在17世纪的内战中，狂怒的清教徒将这座小礼拜堂彻底摧毁了。

　　1509年4月22日，英格兰的新国王亨利八世从里士满宫搬到了伦敦塔。1509年4月23日，亨利八世遵照亨利七世驾崩前的旨意，大赦天下。这被认为是亨利八世统治时期实行的第一个正式举措。不过，大赦并未恩及八十名罪犯，其中，包括埃德蒙·德·拉·波尔、理查德·恩普森爵士、埃德蒙·达德利。对理查德·恩普森爵士、埃德蒙·达德利不予特赦，比特赦更让民众拍手称快。如果说有什么能使亨利八世深受臣民爱戴的，那么就是让那些帮助亨利七世敲诈勒索臣民的人得到应有的惩罚。前文提及的这三个人不仅没有得到特赦，还被送上了断头台，他们向民众发放贷款时附带的债券也被取消了。尽管处死他们

圣保罗大教堂

处决埃德蒙·德·拉·波尔、理查德·恩普森爵士、埃德蒙·达德利

有些不公正，但这一做法受到了人们的欢迎。官方记录显示，"在没有任何依据的情况下，亨利七世枢密院中的某些成员曾以不当手段逼迫这三个人的受害者，让他们做违反法律、理性和良心的事，指控并污蔑先王"。

如果说孝道要求亨利八世使父亲亨利七世摆脱他人的污蔑，同时为了完成亨利七世的遗愿，亨利八世和阿拉贡的凯瑟琳的婚事被匆忙安排起来。得知亨利七世驾崩的消息后，斐迪南二世立即向自己的驻英格兰大使古铁雷·戈麦斯·德·富恩萨利达发出警告，称路易十二还有其他人会想尽一切办法阻止这桩婚事。为促成这桩婚事，斐迪南二世收回反对奥地利的查理和玛丽·都铎结婚的意见。几天后，斐迪南二世写信给亨利八世，打消了亨利八世对娶寡嫂阿拉贡的凯瑟琳可能会有的顾虑，而对阿拉贡的凯瑟琳，他直截了当地说，除了亨利八世，她再也找不到别的丈夫了。斐迪南二世所有父亲般的焦虑其实没有必要。早在收到斐迪南二世的劝告前，亨利八世就已经下定决心要完成这桩婚事。亨利八世写信给奥地利的玛格丽特，说自己与阿拉贡的凯瑟琳的这一桩婚事得到了教皇尤利乌斯二世的特许，并且自己的妹妹玛丽·都铎与阿拉贡的凯瑟琳的外甥奥地利的查理①订婚缔结了两个家族的友谊。自己绝不会违背父亲亨利七世的旨意。除了亨利八世说的这些原因，还有其他原因：亨利七世一手调教的枢密院不愿失去阿拉贡的凯瑟琳的嫁妆。因此，当务之急是要加强英格兰王室与其他王室的联系。当父亲亨利七世的命令失去约束力时，像亨利八世这样一个血气方刚的青年，也不大可能把阿拉贡的凯瑟琳拒之门外。因此，1509年6月11日，在坎特伯雷总主教威廉·沃勒姆的主持下，亨利八世和阿拉贡的凯瑟琳在位于格林尼治的遵规修士会的一座教堂举行了一场私密的婚礼。1509年6月11日，王室确定了负责亨利八世和阿拉贡的凯瑟琳加冕礼的委员会。该委员会花了一个星期，就把一切安排妥当了。1509年6月24日，威斯敏斯特教堂见证了第二场国家典礼的举行。这里宏伟的建筑和华丽的陈设象征着新的

---

① 奥地利的查理的母亲卡斯蒂尔的胡安娜是阿拉贡的凯瑟琳的姐姐。——译者注

威廉·沃勒姆

君主的统治即将到来。威廉·沃勒姆将王冠戴在亨利八世头上。当被问到是否愿意让亨利八世成为他们的国王时,现场的人们大喊道:"愿意!愿意!"接着,由罗伯特·迪莫克爵士主持骑士护卫君主的仪式。在一场宴会、马上长矛打斗和骑士比武后,加冕仪式结束了。

亨利八世虽然结了婚,并且加冕成了国王,但略显稚嫩。不过,他浑身充满活力,思维正逐渐变得成熟、敏锐起来。他孩提时代的早熟已转变成少年时代对运动的不懈追求。亨利八世不是什么早慧神童,他的智力、意志和性格都是登基多年后才逐渐培养起来的。登基时,亨利八世只有十八岁,与大多数家资富有、身强体健的英格兰年轻男子一样,他的兴趣主要集中在户外,而不

威廉·埃蒂的油画《青春坐在船首，欢乐在掌舵》

是书房里。就像威廉·埃蒂的油画《青春坐在船首，欢乐在掌舵》中描绘的那样，亨利八世贪求快乐。阿拉贡的凯瑟琳称自己与亨利八世的新婚生活是"连续不断的盛宴"。冬夜里，宫廷里举办各种化装舞会、喜剧表演。亨利八世、贝茜·布朗特，以及宫廷里的其他年轻女士都会参加。春夏时节，有射箭和网球比赛。宫廷里，音乐日夜不绝。即位两个月后，亨利八世写信给斐迪南二世说，在英格兰各地巡行时，自己通过赛马、观鸟、打猎及其他活动来消遣解闷，但并未因此荒废朝政。也许在治国理政方面，亨利八世和现代大学里的学生一样勤奋；他的"荒废朝政"仅仅是相对于那些勤勉的君主来说的。不过，斐迪南二世驻英格兰的大使佩德罗·德·阿亚拉曾说亨利八世厌恶国事，朝臣抱怨他只关心及时行乐。佩德罗·德·阿亚拉又说，亨利八世一个星期有两天专门进行徒步单人格斗，就是为了模仿传奇英雄高卢的阿玛迪斯①和朗斯洛②。亨利八世其他的消遣活动同样费力耗时。对君主应承担的责任，他可能还不够了解。从亨利八世执政之初起，执行的政策总体上是按照他的想法制定的。大多数重要问题可能也都征求过他的意见，但情况并非总是如此。1509年8月，路易十二告知亨利八世，自己收到了一封据称是亨利八世写的信，信中祈求与法兰西人修好、讲和。"这封信是谁写的？"亨利八世咆哮道，"我怎么会向路易十二求和，他连我的脸都不敢看，更不用说向我开战了！"当时，亨利八世才十八岁，傲气十足，对大臣以他的名义做的事一无所知。亨利八世还没有悟到一个秘密：他如果渴望的不仅是拥有王位，还要行使政权，那么在处理朝政时，必须努力掌握一切细节。不过，现在朝政和外交中的细节问题，都是由大臣来处理的。

除了理查德·恩普森爵士和埃德蒙·达德利，亨利八世对亨利七世留给他的枢密院成员几乎未做调整变动。其中，地位最高的人当属大法官——坎特伯雷总主教威廉·沃勒姆。与亨利七世的大多数高级神职人员一样，亨利八世提高了威廉·沃勒姆在教会中的地位，以奖赏他对国家的贡献。亨利七世统治时期的大部分外交事务都是由威廉·沃勒姆经办的。他帮忙张罗了阿瑟·都铎和阿拉贡的凯瑟琳的婚礼；受命说合奥地利的玛格丽特与亨利七世的婚事，不过最终还是徒劳一场。作为总主教，威廉·沃勒姆曾给亨利八世加冕，主持了亨利八世的婚礼；作为大法官，威廉·沃勒姆曾在年轻的亨利八世的前三届议会开幕式上发表过演说。据说，大家对威廉·沃勒姆办理的这些事情普遍感到

---

① 高卢的阿玛迪斯，16世纪欧洲骑士小说中的游侠，是英雄的象征。——译者注
② 朗斯洛，传说中亚瑟王领导的圆桌骑士成员之一。——译者注

满意。然而，不知道是什么缘故，威廉·沃勒姆几乎没有再参与政务。到目前为止，亨利八世可以说已经有了一位首席国务大臣，即掌玺大臣兼温切斯特主教理查德·福克斯。政治上，理查德·福克斯甚至比威廉·沃勒姆还要活跃。他与亨利七世、亨利八世的个人财务关系也更加密切。理查德·福克斯曾随幼年的亨利七世一同流亡；《埃塔普勒和约》《马格纳斯协定》的签订，以及亨利七世的长女玛格丽特·都铎与詹姆斯四世的婚礼、小女儿玛丽·都铎与奥地利的查理的订婚等事情，基本上都是他亲手操办的。有恶毒流言称，理查德·福克斯曾愿意以父亲的死来换取为亨利八世效力的机会；更有人言之凿凿地称是理查

理查德·福克斯

德·福克斯创造了"莫顿叉"①这种税收办法。正如威廉·沃勒姆曾担任过牛津大学校长一样，理查德·福克斯于1500年担任剑桥大学校长。由于理查德·福克斯在威廉·沃勒姆主持的牛津大学里创办了基督圣体学院，因此，他的名望更是经久不衰。理查德·福克斯曾为亨利八世施洗礼，并且支持亨利八世与阿拉贡的凯瑟琳的婚事。因此，亨利八世非常信任他。安德烈亚·巴多尔称理查德·福克斯是"另一位国王"；西班牙大使路易·卡洛兹称理查德·福克斯深得亨利八世宠信。不过，亨利八世并没有忽视这个近臣的缺点，他告诉路易·卡洛兹说，理查德·福克斯人如其名，非常狡猾。第三位高级神职人员是达勒姆主教托马斯·鲁塔尔，他与理查德·福克斯共同处理国家大事。这些宗教顾问的职责是努力引导亨利八世走上和平的道路，同时抵制世俗同僚的冒险倾向。

枢密院中的世俗朝臣听命于托马斯·霍华德。不久，托马斯·霍华德就因在1513年9月9日的弗洛登战役中获胜而受到嘉奖，并且恢复了第二代诺福克公爵的称号。在亨利八世统治期间，托马斯·霍华德和长子第三代诺福克公爵托马斯·霍华德先后担任财政大臣。不过，由于众人对他们的嫉妒，都铎家族对他们的猜忌，或者自身因素的限制等，托马斯·霍华德父子担任的官职本应拥有的权力被削弱了。亨利八世从来不会像信任自己从社会下层中提拔上来的大臣那样信任霍华德家族。托马斯·霍华德曾在爱德华四世和理查三世手下效力。在博斯沃思原野战役中，托马斯·霍华德与亨利七世对抗，后被褫夺了封号和家产，并且被投入伦敦塔。考虑到在都铎家族的宫廷里做官要比在狱中做贵族好，托马斯·霍华德向亨利八世俯首帖耳，由此被亨利八世立为榜样，好让他把自己的旧党吸引过来。枢密院其他人都是没有什么成就的人。王室事务总管大臣什鲁斯伯里伯爵乔治·塔尔博特与托马斯·霍华德有几分相似，都是出身显赫但官轻势微的人。赫伯特男爵查尔斯·萨默塞特最初被封为内廷宫务大臣，后晋封为伍斯特伯爵。查尔斯·萨默塞特是第三代萨默塞特公爵亨

---

① 莫顿叉，亨利七世的枢密院大臣约翰·莫顿为了替亨利七世榨取税收想出的办法，即衣着华丽的人一定是有钱人，衣着朴素的人一定隐匿了财产，所以无论穷富，都必须交税。——译者注

基督圣体学院

托马斯·霍华德

赫伯特男爵查尔斯·萨默塞特

弗洛登战役中的幸存者将战败的消息带回爱丁堡

利·博福特的私生子。对亨利八世来说，查尔斯·萨默塞特虽然是自己的亲戚，但对自己的王位构不成威胁，因此，查尔斯·萨默塞特便从中得到了一些微不足道的权势。财政大臣托马斯·洛弗尔、财政管家爱德华·波伊宁斯、兰开斯特公爵郡大臣亨利·马尼都是久经考验值得亨利八世信赖的官员。罗切斯特主教约翰·费舍尔是一位杰出的神职人员、大学者、教育事业赞助人，但他并没有担任要职。当时，英格兰唯一的公爵——第三代白金汉公爵爱德华·斯塔福德和弟弟威尔特郡伯爵亨利·斯塔福德，因为都铎王室的嫉妒，被严格地排除在所有政治权力之外。

然而，亨利八世最坚定的顾问并非枢密院成员，而是斐迪南二世。亨利八世统治英格兰前五年施行的外交政策，都出自斐迪南二世。斐迪南二世通过女儿阿拉贡的凯瑟琳来指点亨利八世。在与亨利八世结婚一个月后，阿拉贡的凯瑟琳写道，她一生中唯一看重的就是父亲斐迪南二世的信任。当佩德罗·德·阿亚拉因未能满足阿拉贡的凯瑟琳有些苛刻的要求而被召回时，阿拉贡的凯瑟琳正式代替佩德罗·德·阿亚拉担任斐迪南二世在亨利八世宫廷的大使。阿拉贡的凯瑟琳恳求亨利八世相信她，并且希望通过自己的努力，英格兰王国和西班牙王国可以进行沟通！在给父亲斐迪南二世的信中，阿拉贡的凯瑟琳写道："父亲大人，英格兰王国和西班牙王国现在相安无事。"斐迪南二世很可能会为阿拉贡的凯瑟琳的婚姻结果，以及在他原本已经广袤的领地基础上再增加新的领地而暗自庆幸。他需要所有这些领地来确保自己的长远计划能够成功。斐迪南二世的外孙奥地利的查理是卡斯蒂尔、阿拉贡、那不勒斯和西属西印度群岛的继承人。这些都是奥地利的查理的母亲，斐迪南二世的女儿卡斯蒂尔的胡安娜传给他的。另外，奥地利的查理还是勃艮第和奥地利的继承人，这是他父亲腓力一世和祖父马克西米利安一世的领地。不过，这些并没有满足斐迪南二世的野心，他试图为与自己同名的第二个外孙小斐迪南[①]在意大

---

① 1556年，小斐迪南成为神圣罗马帝国皇帝，称斐迪南一世。——译者注

利北部开拓出一个王国来。斐迪南二世贪婪的目光死死地盯着米兰公国、威尼斯共和国、热那亚共和国和佛罗伦萨共和国。一旦占领这些地方,法兰西通往那不勒斯的道路就被封死了。获得这些财产后,作为补偿,小斐迪南可以将自己继承的奥地利遗产中的份额让给奥地利的查理。奥地利的查理会迎娶匈牙利国王乌拉斯洛二世的独生女安娜·雅盖洛,将匈牙利并入他的统治范围并复

安娜·雅盖洛

兴查理曼帝国。为了实现这些目标，同时为了转移他人视线，1508年，斐迪南二世在发起侵略威尼斯共和国的战争后摇旗呐喊，引得教皇尤利乌斯二世、马克西米利安一世，以及法兰西人、西班牙人纷纷加入自己的队伍。不过，在康布雷同盟的所有势力中，路易十二获利最大，因为他于1509年5月14日在阿尼亚德洛战胜了威尼斯共和国，使他控制下的米兰公国、威尼斯共和国的领土最远到达明乔河河畔。这导致斐迪南二世占领意大利北部的计划前景黯淡，并且威胁到他对那不勒斯的控制。不过，斐迪南二世没有和法兰西人公开对立，因为路

阿尼亚德洛战场上的路易十二

易十二仍在调解斐迪南二世和马克西米利安一世之间关于卡斯蒂尔的掌管问题。卡斯蒂尔是卡斯蒂尔的胡安娜的领地,而卡斯蒂尔的胡安娜是斐迪南二世的女儿,是马克西米利安一世的儿媳。

这就是亨利八世和枢密院需要应对的局面。亨利八世这样一位年轻的国王踏入了欧洲竞技场,在斐迪南二世、马克西米利安一世、路易十二、教皇尤利乌斯二世这样一群老谋深算、城府很深的华发老人中,只是个非常冲动的孩子。亨利八世震惊地看到这些人联合起来攻占了一个小小的威尼斯共和国。多年来,威尼斯共和国一直是基督教国家对抗土耳其人的堡垒,并且自古以来就是英格兰王国的盟友。威尼斯共和国在文艺复兴中发挥了重要作用,而文艺复兴强烈地引起了亨利八世的学术共鸣。来自威尼斯共和国,或者同样受到威胁的意大利学者和博士经常造访亨利八世的宫廷。威尼斯共和国商人推动、发展了伦敦的商业。在每年往返佛兰德斯的途中,他们的桨帆船都会在南安普敦停靠两次。威尼斯共和国商人开展的贸易是威尼斯共和国和英格兰王国的一项收益来源。亨利八世不可避免地对陷入苦难中的威尼斯共和国寄予了同情。入侵者之所以强大,是因为入侵者的主要领导者是法兰西人。亨利八世及臣民对法兰西的一切怀有一种天生的反感。即位前,亨利八世就被称为法兰西的敌人。外界纷纷猜测亨利八世是否会入侵法兰西,并且效法他的祖先亨利五世征服法兰西。无须斐迪南二世劝说,亨利八世就会为了威尼斯共和国的利益出面干预法兰西的入侵。在亨利八世即位几个星期后,他拒绝发布教皇尤利乌斯二世的诏书,因为这封诏书会使康布雷同盟的匪徒有了十字军的光环。1509年6月25日,亨利八世就路易十二在阿尼亚德洛获胜向威尼斯共和国大使安德烈亚·巴多尔表示遗憾。一个星期后,亨利八世写信给欧洲各国君主,力陈各国出兵威尼斯共和国对威尼斯共和国是非常不公正的。1509年9月,为了保卫威尼斯共和国和英格兰王国的利益,亨利八世派约克的枢机主教克里斯托弗·班布里奇担任英格兰驻罗马教廷特使。安德烈亚·巴多尔写道:"意大利被亨利八世从野蛮人手中解救了出来。如果意大利等待斐迪南二世来拯救,那么他只会袖手

莱奥纳尔多·洛雷丹

旁观。"亨利八世试图说服威尼斯共和国的宿敌马克西米利安一世接受仲裁，但只是徒劳一场。不过，亨利八世成功地说服了威尼斯共和国总督莱奥纳尔多·洛雷丹与教皇尤利乌斯二世进行和解，并且说服教皇尤利乌斯二世撤销了对威尼斯共和国的宗教谴责。亨利八世对斐迪南二世说，必须将威尼斯共和国作为抵御土耳其人的一堵墙来保护。他还暗示，如果威尼斯共和国被摧毁，斐迪南二世在意大利的领地将"成为某些基督教国家君主的盘中餐"。威尼斯共和国被摧毁后带来的危险，无论是对教皇尤利乌斯二世、斐迪南二世，还是对亨利八世来说，都是非常明显的。斐迪南二世刚刚说服路易十二在他和马克西米利安一世的诉讼中做出对他有利的判决，马上就准备加入亨利八世和教皇尤利乌斯二世的防御联盟。

不过，对亨利八世来说，尽管威尼斯共和国、西班牙王国，以及教皇尤利乌斯二世都鼓动他"恢复英格兰在法兰西的尊贵遗产"[①]，尽管他对威尼斯共和国的遭遇感到愤慨，尽管在执政的第一年，他便降旨晓谕臣民，要求他们配备战争武器，但长时间处于和平中的英格兰臣民并没有做好战争的准备。另外，亨利八世，或者说他枢密院中主张和平的朝臣也不愿意以武力解决问题。亨利八世与其他大国续签了亨利七世签订的条约。令威尼斯共和国，以及斐迪南二世和教皇尤利乌斯二世气愤的是，亨利八世还和路易十二签订了其他许多条约。亨利八世的第一次军事成就，除了1511年根据康布雷同盟约定的条款必须派遣一千五百名弓箭手去支援尼德兰对抗海尔德公爵查尔斯二世，就是这

海尔德公爵查尔斯二世

---

① 指百年战争以来，英格兰国王一直试图获得法兰西王位。——译者注

次帮助威尼斯共和国抵御入侵的异教徒的远征了。亨利八世曾说过，能有这样的远征，他首先要感谢上帝让自己能和平即位。还有一次，他宣称，他非常珍视从父亲亨利七世那里遗传的要消灭异教徒的信念。必须补充的是，与亨利七世一样，亨利八世成功地压制住了对异教徒的这股热情。除1512年对法兰西作战无功而返外——这是他年轻时一次轻率的举动，亨利八世再没有被祖辈那种遇事总是逃避的做法影响过。很快，他的高尚幻想就在欧洲治国理政的肮脏现实面前消失殆尽。与其他人一样，捍卫基督教国家对亨利八世来说是一种空洞的主张、一种外交假象，并且方式层出不穷。君主希望和平吗？为了使基督教国家的君主能够联合起来对抗土耳其人，立即实现和平是当前首先要做的。基督教国家的君主渴望战争吗？战争成了一个令人不快的、约束这些君主野心的必要条件。这些君主"比异教徒还要坏"，他们扰乱了基督教世界的和平，为教会的敌人开门引路。虽然亨利八世远征异教徒的行动取得了成功，但此后他再没有进行此类行动。1511年5月，亨利八世的舰队从普利茅斯启航，加入斐迪南二世对摩尔人的进攻。然而，英格兰的舰队刚一到达，基督教盟友间就爆发了争执。斐迪南二世通知英格兰指挥官，自己已与异教徒达成和平协议，并且准备与路易十二开战。

在准备对抗异教徒的过程中，亨利八世和斐迪南二世在1511年的《威斯敏斯特条约》的序言中申明他们加入康布雷同盟。接着，他们获悉路易十二正在博洛尼亚围攻教皇尤利乌斯二世。一想到竟有人以暴力对待耶稣基督的代理人，亨利八世就怒不可遏，这是任何针对世俗权贵的伤害都不能激起的气愤。对教皇尤利乌斯二世，亨利八世天真的顺从态度与其他久经世故的君主的蔑视态度形成了鲜明对比。这些君主就利用了亨利八世对教皇尤利乌斯二世总是言听计从这一点。亨利八世曾读过马克西米利安一世的许多重要演说稿，内容是马克西米利安一世如何支持路易十二于1511年在比萨召集的反对教皇尤利乌斯二世的比萨会议。亨利八世写信给驻罗马教廷的特使克里斯托弗·班布里奇说，他时刻准备为教皇和教廷牺牲财产、生命和王国。他又写信给马克西米利安一世说，自己刚开始执政时只是想着开展一次对异教徒的远征。然而，现在教皇尤利乌斯二世和教廷面临的危险召唤他朝着另一个方向进军。亨利八世接着谴责了路易十二对教皇尤利乌斯二世和教廷的大不敬与分裂教廷的行径，还有法兰西士兵在意大利的暴行。亨利八世与斐迪南二世联手，要求路易十二停止不虔敬的举动，但路易十二对他们的要求置若罔闻。1511年11月，亨利八世与斐迪南二世结盟，希望能保卫教会不受一切侵略，并且要向侵略者发动战争。

在执政的前两年半里，亨利八世奉行和平的外交政策。这一政策的转变不只是因为亨利八世对罗马教廷的热诚。在亨利八世的枢密院中，主张和平的神职人员的意见出现了分裂，这是因为出现了一个比他们都出类拔萃的神职人员——托马斯·沃尔西。在今后许多年，英格兰实行的大胆政策主要归功于此人的躁动与干劲。在亨利八世执政初期，托马斯·沃尔西曾任皇家施赈官，不过此时他在公共事务中没有太大的影响力。尽管此前托马斯·沃尔西已逐渐从思想上控制了亨利八世，但直到1511年，他才跻身枢密院。对自己、亨利八世，以及英格兰王国，托马斯·沃尔西充满了躁动不安的野心。英格兰突然采取积极的外交政策，与托马斯·沃尔西有直接关系。在1512年对法兰西战争的备战期间，托马斯·沃尔西令人惊叹的勤勉精神，以及对细节的把握首次展现得淋漓尽致。

亨利八世和斐迪南二世攻击的主要地方是法兰西西南部的吉耶讷。1512年5月，亨利八世前往南安普敦，命舰队火速出港。1512年6月3日，在托马斯·格雷的指挥下，舰队从英格兰南部的考斯出发。一个星期后，在西班牙北部的吉普斯夸海岸，英格兰军队登陆。不过，1512年夏，英格兰军队一直驻扎在此地，等待与斐迪南二世的军队会合，然后联手入侵法兰西。然而，斐迪南二世忙于其他事情，无法赶到。1511年，斐迪南二世与亨利八世缔结的《威斯敏斯特条约》没有提到纳瓦拉。实际上，纳瓦拉才是斐迪南二世真正想要得到的。它三面被西班牙领土包围。斐迪南二世想要占领它，轻而易举。有了纳瓦拉，斐迪南二世就可以将比利牛斯山脉以南的所有西班牙领土收归自己治下。在收复吉耶讷的幌子下,多塞特侯爵托马斯·格雷的军队被斐迪南二世诱至西班牙西北部港口帕萨赫斯,在此充当阻击路易十二的屏障,而守在后方的斐迪南二世气定神闲地征服了纳瓦拉。斐迪南二世称,想要在不征服纳瓦拉的情况下进军法兰西是不可能的,因为纳瓦拉虽然暂时与英格兰相安无事,但很可能会支持法兰西。斐迪南二世曾请托马斯·格雷协助自己攻下纳瓦拉,但托马斯·格雷拒绝执行这一分外之事。即便如此,斐迪南二世也承认托马斯·格雷带兵抵达帕萨赫斯"非常及时",因为他阻断了法兰西人对纳瓦拉的协助。英格兰官兵却怨声载道,他们发誓说,要不是害怕亨利八世会龙颜大怒,他们早就谴责不讲信义的斐迪南二世了。由于无事可做,英格兰士兵差点哗变,因为他们发现靠每天六便士——至少等于现在的六先令——的军饷根本无法生活下去。他们把西班牙的葡萄酒当作英格兰的啤酒一样喝,之后纷纷死于痢疾。接着,英格兰军队的军纪涣散了,操练也被忽略了。尽管这样,斐迪南二世仍然按兵不动。直到1512年10月,眼看着年内是无法攻打吉耶讷了,英格兰军队自作主张打道回府了。

亨利八世攻打吉耶讷的军事行动以耻辱和灾难告终。如今,英格兰士兵的声誉受损。亨利八世的特使抱怨军队违抗命令,吃不了苦,没有战斗经验。官兵灰溜溜地返回英格兰让亨利八世受尽了朋友和对手的嘲笑和讽刺。当时,他正要下旨召回军队。没想到,命令还未来得及下达,军队就自己返回了。这件事极大地损害了亨利八世的权威。当意识到自己被岳父斐迪南二世欺骗时,亨利八世怒不可遏。斐迪南二世则大呼小叫地抱怨,找借口。他说,9月和10月正适合在吉耶讷发动战争,当他正要与英格兰军队会师时,英格兰军队却撤退了。事实是,英格兰军队从侧面帮助斐迪南二世实现了自己的目的——夺取纳瓦拉。英格兰军队的存在引开了来自意大利的法兰西雇佣兵,使斐迪南二世可以安心地征服纳瓦拉。斐迪南二世的目的已实现,那他为什么还要再去吉耶讷与英格兰的军队会合呢?斐迪南二世非常精明,他是不会让自己的军队参与攻打吉耶讷这种毫无胜算的事！英格兰军队的撤离使斐迪南二世有了一个与路易十二进行秘密谈判的借口。斐迪南二世的这些方法代表了16世纪外交状况。几个月后，当自己的所作所为再也无法隐瞒，或者说没有必要再隐瞒下去时，斐迪南二世就命令路易·卡洛兹告诉亨利八世下面这一番话。

　　斐迪南二世原本打算把一位修士送到在英格兰的女儿阿拉贡的凯瑟琳那里。这位修士因为身体原因，不能坐船，所以就取道法兰西，结果被俘虏了。听闻这位修士虔诚的美名，法兰西王后布列塔尼

法兰西王后布列塔尼的安妮

的安妮很希望他能听听自己的忏悔，并且趁着面谈的机会说服这位修士把她的和平倡议带回西班牙。斐迪南二世突然觉得自己快要死了。他的忏悔神父告诫他要宽恕对手，并且要与对手和平相处。斐迪南二世不能昧着良心忽视忏悔神父对自己的告诫，因此他同意与法兰西人休战十二个月，从而确保纳瓦拉的安全。虽然斐迪南二世心里还是放心不下，但他觉得休战符合亨利八世的利益，最后还是同意了。不过，斐迪南二世说，对亨利八世影响最大的事是教会改革。这应该是亨利八世首先要做的工作，也是最崇高的工作。亨利八世能为上帝做的最大贡献莫过于此。没有和平就不可能进行教会改革，而不改革教会的话，君主间的战争就永远不会停止。

斐迪南二世认为，自己的这番话肯定能说服虔诚、单纯的亨利八世。对其他领教过他外交手段的君主，他使用的是更适合他们的那套说辞。斐迪南二世告诉马克西米利安一世，自己的主要愿望是为神圣罗马帝国皇帝的利益服务，遏制意大利人，挫败他们将自己、路易十二、马克西米利安一世驱赶至阿尔卑斯山脉以北的计划。然而，斐迪南二世向教皇尤利乌斯二世撒了个弥天大谎，他让自己在罗马教廷的大使希罗尼莫·德·维基会告诉教皇尤利乌斯二世：斐迪南二世与亨利八世联合入侵法兰西的努力失败了，因为亨利八世并不想入侵法兰西，并且斐迪南二世已与法兰西人达成休战协议。这样一来，路易十二就会向意大利增兵，迫使斐迪南二世考虑自身利益，然后双方讲和。两天后，斐迪南二世向路易十二抱怨说，亨利八世拒绝休战。为惩罚亨利八世，他愿意帮助路易十二对抗亨利八世，但他更愿意用一个"巧妙"的办法来解决路易十二与亨利八世的分歧，即劝说教皇尤利乌斯二世给出一个书面承诺：如果有争议的问题交由教皇尤利乌斯二世来仲裁，那么在未得到斐迪南二世和路易十二的秘密许可前，教皇尤利乌斯二世不得宣布任何裁决结果。得到承诺后，路易十二就会公开向教皇尤利乌斯二世申诉。亨利八世对教廷非常虔诚，肯定不会拒绝教皇尤利乌斯二世的调解。如果他拒绝了，那么势必会引来教廷的责难。这就是斐迪南二世为自己的女婿亨利八世的利益而策划的阴谋。斐迪南二世，这个"天主教教徒"口中念着上帝的名字，心里却谋划着欺骗的事情。曾有对手指责被斐迪南二世欺骗了两次。斐迪南二世得知后怒气冲冲地说："他撒谎，我欺骗了他三次！"斐迪南二世只忠于一个原则：不择手段地进行自我扩张。他的理想是在意大利北部建立一个王国。然而，在实现这一计划的过程中，斐迪南二世过分膨胀的野心为自己竖起了一道不可逾越的障碍。当时，意大利已被排除在斐迪南二世与路易十二签订的休战协议之外，以便斐迪南二世能放手实施在意大利北部建立王国这一计划。然而，到了1512年7月，意大利人对斐迪南二世的动机起了疑心。教皇尤利乌斯二世的特使宣布，教廷不希望再在米兰见到西班牙人，也不想见到法兰西人。1512年11月，西班牙雇佣兵与威尼斯共和国军队联合将法兰西人赶出了布雷西亚。根据康布雷同盟约定的条款，布雷西亚原本应归还原主，即威尼斯共和国，但斐迪南二世将这片土地据为己有，并且打算将它作为自己在意大利北部统治的核心。威尼斯共和国立即警觉起来，并且与法兰西王国签订了一项牵制斐迪南二世直到他驾崩时为止的条约。威尼斯共和国与法兰西王国的友谊断绝了法兰西王国与神圣罗马帝国的友谊。1513年，康布雷同盟战争继续，一方是亨利八世和马克西米利安一世代表的英格兰王国和神圣罗马帝国，另一方是法兰西王国和威尼斯共和国，而斐迪南二世则密谋要欺骗这些国家的君主。

数月以来，亨利八世都不知道，或者拒绝相信自己的岳父斐迪南二世是个不讲信义的人。从表面上看，斐迪南二世一如既往地热心于吉耶讷战事。他敦促亨利八世招募六千名日耳曼雇佣兵与西班牙士兵一起参战。1513年4月，在不知道斐迪南二世真实意图的情况下，路易·卡洛兹代表斐迪南二世与亨利八世、马克西米利安一世签订了一项联合入侵法兰西的条约。这迫使"天主教教徒"斐迪南二世彻底摊牌了：他拒绝通过这项联合入侵法兰西的条约。现在，斐迪南二世宣称，征服吉耶讷是一项艰巨的任务，必须在4月前准备就绪，但现在4月已经过去了。斐迪南二世还建议亨利八世与路易十二休战。亨利八世之前并没有认识到问题的严重性,甚至还对斐迪南二世动之以情,可怜地恳求他不要抛弃自己。然而,没有用,在亨利八世最需要帮助的时候,斐迪南二世弃他于不顾。如今,亨利八世和斐迪南二世想要和解是不可能了。既然英格兰的名誉蒙受了污点,那么就必须不惜一切代价将污点清除掉。任何国王,哪怕只有一丝勇气,都不会让自己的统治刚刚开始就蒙上一层阴影。亨利八世提拔托马斯·沃尔西就是为了在需要时由他来加强自己的威严。对亨利八世来说,现在挽救这场灾难几乎是生死攸关的事情,所以他把自己的名声当成赌注押在了战争上。在西班牙的烈日下,愤怒的英格兰军队指挥官大声指责托马斯·沃尔西是战争与一切坏事的起因。托马斯·沃尔西先前曾向理查德·福克斯进言,希望将托马斯·霍华德逐出宫廷。如今托马斯·霍华德,以及国内的其他"大人物"也希望将托马斯·沃尔西逐出宫廷。托马斯·沃尔西不愧是英格兰最著名的政治家之一,最后他体面地解决了这些事。

以亨利八世的秉性,他做事从不需要别人鞭策。都铎家族从来都是临危不惧的。在劝说完亨利八世休战后,斐迪南二世便扬长而去。这更让亨利八世下定决心要把战争继续坚持下去。亨利八世准备亲自为自己的军队雪耻。此次不必远征遥远的地方,只需在英吉利海峡区域作战。在这里,英格兰军队可以进退自如。英格兰军队曾到过加来无数次,到时候就以加来作为陆上进攻法兰西的基地。1513年3月,亨利八世目送着自己的舰队沿着泰晤士河缓缓南下,他将海军视为自己的武器、玩物。随后,在信中,英勇的海军上将爱德华·霍华德向亨利八世汇报了舰队的进展情况。从来没有过这么大规模的海军离开过英格兰海岸:在一千六百吨的"亨利皇帝"号后面的是二十四艘战舰,载有近五千名官兵和三千名水手。当爱德华·霍华德横扫英吉利海峡并出现在法兰西的港口时,法兰西军队不敢贸然行动。于是,爱德华·霍华德封锁了布雷斯特。停泊在勒孔凯附近浅水区的一支法兰西地中海战舰前来为法兰西军队解围。爱德华·霍华德决定将其截断。他奋力登上对方海军上将的战舰,不幸的是,他的

爱德华·霍华德与法兰西人交战，不久他被法兰西人杀害

抓钩被法兰西士兵砍断了，他的小船也被潮水卷走了。孤立无援的爱德华·霍华德被甲板上的法兰西人用长矛挑着抛入了大海。爱德华·霍华德的死被认为是一场民族灾难，但他保住了英格兰军队英勇善战的威名。

与此同时，英格兰的陆军正在加来集结。1513年6月30日19时，在加来，亨利八世率领军队登陆。在他离开英格兰之前，不走运的埃德蒙·德·拉·波尔被送上了断头台，罪证是他与为路易十二效力的弟弟理查德·德·拉·波尔的一封书信。不过，真正的原因是，有传言称路易十二要立理查德·德·拉·波尔为英格兰国王。1513年7月21日，亨利八世离开加来，去与驻扎在帕莱①的英格兰主力部队会合。此时，亨利八世麾下的陆军已挺进法兰西。然而，突然下了一场大雨，给陆军带来了许多不便，陆军行程受阻。据说，亨利八世当晚和衣而眠，次日3时，他骑着马绕营地转了一圈。亨利八世用这样一句话鼓舞士气："各位将士，一开始便有这样的遭遇，愿上帝保佑我们此后会交好运。"队伍行至阿德尔附近时，亨利八世麾下八千名雇佣兵中的一些德意志士兵洗劫了一座教堂。亨利八世立即下令绞死了其中三个人。1513年8月1日，在泰鲁阿讷城外，英格兰军队扎营。1513年8月10日，马克西米利安一世来到英格兰军队的营地，并且以列兵的身份在英格兰军队中服役，酬劳是每天一百克朗。1513年8月16日，一支庞大的法兰西军队抵达吉内盖特，想要解除英格兰军队对泰鲁阿讷的围困。不料，这支军队在阵前慌作一团，英格兰军队不战而胜。这场兵不血刃的战役被称为"马刺战役"。俘虏中有隆格维尔公爵路易一世·德奥尔良、著名的巴亚尔骑士皮埃尔·泰拉伊，以及其他一些法兰西贵族。1513年8月22日，泰鲁阿讷投降。1513年8月24日，亨利八世顺利挺进自圣女贞德②时代以来英格兰军队攻占的第一个法兰西城镇。1513年8月26日，亨利八世移驾吉内盖特，并且在此停留了一个星期，因为有份奇怪的文件做了如下规定："根据战争法则，任何城

---

① 帕莱，指都柏林及其附近地区，是当时英格兰在爱尔兰唯一控制的地区。——译者注
② 圣女贞德，是百年战争期间法兰西的女英雄。她曾带领法兰西人作战，多次打败英格兰，但最终被英格兰军队俘获，并于1431年5月30日被处以火刑。——译者注

马克西米利安一世来到英格兰军队的营地与亨利八世会晤

马刺战役

镇被围或被攻占后,如果有人想就此发起挑战,那么胜利的一方必须迎战,并且需要按照规定在原地等待数日以迎接挑战。"然而,没有任何人前来挑战。1513年9月15日,亨利八世包围了图尔奈。据说,图尔奈是当时巴黎以北很富庶的城市。包围图尔奈的过程中,在里尔,尼德兰摄政王奥地利的玛格丽特与父亲马克西米利安一世,以及亨利八世会合。众人商议了1514年再次攻打法兰西的事情,以及奥地利的查理与玛丽·都铎的婚事。为取悦奥地利的玛格丽特并一展技艺,亨利八世为她演奏齐特琴、鲁特琴、短号,并且在她面前跳舞、表演马上长矛打斗。亨利八世"击断长矛的敏捷度,和他高贵的气度胜过了在场所有人"。不到一个星期,图尔奈就被攻破了。1513年10月13日,亨利八世开始启程回英格兰。1513年10月21日,他在加来上了船。

不过,攻破泰鲁阿讷、赢得马刺战役、夺取图尔奈并不是1513年战事中英格兰取得的最引人注目的胜利。1513年7月,留在英格兰摄政的阿拉贡的凯瑟琳写道,自己"夜以继日地为在北方作战的英格兰将士赶制军旗、战旗、徽章"。与以往一样,一旦英格兰王国与法兰西王国交战,苏格兰人必然会趁机进攻英格兰。苏格兰国王詹姆斯四世虽然是亨利八世的姐夫[①],但甘愿为路易十二赴汤蹈火。1513年8月,在詹姆斯四世的指挥下,苏格兰军队大兵压境,但英格兰已早有准备。1513年9月9日,"在弗洛登,"诗人约翰·斯凯尔顿赞颂道,"我们用弓箭和钩镰枪灭掉了苏格兰的贵族精英。"在弗洛登战场上,横陈着詹姆斯四世的尸体。亨利八世写道:"詹姆斯四世因为背信弃义,受到了比我们期望的还要沉重的惩罚。"这一评语还算比较公正。根据英格兰王国与苏格兰王国于1502年1月24日缔结的《永久和平条约》,詹姆斯四世不得与英格兰开战。然而,没等教皇利奥十世解除詹姆斯四世的这番誓言,詹姆斯四世就对英格兰发起了战争。当时,亨利八世还在法兰西,无法亲自应战。詹姆斯四世此举有违骑士精神。亨利八世写信给教皇利奥十世,请求获准将已被革除教籍的詹

---

① 亨利八世的姐姐玛格丽特·都铎嫁给了詹姆斯四世。——译者注

诺瓦拉战役

姆斯四世以王室之礼葬于圣保罗大教堂。教皇利奥十世恩准了这一请求,但亨利八世并未按自己说的去做。在意大利,路易十二战败了。1513年6月6日,在诺瓦拉,瑞士步兵击溃了法兰西军队,将其残部赶出了阿尔卑斯山脉,并且恢复了斯福尔扎家族对米兰公国的统治。

1513年弗洛登战役的结果证明了亨利八世在遭到斐迪南二世拒绝后会有什么样的作为,而托马斯·沃尔西将一直深陷1512年英格兰军队远征吉耶讷最后无功而返的耻辱中。英格兰的声望不仅得以恢复,而且比亨利五世去世后的任何时候都要高。在伦敦,洛伦佐·帕斯夸利戈说:"亨利五世的美名现在要被亨利八世取代了。"在斐迪南二世的宫廷任职的皮特·马特·德安吉拉宣称,斐迪南二世"害怕英格兰势力过度增长"。安东尼奥·巴瓦林写道:"亨利八世如果也像其他人一样雄心勃勃地想要扩张领土,那么很快就会让整个世界都听命于他。"不过,安东尼奥·巴瓦林又补充道:"亨利八世是位贤明的国王,他枢密院中的朝臣也很称职。他与教廷发生争执是合情合理的，因为他要改革英格兰的教会。亨利八世建立了英格兰国教会，并且将意大利从法兰西人的手中解救了出来。"事实上，亨利八世取得战争胜利的盛大场面有些掩盖了他统治时期英格兰社会呈现的最根本特征是和平。当时，人们书信中的内容证明了亨利八世及枢密院的和平倾向。对塞巴斯蒂安·朱斯蒂尼安，亨利八世曾这样说道："我对自己拥有的心满意足，并且只想指挥自己的臣民。另外，我不会让任何人有权来指挥我。"还有一次，亨利八世说："我希望所有君主都对自己拥有的领土感到满足，我对自己拥有的领土就很满足。"在亨利八世的宫廷，塞巴斯蒂安·朱斯蒂尼安供职四年。经过一番仔细考虑，塞巴斯蒂安·朱斯蒂尼安向威尼斯共和国政府表示，亨利八世不会垂涎邻国的财物，他对自己拥有的领土面积感到心满意足，并且"非常渴望和平"。1513年，斐迪南二世说："亨利八世真正想要的是我每年从法兰西那得到的各种报酬，以及自由解决苏格兰事务的权力。"斐迪南二世的大使路易·卡洛兹汇报称，亨利八世枢密院中的朝臣并不喜欢与任何国家交战；他们告诉安德烈亚·巴多尔，和平比战争更适合英格兰。

不过，亨利八世的行动比他自己或其他人的言语更能表明，他认为和平是英格兰的首要利益。除了对法兰西用兵，亨利八世没有对欧洲大陆发动过任何战争。亨利八世虽然执政三十八年，但针对法兰西的敌对行动耗费的时间加在一起不过就几个月。1512年至1513年康布雷同盟战争期间的英法战争；1522年和1523年意大利战争期间，托马斯·霍华德和查尔斯·布兰登对法兰西的进攻；1544年亨利八世入侵法兰西。这些是亨利八世在国外进行的所有军事行动。亨利八世于1513年夺取了图尔奈，于1544年夺取了布洛涅，但在法兰西人交足五年的赔款后，1518年图尔奈被归还给了法兰西，而布洛涅于1552年以类似的方式被归还了。这些事与亨利八世想继承法兰西王位的计划形成了一种奇怪的对比：虽然总有人向亨利八世提及重获法兰西王位这一计划，但出于某些原因，亨利八世平时对此只字不提。只有在与法兰西开战时，他才明确地表达自己对法兰西王位的诉求。考虑到亨利八世在其他方面表现出的执着精神，以及他最后欣然放弃对法兰西王位的诉求，很难相信宣称要继承法兰西王位是亨利八世的真实想法。不过要获得法兰西、继承法兰西王位的目标的确无法实现，亨利八世对这一点很清楚。像拿破仑·波拿巴领导千军万马横扫欧洲，从柏林到莫斯科，从巴黎到马德里，各国首都纷纷沦陷的这种现象，远远超出了16世纪军事科学的解释范围。通常情况下，当时，军队只在夏季的几个月里才能作战，并且即使是在这几个月里，军粮有时也难以供应。缺乏给养或交通工具使所有入侵苏格兰的行动宣告破产。1544年，爱德华·西摩曾洗劫爱丁堡，但是乘船前往的。此前，除了罗马，再没有其他国家的首都遭受过军事入侵。亨利八世、马克西米利安一世、斐迪南二世入侵法兰西也不过才深入法兰西境内数英里[①]；历史上，法兰西军队入侵西班牙、尼德兰或神圣罗马帝国也未曾深入腹地。尼科洛·马基雅弗利指出，法兰西人对西班牙人实行的防御，重点在于确保西班牙军队没有足够的粮草让其可以越过比利牛斯山脉。如果说意大利的情况并不是这样的，那是因为意大利是自己邀请外国势力进入本土的。亨利八世知道，以自己的实力是永远无法征服法兰西的。因为他对法兰西王位的诉求是基于光明正大的常规惯例，所以法兰西如果想求得自身安全并维持现状，那么必须用一笔赎金和一两座城镇来与他交换。对这些诉求，亨利八世是期望能够实现的。

虽然亨利八世完成的只是自己声称要完成的征服计划的一小部分，但这并不妨碍英格兰王国和法兰西王国和谈。两国结束战争的原因有很多：亨利七世留下的财产正在被迅速消耗；爱好和平的教皇利奥十世接替了好战的教皇尤利乌斯二世的教皇之位后，赦免了路易十二的罪过，以此表示对路易十二停止召集比萨的宗教分裂会议的恩赏；英格兰王国与威尼斯共和国的贸易中断了；在亨利八世那个尚在襁褓中的小外甥[②]詹姆斯五世即位后，苏格兰王国要特别

[①] 英里，1英里约合1609.34米。——译者注
[②] 詹姆斯五世的母亲玛格丽特·都铎是亨利八世的姐姐。——译者注

相互勾结，合伙欺骗他这样一位天性率真、慷慨大方的年轻国王。对塞巴斯蒂安·朱斯蒂尼安，亨利八世说道："我看不出这个世界上除了我，还有谁对上帝有任何信仰。万能的上帝是知道这一点的，所以他肯定会保佑我的国家繁荣昌盛。"这种对自己，以及自己的正义感的固执信念，导致了亨利八世晚年的种种反常举动。不过，1514年时亨利八世如此固执地坚守自己的信念是有原因的。在给父亲马克西米利安一世的信中，奥地利的玛格丽特说道："我向您保证，亨利八世表里如一，言行一致。"洛伦佐·帕斯夸利戈说："不管怎么说，亨利八世为自己赢得了极大的荣誉，并且独自坚守自己的信仰。"一两年后，又出现了一个更加引人注目的，足以证明亨利八世品格的证据。1516年1月23日，奥地利的查理继承了斐迪南二世的西班牙王位，称卡洛斯一世。巴达霍斯主教阿隆索·曼里克·德·拉腊为枢机主教弗朗西斯科·希梅内斯·德·西斯内罗斯就卡

枢机主教弗朗西斯科·希梅内斯·德·西斯内罗斯

洛斯一世将面临的国内外形势起草了一份报告。报告中说:"亨利八世比任何其他国王都更忠于自己与奥地利王室的婚约。必须要承认的是,由于卡洛斯一世与玛丽·都铎未能喜结连理,人们可能会因此质疑这究竟是亨利八世的错,还是卡洛斯一世及顾问的错。不过,无论如何,除了这桩婚事,亨利八世基本上对卡洛斯一世尽到了义务,表现得像一个值得信赖的朋友。我们与亨利八世的联盟是最值得信任的。"

然而,即便是最谦恭、最圣洁的君主,也几乎不可能在欺诈过亨利八世后,能毫发无损,全身而退。亨利八世从来都不是一个圣人,也不是一个逆来顺受的人。亨利八世抱怨说,斐迪南二世蛊惑自己参战,为达到目的,还让教皇利奥十世利用了他对自己的影响力,自己为此付出了很大的代价——帮助马克西米利安一世拿下了图尔奈;将法兰西人逼入绝境。现在对手都被打倒了,斐迪南二世却要休战。这使亨利八世再也不愿意相信任何人了。威尼斯共和国驻英格兰大使馆专员,特雷维索的尼科洛·迪·法夫利这样写道:"如果当初斐迪南二世遵守了对亨利八世的承诺,那么亨利八世是永远不会与法兰西人讲和的。马克西米利安一世的诺言同样是假的,他得到了亨利八世支付的数千英镑的好处费,条件是他必须于1515年5月带着军队亲临加来,以此回报亨利八世,但马克西米利安一世把钱收下后就不见了踪影。亨利八世的外交很失败,这是一切不好的事件发生的根源。因为总是受到欺骗,所以亨利八世认为自己得改变做法了。"亨利八世发现,自己也可以在这些所谓的朋友背后玩和解的游戏。一旦下定决心耍花招,他取得的成果远在马克西米利安一世或斐迪南二世之上。亨利八世才是真正让路易十二望而生畏的人。因此,在亨利八世的所有对手中,路易十二得准备好付出最高代价。1514年2月,亨利八世听到了自己的盟国与法兰西王国联手的风声。1514年2月,教廷特使乔瓦尼·彼得罗·卡拉法[①]从罗马出发,前往英格兰去促成亨利八世和路易十二的和解。不过,在到达英

---

① 1555年,乔瓦尼·彼得罗·卡拉法成为教皇,即教皇保罗四世。——译者注

格兰之前，乔瓦尼·彼得罗·卡拉法可能就已经通过自马刺战役以来一直被关押在英格兰的路易一世·德奥尔良，使事态取得了进一步发展。1514年1月，路易十二的王后布列塔尼的安妮薨逝。此时，路易十二五十二岁了，他身体非常衰弱，但仍打算再娶一位妻子，目前他至少有六个新娘人选。1514年3月，罗马有传言称，路易十二打算娶亨利八世的妹妹玛丽·都铎——就是被卡洛斯一世退婚了的那位公主——为妻。不过，亨利八世一直等到1514年5月结束，确定卡洛斯一世不可能娶玛丽·都铎了。此时，马克西米利安一世向全世界宣布自己违背了先前的联姻承诺，让自己的孙子卡洛斯一世和玛丽·都铎的婚事落空了。随后，亨利八世与路易十二的联盟，以及玛丽·都铎与路易十二的婚姻谈判进展得非常迅速。1514年8月，亨利八世与路易十二签订了关于联盟和婚姻的相关条约。图尔奈仍然掌握在亨利八世手中。路易十二增加了自《埃塔普勒和约》以来法兰西支付给英格兰的年金。亨利八世与路易十二约定，面对共同的敌人时，双方有义务互相帮助。

　　马克西米利安一世和斐迪南二世被路易十二冷落在一旁。路易十二不仅中断了与他们的谈判，还准备重新夺回米兰，并且与亨利八世讨论恢复他的父亲亨利七世征服卡斯蒂尔的计划。亨利八世将继承伊莎贝拉一世的女儿阿拉贡的凯瑟琳，即自己的妻子拥有的卡斯蒂尔王国的一部分。后来，鉴于亨利八世拥有西班牙王位的继承权，路易十二建议亨利八世可以向西班牙要求一个头衔。1514年10月5日，威尼斯共和国政府写信给其驻法兰西大使马尔科·丹多洛，信中"赞扬路易十二劝说亨利八世攻打卡斯蒂尔一事非常明智"。到了1514年年底，威尼斯共和国政府称，路易十二准备进攻西班牙，并且试图在与亨利八世会面时，商讨作战的细节问题，但亨利八世没有答应。亨利八世不仅推迟了与路易十二的会面，还拒绝提供攻打西班牙所需的六千名步兵。不过，亨利八世肯定曾敦促过路易十二重新征服纳瓦拉。另外，我们从路易十二于1514年11月下旬写给亨利八世的回信中可以推断出，亨利八世或朝臣也提议过要征服卡斯蒂尔。路易十二自称不知道西班牙的王位继承法，但愿意加入攻击卡斯蒂尔的行动，不会考虑其中是非曲直问题。无论征服卡斯蒂尔的建议是源自法兰西还是英格兰，无论亨利八世最终是否拒绝，严肃的讨论态度就已表明亨利八世对斐迪南二世两面三刀的行径的仇恨有多深。路易·卡洛兹抱怨，英格兰人对待斐迪南二世"就像对待一头公牛，每个人都朝他扔飞镖"。每次只要提到斐迪南二世的名字，亨利八世就会表现得十分无礼。路易·卡洛兹补充道，"如果斐迪南二世不给亨利八世这头小马驹套上笼头"，那么以后就控制不了他了。事实上，亨利八世当时正暗自思谋一个计划。为实现这个计划，在后来的几年里，亨利八世这头小马驹挣脱了一切束缚，不仅背叛了斐迪南二世，还因斐迪南二世不讲信义而责难阿拉贡的凯瑟琳，并且威胁要离婚。

亨利八世的反击十分猛烈。他一拳打碎了马克西米利安一世和斐迪南二世正忙着建造的空中楼阁。马克西米利安一世和斐迪南二世想要复兴查理曼帝国，在意大利建立一个新王国，他们打算诱使路易十二割让米兰和热那亚，并且协助他们征服威尼斯共和国。最终，这些计划像一场梦一样全部落空了。在意大利，小斐迪南无处容身，他被迫独自守护自己的奥地利。这抑制了卡洛斯一世未来的势力扩展；而小斐迪南和卡洛斯一世的祖父马克西米利安一世和外祖父斐迪南二世则在苦苦思索如何对抗亨利八世和路易十二。亨利八世这场胜利的唯一污点是他抛弃了米兰公爵马西米利亚诺·斯福尔扎。马西米利亚诺·斯福尔扎曾感激地承认，自己之前能在米兰复辟，要归功于亨利八世。然而，米兰公国现在落入路易十二的手中。其实，就米兰公国来说，无论是重归马西米利亚诺·斯福尔扎统治，还是落入路易十二之手，都与亨利八世没有太大关系。到目前为止，亨利八世学到了很多东西，但他的力量还不足以与精明狡猾的对手相抗衡。对这一现实的清醒认识使亨利八世越来越倚重托马斯·沃尔西，因为托马斯·沃尔西可以在博弈中轻松击败马克西米利安一世和斐迪南二世。托马斯·沃尔西并不比马克西米利安一世和斐迪南二世更狡诈，但论起对细节的把握，他显然要高明得多，并且他大胆、勤奋。当斐迪南二世和马克西米利安一世在打猎时，托马斯·沃尔西经常长时间地忙于朝堂政务。可能是托马斯·沃尔西的神职身份和他即将获得的枢机主教职位使他拥有了对手没有的一项优势，因为每当托马斯·沃尔西要歪曲事实，并且想获得信任时，他就会"以枢机主教的身份，以枢机主教的荣誉"起誓。托马斯·沃尔西为王室操劳，得到了丰厚的赏赐。除了剑桥大学校长的职位，托马斯·沃尔西还获得了林肯主教、约克总主教等职位，1515年，他被擢升为枢机主教。1514年5月，托马斯·沃尔西派波利多尔·弗吉尔代表自己向教皇利奥十世索要枢机主教这一职位，而亨利八世对波利多尔·弗吉尔的使命并不知情，他以为授予托马斯·沃尔西枢机主教的职位是教皇利奥十世自己提出来的。

第 4 章

亨利八世、弗朗索瓦一世与卡洛斯一世的争斗

然而，托马斯·沃尔西煞费苦心为英格兰构想出的宏伟计划，寄托在行将就木、体弱多病的路易十二身上，因此，基础非常不稳定。1515年1月1日，正准备征服米兰、商议进攻西班牙的路易十二突然驾崩。托马斯·沃尔西刚刚建成的事业，瞬间崩塌。继市侩、庸俗的路易十二登上法兰西王位的是才华横溢、野心勃勃、穷兵黩武的弗朗索瓦一世。在弗朗索瓦一世的骑士精神、崇尚文艺的面具下隐藏着一张放浪形骸的面孔。与弗朗索瓦一世的放浪形骸相比，亨利八世或卡洛斯一世的过失似乎是一种美德。弗朗索瓦一世身材高大，容貌据说很俊美，但一位评论家直言不讳地写道，此人"看起来像个魔鬼"。法兰西王位易主后产生的第一个结果是一段关于真爱的插曲：路易十二的遗孀玛丽·都铎是都铎王朝时期十分迷人的女性之一。一个佛兰芒人这样说道："我从未见过这样美丽的人，也从未见过具有这样优雅甜美气质的人。""我也从未见过这样美丽的女士，"马克西米利安一世的大使跟着附和道，"无论是谈吐还是跳舞，玛丽·都铎都仪态娴雅，非常可爱。"古板的威尼斯共和国商人洛伦佐·帕斯夸利戈附和道："玛丽·都铎很漂亮，她身材颀长，满头金发，皮肤白里透红，最是高贵典雅。"他保证说，玛丽·都铎是"天女下凡"。对女性姿容更加苛刻的阿斯蒂主教安东尼奥·特留尔齐认为玛丽·都铎的眼睛和眉毛的颜色太淡了。不过，这可能是因为安东尼奥·特留尔齐是意大利人，更喜欢黑眼黑发的

玛丽·都铎与路易十二

女子。玛丽·都铎与路易十二结婚时才十八岁，她的这段婚事令公众非常震惊。另外，正如有人暗示的那样，路易十二与年轻的新娘玛丽·都铎的结合，加速了他的生命的终结。玛丽·都铎曾提醒过亨利八世，如果路易十二先她而去，那么亨利八世应允许她自己做主选择第二任丈夫，她才肯嫁给"年迈多病"的路易十二。接着，玛丽·都铎又说，她一直"难以忘却查尔斯·布兰登的美德"。亨利八世也知道，妹妹玛丽·都铎一直"钟情于查尔斯·布兰登"。

玛丽·都铎喜欢的可能是查尔斯·布兰登的大胆自信和俊美英姿，而不是他的美德。查尔斯·布兰登是个粗率爽直的人，很合亨利八世的心意。只有他和亨利八世一样喜爱马上长矛打斗和骑士竞技，他们经常互相切磋。骑马打斗是亨利八世的弱项，而查尔斯·布兰登无论是徒步作战还是骑马打斗，都像赫克托耳一样骁勇。查尔斯·布兰登的父亲威廉·布兰登本是一介平民，曾在博斯沃思原野战役中担任先王亨利七世的旗手。战斗中，威廉·布兰登遭理查三世杀害。他的死让儿子查尔斯·布兰登得到了亨利七世与亨利八世的加封，以表达对他的感激。在宫廷中，与亨利八世相似的爱好使查尔斯·布兰登得以迅速晋升，受封为莱尔子爵。1513年，在针对法兰西的一系列战事中，查尔斯·布兰登担任亨利八世军队的最高指挥。据说，亨利八世身边有"两个脾气很倔的人，掌管国家事务"。这两个脾气很倔的人，一个是托马斯·沃尔西，另一个就是查尔斯·布兰登。1513年7月，查尔斯·布兰登向奥地利的玛格丽特示爱。奥地利的玛格丽特得知，在英格兰，查尔斯·布兰登的"地位仅次于亨利八世"。有人告诉奥地利的玛格丽特，最好给查尔斯·布兰登写"一封委婉的拒绝信，因为此人可以成事，也可以败事"。1513年10月，在里尔，查尔斯·布兰登继续向奥地利的玛格丽特展开攻势。亨利八世欣赏查尔斯·布兰登追求喜爱的人的做法。当查尔斯·布兰登偷走奥地利的玛格丽特手指上的戒指，被她称为小偷时，查尔斯·布兰登请亨利八世为自己的失礼行为解围。1514年年初，可能是为了让查尔斯·布兰登追求奥地利的玛格丽特的进程更顺利些，亨利八世对查尔斯·布兰登的爵位等级做了异乎寻常的提升。当时，英格兰原本只有爱德华·斯塔福德一位公爵。如今，查尔斯·布兰登也成了公爵，即萨福克公爵。与此同时，托马斯·霍华德因在弗洛登战役中大获全胜而被重新封为第二代诺福克公爵。不过即便是被封为公爵，也难以让查尔斯·布兰登这样一个平民的儿子与奥地利的玛格丽特这样一个皇帝的女儿相匹配。查尔斯·布兰登用尽各种方法也未能使奥地利的玛格丽特嫁给他，这其中可能存在政治因素的干扰。安德烈亚·巴多尔指责查尔斯·布兰登，说他已经有三位妻子了。这一指责似乎有些夸张，但查尔斯·布兰登错综复杂的婚姻关系，以及他在离婚中展现的"天赋"，完全可能给亨利八世数年后离婚提供了借鉴。

1515年1月，查尔斯·布兰登奉命前往巴黎就路易十二驾崩一事向弗朗索瓦一世表示哀悼，同时恭祝弗朗索瓦一世即位，并且建议恢复法兰西王国与英格兰王国的联盟。临行前，亨利八世要查尔斯·布兰登发誓，在返回英格兰以前不能与玛丽·都铎结婚。然而，当查尔斯·布兰登发现玛丽·都铎正处于极度的痛苦中时，他对这个身陷困境、泪眼潸然的美人毫无抵抗能力。路易十二刚过世，他那好色的继任者弗朗索瓦一世，正如玛丽·都铎所说，"对她纠缠不休，做出许多有损她清誉的事情"。在给亨利八世的信中，查尔斯·布兰登写道："我和玛丽·都铎王后宁可离开这个世界，也不愿遵从您的命令。"弗朗索瓦一世每天都紧盯着玛丽·都铎不放。这不是威胁玛丽·都铎和查尔斯·布兰登这对情侣的唯一麻烦。据称，法兰西人不愿让玛丽·都铎离开，因为他们想将她嫁到其他地方去，从而为他们的政治目的服务。亨利八世可能也想让妹妹玛丽·都铎再嫁给卡洛斯一世，并且马克西米利安一世正在催促此事。马克西米利安一世告诉奥地利的玛格丽特，必须为卡洛斯一世夺回玛丽·都铎，即便是动用武力也在所不惜。1515年1月月初，托马斯·沃尔西写信给玛丽·都铎，告诫她不可做出任何新的婚姻承诺。来自英格兰的两名修士——显然他们是查尔斯·布兰登的暗敌派来的——给了玛丽·都铎同样的告诫，并且说，她如果回到英格兰，那么不至于屈尊降贵，下嫁给查尔斯·布兰登，而是可以选择卡洛斯一世作为自己的丈夫。玛丽·都铎则宣称："我宁愿被撕成碎片也决不听从你们的命令。"查尔斯·布兰登试图安抚恐慌不已的玛丽·都铎，但无济于事。玛丽·都铎不愿听任何安慰。她要查尔斯·布兰登跪下，并且告诉他，除非他此时此刻想要和她结婚，否则她会坚信他来法兰西只是为了骗她回英格兰，然后强迫她和卡洛斯一世结婚。可怜的查尔斯·布兰登，在对亨利八世许下的郑重承诺与玛丽·都铎的苦苦恳求之间，该何去何从呢？他做了其他任何一个满怀柔情的热血男儿都会做的事情——他不顾一切，秘密地娶了自己所爱的女人玛丽·都铎。

纸终究是包不住火。然而，亨利八世到底是如何接受查尔斯·布兰登与玛丽·都铎结婚一事的，如今我们除了托马斯·沃尔西的记录，再没有任何史料可查。在给查尔斯·布兰登的信中，托马斯·沃尔西写道，陛下[1]得知以后"非常悲痛，很不高兴"，不仅是因为查尔斯·布兰登的自作主张，也是因为查尔斯·布兰登违背了对他的承诺。托马斯·沃尔西又补充道，"你正处于前所未有的危险境地"。枢密院要求置查尔斯·布兰登于死地。为讨好亨利八世，并且让他去安抚枢密院，查尔斯·布兰登必须劝说弗朗索瓦一世出面帮忙说和。查尔斯·布兰登承诺付给亨利八世二十万克朗，作为玛丽·都铎当初嫁到法兰西的嫁妆的补偿，并且归还玛丽·都铎出嫁时亨利八世赠给她的金银器物和珠宝。查尔斯·布兰登还要退还亨利八世赠给妹妹玛丽·都铎的财产，并且逐年分期支付玛丽·都铎当初总计两万四千英镑的结婚开支。弗朗索瓦一世出人意料地答应帮忙，这也许是查尔斯·布兰登与玛丽·都铎这对恋人的苦楚遭遇唤醒了他人性中善良的一面。弗朗索瓦一世知道，只要玛丽·都铎和查尔斯·布兰登结婚了，亨利八世就不可能再把玛丽·都铎嫁给卡洛斯一世，借此加强英格兰与西班牙的关系。弗朗索瓦一世可能认为，助查尔斯·布兰登一臂之力会让自己在英格兰宫廷中获得一个有权势的朋友。这种想法也不无道理，因为此后外界一直怀疑查尔斯·布兰登凡事都偏袒弗朗索瓦一世。然而，1515年4月，查尔斯·布兰登与玛丽·都铎离开巴黎，前往加来时，心事重重。亨利八世对此未做任何表态。在加来，玛丽·都铎写信给亨利八世，自称宁可去修道院，也不愿违背自己的意愿结婚。查尔斯·布兰登也恳求亨利八世垂怜。查尔斯·布兰登说，除了托马斯·沃尔西，所有枢密院成员都一心要处死他。他违背了自己的誓言，未经亨利八世恩准就秘密地娶了他的妹妹玛丽·都铎为妻，这是一种前所未有的鲁莽行为。查尔斯·布兰登还说，他感觉到刽子手的斧头就在自己眼前闪闪发亮，他被吓得浑身发抖。

到了加来，玛丽·都铎说，她要一直在此地等待，直到收到亨利八世的来信。现在，我们无法看到亨利八世的回信。不过，当查尔斯·布兰登与玛丽·都

---

[1] 指亨利八世。——译者注

铎这对情侣孤注一掷时,他们竟没有表现出一丝恐惧,这真是太奇怪了。到目前为止,并没有人试图将查尔斯·布兰登与玛丽·都铎分开。1515年5月13日,在格林尼治宫,查尔斯·布兰登与玛丽·都铎公开举行了婚礼。出席婚礼的有亨利八世和全体宫廷成员。塞巴斯蒂安·朱斯蒂尼安写道,尽管发生了这一切,但亨利八世仍然保留了他与查尔斯·布兰登的友谊。数月后,塞巴斯蒂尼安略显夸张地断言,查尔斯·布兰登的权威与亨利八世的权威相差无几。亨利八世的确要求查尔斯·布兰登和玛丽·都铎返还玛丽·都铎与路易十二结婚时的全部赠礼,无论是钱、金银器、珠宝还是家具。不过,玛丽·都铎和查尔斯·布兰登违背亨利八世的命令执意要结婚前已同意返还这些赠礼。另外,亨利八世的这一要求也并非不合理。他原本打算将这些赠礼留着用于政治目的,后来因为钱不够,这些政治目的也未能实现。玛丽·都铎也没有料到自己如今身为萨福克公爵夫人,还能享有之前嫁作法兰西王后时的排场。唯一看起来像是个惩罚的规定是让她偿还去法兰西时英格兰王室给她提供的开支用度,尽管后来亨利八世不仅修改了这一规定,还赏赐了查尔斯·布兰登大片土地以帮助他与玛丽·都铎偿清款项。亨利八世确实要求查尔斯·布兰登和玛丽·都铎住在乡间,但在重大场合,查尔斯·布兰登仍一如往常地与亨利八世进行马上长矛打斗。玛丽·都铎仍然是亨利八世最宠爱的妹妹。在亨利八世所留的遗嘱中,关于王位的继承顺序,妹妹玛丽·都铎的子孙要优先于姐姐玛格丽特·都铎的子孙。亨利八世虽然后半生喜欢猜忌与报复,但现在根本没有猜忌和报复任何人的念头。亨利八世对查尔斯·布兰登的垂青,对妹妹玛丽·都铎的垂怜证明了当时并不存在什么宫廷阴谋。这与托马斯·沃尔西描绘的恐怖情景形成了鲜明对比,让人很难相信托马斯·沃尔西在这件事上没有私心。显然,在给查尔斯·布兰登的暗示中,托马斯·沃尔西故意夸大了亨利八世的愤怒。然后,他又向查尔斯·布兰登表明,亨利八世息怒是因为他在中间起了作用。托马斯·沃尔西很有可能是从查尔斯·布兰登的鲁莽中找到了除掉这个危险对手的方法。在亨利八世的阵营中,执掌大权的"两个脾气很倔的人"不太可能长期和睦相处。除了自己，托马斯·沃尔西很难认同任何"地位仅次于亨利八世"的人的存在，尤其是一个与亨利八世有姻亲关系的人。塞巴斯蒂安·朱斯蒂尼安暗示说，正是因为托马斯·沃尔西，查尔斯·布兰登才失宠的。随后几年，偶尔会关注查尔斯·布兰登的是托马斯·沃尔西，而不是查尔斯·布兰登一心想取悦的亨利八世。我们甚至发现，托马斯·沃尔西暗中告诫亨利八世要提防查尔斯·布兰登的一些图谋，而这些图谋可能只是托马斯·沃尔西凭空捏造出来的。

这一段关于爱情的插曲使查尔斯·布兰登出使法兰西的主要目的没有达到。所谓的主要目的是延长英格兰王国和法兰西王国于1514年8月签订的《圣日耳曼条约》，显然还包括对西班牙开战的讨论。弗朗索瓦一世做好了再次确认《圣日耳曼条约》的充分准备，因为该条约可以让他自由地实施自己对米兰的图谋。弗朗索瓦一世与卡洛斯一世也达成了类似协议。1506年，卡洛斯一世成为尼德兰领主。卡洛斯一世完全处于谢夫尔勋爵威廉·德·克罗伊的控制

谢夫尔勋爵威廉·德·克罗伊

之下。威廉·德·克罗伊出生于法兰西，并且支持法兰西，他给弗朗索瓦一世的信最后的落款总是"您卑微的仆人与臣子"。卡洛斯一世决意要娶路易十二的女儿法兰西的勒妮，但这不会对他的外祖父斐迪南二世的宏大计划有任何帮助。如果卡洛斯一世能在纳瓦拉复辟胡安三世的统治，那么弗朗索瓦一世就可在后方不会遭到攻击的情况下放手征服米兰。此时，瑞士雇佣兵已封锁自认为可以通行的所有关隘，但法兰西的将军在猎人的引导下，克服了几乎无法逾

法兰西的勒妮

越的障碍,将自己的大炮运过了阿尔卑斯山脉。1515年9月13日,在米兰西南部的马里尼亚诺发生的战斗让意大利北部都臣服于弗朗索瓦一世。接着,在博洛尼亚,弗朗索瓦一世拜会了教皇利奥十世。在教皇利奥十世毕生为之努力的问题,即维系并巩固美第奇家族利益的问题上,双方意见一致,一拍即合。或者说,教皇利奥十世的计划得到了势力更大的弗朗索瓦一世的认可。教皇利奥十世承认弗朗索瓦一世对米兰的所有权,而弗朗索瓦一世则承诺支持佛罗伦萨的美第奇家族,并且支持教皇利奥十世将乌尔比诺公国交给侄子洛伦佐二世·德·美第奇[①]统治的计划。

看着弗朗索瓦一世取得的胜利,亨利八世难以掩饰自己的嫉妒。他的嫉妒既有个人原因,也有政治原因。在描述弗朗索瓦一世和教皇利奥十世在博洛尼亚会面的情形时,英格兰驻罗马大使伍斯特主教西尔韦斯特罗·德·吉利写道:"弗朗索瓦一世身材高大,肩膀很宽,脸型为椭圆形。他长相英俊,双腿瘦长。"亨利八世经常以挑衅的口吻打听弗朗索瓦一世的容貌。1515年5月1日,洛伦佐·帕斯夸利戈被亨利八世召到格林尼治宫。洛伦佐·帕斯夸利戈发现,亨利八世身上穿着一套绿色的衣服,连鞋子也是绿色的,他骑着曼托瓦侯爵弗朗切斯科二世·贡萨加赠的一匹栗色弗里斯兰马;御前卫队也身着绿装,手持弓箭准备参加传统的五朔节[②]竞技。在离宫殿还有一段距离的绿色凉亭下,亨利八世一行准备用早餐。洛伦佐·帕斯夸利戈继续写道:

> 亨利八世走到我们待的凉亭下,用法语对我说:"跟我说会儿话吧。弗朗索瓦一世和我一样高吗?"我告诉他,差不多一样高。亨利八世接着问道:"他长得和我一样结实吗?"我说不是。然后他又问道:"他的腿形是什么样的?"我回答说:"瘦而修长。"亨利八世解开自

---

① 洛伦佐二世·德·美第奇的父亲皮耶罗·德·美第奇是教皇利奥十世的哥哥。——译者注
② 五朔节,起源于古罗马的欧洲传统节日,为每年的5月1日。在这一天,人们以歌舞等多种形式庆祝春天的来临。——译者注

马里尼亚诺战场上的弗朗索瓦一世

教皇利奥十世

洛伦佐二世·德·美第奇

己的紧身上衣,手放在大腿上说:"看,我的小腿也长得很不错呢。"然后,亨利八世告诉我,他非常喜欢弗朗索瓦一世。至少有三次,他曾与弗朗索瓦一世的军队离得特别近,但他没有让弗朗索瓦一世发现他,然后悄悄离去。亨利八世将这归因于对路易十二的尊重,因为路易十二从没有选择与英格兰交战。

晚饭过后,为展示自己的雄风,亨利八世"从头到脚全副武装,策马跑了三十圈,然后把对手打了个人仰马翻"。两个月后,亨利八世对塞巴斯蒂安·朱斯蒂尼安说:"我知道,以前的路易十二虽然是我的妹夫①,但他人很坏。不知道现在的弗朗索瓦一世这个年轻人怎么样。不过,因为他是法兰西人,所以我也说不清楚你应该怎么信任他才好。"塞巴斯蒂安·朱斯蒂尼安说,他瞬间察觉到了亨利八世与弗朗索瓦一世的荣誉竞争有多么激烈。

现在,亨利八世抱怨弗朗索瓦一世向自己隐瞒了他的意大利计划,抱怨他虐待英格兰臣民,干涉苏格兰的事务。其实最后一项才是亨利八世真正怨恨弗朗索瓦一世的理由。弗朗索瓦一世不太相信如果上帝给亨利八世一个绝佳的机会,那么亨利八世是否还会维护英格兰王国与法兰西王国的和平,是否会抵制进攻法兰西的诱惑。于是,弗朗索瓦一世派奥尔巴尼公爵约翰·斯图尔特去苏格兰给亨利八世制造了一场骚乱,让亨利八世无法从苏格兰的事务中脱身。自詹姆斯四世在弗洛登阵亡后,苏格兰便由玛格丽特·都铎执政,英格兰在苏格兰的影响力因此大增。于是,亨利八世开始要求在苏格兰的内政中拥有发言权。他自称是"苏格兰护国公",并且写信请求教皇利奥十世在未经自己同意的情况下,不要任命苏格兰主教,还要求教皇利奥十世按照以前的做法,将圣安德鲁斯总教区的地位降低,让其归约克郡管辖。许多人敦促亨利八世完成对苏格兰的征服,但被他"断然"拒绝了,理由是,他的姐姐玛格丽特·都铎才是苏

---

① 1514年,路易十二娶了亨利八世的妹妹玛丽·都铎。——译者注

玛格丽特·都铎

格兰真正的统治者,他年幼的外甥詹姆斯五世才是苏格兰的国王。然而,身为英格兰人,玛格丽特·都铎在苏格兰并不受欢迎。在下嫁安格斯伯爵阿奇博尔德·道格拉斯后,她在苏格兰的影响力就大大减弱了。因此,苏格兰人向长期在法兰西宫廷供职,拥有苏格兰王位继承权的奥尔巴尼公爵约翰·斯图尔特承诺：如果詹姆斯四世的子女都离世了，那么奥尔巴尼公爵约翰·斯图尔特便可继承苏格兰的王位。奥尔巴尼公爵约翰·斯图尔特的出现让苏格兰的亲英格兰势力非常不安。苏格兰人把玛格丽特·都铎围困在斯特灵城堡，最终迫使她将子女交给奥尔巴尼公爵约翰·斯图尔特照管。随后，玛格丽特·都铎逃往英格兰避难。

在斯特灵城堡，玛格丽特·都铎拒绝交出她的孩子

严格来讲，弗朗索瓦一世虽然并未撕毁与英格兰王国签订的《圣日耳曼条约》，但对英格兰王国并不友善。如果能在不破坏英格兰王国和法兰西王国的和平的情况下对弗朗索瓦一世发起反击，那么亨利八世会迫不及待地抓住任何可以利用的机会。亨利八世已续签1513年与斐迪南二世、马克西米利安一世联盟时签订的《里尔条约》，并且在教皇利奥十世的主持下成立了一个新的联盟。不过，在博洛尼亚，教皇利奥十世旋即与法兰西达成了和平协议。卡洛斯一世已嗅到法兰西有可能攻打自己的气息，但亨利八世的枢密院和臣民还没有做好战争的准备。塞巴斯蒂安·朱斯蒂尼安说，所以当斐迪南二世邀请亨利八世一同入侵法兰西时，亨利八世拒绝了。亨利八世这样做不是出于对弗朗索瓦一世的喜爱，而很可能是托马斯·沃尔西的计谋。这一计谋虽然满足了亨利八世报复斐迪南二世的愿望，但并不够谨慎。马克西米利安一世还在与威尼斯共和国继续无休无止的争吵，而米兰已被法兰西王国和威尼斯共和国联手占领，这无论是对马克西米利安一世、瑞士雇佣兵，还是对这些雇佣兵保护的马西米利亚诺·斯福尔扎来说，都是一个沉重的打击。如今，托马斯·沃尔西正在鼓动马克西米利安一世、瑞士雇佣兵、马西米利亚诺·斯福尔扎，意图让他们收复米兰。马西米利亚诺·斯福尔扎向托马斯·沃尔西承诺，如果自己复辟成功，那么自复辟之日起，他每年将给托马斯·沃尔西一万达克特。为了从法兰西手中夺回米兰，并且为1515年9月13日米兰公国在马里尼亚诺战役的失败复仇，亨利八世决定雇用两万名瑞士雇佣兵，让他们在马克西米利安一世手下效力。英格兰与瑞士雇佣兵的这次谈判进行得非常谨慎，不仅要绝对保密，还要确保英格兰支付给瑞士雇佣兵的钱不会落入马克西米利安一世的手中。理查德·佩斯写道："每当亨利八世的钱从马克西米利安一世眼前经过时，他总是会通过武力或虚假的赔偿承诺等方式来分一杯羹。"这一指责是有道理的，如马克西米利安一世一听说亨利八世的财宝正在运往瑞士的路上，就命令女儿奥地利的玛格丽特将其截获。教皇尤利乌斯二世说："马克西米利安一世反复无常，总是伸手向别人要钱，然后把钱浪费在打猎上。"

枢机主教克里斯托弗·班布里奇

　　为说服瑞士雇佣兵一同联手收复威尼斯共和国，托马斯·沃尔西挑选的特使理查德·佩斯是一位学者、作家，也是德西迪里厄斯·伊拉斯谟和托马斯·莫尔的朋友。理查德·佩斯曾在罗马为枢机主教克里斯托弗·班布里奇效力，后转投托马斯·沃尔西和亨利八世，担任亨利八世的国务大臣。理查德·佩斯的一切行动都谨遵托马斯·沃尔西的命令，没有自己的主张。理查德·佩斯于1515年10月出发，后及时抵达苏黎世，阻止了前来与弗朗索瓦一世签署协议的瑞士雇佣兵。冬天还没过去，英格兰王国和神圣罗马帝国一起攻入米兰的计划就定了下来。1516年3月15日，马克西米利安一世冒着大雪从阿尔卑斯山脉上下来；1516年3月23日，他渡过了阿达河；1516年3月25日，他距离米兰不到九英里，而法兰西军队几乎就在他眼前；1516年3月26日，他不战而退，转身逃走了。马克西米利安一世越过阿达河、奥廖河，进入蒂罗尔，任由法兰西人和威尼斯共和国人控制意大利北部。1517年后,法兰西人和威尼斯共和国人为威尼斯共和国收复了被康布雷联盟夺去的最后几个地方。

理查德·佩斯说,马克西米利安一世可耻地主动撤退了。现在,他堕落到如此不堪的地步,因此,他是敌是友就不再重要了。马克西米利安一世不光彩地逃离的原因仍然是个谜。马克西米利安一世和朋友为此找了无数的借口——马克西米利安一世听说法兰西王国和英格兰王国已达成协议;在英格兰王国、神圣罗马帝国与法兰西王国展开战斗的前夕,被马克西米利安一世抛弃的六千名瑞士步兵落入法兰西人的手中;波希米亚国王兼匈牙利国王乌拉斯洛二世驾崩了,他将儿子拉约什二世交由马克西米利安一世监护,于是马克西米利安一世必须去匈牙利处理此事;马克西米利安一世没有钱给军队发军饷。最后这个理由看起来才像是真的。钱是马克西米利安一世面临的所有困难的症结所在,并且迫使他做出了最不光彩的撤退。在亨利八世的军队里,马克西米利安一世曾当过列兵,每天的军饷是一百克朗。马克西米利安一世的朝臣也打劫过他。有一次,马克西米利安一世甚至没有钱支付晚餐费用;还有一次,马克西米利安一世将卧病在床的理查德·佩斯关到监狱中,以此暴力手段将亨利八世给瑞士雇佣兵的三万克朗的军饷敲诈到手。马克西米利安一世还指责神圣罗马帝国的富格尔家族、韦尔瑟家族,以及意大利的弗雷斯科巴尔迪家族等欧洲银行业、工商业家族不能如约向他提供经济支持。当瑞士雇佣兵到达米兰时,马克西米利安一世只支付了他们第一个月的军饷。在马克西米利安一世撤退后,可怜的理查德·佩斯就被瑞士雇佣兵抓起来关进了监狱以换取未付的军饷。再加上驻马克西米利安一世宫廷的英格兰大使理查德·温菲尔德的愚蠢,理查德·佩斯想要完成说服瑞士雇佣兵一同联手收复米兰的任务变得更加困难。理查德·佩斯与理查德·温菲尔德互相厌恶。理查德·温菲尔德总喜欢没完没了地讲大道理,盲目相信马克西米利安一世是正直、充满智慧的。因此,在写给托马斯·沃尔西的信中,风趣的理查德·佩斯给理查德·温菲尔德取了"真理先生"这么一个绰号。理查德·温菲尔德私拆了这封信,然后发现了理查德·佩斯对自己的这一嘲弄。对此，理查德·温菲尔德表示，真理是从来不会错的。还有一次，理查德·温菲尔德伪造了理查德·佩斯的签名，想借机为马克西米利安一世获取资金，他还厚颜无耻地抗议理查德·佩斯被任命为亨利八世的国务大臣。最终，理查德·温菲尔德的行为招致了亨利八世的严厉斥责。不过，亨利八世由此面临的长期苦难并没有结束，因为理查德·温菲尔德连任了英格兰驻马克西米利安一世宫廷大使一职。

远征米兰的失利给了托马斯·沃尔西和亨利八世一个痛苦但有益的教训。这是他们第一次企图干涉意大利邦国的事务，行动范围距离英格兰海岸如此遥远，并且与英格兰的利益毫不相干。对这样劳民伤财的行为，英格兰国内怨声载道。睿智的切斯特教区副主教卡思伯特·滕斯托尔写道，他不明白亨利

切斯特教区副主教卡思伯特·滕斯托尔

八世为什么答应去管别人的事。塞巴斯蒂安·朱斯蒂尼安写道，所有显要人物都反对托马斯·沃尔西与法兰西的媾和政策。该政策实施后，引起了塞巴斯蒂安·朱斯蒂尼安说的英格兰神职人员的变动。威廉·沃勒姆辞去了上议院大法官一职；掌玺大臣兼温切斯特主教理查德·福克斯想在自己的教区度过余生，以此种方式来弥补他二十八年来对自己教区的忽视。托马斯·沃尔西接替威廉·沃勒姆，就任上议院大法官；"跟托马斯·沃尔西一唱一和"的托马斯·鲁塔尔取代了理查德·福克斯，成为枢密院掌玺大臣，而查尔斯·布兰登失宠了。根据塞巴斯蒂安·朱斯蒂尼安的说法，托马斯·沃尔西无视查尔斯·布兰登和理查德·福克斯的种种建议，引起了人们的怨愤。人们低声抱怨托马斯·沃尔西干预外交事务中的税收事宜。

不过，托马斯·沃尔西仍然希望通过贿赂使马克西米利安一世忠于英格兰，并且诱使马克西米利安一世消除他的孙子卡洛斯一世所受到的来自法兰西的影响。1516年1月，斐迪南二世驾崩。驻西班牙宫廷的英格兰特使约翰·斯泰尔说，斐迪南二世的任性妄为要了他的命。他风雨无阻地狩猎、带鹰捕猎，并且只听驯鹰人的话，不听医生的话。于是，卡洛斯一世继位，统治卡斯蒂尔、阿拉贡和那不勒斯等地。不过，在马克西米利安一世远征失败后，弗朗索瓦一世在意大利呼风唤雨、无所不能，那不勒斯因此面临严重威胁。"教皇利奥十世支持法兰西，"一位英格兰外交官写道，"而从罗马到加来，一切又都听从教皇的。"为拯救那不勒斯，1516年8月，卡洛斯一世与法兰西签订了耻辱的《努瓦永条约》。卡洛斯一世承诺娶弗朗索瓦一世尚在襁褓中的女儿法兰西的露易丝为妻，以此换取胡安三世在纳瓦拉的复辟。卡洛斯一世如果没能履行婚约，那么必须将那不勒斯、纳瓦拉和阿图瓦割让给弗朗索瓦一世。这样的条约不大可能生效，但在当时它是弗朗索瓦一世取得的一项巨大成就，英格兰王国因此受到了法兰西王国和西班牙王国的进一步孤立。主张签订《努瓦永条约》的是卡洛斯一世的亲法兰西的大臣。马克西米利安一世对这些大臣的所作所为厌恶至极。马克西米利安一世很想去尼德兰中止《努瓦永条约》，并且撤掉给卡洛斯一世出谋划策的大臣。不过,他必须让英格兰王国来支付他的费用。英格兰王国支付了这笔钱。英格兰王国的钱看起来好像取之不尽,用之不竭。1517年1月,马克西米利安一世进军尼德兰。在给亨利八世的信中,马克西米利安一世威胁并扬言要杀了误导卡洛斯一世签订《努瓦永条约》的那些人。与马克西米利安一世此次驾临佛兰德斯的阵势相比,他之前进军米兰的情形顿时黯然失色。马克西米利安一世对卡洛斯一世说:"我的孩子啊!你去欺骗法兰西王国,而我去欺骗英格兰王国。"马克西米利安一世非但没有中止《努瓦永条约》,反倒加入了该条约,并且在布鲁塞尔庄严宣誓遵守该条约。马克西米利安一世可能认为自己把亨利八世的钱袋掏空了,现在该把手伸进弗朗索瓦一世的钱袋了。为了七万五千克朗,马克西米利安一世背叛了亨利八世。

在向托马斯·沃尔西传达这一消息时,卡思伯特·滕斯托尔恳求托马斯·沃尔西敦促亨利八世"克制冲动",并且"小心地将自己从此事中抽离出来,仿佛自己对此事毫无觉察一样","虽然马克西米利安一世和卡洛斯一世认为我们太愚笨,还没感觉到他们在侮辱我们,但我们得先对他们示好以换取他们对我们示好"。卡思伯特·滕斯托尔认为,英格兰王国不断地向卡洛斯一世示好弊大于利;他还让亨利八世及时把钱袋收紧,这样一来,卡洛斯一世和马克西米利安一世很快就会再次臣服于亨利八世的脚下。威廉·奈特十分赞同卡思伯特·滕斯托尔的观点,他认为英格兰王国试图废止《努瓦永条约》是愚蠢的,因为该条约自身就蕴含着自我解体的因素。既然卡洛斯一世迫不及待地要娶弗朗索瓦一世的女儿法兰西的夏洛特[①],那么《努瓦永条约》的解体就会由此开始。亨利八世和托马斯·沃尔西明智地采纳了威廉·奈特这一合理的建议。1517年3月11日,马克西米利安一世、弗朗索瓦一世和卡洛斯一世签订了《康布雷条约》,结成新的康布雷同盟,准备瓜分意大利。不过,他们很快就彼此结怨,同时忙于各自的事情,无暇顾及其他国家了。西班牙民怨四起,有人希望

---

① 法兰西的路易斯1517年9月夭折了。法兰西的夏洛特成了卡洛斯一世的目标。——译者注

小斐迪南

卡洛斯一世的弟弟小斐迪南担任西班牙国王。卡洛斯一世如果想要保住自己西班牙的各个王国，那么就必须立刻去访问它们。当然，除非英格兰王国提供资助，否则他是去不了的。于是，卡洛斯一世向英格兰王国提出贷款请求。英格兰王国慷慨地答应了，卡洛斯一世的大使也受到了英格兰王国极大的礼遇。身为教皇驻英格兰特使的弗朗切斯科·基耶雷加蒂说："有一天，亨利八世派人把卡洛斯一世的大使请了过来，让大使和他，以及王后阿拉贡的凯瑟琳一起共进晚餐。这一举动非比寻常。晚餐后，亨利八世开始唱歌，弹奏乐器，展示自己的精湛天赋。最后，他又跳起了舞。"另一位叙述者接着说道："在舞蹈和策马跳跃方面，亨利八世的表现令人惊叹不已，这证明了他对这些事是何等的孜孜不倦、乐此不疲。"还有一天，在一场"十分盛大的马上长矛打斗"竞技中，亨利八世身着华服出席了，他的衣服的"银丝绒面料上绣满了具有象征意义的字母"。在亨利八世按以往常规做了一番展示后，查尔斯·布兰登从另一端入场，几乎是同样的阵势和排场，陪同查尔斯·布兰登的是十四个长矛手。"亨利八世想和他们一决高下，但被枢密院制止了，并且枢密院还规定每位参赛者只能策马六圈。这样一来，所有娱乐活动当天就可以结束……分给亨利八世的对手是查尔斯·布兰登。二人表现得很骁勇，让旁观者恍如目睹了赫克托耳与阿喀琉斯的战斗。"威尼斯共和国驻英格兰使馆的秘书尼科洛·萨古蒂诺说："亨利八世与查尔斯·布兰登较量了八个回合。每个回合开始前，他们都会抖抖手中的长矛。观众对此报以热烈的掌声。"弗朗切斯科·基耶雷加蒂继续说道："刚一轮到亨利八世上场，他就出现在阿拉贡的凯瑟琳和众位贵妇面前。他骑着马，进行了好多次空中跳跃。在一匹马精疲力竭后，他进入帐篷，换另一匹马骑上……再接着做空中跳跃，然后再换马，再出场，直到比赛结束。"接着，无比盛大的晚宴开始了。弗朗切斯科·基耶雷加蒂断言称，"在餐桌前，客人待了七个小时"。亨利八世的服装展示同样很多彩。第一次，他穿着硬挺的"匈牙利式织锦缎袍"；第二次，他穿着"土耳其式白色锦缎无袖罩袍，方才提到的匈牙利式织锦缎袍上镶满了由红宝石和钻石制成的玫瑰花"；第三次，他"穿着拖地的王袍，金色锦缎的边上镶着白色貂皮"，而"朝臣穿金戴银，珠光宝气，这一盛况前所未见"。

  这些豪奢的表现无疑会给囊中羞涩的卡洛斯一世留下深刻印象。1516年9月，在抵达西班牙时，卡洛斯一世穷困潦倒，所以他很高兴地接受了英格兰大使的慷慨资助。在卡洛斯一世与西班牙国会议员的第一次会议上，这些议员要求卡洛斯一世立即结婚，不要再等弗朗索瓦一世的女儿——法兰西的夏洛特了，并且臣民想要的新娘是葡萄牙国王曼努埃尔一世的女儿——葡萄牙的伊莎贝拉。另外，议员不愿意看到纳瓦拉再被分割出去。因此，卡洛斯一世被迫跟弗朗索瓦一世说，在尼德兰时，他不知道自己拥有纳瓦拉王国的王位继承权，到西班牙后才了解到这一点。对弗朗索瓦一世提出的会面邀请,卡洛斯一世婉拒了。弗朗索瓦一世和卡洛斯一世的决裂只是个时间问题。为做好决裂准备,法兰西王国与西班牙王国都想与英格兰王国联盟。为此,弗朗索瓦一世和卡洛斯一世倍感焦虑。1517年秋天至1518年春天,法兰西王国与英格兰王国试图达成联盟。此时,约翰·斯图尔特已离开苏格兰,所以英格兰不痛快的根源也就消失了。如今,亨利八世有个女儿——玛丽公主①,而弗朗索瓦一世有个儿子——法兰西的弗朗索瓦②。于是,托马斯·沃尔西说:"我会把玛丽公主和法兰西的弗朗索瓦撮合成一对。"1518年10月,英格兰王国和法兰西王国签署了婚姻和

亨利八世与女儿玛丽公主

---

① 1553年,玛丽公主即位称玛丽一世。——译者注
② 即布列塔尼公爵弗朗索瓦三世。——译者注

第4章 亨利八世、弗朗索瓦一世与卡洛斯一世的争斗　●　115

枢机主教洛伦佐·坎佩焦

联盟条约，欧洲同时实现了全面和平。为此，教皇利奥十世派遣枢机主教洛伦佐·坎佩焦去英格兰送上自己的祝福。然而，托马斯·沃尔西拒绝洛伦佐·坎佩焦入境。洛伦佐·坎佩焦因此气恼地在加来滞留了三个月，直到他带来了教皇利奥十世任命托马斯·沃尔西为教皇使者的口谕，并且有托马斯·沃尔西的对手——巴斯和韦尔斯主教哈德里安·德·卡斯泰洛的证词为证，托马斯·沃尔西才允许洛伦佐·坎佩焦进入英格兰。英格兰王国与法兰西王国联盟仪式的盛况甚至超过了1517年举行的马上长矛打斗的活动。塞巴斯蒂安·朱斯蒂尼安说，此次联盟仪式还包括在托马斯·沃尔西宅邸进行的一场"丰盛的晚宴"。"我想，埃及艳后克莉奥帕特拉[①]或罗马暴君卡利古拉[②]也未曾举办过这样奢

[①] 克莉奥帕特拉，埃及托勒密王朝的末代君主。——译者注
[②] 卡利古拉，罗马帝国第三任君主，以骄纵残暴著称。——译者注

华的晚宴。整个宴会厅都装饰着巨大的金银花瓶。当众人向亨利八世致以神圣的敬意时,我恍如置身于萨珊王朝君主霍斯劳二世巧夺天工的塔式宫殿中。晚饭后……衣着完全相同的十二对男女舞者以非常华丽与豪奢的阵容出现在舞台上……他们身上穿着用上等绿缎做的衣服,披着黄金披风,披风下摆缀着金色的蕾丝结。人人头戴兜帽,用面甲遮脸,而女舞者淡金色的长发上戴着金色锦缎制成的头饰。这些蒙面舞者的舞姿整齐划一。舞蹈结束后,他们摘下了面甲。众人这才发现,原来两位领舞者是亨利八世和安妮·博林,其余舞者均为英格兰的贵族与贵妇。"狂欢过后,各国代表签署通过了《伦敦条约》。对此,众人均表示认可,连英格兰远征米兰时备受托马斯·沃尔西冷落的老臣此刻都忙不迭地鼓起掌来。在给托马斯·沃尔西的信中,理查德·福克斯写道:"这是你为英格兰做过的最好的事。所有的赞扬,除了给陛下[①]的,其余都应归功于您。"和平的车轮再次转动起来,西西弗斯的石头被重新放在了山坡上[②],比以往任何时候都要稳固。

这种天下太平的景象结束了1508年康布雷同盟引发的战争。缔结《伦敦条约》并不完全是因为人们希望偃武修文,也不是因为大家准备拿起武器,齐心反对土耳其人。和平只是一个永恒的借口罢了。1517年4月,马克西米利安一世罹患中风。在评论此事时,塞巴斯蒂安·朱斯蒂尼安说,通常情况下,中风到这种程度的人活不过一年。此时,马克西米利安一世的竞争对手纷纷准备向神圣罗马帝国的皇位发起挑战。马克西米利安一世自始至终都忠于一条原则,那就是钱。在他考虑自己的继任者须用金钱来换取他的皇位这一办法的过程中,他忽然找到了灵感。在给卡洛斯一世的信中,马克西米利安一世说,除非卡洛斯一世花的钱和弗朗索瓦一世的同样多,否则他就别想得到神圣罗马帝国。马克

---

① 指亨利八世。——译者注
② 西西弗斯是古希腊神话中柯林斯王国的第一代国王,因贪婪、狡诈受到宙斯的惩罚:他必须将一块巨石推上山顶,而每次快到山顶时,巨石就会自动滚下山坡,如此周而复始,永不停歇。——译者注

西米利安一世还说："我们如果现在因为一些糟糕的或严重的疏忽而失去一切，那么就太可悲了。"弗朗索瓦一世正"暗地里四下游走，广投诱饵"，希望以此获得神圣罗马帝国的皇位。马克西米利安一世曾不止一次地想让亨利八世获得神圣罗马帝国的皇位继承权。理查德·佩斯称，此举只是榨取亨利八世钱财的另一种新花样，"因为神圣罗马帝国的选帝侯不会允许本国的皇位落入外人之手"。1513年，在马克西米利安一世以列兵身份在亨利八世的军队中效力时，就首次提出让亨利八世继承自己的皇位。1516年，他又重申这一提议，并且邀请亨利八世在库尔会面。届时，英格兰军队从库尔翻过阿尔卑斯山脉，进入米兰；马克西米利安一世先把米兰公国赠给亨利八世，接着同亨利八世一起前往罗马；然后他退位，让亨利八世加冕继位。然而，这并非代表马克西米利安一世想放弃一切世俗权力，只不过他想把精神荣耀和世俗荣耀合二为一，集于一身。马克西米利安一世打算放弃神圣罗马帝国的皇位，成为教皇。他从来不知道什么叫荒诞不经。这个无法从威尼斯共和国手中夺取几个城镇的人总是在自欺欺人，总幻想着率领康布雷联盟的军队攻占土耳其，夺取基督教圣城耶路撒冷。马克西米利安一世这位受钱财驱使的神圣罗马帝国皇帝告诉女儿奥地利的玛格丽特，他打算让罗马教廷封自己为圣徒，等自己百年之后，女儿奥地利的玛格丽特必须供奉他。1519年1月12日，在奥地利的韦尔斯，马克西米利安一世驾崩。他死的时候，既不是教皇，也不是圣徒；耶路撒冷仍在土耳其人手中；神圣罗马帝国皇位的继承权仍悬而未决。

现在，对神圣罗马帝国皇位的竞争正式开始了，各选帝侯准备好要大赚一笔。选票的价格比最腐败、最贪婪的议会选举人想象的价格还要高出一百倍。当时，只有七位选帝侯，而他们竞争的目标是独一无二的神圣罗马帝国皇帝之位。弗朗索瓦一世说，他准备出价三百万克朗。卡洛斯一世不敢出价比弗朗索瓦一世低太多。在神圣罗马帝国，被奥地利人称为"一切贪欲之父"的勃兰登堡选帝侯约阿希姆一世有着举足轻重的影响力。因为他的弟弟美因茨总主教勃兰登堡的阿尔贝特也是选帝侯，所以想要收买约阿希姆一世，必须支付巨

约阿希姆一世　　　　　　　　　　　　　　　　　　　约阿希姆二世

额贿赂。约阿希姆一世野心勃勃，并且贪得无厌。各路皇位角逐者争相与他联姻，以满足他的野心。卡洛斯一世许诺将斐迪南二世的遗孀富瓦的热尔梅娜嫁给约阿希姆一世。为打败卡洛斯一世，弗朗索瓦一世试图将路易十二的女儿法兰西的勒妮许配给约阿希姆一世的儿子约阿希姆二世，而卡洛斯一世则提出要把妹妹奥地利的卡塔里娜嫁给约阿希姆二世。很大程度上，弗朗索瓦一世的优势在于自己的个人魅力、征服意大利北部后赢得的军事声誉，以及教皇利奥十世的帮助。为解决征服费拉拉公国、扩大教皇国、让自己的二儿子法兰西的亨利[①]统治那不勒斯等问题，1516年8月18日，弗朗索瓦一世与教皇利奥十世签署了一个新的协定，即《博洛尼亚协定》。该协定的内容是法兰西必须由教皇使者与国王一起管理，并且弗朗索瓦一世不得干预宗教事务。卡洛斯一世把自己

---

① 1547年，法兰西的亨利继承弗朗索瓦一世的法兰西王位，称亨利二世。——译者注

的优势归功于他的西班牙国王身份，而非他本人。他冷漠、含蓄、拘谨，没有半点弗朗索瓦一世和亨利八世那样的体魄或智慧；他不擅长任何运动，长相不讨人喜欢，举止令人反感，性格中没有一丝宽宏大度或骑士精神，作战或治国方面也乏善可陈。尽管这样，他依然是奥地利哈布斯堡家族的继承人，而哈布斯堡家族世世代代都是神圣罗马帝国皇帝。神圣罗马帝国的法律禁止其他人拥有神圣罗马帝国的最高统治权。与此相对的是，卡洛斯一世拥有包括那不勒斯和西班牙的庞大领土，这将使他无法继续在神圣罗马帝国居住，还有可能会威胁到他的德意志臣民的自由。

再没有第三位候选人了吗？教皇利奥十世认为，卡洛斯一世和弗朗索瓦一世，无论谁当选成为神圣罗马帝国皇帝都对自己不利。教皇利奥十世一直害怕马克西米利安一世要求拥有教廷管理世俗事务的权力，尽管马克西米利安一世在意大利并无立锥之地。教皇利奥十世更害怕弗朗索瓦一世或卡洛斯一世手中拥有的继承权！这两个人，一个从米兰威胁教皇国，另一个从那不勒斯威胁教皇国。在这两个人中，教皇利奥十世更害怕卡洛斯一世继承神圣罗马帝国皇位。因为对教皇来说，卡洛斯一世倡导的那不勒斯王国和神圣罗马帝国的联盟如同噩梦一般，这导致在授予那不勒斯国王叙任权[①]前，教皇要约束并要求那不勒斯国王发誓不参与神圣罗马帝国的皇位角逐。不过，第三位候选人会提供一个让教皇利奥十世从弗朗索瓦一世与卡洛斯一世的两面夹击下逃生的机会。教皇利奥十世一会儿推荐卡洛斯一世的弟弟小斐迪南作为候选人，一会儿又推荐一位德意志选帝侯作为候选人。亨利八世之前也曾秘密地提过同样的人选。公开场合下，亨利八世举荐的人与教皇利奥一世举荐的人保持一致。当卡洛斯一世和弗朗索瓦一世请求亨利八世支持他们各自的皇位诉求时，他都表示大力支持，但他派了值得信任的使者带着自己的举荐信去见教皇利奥十世，并且让教皇利奥十世不要相信举荐信上的内容。亨利八世告诉弗朗索瓦一

---

① 叙任权，指世俗君主任命神职人员，甚至买卖神职的权利。——译者注

世说他赞成弗朗索瓦一世当选，转过身又告诉卡洛斯一世说他赞成卡洛斯一世当选。然而，亨利八世其实和教皇利奥十世一样，希望弗朗索瓦一世和卡洛斯一世双双落选。那么亨利八世为什么不自己站出来角逐神圣罗马帝国的皇位呢？尽管他的领地并不广袤，但如果与神圣罗马帝国结合在一起，就会给欧洲各国带来威胁。亨利八世如果当选神圣罗马帝国的皇帝，那么会对各国间的权力平衡起到有效的制约作用。1519年3月，亨利八世告诉弗朗索瓦一世，自己的举荐得到了一些选帝侯的支持，但实际的情况是，亨利八世公开表示希望大家都知道弗朗索瓦一世是多么的装腔作势、自命不凡。1519年5月，派理查德·佩斯前往神圣罗马帝国时，亨利八世暗中指示理查德·佩斯要努力平衡各方争夺神圣罗马帝国皇位者，迫使继承人选举陷入僵局。要达到这一目的，唯一的办法是选出第三位候选人：这位候选人要么是亨利八世，要么是神圣罗马帝国的某位诸侯。我们很难相信亨利八世真的认为自己有可能当选，或者他在认真推动自己对神圣罗马帝国皇位的诉求。亨利八世曾一再婉言谢绝马克西米利安一世让他继位的提议；理查德·佩斯也常告诫亨利八世：除了神圣罗马帝国的诸侯，外人没有任何当选的机会。亨利八世也说过，他对自己拥有的领土很满意，并且卡思伯特·滕斯托尔曾如实地告诉亨利八世，与贫穷的神圣罗马帝国的皇位相比，这些领土更值钱。理查德·佩斯到达神圣罗马帝国时太晚了，他没能为亨利八世安排第三位候选人。令情况更加严峻的是，理查德·佩斯去的时候没有带行贿的钱财，因此，他的言语没有任何说服力。在理查德·佩斯离开英格兰后，托马斯·霍华德告诉塞巴斯蒂安·朱斯蒂尼安，下一任神圣罗马帝国皇帝肯定是该帝国某个诸侯。塞巴斯蒂安·朱斯蒂尼安说，这是英格兰人最希望看到的。选举结束后，教皇利奥十世表示"很遗憾，亨利八世之前未能注意到自己支持弗朗索瓦一世当选神圣罗马帝国皇帝的计划，这一计划本来可以使英格兰王国成为教皇国近在咫尺的邻居"。就当时的情形来说，很可能亨利八世给理查德·佩斯的第一条指示——推选神圣罗马帝国的某个诸侯做皇帝——就是他的既定计划，而不是像他经常宣称要继承法兰西王位的做法一样，表

萨克森选帝侯腓特烈三世

里不一。亨利八世派遣理查德·佩斯赴神圣罗马帝国的真正目的是促成萨克森选帝侯腓特烈三世或另一位神圣罗马帝国的诸侯当选。

  推选第三位候选人这项任务，无论是不是亨利八世真正希望的，都注定要失败。最终的选举结果也无须质疑。选帝侯可能会为了从中获得更多的利益而故意搅乱局面，他们在弗朗索瓦一世面前假意说，如果弗朗索瓦一世出手大方，就有可能当选；然后又在卡洛斯一世面前假意说，除非卡洛斯一世出手大方，否则就有可能会落选。然而，并没有足够的理由能够解释选帝侯为什么要不顾民族偏见，违反神圣罗马帝国的法律，以及规定的世袭权，让亨利八世或弗朗索瓦一世，而不是一个神圣罗马帝国的人登上神圣罗马帝国的皇位。教皇利奥十世的使者写道，无论是人民、君主还是贵族，他们都不会允许选举弗朗索瓦一世做神圣罗马帝国的皇帝。因此，即便是选帝侯想选弗朗索瓦一世，他们也心有余而力不足。理查德·佩斯说，为了卡洛斯一世，神圣罗马帝国的人民纷纷武装起来，同仇敌忾。如果当选的是亨利八世，那么这些人早就会怒火中烧地把理查德·佩斯及其仆从杀死了。神圣罗马帝国的人民十分肯定地说，他们希望卡洛斯一世而不是其他人来做自己的统治者。教皇利奥十世明白，抵抗是徒劳的，于是他便故作仁慈地赦免了卡洛斯一世还是那不勒斯国王时发下的不参与神圣罗马帝国皇位角逐的誓言。教皇利奥十世的赦免令刚一发布，选帝侯就于1519年6月28日一致宣布卡洛斯一世为神圣罗马帝国的新皇帝，称查理五世。

  神圣罗马帝国1519年的皇帝选举就此结束，但随之而来的斗争一直持续到亨利八世驾崩。弗朗索瓦一世继承了路易十二的王位，而查理五世继承了祖父马克西米利安一世的皇位和外祖父斐迪南二世的王位。此时，二十八岁的亨利八世已然是欧洲各国君主中的"老前辈"，他比弗朗索瓦一世大三岁，比查理五世大八岁。此后二十多年，欧洲一直处于这三位年轻君主的统治下，他们的竞争扰乱了欧洲的和平，掌控着欧洲的命运。在弗朗索瓦一世、查理五世、亨利八世中，最年轻的查理五世权势最大。然而，查理五世的疆域比较松散，他时常还须向其他国家借钱。其实，查理五世的统治存在的这两个不足被夸大了，实际情况并没有那么糟糕。最让查理五世难堪的不是疆域问题和资金问题，而是另外一件事。在神圣罗马帝国，这件事就像是很小的一片乌云，但它很快就会笼罩整个欧洲。斐迪南二世和马克西米利安一世有时是很危险的人物，而查理五世如今集二者力量于一身，他统治着卡斯蒂尔和阿拉贡、尼德兰和那不勒斯、勃艮第和奥地利；他可以指挥欧洲最精锐的军事力量；西班牙的步兵、意大利的科学技术、让斐迪南二世望而生叹的神圣罗马帝国的骑兵，他都可以随意支配使用；在美洲，阿兹特克帝国和印加帝国沦为神圣罗马帝国的殖民地，其财富尽归查理五世所有。查理五世像巨人一样傲立于世，而比他弱小的君主的唯一希望就是仰仗弗朗索瓦一世的权势。如果这一希望破灭，那么查理五世将成为基督教国各国的仲裁者；意大利将成为西班牙的一个王国，教皇将不过是神圣罗马帝国皇帝的一个神父罢了。查理五世曾敦促教皇利奥十世为自己1517年的行为写一份辩解的通谕。在谈到这份通谕时，卡思伯特·滕斯托尔说："君主可以让神职人员说些他们喜欢听的话。"与十年后的统治相比，1517年查理五世的统治并不算什么。如果是十年之后的神圣罗马帝国要求教皇克莱门特七世在他的"主人"查理五世和亨利八世之间做抉择，那么亨利八世对教廷的一切贡献将毫无价值。

就目前而言，亨利八世做的这些贡献确实十分大，会让教皇利奥十世铭记于心。有人认为，自亨利八世即位以来，他对教廷做的各种贡献，更多的是出于

教皇克莱门特七世

对教皇的尊重，而不是出于其他动机。这种观点十分荒谬。不过，无可辩驳的是，与其他君主相比，亨利八世的行为更容易受教皇影响。1513年，詹姆斯四世和路易十二先后被逐出了教会；马克西米利安一世不仅顽固地支持1511年在比萨召开的宗教分裂会议，还希望将教皇的世俗权力据为己有。对霸业的追求将斐迪南二世完全吞噬了，他的心中满是私欲；他对与摩尔人或土耳其人开战的焦虑只是谎言的遮羞布；他频繁要求宗教改革，这种要求的重要性在于：其一，斐迪南二世认为宗教裁判所越多越好；其二，斐迪南二世要求教皇利奥十世为西班牙审讯异端的人员升职，当这一要求被教皇利奥十世拒绝后，他非常恼怒。自早年起，亨利八世没有斐迪南二世的这种虚伪，他对罗马教廷天生有种异乎寻常的忠诚。"亨利八世非常虔诚，"塞巴斯蒂安·朱斯蒂尼安写道，"他外出打猎时，每天会听三次弥撒，其他日子有时会听五次弥撒。他每天都在王后阿拉贡的凯萨琳的寝宫里做晚祷。"亨利八世定期邀请英格兰最杰出的神学家和神学博士在宫中布道，每次布道的费用约为现今的十英镑或十二英镑。亨利八世乐善好施。礼拜日和各个圣徒的纪念日，按照惯例，他应供奉六先令八便士，差不多是现今的四英镑，但他供奉的往往都是这个数目的两倍。此外，还有一些特别的供奉。比如，亨利八世每年都会派人给坎特伯雷大教堂的圣托马斯神殿送去二十先令。1511年1月，国王学院礼拜堂的神职人员因祈祷阿拉贡的凯瑟琳平安分娩而获得一笔赏赐，约为现今的七十五英镑。类似数目的赏赐在其他场合也有。1513年，阿拉贡的凯瑟琳说，亨利八世的成功完全归功于他对宗教事业的热忱。1518年4月，德西迪里厄斯·伊拉斯谟写道，亨利八世的宫廷是整个基督教世界学习和虔敬的榜样。

　　亨利八世对宗教非常虔诚，对教皇十分恭敬。即位以来的十年里，无论是教皇尤利乌斯二世还是教皇利奥十世，亨利八世从未蔑视过他们，与他们相处和谐，从未发生过冲突。正是路易十二对教皇尤利乌斯二世的围困使亨利八世放弃了自己一贯采取的和平政策，并且以教廷捍卫者的身份对此加以干预，又以执行教皇的宗教谴责为由，向法兰西发动了战争。亨利八世如果当时想占领法兰西，那么完全可以恳请教皇尤利乌斯二世起草一份通谕。即便这份通谕没有发表，也可以让亨利八世获得继承法兰西王位的正当理由。1514年，教皇特使阿希尔·格拉西前往英格兰王国，敦促英格兰王国与法兰西王国和平相处。教皇利奥十世是第一个建议亨利八世的妹妹玛丽·都铎和路易十二结婚的人。1516年远征米兰是以一个缔结于1515年新联盟的名义进行的；1518年的和平局面是在教皇利奥十世的赞成与祝福下达成的。亨利八世对教廷的奉献常常得到教皇口头或文字形式的感谢。1510年，亨利八世获赐金玫瑰；1513年，他获赐剑和冠冕。教皇这两次都是用实物向亨利八世表示感谢。不过，亨利八世的付出难道配不上更大的赏赐吗？如果说斐迪南二世是"天主教教徒"，路易十二是"笃信王"，那么亨利八世这样一位真正的教友就不能拥有一个什么头衔吗？1515年，亨利八世就曾敦促教皇利奥十世，要求得到"作为罗马教廷保护者的某种头衔"，他提议的头衔有"使徒国王""正教国王"等。1516年1月，首次出现了"信仰的捍卫者"的头衔的提议。不过，这一头衔更适合授予那些真正为教廷付出的人，而不仅仅是维护教皇十年左右世俗利益的人。亨利八世对教廷的捍卫，是他即位以来的政策中最大公无私的部分。他的行为举止是其他君主的榜样，但其他君主迟迟不肯效仿，而亨利八世很快就忽略了自己之前为教廷做的那些事了。

第 5 章

亨利八世与托马斯·沃尔西

1519年,塞巴斯蒂安·朱斯蒂尼安这样描述托马斯·沃尔西:"再没有什么比被人称为'基督教世界的仲裁者'更让他高兴的事了。"对托马斯·沃尔西的这种自诩,欧洲大陆的政客报以嘲笑和憎恨的态度。不过,这一头衔几乎并未夸大此后数年在查理五世与弗朗索瓦一世的竞争中,甚至在明显平衡二者势力的过程中托马斯·沃尔西扮演的角色。与1509年、1519年相比,英格兰王国在欧洲的地位有了惊人的提升。亨利八世统治的前十年里,英格兰王国虽然国内局势起伏不定,但始终在不断发展。1513年系列战事的胜利证实了英格兰王国的军事实力,并且使托马斯·沃尔西能够在1514年的和谈过程中使英格兰王国与法兰西王国、西班牙王国和神圣罗马帝国平起平坐,分庭抗礼。在弗朗索瓦一世征服米兰后,马克西米利安一世、教皇利奥十世和查理五世急匆匆地与这位胜利者达成协议,致使英格兰王国被暂时孤立。英格兰王国的影响力也因此下降。然而,正如敏锐的英格兰外交家看到的那样,查理五世和弗朗索瓦一世之间的诸多协定本身就蕴含着在未来自行解体的因素。1518年,托马斯·沃尔西成功地利用这些国家间的相互嫉妒来重申英格兰王国的地位。他与各国修好,或者更确切地说是休战,从而使英格兰王国的地位比1514年签订系列条约之后的地位还要高。英格兰王国俨然成了欧洲和平的守护者,它几乎取代了教皇的地位,成为敌对的基督教国家君主间的调解者。

这些辉煌的成就是英格兰王国凭借着一支中等规模的军事力量和仅有的

一支海军取得的。这些军事力量之所以能够形成,部分原因在于英格兰国库的大量支出,部分原因在于其他国家的君主对英格兰财富的过度信赖,但主要归因于英格兰枢机主教托马斯·沃尔西表现出的外交天赋。如今,托马斯·沃尔西已达到个人权力的巅峰。塞巴斯蒂安·朱斯蒂尼安生动地描述了托马斯·沃尔西是如何日渐变得自高自大的。当塞巴斯蒂安·朱斯蒂尼安第一次到达英格兰王国时,托马斯·沃尔西经常说的话是:"陛下将会做什么事。"后来,托马斯·沃尔西渐渐有些忘乎所以,他开始说:"陛下和我将会做什么事。"到了1519年,他经常挂在嘴边的就是"我将会做什么事"了。安德烈亚·巴多尔曾称理查德·福克斯是"二号国王",但托马斯·沃尔西现在俨然是"国王"了。理查德·福克斯说:"我们现在必须面对托马斯·沃尔西了,他现在不再是枢机主教,而是'国王';在英格兰,没有人敢与托马斯·沃尔西的利益作对。"塞巴斯蒂安·朱斯蒂尼安还说:"枢机主教托马斯·沃尔西才是国王。亨利八世对他言听计从。"在描述1518年在伦敦举行的和平谈判时,托马斯·莫尔说,托马斯·沃尔西拿定主意后才告诉枢密院的成员该怎么做,"甚至连亨利八世都不知道和谈事宜的进展情况"。1518年10月18日,伍斯特伯爵查尔斯·萨默塞特和伊利主教尼古拉·韦斯特发生了一场奇怪的争执。他们被派去向弗朗索瓦一世传达《伦敦条约》。查尔斯·萨默塞特是个世俗朝臣,也是亨利八世的支持者,而尼古拉·韦斯特是托马斯·沃尔西的支持者。查尔斯·萨默塞特坚称,重要的信应寄给亨利八世,礼节性的信才寄给托马斯·沃尔西。不过,尼古拉·韦斯特不同意这样做,他认为,应该把重要信寄给托马斯·沃尔西,礼节性的信寄给亨利八世。最后,亨利八世和托马斯·沃尔西收到了一样的信。在与英格兰的谈判过程中,塞巴斯蒂安·朱斯蒂尼安告诉威尼斯共和国政府:"如果需要忽略亨利八世或托马斯·沃尔西中的一位,那么最好忽略亨利八世。因此,我向英格兰王国提建议时,会跟亨利八世和托马斯·沃尔西都说一遍,但首先会跟托马斯·沃尔西说,以免他因亨利八世排在自己前面而愤恨不已。"在历史剧《亨利八世》中,威廉·莎士比亚提到了托马斯·沃尔西最令人诟病的地方,那就是他曾写过这样的字词——"我和国王"。托马斯·沃尔斯虽然的确这么写过，但并非故意把自己放在亨利八世前面，因为没有哪个拉丁语学者能按照其他顺序把这些字词再排列一番。不过，托马斯·沃尔西的心态确实体现了我们一般理解的这个习惯用语表达的那层意思。

托马斯·沃尔西的傲慢为自己招致了对手，这一点可以从历史学家波利多尔·弗吉尔和诗人约翰·斯凯尔顿等的作品中看出来。爱德华·霍尔等编年史家的记载也可以证明这一点。爱德华·霍尔写道，对托马斯·沃尔西的各种诋毁让亨利八世和英格兰人民感到很高兴。此外，托马斯·沃尔西必须与之打交道的外交官的外交公文，以及密切关注托马斯·沃尔西行为举止的评论家

波利多尔·弗吉尔

的报告都可以证明这一点。当时,许多外交官称,"托马斯·沃尔西是有史以来最妄自尊大的高级神职人员之一"。在1520年查理五世访问英格兰的庆祝活动中,只有托马斯·沃尔西坐下来与亨利八世和弗朗索瓦一世共进晚餐,而查尔斯·布兰登和爱德华·斯塔福德等贵族则成为托马斯·沃尔西、查理五世、亨利八世和王后阿拉贡的凯瑟琳的杂役。在金缕地主持弥撒时,主教给托马斯·沃尔西穿上长袍和鞋子;"英格兰的一些主要贵族"给托马斯·沃尔西端水,让他洗手。1521年,在布鲁日与查理五世会面时,托马斯·沃尔西与查理五世平起平坐。见到查理五世时,托马斯·沃尔西并没有从坐骑上下来,只是脱帽行礼,并且像兄弟一样拥抱查理五世这位基督教国家的世俗领袖。与塞巴斯蒂安·朱斯蒂尼安发生争执后,为表示友好,托马斯·沃尔西以王者居高临下的姿态赐予塞巴斯蒂安·朱斯蒂尼安特殊恩典——允许塞巴斯蒂安·朱斯蒂尼安亲吻自己的手。英格兰贵族或外国大使如果想拜见托马斯·沃尔西,那么得先请求三四次,然后才能得到接见。1515年,在觐见亨利八世之前,按照惯例,外国大使必须先与托马斯·沃尔西共进晚餐。然而,到了1519年,只有在托马斯·沃尔西餐桌上的食物被撤下后,各位大使才开始用餐。在描述1527年托马斯·沃尔西出使法兰西的情况时,威尼斯共和国驻英格兰大使安东尼奥·苏里安说,托马斯·沃尔西的"侍从恭恭敬敬地跪在他面前给他上菜,而给路易十二上菜的仆人没有这么夸张的仪式"。

觊觎王室荣誉的人很少能学会真正的王室风度。托马斯·沃尔西猛烈追击并报复那些胆敢冒犯他敏感尊严的人。1515年,英格兰历史学家波利多尔·弗吉尔写信告诉友人哈德里安·德·卡斯泰洛,托马斯·沃尔西在所有人面前都蛮横专断,他的权势不会长久,又说英格兰举国上下都在痛骂托马斯·沃尔西。在托马斯·沃尔西得知这封信的内容后,波利多尔·弗吉尔被送进了伦敦塔。经教皇利奥十世多次调解,几个月后,波利多尔·弗吉尔才得以重获自由。对与波利多尔·弗吉尔通信的哈德里安·德·卡斯泰洛,托马斯·沃尔西也深恶痛绝,于是,他指控哈德里安·德·卡斯泰洛参与了毒杀教皇利奥十世的阴谋。以此为借口，托马斯·沃尔西想将哈德里安·德·卡斯泰洛置于死地。教皇利奥十世认为哈德里安·德·卡斯泰洛罪行较轻，因此宽恕了他。然而，托马斯·沃尔西并没有善罢甘休。最终，哈德里安·德·卡斯泰洛被褫夺了巴斯和韦尔斯主教一职，他的主教区也被托马斯·沃尔西据为己有。1518年，托马斯·沃尔西让访问英格兰的教廷特使洛伦佐·坎佩焦留在加来。洛伦佐·坎佩焦因此恼怒不已。直到洛伦佐·坎佩焦带来教皇利奥十世任命托马斯·沃尔西为教皇使者的口谕后，他才准许洛伦佐·坎佩焦进入英格兰。为了哈德里安·德·卡斯泰洛，威尼斯人斗胆向教皇利奥十世求情。不过，托马斯·沃尔西"狂暴无礼的言辞"让威尼斯共和国大使塞巴斯蒂安·朱斯蒂尼安难以招架。托马斯·沃尔西命令说，今后未经他同意，塞巴斯蒂安·朱斯蒂尼安不得在外交信函中提及任何事情；与此同时，威尼斯共和国的商人在英格兰的特权被取消了。盛怒之下的托马斯·沃尔西根本不把各国大使神圣不可侵犯这一点放在眼里。托马斯·沃尔西听说，教皇特使弗朗切斯科·基耶雷加蒂正在向法兰西发送一份对他的所作所为表示不满的报告。弗朗切斯科·基耶雷加蒂"是托马斯·沃尔西派人请过来的。托马斯·沃尔西把弗朗切斯科·基耶雷加蒂带进一间密室。然后，托马斯·沃尔西粗暴地抓住弗朗切斯科·基耶雷加蒂，并且恶狠狠地质问他给弗朗索瓦一世的信里都写了些什么，以及他与塞巴斯蒂安·朱斯蒂尼安父子都有哪些交往。托马斯·沃尔西还补充说，弗朗切斯科·基耶雷加蒂要是不完全交代清楚，就休想离开这间密室。如果弗朗切斯科·基耶雷加蒂坚持不说，那么就大刑伺候"。1525年，托马斯·沃尔西几乎引发了英格兰王国与神圣罗马帝国的战争，因为他对查理五世的大使普雷特的路易也做出了类似的过分行为。托马斯·沃尔西截获了普雷特的路易的信，并且把他困在家中，不允许他外出。这违反了国际法。干涉外交信函通常被视为发动战争的一个充分理由。不过，这次发动战争并不符合查理五世的想法，虽然托马斯·沃尔西自称因被人蔑视而大发雷霆，但查理五世这位基督教世界中最强大的君主并没有因此要对英格兰发起战争。

在托马斯·沃尔西料理国事期间，英格兰人的日子很艰难。托马斯·沃尔西利用国家的强制力来公报私仇，并且以此维持英格兰的和平。1517年7月，曾在两届议会中担任议长的罗伯特·谢菲尔德因抱怨托马斯·沃尔西而被关进伦敦塔。这件事印证了理查德·福克斯曾经说的那句话："没有人敢与托马斯·沃尔西的利益作对。"有人认为，威廉·莎士比亚的戏剧《亨利八世》中反映的托马斯·沃尔西嫉妒理查德·佩斯的想法很荒唐，但我们难以从托马斯·沃尔西和理查德·佩斯1521年后的关系中得出其他任何推论。在加来时，托马斯·沃尔西毫无根据地指责理查德·佩斯歪曲他写给亨利八世的信，并且为约克郡的一位神职人员在亨利八世面前邀宠。托马斯·沃尔西还抱怨说，外国势力通过理查德·佩斯，而不是自己来影响亨利八世。回到英格兰后，托马斯·沃尔西免去了理查德·佩斯的国王大臣一职，然后让理查德·佩斯几乎不间断地前往意大利执行任务。1525年10月，因为英格兰王国让威尼斯共和国加入1525年8月其与法兰西王国签订的《莫尔条约》，威尼斯共和国大使洛伦佐·奥里奥向亨利八世表示感谢。当时，是理查德·佩斯代表英格兰王国与威尼斯共和国签订条约的。理查德·佩斯指示洛伦佐·奥里奥：如果托马斯·沃尔西在场，那么洛伦佐·奥里奥就不能对理查德·佩斯赞誉过高，要表现得好像这都是亨利八世一个人的功劳一样。1529年，托马斯·沃尔西找了个机会将理查德·佩斯送进了伦敦塔，最终导致理查德·佩斯精神失常。

托马斯·沃尔西的沾沾自喜和嫉贤妒能与他的贪财好利一样明显。据塞巴斯蒂安·朱斯蒂尼安估计，托马斯·沃尔西担任大法官时薪俸为每年五千达克特，但他收取的新年礼物的价值是这个数目的三倍，"他像亨利八世那样收取礼物"。托马斯·沃尔西要求获得巴斯和韦尔斯主教区，以及请求褫夺哈德里安·德·卡斯泰洛主教职务的举动，让罗马教廷惊讶不已。"为避免众人议论"，教皇利奥十世过了一段时间才满足托马斯·沃尔西的要求。然而，教皇利奥十世顾忌的不过是教会法而已，这并不会妨碍托马斯·沃尔西的升迁。1512年至1517年的第五届拉特兰宗教会议颁布的一项小的改革措施是：任何主教都不能代管神职。1513年6月，拉特兰宗教会议颁布的命令墨迹才干，托马斯·沃尔西就要求由他代管最近被征服的图尔奈的主教区。1518年10月4日，英格兰王国与法兰西王国缔结了《伦敦条约》。根据该条约，英格兰王国将自己于1513年占领的图尔奈交还给法兰西王国。即便如此，托马斯·沃尔西也要确保自己将不会一无所获。他与法兰西王国和谈的一个必要条件是，弗朗索瓦一世每年要付给他一万二千里弗的年金，以此作为对他未获得图尔奈主教一职的补偿。托马斯·沃尔西从弗朗索瓦一世和查理五世那里拿到了政治服务方面的其他酬金；在理查德·佩斯于1515年从法兰西王国手中收回米兰公国前，马西米利亚诺·斯福尔扎向托马斯·沃尔西许诺，每年付给英格兰一万达克特。难怪外国的外交官和英格兰人会指责托马斯·沃尔西把亨利八世的钱都用在了为自己谋求利益上，他们还认为赢得托马斯·沃尔西好感的最可靠方式就是贿赂他。1521年，当亨利八世与查理五世联手对抗弗朗索瓦一世时，查理五世保证会偿付托马斯·沃尔西因与法兰西王国决裂而将蒙受的一切损失。于是，从1521年开始，查理五世每年向托马斯·沃尔西支付或欠下一万八千里弗。这个数目是托马斯·霍华德与儿子第三代诺福克公爵托马斯·霍华德，以及查尔斯·布兰登的年金的九倍，并且这还没把托马斯·沃尔西从巴达霍斯和帕伦西亚两个西班牙主教区获得的收入计算在内。我们不能因为这些款项会对托马斯·沃尔西的对外政策产生影响，就将其称为贿赂，因为亨利八世对这些事了如指掌。迫使对手提供自己需要的东西，这样做很公平。亨利八世十分大度，他没有把和谈或作战的所得利益都据为己有。

1521年8月25日，在布鲁日，英格兰王国与神圣罗马帝国签订了《布鲁日条约》。1523年2月4日，托马斯·鲁塔尔去世。托马斯·沃尔西用巴斯和韦尔斯主教区换取了托马斯·鲁塔尔这位政治盟友和朋友更加富庶的达勒姆主教区。不过，温切斯特主教区比达勒姆主教区更加富有。所以在1528年理查德·福克斯死后，托马斯·沃尔西用自己的北方教区换取了理查德·福克斯位于英格兰南方的温切斯特主教区，并且恳求教皇克莱门特七世将达勒姆主教区赐给自

五朔节骚乱

  1517年的"五朔节骚乱"扰乱了托马斯·沃尔西平静的内政管理。五朔节骚乱的起因仅仅是出于英格兰人对外国人的排斥与偏见。英格兰人认为在英格兰的外国人垄断了英格兰的商业,并且用获得的利润在英格兰谋取个人利益。1518年,托马斯·沃尔西写信给西尔韦斯特罗·德·吉利:"英格兰从未像现在这样和平、安宁。这是我正义、公平的管理产生的效果。"与亨利八世交谈时,托马斯·沃尔西的语气就没有这么傲慢了。对亨利八世,托马斯·沃尔西说道:"至于陛下您的王国,感谢上帝,它从来没有像现在这样和平、安宁过。今年[①]夏天,国内既没有暴乱,也没有重案,更没有强行闯入民宅的事情。陛下您的律令在全国各地都得到了认真执行,没有丝毫动摇。不过,最近您的大律师托马斯·皮戈特先生与安德鲁·温莎爵士的仆人为了一个选区的占有问题发生了争执,双方都声称该选区归自己所有。最后,有个人被杀了。我打算下次开庭

---

① 指1518年。——译者注

时让他们学习一下星室法庭的法律,这样他们就会知道今后应如何通过法律来解决自己的问题了。他们都非常熟悉世俗法律法规,但我怀疑他们没有学好星室法庭的法律。如果一切顺利,星室法庭会根据他们各自的罪责,做出公正的裁决。"

托马斯·沃尔西说的"星室法庭的法律",即他严厉执行的各项禁止贵族蓄养家兵的法令,以及断断续续纠正圈地运动弊病的尝试。这些法令可能与托马斯·沃尔西傲慢、浮华的作风一样,引起了贵族和地主绅士的排斥。一开始就经常有谣言说,有人密谋要让托马斯·沃尔西下台。国外的仇敌也经常谈到托马斯·沃尔西在英格兰激起的普遍仇恨。曾受益于托马斯·沃尔西秉公执法的阶层强烈抱怨道,为支持托马斯·沃尔西的外交政策,他们要承担许多税务。神职人员一方面认为托马斯·沃尔西能积极镇压异端,另一方面反对亨利八世自成为英格兰最高宗教领袖以来的各种极端观点。托马斯·沃尔西动用法律强权实施专制,将这些神职人员冷落一旁。即使是温和、年迈的威廉·沃勒姆也受到了托马斯·沃尔西的严厉申斥。1519年,在兰贝斯宫,威廉·沃勒姆

兰贝斯宫

召开了一次大会。大会损害了教皇使者托马斯·沃尔西的权威，因而威廉·沃勒姆受到了要以"蔑视王权罪"论处的威胁。神职人员和世俗贵族都认为托马斯·沃尔西是个"大独裁者"。托马斯·沃尔西害怕议会，也不信任议会，他曾敦促迅速解散1515年的议会。在议会任职的十四年里，托马斯·沃尔西独掌大权，高高在上。枢机主教为此争吵不休。托马斯·沃尔西控制不了国家，他只能控制亨利八世，并且他只信任亨利八世。

受亨利八世宠信时，托马斯·沃尔西的地位看起来很稳固。只要有亨利八世的保护，谁也伤害不到他。亨利八世盲目地信任托马斯·沃尔西，从不质疑，并且把自己的王权交到他的手中。1515年，有人曾说，"亨利八世是个没有经验的新手，只沉迷于女色与打猎，挥霍父亲亨利七世留下的家业"。1519年，塞巴斯蒂安·朱斯蒂尼安说："亨利八世每天与几名法兰西人质一起赌博，有时他一天会输掉六千达克特到八千达克特。"1519年夏，亨利八世每天4时到5时起床去打猎，一直玩到21时到22时才回来。理查德·佩斯说，亨利八世"对打猎全力以赴，就像一个不顾生死的殉道者一样"。弗朗切斯科·基耶雷加蒂这样写道，"亨利八世日夜专注于各种才艺、娱乐，并不关心其他事务，朝务一概交由托马斯·沃尔西打理"。教皇利奥十世称，托马斯·沃尔西任由亨利八世随心所欲地东游西逛，而亨利八世甚至不看国家文件上具体是什么内容就签字了。亨利八世也承认："写东西对我来说有些乏味，令我痛苦。"当托马斯·沃尔西认为有必要将亨利八世的亲笔信寄给其他君主时，他会先自己写好这些信，再送呈亨利八世誊抄。历史上最遵守立宪制的君主也没有亨利八世这么顺从，何况当时君主立宪制还不存在。因此，1519年，塞巴斯蒂安·朱斯蒂尼安发现与身为政治家的亨利八世已没有多少话能聊时，也就显得没那么奇怪了。塞巴斯蒂安·朱斯蒂尼安说："与亨利八世做交接，等于无事可做。"因为和亨利八世讲的话，要么完全不起作用，要么又全部转告给了托马斯·沃尔西。尼古拉·韦斯特确信亨利八世不会费心去看自己和西尔韦斯特罗·德·吉利写给他的信；国内外的人普遍认为，亨利八世在英格兰的内政和外交中是个可以忽略的人物。

亨利八世即位的第一个十年,即1509年至1519年,最开始是枢密院管理朝政,接着由托马斯·沃尔西掌权管理。第二个十年——1520年至1530年——尚未结束前,亨利八世已将国王和政府的权力集于一身。此时,在英格兰,除了亨利八世,其余人都无足轻重。亨利八世迅速取代托马斯·沃尔西,并且开始亲自处理国务。他的活力并不输托马斯·沃尔西。这种转变并不是瞬间完成的。前几年,如果亨利八世像大多数人认为的那样,完全是"浮华世界"的奴隶,那么他是不可能有这种转变的。事实上,各种迹象表明,在表面的享乐下,亨利八世已开始独立分析判断,形成自己的想法,并且对严肃的问题产生了兴趣。1519年,他才二十八岁,性格还在形成与发展。

从亨利八世即位之初起,他至少对两件事格外关心:一个是"新学术",即文艺复兴时期的文学艺术风尚;另一个是海军。德西迪里厄斯·伊拉斯谟告诉我们,亨利八世的宫廷是基督教国家学习的典范,并且亨利八世一直致力于促进神职人员的学习。有一次,有些人显然认为非神职人员在进行个人奉献时不得逾越神职人员规定的范式。针对这种观点,亨利八世为非神职人员在个人奉献过程中的"默祷与随时的祷告"行为进行了辩护。1519年,英格兰宫廷的学者比任何一所大学的学者都要多。人文主义者德西迪里厄斯·伊拉斯谟说,与其说英格兰宫廷是一个朝堂,倒不如说它更像一个琳琅满目的博物馆。1519年,牛津大学一个叫"特洛伊人"的组织强烈抗议在牛津大学开设希腊语课程和展开对希腊语版本《圣经》的研究,但亨利八世努力阻止了"特洛伊人"的抗议行为。德西迪里厄斯·伊拉斯谟继续说道:"亨利八世可以说是个全才。他从来没有忽视过自己的学习,只要忙完政务,他就去读书,或者参与辩论。亨利八世非常喜欢辩论,并且他的态度谦和、从容。与其说他是一位国王,不如说他是一位良友。为一展才智,亨利八世通读经院学派学者托马斯·阿奎那、邓斯·司各脱、加布里埃尔·比尔等的著作,为辩论做好准备。"亨利八世对神学的研究受到了托马斯·沃尔西的鼓励。托马斯·沃尔西这样做可能是为了转移亨利八世的注意力,免得他干预政治。正是在托马斯·沃尔西的怂恿下,亨利八世开始撰写反对马丁·路德的名作——《保卫七种圣礼》。在德意志宗教改革家马丁·路德的《九十五条论纲》发表的那年，即1517年年底之前，亨利八世好像已经开始在写《保卫七种圣礼》或者是一些类似的专论了。后来，亨利八世可能根据马丁·路德的文章做了些修改。1517年9月，德西迪里厄斯·伊拉斯谟听说亨利八世又开始学习了；1518年6月，就托马斯·沃尔西写信赞扬《保卫七种圣礼》一事，理查德·佩斯回信给他说，虽然亨利八世认为《保卫七种圣礼》不值得托马斯·沃尔西和其他"饱学之士"如此高的赞扬，但鉴于托马斯·沃尔西不同意《保卫七种圣礼》中的某些观点，并且对罗马教廷持有与亨利八世相反的态度，所以亨利八世很高兴地"注意到在您①的信中，您认为他书中陈述的理由是无可辩驳的"。显然，不管《保卫七种圣礼》的内容如何，它都是亨利八世的思想成果，并且书中采用了托马斯·沃尔西不太喜欢的论据。然而，即便《保卫七种圣礼》是一本反对马丁·路德的书，在1521年正式定稿出版前，它被搁置了，后又得以重写。1519年至1521年，没有关于这本书的任何消息。1521年4月，理查德·佩斯向托马斯·沃尔西解释了自己为何迟迟不向他呈送德意志方面消息的缘故，"陛下②今日晚饭后才读了您的来信，然后命我回信给您，声明他前一段时间一直在忙于其他事务——他在写一本驳斥马丁·路德的书。这与我猜测的完全一样"。九天后，理查德·佩斯发现亨利八世正在读马丁·路德的一本新书，"并且他对此书大加斥责"。理查德·佩斯趁机向亨利八世展示了教皇利奥十世反对马丁·路德的诏书。"对这一诏书的到来，亨利八世很满意。然而，在谈及《保卫七种圣礼》的出版时，他说自己还要仔细审阅，勤加研究一番，然后才能出版。"即使是亨利八世抨击马丁·路德的异端邪说的热情达到顶峰时，在处理国内各项宗教事务中，他也时刻保持着国王的权威。

《保卫七种圣礼》是在1521年5月21日以前完成的。亨利八世写信给教皇

---

① 指托马斯·沃尔西。——译者注
② 指亨利八世。——译者注

利奥十世说，自从知道马丁·路德在德意志的异端邪说以后，他就一直在研究如何将其完全铲除。他已呼吁全英格兰的学者推敲研究这些异端邪说中的错误，并且对其予以谴责，还敦促其他人效仿这些学者。因为马丁·路德不肯回归上帝，他敦促神圣罗马帝国皇帝和各位选帝侯将马丁·路德及异端书籍一概予以铲除。他认为通过自己的著作来进一步表明自己的宗教热情是正确的。如此一来，世人都会看到，他已做好准备不仅要用武器，还要用思想来捍卫教会。因此，他把自己"用智性和粗浅学识写成的第一份作品"礼献给了教皇。1521年5月12日，在这封信写成前，马丁·路德的大量书籍在圣保罗大教堂附近被销毁。当时，托马斯·沃尔西端坐在圣保罗十字讲坛前行刑的高台上，而教皇特使吉罗拉莫·吉努奇和坎特伯雷总主教威廉·沃勒姆坐在他右边，神圣罗马帝国驻英格兰大使贝尔纳多·德·梅萨和伦敦主教卡思伯特·滕斯托尔坐在他左边。在马丁·路德的这些书籍被大火吞噬时，约翰·费舍尔主教布道，谴责其中的种种错误。当亨利八世的《保卫七种圣礼》装订完成，准备好呈送给教皇利奥十世时，已是1521年7月了。在出版前，亨利八世可能专门延请了饱学之士对他的文笔做了润色，但《保卫七种圣礼》的核心内容无疑是他亲自撰写的。这一点得到了德西迪里厄斯·伊拉斯谟的直接证明，并且没有证据表明该书还有其他合著者。当时，理查德·佩斯是亨利八世最宠信的朝臣，他坦言自己并未参与撰写。另外，《保卫七种圣礼》这部作品也没那么优秀，完全符合亨利八世的写作水平。它的论点不错，可以看出作者十分聪悟，广泛涉猎了先贤与经院学者的著作，但这些观点显示出作者并没有深刻掌握神学奥义，没有抽象思辨的天资。在神学领域，这本书的排名并不像亨利八世在音乐领域的一些作品那么高。1521年8月，《保卫七种圣礼》被寄给了教皇利奥十世，一同附上的还有亨利八世亲笔抄录的托马斯·沃尔西写的诗句。1521年9月，英格兰驻罗马大使西尔韦斯特罗·德·吉利向教皇利奥十世敬赠了一本用金丝布面装订而成的《保卫七种圣礼》。教皇利奥十世一口气读了五页，然后说："没想到这样的一本书竟然出自亨利八世之手，因为他有那么多的事情需要忙碌，而其他人一生忙于学习,还写不出这样一本书。"1521年10月2日,《保卫七种圣礼》被呈送给罗马枢机主教大会;1521年10月11日,教皇利奥十世颁布诏书,使亨利八世获得了他梦寐以求的"信仰的捍卫者"头衔。

尽管亨利八世对自己的学术成就,以及从教皇利奥十世手中得到的恩赏感到自豪,但与对冠冕堂皇的头衔的追求相比,亨利八世对海军事务的关注更能造福英格兰的未来。对英格兰在海军方面即将有所需求的直觉,也许最能反映亨利八世的政治远见。亨利八世也因此被称为"英格兰海军之父"。如果没有亨利八世为英格兰海军力量奠定的基础,那么他的女儿伊丽莎白一世就不可能战胜西班牙,走上帝国的道路。最初,亨利八世领导下的英格兰海军是作为一支永久性军事力量组织起来的。亨利八世在伍利奇和德特福德建造皇家造船厂,并且成立了海商促进公会。他鼓励种植造船用的木材,制定了便利内河航运的法律,在海岸上遍布防御工事,并且按照计划组建了海事部门。自此,英格兰海事部门便稳步发展起来。亨利八世的上述举措并非是受任何一位大臣,尤其是托马斯·沃尔西的启发,因为托马斯·沃尔西丝毫没有意识到确保英格兰海上霸主地位的重要性。在1522年至1523年英格兰王国与法兰西王国作战的过程中,托马斯·沃尔西宁愿选择陆上入侵,也不愿接受亨利八世提出的摧毁法兰西海军的"秘密计划"。亨利八世对船和造船的兴趣非常浓厚,即使是在他执政前几年的消遣活动中也是如此。1512年,亨利八世目送自己的舰队驶往吉耶讷;1513年,他又看着它驶往法兰西。亨利八世熟知自己海军中每艘战舰的速度、吨位、武器装备,还曾监督它们建造过程中最细微的地方。1520年,英格兰驻巴黎大使理查德·温菲尔德禀报亨利八世,弗朗索瓦一世正在建造一艘船,"同样是了解船的人,在造船这件事上,弗朗索瓦一世说得挺有道理。但陛下[①],在这门科学上他可比不上您"。法兰西使者德·巴波姆记录了1515年英格兰宫廷人员是如何观看"玛丽公主"号起航的。亨利八世"打

---

① 指亨利八世。——译者注

扮成舵手模样，穿着一身金色水手服，戴着一条金项链。项链上面刻着"君权神授"的字样，下面还挂着一个哨子。他把哨子吹得和小号一样响亮"。当时，一艘船的下水仪式类似于一场宗教仪式。现代的下水仪式是打开香槟酒庆贺，而当时则是由托马斯·鲁塔尔做弥撒。1518年，塞巴斯蒂安·朱斯蒂尼安描述了亨利八世前往南安普敦参观威尼斯共和国桨帆船的情形：亨利八世让船上几架崭新的重炮"一遍接一遍地发射，并且逐一记录其射程，因为他对这类事情非常好奇"。

没过多久，亨利八世就开始积极参与神学争端与海军事务以外的几项大事。相关事情的发展已难以清晰回溯，因为托马斯·沃尔西经常伴随亨利八世左右，亨利八世只需要跟他口头交代清楚自己的旨意就可以了，所以没有任何文字资料保留下来。然而，一旦亨利八世和托马斯·沃尔西因为各种原因没有待在一起，关于亨利八世在政治事务中活动的记录就多了起来。因此，我们发现，应亨利八世的要求，托马斯·沃尔西于1515年向他送去了议会刚刚通过的《服装法案》，请他"审查并予以纠正"，同时希望他就苏格兰王太后玛格丽特·都铎的到访做出决定，以便自己能做一番必要的安排。1518年，在阿宾登，亨利八世逗留了很长一段时间。一部分原因是亨利八世对时疫——汗热病的恐惧；另一部分原因是，正如他对理查德·佩斯所说的，在阿宾登，人们不像他在伦敦时那样，每天不断地向他禀报关于死亡的消息。在离开伦敦的这段日子里，亨利八世坚持要有足够的议员到场，他才处理国事；他与托马斯·沃尔西之间每隔七个小时就有一次文件传递。我们了解到，亨利八世还把大臣寄来的"所有信的每一个字"都读了一遍。每周，托马斯·沃尔西都会向亨利八世发送一份关于自己处理的国事的报告。有一次，"鉴于托马斯·沃尔西的信的重要性"，亨利八世秘密回到伦敦并短暂停留了一段时间。1519年5月，在英格兰宫廷中，可以说发生了一场革命。虽然说如今已鲜有人知，但当时在英格兰国内外引起了一些议论。当时，亨利八世身边的六位近臣被带走了，然后被流放到加来、吉讷和其他地方。塞巴斯蒂安·朱斯蒂尼安认为亨利八世流放这些近臣的原因是，亨利八世觉得自己经常和他们一起赌博，陷得太深，希望自己从此能改过自新。还有传言说，这些朝臣按照自己的想法来左右亨利八世，让他蒙羞。亨利八世听说后十分恼怒，再加上他注重维护王室的威望，于是他立即革除了这六位朝臣的职位，并且让几位方正持重、受人尊敬的老臣填补了他们的职缺。

1520年，托马斯·沃尔西赴加来参加会议。于是，亨利八世又开始"干预"国事。托马斯·沃尔西为此埋怨理查德·佩斯，而理查德·佩斯辩解道，我"勤勉地读完了您所有的信"，我做的一切"都是按照您的指令去做的"。亨利八世的一封来信让托马斯·沃尔西非常恼火，因为理查德·佩斯代亨利八世"写了一封回信"，但亨利八世不喜欢，他"命我带上您的信，再带上笔墨进了密室，然后他告诉我该写些什么。拿到您的信后，他读了三遍，然后，把他想回复的地方标了出来，接着命我按他喜欢的方式写下来，再读给他听，并且不得再改动他的回复。在这件事上，我别无选择，只能奉命行事，特别是在陛下理由充分时，无论谁与他意见相左，最终都得听他的"。托马斯·沃尔西可能会骄傲地说"我会如何如何做"，并且外国使者也可能会认为是托马斯·沃尔西让亨利八世"随心所欲地东游西逛"，但托马斯·沃尔西很清楚，当亨利八世认为自己理由充分时，"无论谁与他意见相左，最终都得听他的"。亨利八世也许会下放许多权力，但大家都清楚，他能够在任何时候收回这些下放的权力。就目前的状况来说，亨利八世和托马斯·沃尔西总体上是协调一致、联手做事的。在这种关系中，尽管托马斯·沃尔西承担了大部分工作，但最终发言权还是掌握在亨利八世手中。1518年，亨利八世就曾无视托马斯·沃尔西的候选人提名，以及朝中神职人员的反对，提名亨利·斯坦迪什担任圣阿瑟夫主教。朝中神职人员都不喜欢亨利·斯坦迪什鼓吹的亨利八世在教会事务中的权威，同时担心此人的晋升对英格兰的教会的独立将是个不祥的预兆。

在施政细节上，亨利八世变得更加谨慎。1519年，亨利八世起草了一份"关于此类事项的备忘录"，要求枢机主教"切实执行"。这份备忘录共有二十一项，涵盖了不同主题：王室内务的安排；军备物资的看管；"群臣要建言,并且将这些建言记录在案";财政大臣应每月汇报收支,并且将相应报告上呈给国王;负责土地测量的官员应每年做工作上报;托马斯·沃尔西与各位法官每季度要亲自向国王汇报工作。其中五项,"国王将与枢密院就此展开辩论"。这五项分别是司法、财政改革、爱尔兰问题、闲散人员的雇用问题,以及边境的安全问题。1521年,托马斯·沃尔西在加来谈判的总计划是由他和亨利八世共同协商确定的,但该计划的重要细节和随后的备战工作都由亨利八世来处理。托马斯·沃尔西与亨利八世的分歧很多:托马斯·沃尔西想让威廉·桑兹指挥英格兰的军队;而亨利八世则宣称,让一个阶品比伯爵还低的人率领军队到国外去,这会让自己颜面尽失。托马斯·沃尔西回答说,与支付给伯爵的军饷相比,支付给威廉·桑兹的军饷较少,并且托马斯·霍华德掌握着指挥权。亨利八世认为,鉴于英格兰王国与法兰西王国的关系即将破裂,运载葡萄酒的英格兰船前往波尔多会很不安全,但托马斯·沃尔西不以为然。就这一点,他们争论了一个月。大臣的意见也不一致。在托马斯·沃尔西与亨利八世争论期间,二十艘运载葡萄酒的英格兰船驶往波尔多,问题得以暂时解决。最后,这些船安全返回英格兰。不过,1522年3月,在波尔多,运载葡萄酒的英格兰船遭到扣押。这证明了亨利八世的谨慎是合理的。亨利八世如今深谙治国之道,在托马斯·沃尔西对自己这个学生的赞美中至少有几分是真的。托马斯·沃尔西写道:"没有人能比陛下[①]您更切实地考虑英格兰的政治与治理之道,也没有人能比您更坚定地寻求如何保护英格兰。"他又说道:"当然,如果您当时能把枢密院的成员都召集起来集思广益,那么他们可能会向您提供一些更深刻的个人见解。"

托马斯·沃尔西"无法表达他在注意到亨利八世的谨慎后,是多么的喜悦与欣慰"。不过,看着亨利八世越来越多地干预自己的权力,托马斯·沃尔西心中不可能没有半点担忧。另外,亨利八世不仅学会了托马斯·沃尔西的手腕,在

---

① 指亨利八世。——译者注

政治上无所顾忌,还形成了和他一样急躁易怒的脾气。1514年,西班牙大使路易·卡洛兹曾抱怨亨利八世行为无礼,并且说,如果不给亨利八世这头小马驹套上笼头,那么以后就控制不了他了。1515年,亨利八世对法兰西使者德·巴波姆没有加以礼遇。在讲述马里尼亚诺战役时,德·巴波姆两次遭到亨利八世的反驳。塞巴斯蒂安·朱斯蒂尼安记录了亨利八世听到坏消息时,是如何"气得脸色发白"的。1522年,新任威尼斯共和国驻英国兰大使加斯帕罗·孔塔里尼记录了亨利八世在详细列举弗朗索瓦一世给自己带来的种种伤害时"怒不可遏"的样子。查理五世对弗朗索瓦一世有同样的抱怨,"但他生性温和,没有那

加斯帕罗·孔塔里尼

么愤怒"。1520年10月，亨利八世转身背对锡永主教马特豪斯·申纳派来的一位外交人员，并且在这位外交人员致辞时径直离开了。针对此事，罗马教廷对亨利八世很有看法。

不过，亨利八世很少有这种情绪爆发，后来就更少了。1527年，西班牙大使伊尼戈·劳佩斯·德·门多萨-祖尼加评论说，亨利八世比托马斯·沃尔西更暴躁，这与亨利八世平常的举止截然相反。在亨利八世与查理五世关系紧张时，神圣罗马帝国驻英格兰大使尤斯塔斯·查普斯时常提到亨利八世接待自己时彬彬有礼，和蔼可亲，从来没有忘乎所以到像托马斯·沃尔西那样对一位大使动粗。亨利八世晚年时没有挑衅过谁，在外交及正式交往中，他虽然热情洋溢，但疏忽了礼节。当然，亨利八世愤怒时的确会情绪爆发，但往往就像律师在法庭上的情绪爆发一样，并不持久。另外，亨利八世"很大程度上会控制好自己的情绪"。我们也不能否认这样一点：亨利八世对待朝臣的态度一向是经过深思熟虑的。他允许这些朝臣在履行职责时享有充分的决定权，并且当朝臣与他意见相左时，他对他们也十分宽容。亨利八世总是耐心地听取别人的劝告，即便这些劝告与自己的观点相左。亨利八世与托马斯·沃尔西的长期争论，即使是在亨利八世决定走相反的道路后，托马斯·沃尔西也依然享有为自己的提议进行辩护的自由。这些充分证明了亨利八世的宽容与耐心。1517年，亨利八世被马克西米利安一世的背信弃义激怒，他给马克西米利安一世写了几封非常"无所顾忌"的信。卡思伯特·滕斯托尔认为这些信会带来不好的结果，因此，他把这些信扣了下来。此举并未受到亨利八世的任何谴责。1522年至1523年，托马斯·沃尔西最初建议兵围布洛涅，后来建议放弃布洛涅。在给托马斯·沃尔西的信中，托马斯·莫尔写道："陛下①绝不会因您改变了想法而感到不快。他认为，最危险的事莫过于固守己见。您如实地告知陛下您为什么会改变想法，在这个过程中，您展示了自己的睿智。陛下对此赞赏有加，并且向您表达

---

① 指亨利八世。——译者注

约翰·科利特

最诚挚的谢意。"没哪个国王比亨利八世更清楚如何让大臣做好自己的本职工作,"不可固守己见"成了他永恒的政治箴言。

德西迪里厄斯·伊拉斯谟转述的一则由圣保罗大教堂的主教约翰·科利特讲述的关于亨利八世和约翰·科利特的故事,也可以让我们从中受益。1513年,战争的狂热席卷英格兰。

当时,英格兰王国正准备与法兰西王国开战。伦敦主教理查德·菲茨詹姆斯将约翰·科利特传唤至格林尼治宫去面见亨利八世,并且要约翰·科利特向亨利八世表明"不正义的和平要比最正义的战争更可取",但亨利八世威胁要报复法兰西王国。1513年的复活节过后,英格兰人准备远征法兰西。1513年5月15日,约翰·科利特向亨利八世和其他宫廷人员布道,劝诫他们要效仿追求和平的耶稣,而不是尤利乌斯·恺撒和亚历山大大帝。亨利八世担心这种布道会对士兵产生不好的影响,于是派人去请约翰·科利特。此时,约翰·科利特碰巧在格林尼治附近的方济各会修道院用餐。亨利八世得知这一消息后,便走进修道院的花园。当约翰·科利特一出现,亨利八世就遣散了侍从,然后和他讨论起自己担心的事情,希望他能够解释清楚,以免听过他布道的人会以为所有战争都是错误的。谈话结束后,当着众人的面,亨利八世让约翰·科利特离开了,然后他提议为约翰·科利特的健康干杯。亨利八世说:"人人都应该有自己的神学博士,而约翰·科利特就是我的神学博士。"

这令人愉快的一幕证明了亨利八世是个有修养、不会随便发怒的人。还有一个例子可以证明亨利八世和父亲亨利七世一样,都不受世俗偏见束缚,他鼓励外国学者、外交家和商人来英格兰。都铎王朝最有能力的代理人中,有不少人是外国人。因此,1517年那场针对外国人的五朔节骚乱让亨利八世非常愤怒。不过,除了一个人,亨利八世特赦了其他引发骚乱的头目。在亨利八世成年后早期的性格中,宽容、慈悲占有不小的比例;再加上他高尚的思想、健美的体格,他对学问和学者的热爱,他的庄严气度,他在所有运动项目中的至尊地位,这一切在时人的眼中是王室魅力的一抹异彩,不亚于托马斯·沃尔西在外交和管理方面展现出的天赋,并且提高了英格兰的声望。1517年,在给曼托瓦侯爵夫人伊莎贝拉·德埃斯特的信中,弗朗切斯科·基耶雷加蒂写道:"总之,世界的财富和文明都在这里。在我看来,那些把英格兰人称为'蛮族'的人也会和我一样被深深折服。在英格兰,我感受到了优雅的举止、极致的礼仪,还有非凡的礼貌。在这一切中，还有一位无人能敌的国王[1]，他的品质和成就十分卓越。我认为古今帝王中，没有人能超过他。愿英格兰因拥有这样称职、卓越的君主而幸福、快乐。亨利八世的统治比其他任何君主所赐的最大自由都要舒心、温和。"

---

[1] 指亨利八世。——译者注

第 6 章

从加来到罗马

担任大法官七年以来,托马斯·沃尔西的政策取得了很大成功,他使英格兰王国在基督教国家中拥有举足轻重的影响力。这可能打破了查理五世的心理平衡,此人因此幻想并试图成为欧洲命运的仲裁者也就不足为奇了。鉴于欧洲大陆的政治状况,此人的野心看起来并非难以实现。现在,欧洲的权力几乎被两位年轻的君主——弗朗索瓦一世与查理五世垄断了。这二人的竞争非常激烈,他们实力旗鼓相当,纷争重重。只有拥有维护和平的决心才能避免战争,但弗朗索瓦一世与查理五世并没有这样的决心。弗朗索瓦一世对那不勒斯拥有主权,依附于他的胡安三世对纳瓦拉拥有主权。查理五世对米兰拥有宗主权,他还拥有勃艮第公爵的头衔。查理五世的曾外祖父[①]"大胆"查理也曾是勃艮第公爵,但后来被路易十一夺走了勃艮第领地。然而,查理五世丝毫不打算放弃自己对那不勒斯或纳瓦拉的占有权,而弗朗索瓦一世同样坚决不交出勃艮第和米兰。他们都渴望抢先一步与英格兰王国交好。英格兰王国如果谋略不足,担不起仲裁者一职,那么至少也能帮助他们壮大实力。然而,英格兰王国的策略选择受到了严格限制,并且它不能向查理五世开战。这不仅仅是因为查理五

[①] 查理五世的祖母勃艮第的玛丽的父亲是"大胆"查理。——译者注

世有姨母阿拉贡的凯瑟琳①作为他坚定的盟友。据说，阿拉贡的凯瑟琳就英格兰王国与法兰西王国结盟"做了一番人们以为她不敢做，甚至无法想象的陈述，并且给出了反对的理由"。在这件事上，阿拉贡的凯瑟琳不仅得到了除托马斯·沃尔西之外所有枢密院成员的支持，还得到了亨利八世的支持。另外，英格兰人也坚定地支持神圣罗马帝国。这是因为查理五世控制着尼德兰的羊毛市场，而在英格兰的出口商品中，羊毛是最重要的，与查理五世交战就意味着英格兰出口贸易的毁灭，成千上万英格兰人将陷入饥饿或贫困。1528年，英格兰王国向西班牙王国宣战。此举不仅招来了教皇克莱门特七世的斥责与不满，差点还让亨利八世丢了王位。三个月后，英格兰王国与西班牙王国结束了战争。只要西班牙王国控制着英格兰的羊毛市场，英格兰王国就必须与它保持和平。自1566年至1648年的尼德兰起义后，羊毛市场落入尼德兰人之手。同样的动机决定了英格兰王国与尼德兰七省共和国结盟，联手反对西班牙国王腓力二世。1520年，英格兰与西班牙之间不可能发生战争。接下来的两年，托马斯·沃尔西和亨利八世一直在努力挑起弗朗索瓦一世和查理五世的竞争，以便英格兰按照自己的计划在有利的时候，从查理五世那里获得最大限度的让步。

根据《伦敦条约》，亨利八世要帮助受侵略者对抗侵略者。该条约最初由英格兰王国与法兰西王国缔结，并且亨利八世的独生女玛丽公主因此与法兰西王太子——法兰西的弗朗索瓦订了婚。不过，弗朗索瓦一世急于通过一次私人会晤来巩固自己与亨利八世的联盟，而亨利八世对法兰西王国的政策就是扮演暂时的朋友。1519年8月，为证明自己想与弗朗索瓦一世会面，亨利八世宣布将蓄胡子，一直到两人会面时再刮掉。在决定蓄胡子这件事上，亨利八世没有考虑到王后阿拉贡的凯瑟琳的感受。1519年11月8日，对英格兰大使托马斯·博林，法兰西王太后萨伏依的路易丝大加指责，因为有人汇报亨利八世把胡子刮了。"我回答说，"托马斯·博林写道，"这可能是王后阿拉贡的凯瑟琳

---

① 查理五世的母亲卡斯蒂尔的胡安娜是阿拉贡的凯瑟琳的姐姐。——译者注

法兰西王太后萨伏依的路易丝

的意思。我告诉法兰西王太后萨伏依的路易丝,此前得知国王亨利八世蓄了胡子后,王后阿拉贡的凯瑟琳每天都要跟他说许多遍,希望亨利八世能为了她把胡子刮掉。"在蓄须问题上,亨利八世反复无常的态度确实给英格兰王国与法兰西王国的外交带来了不便。顺便说一下,亨利八世时而蓄须,时而剃须,这给我们确定他的肖像画绘制年代增加了难度。弗朗索瓦一世认为,所谓的阿拉贡的凯瑟琳的干预纯属借口,可能是亨利八世自己不想坚持这种小事。1520年1月10日,亨利八世命令托马斯·沃尔西代表自己与弗朗索瓦一世会面。因为托马斯·沃尔西也是亨利八世的代理人,所以弗朗索瓦一世认为没有理由再拖延会面。

然而,结果是英格兰拖延了会面,因为如果没有引起查理五世的关注,那么亨利八世与弗朗索瓦一世的会面将没有意义。不久前,亨利八世曾紧急邀请查理五世在从西班牙前往德意志的途中顺路访问英格兰,而查理五世对亨利八世和弗朗索瓦一世的会面心存疑惑,他急于要在二人会面前赶到英格兰。历练的奥地利的玛格丽特承认亨利八世的友谊对查理五世非常重要,但西班牙方面对此并不着急,因为查理五世的车队要到1520年5月才能准备好。于是,亨利八世便竭力推迟自己与弗朗索瓦一世的会面。弗朗索瓦一世回复称,到1520年5月月底,自己的王后布列塔尼女公爵法兰西的克洛德就有八个月身孕了,如

布列塔尼女公爵法兰西的克洛德

果还要推迟会面，那么她就无法出席了。对女士，亨利八世至少表面上算是殷勤有礼的。于是，弗朗索瓦一世的理由便解决了两人会面的时间问题。亨利八世说，如果法兰西的克洛德不出席，那么这次会面将失色不少。亨利八世又告知查理五世，除非查理五世能在1520年5月中旬前到达英格兰，否则他将不得不取消查理五世的访问。亨利八世的这一暗示如同一道非同寻常的调遣令，让查理五世加快了行动，但天不遂人愿，海上的逆风使查理五世能否及时到达成了疑问。不过不到最后，谁也不知道结果会怎样。不管查理五世到不到访英格兰，亨利八世必须于1520年5月31日横跨英吉利海峡到达加来。1520年5月26日，查理五世的船出现在多佛尔悬崖下。托马斯·沃尔西乘着小船去迎接查理五世，并且带领他前往多佛尔堡。1520年5月26日晚，亨利八世也赶到了多佛尔堡。1520年5月27日是五旬节，亨利八世和查理五世一大早便一同前往坎特伯雷，而王后阿拉贡的凯瑟琳和朝臣在前往法兰西的途中已先行到达坎特伯雷，并且与亨利八世和查理五世一起庆祝五旬节。查理五世与姨母阿拉贡的凯瑟琳一起待了五天。这还是他第一次见到姨母阿拉贡的凯瑟琳。不过，这五天都是用来谈国事，而不是用来搞烦琐仪式、看表演的，并且也没有时间准备这些。

  1520年5月31日，查理五世在桑威奇港乘船前往佛兰德斯，而亨利八世在多佛尔港登船前往法兰西。英格兰汉普敦宫中有一幅题为《亨利八世在多佛尔港登船》的油画描绘的就是这一场景。据说，这幅油画和亨利八世统治时期大多数油画一样，都是小汉斯·霍尔拜因的作品。不过，1526年，小汉斯·霍尔拜因才到访英格兰。在这幅《亨利八世在多佛尔港登船》的油画中，亨利八世站在四桅的"天佑亨利"号上。这艘船通常被称为"大哈里"号，是当时最好的船。不过，亨利八世起初是打算乘坐"凯瑟琳快乐"号前往加来的。1520年5月31日11时，在加来，亨利八世登陆。1520年6月4日星期一，亨利八世携随从一同前往吉讷。此地临时搭建了一座像艺术品一样精致的宫殿。对这座壮丽辉煌的宫殿，时人多有提及，但描述得都不够充分。曼托瓦公国驻法兰西宫廷的大使、意大利人索阿尔迪诺称这座宫殿可与文艺复兴时期意大利诗人马泰奥·马

亨利八世在多佛尔港登船

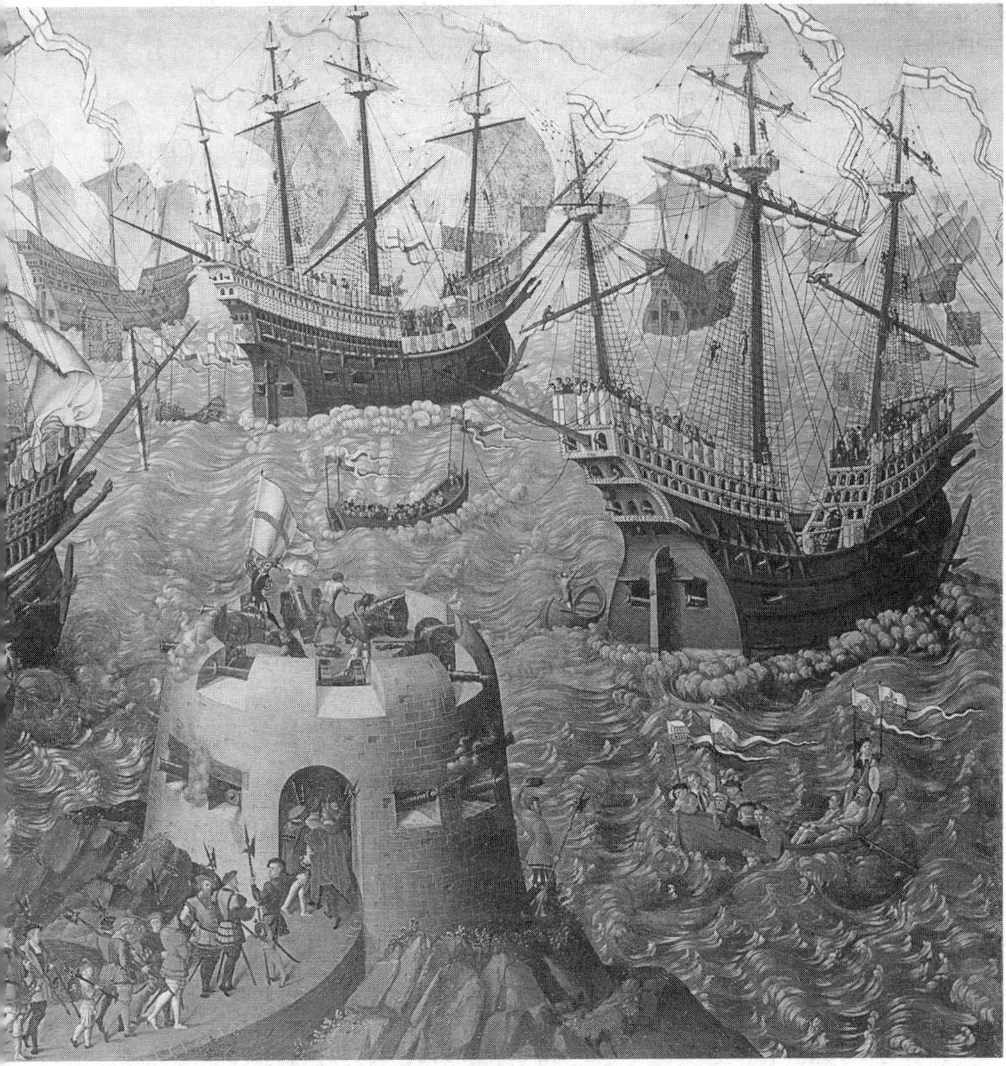

里亚·博亚尔多的诗作《恋爱中的奥兰多》中及阿里奥斯托的诗作《疯狂的奥兰多》中描述的宫殿媲美。另一个意大利人说，莱奥纳尔多·达·芬奇都设计不出这么好的宫殿。周围的一切与这座气派的建筑和谐地融为一体。根据巴黎人的说法，两百名身穿深红色天鹅绒的侍从陪同托马斯·沃尔西，还有两百名弓箭手护卫他。托马斯·沃尔西身穿一袭深红色的缎袍，他骑的骡子背上披着深红色的天鹅绒，装饰着金制的饰物。亨利八世，这位"有史以来最善良的英格兰君主"，在法兰西人看来也是一位非常英俊的君主。他的举止温文尔雅，彬彬有礼，并且因为很胖，他显得"诚实、高尚、正直"。尽管王后阿拉贡的凯瑟琳一再反对，亨利八世还是蓄着非常适合自己的红胡子。另一个见证了这一场面的人——威尼斯共和国的历史学家小马里诺·萨努多，补充了一句奇怪的话：两位君主中，弗朗索瓦一世个子高一些，而亨利八世长得更英俊！1520年6月7日，弗朗索瓦一世与亨利八世分别从吉讷和阿德尔出发，在这两个城镇之间

1520年，在金缕地为亨利八世设计的带有都铎王朝色彩的皇家帐篷

的勒瓦尔多尔的山谷中进行私人会面。当亨利八世和弗朗索瓦一世出现在对方的视线中时,亨利八世突然对弗朗索瓦一世的会面安排产生了怀疑,但很快就打消了顾虑。亨利八世与弗朗索瓦一世相互拥抱,向世人展示他们是基督教国家各国君主中最亲密的朋友。1520年6月10日星期天,亨利八世与弗朗索瓦一世的王后法兰西的克洛德共进晚餐,而弗朗索瓦一世与阿拉贡的凯瑟琳共进晚餐。接下来的一个星期是骑士竞技赛。该场竞技赛以亨利八世与弗朗索瓦一世在赛场上对抗所有参赛者的方式开幕。对两人的摔跤比赛,英格兰的官方记录只字不提,但在法兰西的各种回忆录和历史记载中仍然可以找到相关记录。1520年6月17日,为最后击败亨利八世,早膳时,弗朗索瓦一世带了四名随从,造访了亨利八世。当托马斯·沃尔西在金缕地的一个礼拜堂里举行了庄严的弥撒后,骑士竞技赛宣告结束。神职人员把福音书呈献给弗朗索瓦一世亲吻,但被他婉拒了。神职人员又把福音书呈给亨利八世。亨利八世虽然表现得很客气,但不愿接受这份殊荣。举行接吻礼①时,与之前一样,亨利八世与弗朗索瓦一世彼此谦让,阿拉贡的凯瑟琳和法兰西的克洛德的举止同样彬彬有礼。在关于谁先亲吻十字架的友好争执后,亨利八世与弗朗索瓦一世相互亲吻了对方。1520年6月24日,亨利八世和弗朗索瓦一世再次会面,互换礼物。在最后一次互相表达修好的心愿后,两人道别。弗朗索瓦一世出发前往阿布维尔,而亨利八世则回到了加来。

金缕地会盟是逐渐衰弱的骑士精神最后一次,也是最华丽的一次展现,也可能是有据可查的、最凶险的一场骗局。威尼斯共和国驻法兰西大使安东尼奥·朱斯蒂尼安这样写道:"这些君主难以和平相处,虽然他们能根据自身所处的环境屈伸自如,但都对对方恨之入骨。"在他们的重重友好伪装下,隐藏着根深蒂固的猜忌,甚至是敌意。在亨利八世离开英格兰前,关于法兰西港口有船正在进行装配工作的谣言使英格兰中止了金缕地会盟的准备工作。直到法

---

① 接吻礼,在天主教弥撒活动中,参与者以亲吻耶稣受难十字架或其他圣物的形式表达和平心愿的一种仪式。——译者注

1520年，弗朗索瓦一世与亨利八世来到金缕地

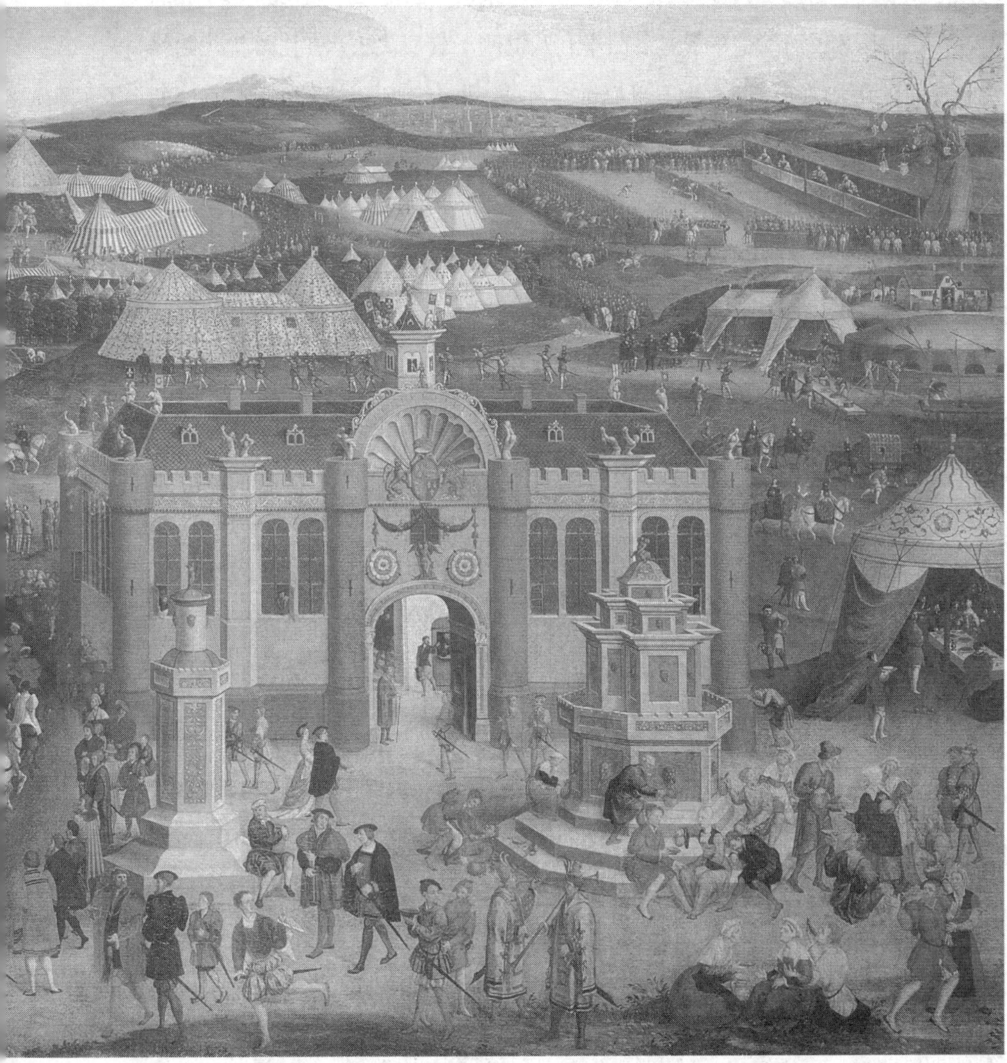

兰西王国正式承诺在亨利八世回到英格兰以前，法兰西的船不得启航，会盟的准备工作才得以继续。据说，在会面前夕，亨利八世发现有三四千名法兰西士兵藏匿在苏格兰，他坚持要这些人撤离。弗朗索瓦一世毫无戒备地拜访亨利八世，很可能是为了消除他的猜忌。在亨利八世刚一转身离去，法兰西就开始修筑阿德尔的防御工事；而亨利八世则前往加来，与查理五世进行低调、真诚的友好谈判。亨利八世与查理五世的会面没有像金缕地会盟时那样隆重，但达成的成果要比金缕地会盟持久得多。1520年7月10日，亨利八世骑马前往格拉沃利讷，而查理五世正在那里等候他。1520年7月11日，亨利八世与查理五世一起返

1520年，亨利八世与弗朗索瓦一世在金缕地会面

回加来。两人在加来逗留了三天,并且完成了英格兰王国与法兰西王国于1520年5月在坎特伯雷展开的各项谈判。1520年7月14日,亨利八世和查理五世签订了一项条约。该条约表面上的主题是要求亨利八世不得再推进玛丽公主与法兰西的弗朗索瓦的婚约,并且查理五世不得再推进自己与弗朗索瓦一世的女儿法兰西的夏洛特的婚约。但实际讨论的主题更多,其中,包括将玛丽公主嫁给查理五世的提议。这种谋划证明,无论查理五世与弗朗索瓦一世的纷争何时会发展成为公开的敌对行动,亨利八世和托马斯·沃尔西已下定决心站在查理五世这一边。

很快,亨利八世就付诸行动了。查理五世刚一离开西班牙,西班牙就传来了不满的声音。当查理五世与亨利八世在加来讨论与法兰西开战的前景时,西班牙的平民发动了起义。1521年2月,卡斯蒂尔的公社起义迅速发展,声势浩大,甚至连亨利八世都认为查理五世很可能要失去西班牙。这种局势产生的巨大诱惑力是弗朗索瓦一世无法抗拒的。1521年春,法兰西军队迅速攻下纳瓦拉,并且恢复了阿尔布雷特王朝对纳瓦拉的统治。弗朗索瓦一世找了许多似是而非的借口,以证明自己并非真正的入侵者。例如,拥护神圣罗马帝国的拿骚-布雷达伯爵恩里克三世与弗朗索瓦一世的盟友海尔德公爵查尔斯二世,以及布永公爵罗贝尔三世·德·拉·马克一直混战不休,并且很可能是神圣罗马帝国的拥护者先挑起战争的。不过,弗朗索瓦一世对英格兰驻法兰西大使威廉·菲茨威廉说自己对查理五世存在很多不满,不能放过这个复仇的机会。因此,我们从中可以看出弗朗索瓦一世的真正意图。

很快,查理五世与弗朗索瓦一世的战争就从纳瓦拉蔓延到了佛兰德斯的边境,以及意大利北部平原。根据《伦敦条约》,查理五世与弗朗索瓦一世都要求英格兰支援自己,但亨利八世至少要到来年才能做好作战的准备。因此,亨利八世提议让托马斯·沃尔西去加来,让他从中调解并裁决哪一方是入侵者。查理五世可能是因为没有做好战争的准备,也可能是因为他确信托马斯·沃尔西会支持自己,因此,欣然同意接受调解。弗朗索瓦一世虽然很不情愿,但明白

1520年，亨利八世与查理五世会面

卡斯蒂尔的公社起义

如果自己拒绝接受调解，那么亨利八世会立刻站到查理五世那一边，于是只好同意参加调解会议。1521年8月2日，托马斯·沃尔西再次横渡英吉利海峡。他首先与神圣罗马帝国的使者见面。但这些使者宣称查理五世没有给予他们同意休战的权力。在这种情况下，托马斯·沃尔西拒绝继续进行调解。他提议自己前往布鲁日去拜会查理五世，以获得调解必需的权力。这一提议得到了法兰西大法官安托万·迪普拉的同意。为此，托马斯·沃尔西去了布鲁日。两个多星期后，他返回加来，不久就病倒了。托马斯·沃尔西这样做其实是为了拖延时间，而法兰西王国和神圣罗马帝国的过分要求使调解时间进一步延长。面对法兰西王国和神圣罗马帝国的使者，托马斯·沃尔西讲了一个英格兰朝臣向国王索

法兰西大法官安托万·迪普拉

要一片森林的故事。当这个英格兰朝臣的亲戚纷纷指责他的非分之想时,这个朝臣回答说,其实自己只想要八九棵树。法兰西王国和神圣罗马帝国的使者不仅要求得到一片森林,还因为少了一棵树而没完没了的争吵。一旦得知本国在战事中获胜的消息,各方使者就又恢复了自己最开始的各种要求。托马斯·沃尔西以精湛的技巧耍着花招。他唯一的愿望就是尽可能拖延时间,生病也是一种外交策略,目的就是使调解再往后推迟几个月,以便从法兰西那获得1521年10月月底到期的那笔年金。

事实上,1521年的加来会议是斐迪南二世因背叛了亨利八世而应得的一座背信弃义纪念碑。这次加来会议虽然是托马斯·沃尔西策划的,但亨利八世对此表示完全赞同。1521年7月,亨利八世就在构思摧毁法兰西海军的秘密计划。然而,在托马斯·沃尔西与查理五世把一切谈妥前,他并不打算执行这项计划。查理五世拒绝给予使者同意休战的权力,以及托马斯·沃尔西提议前往布鲁日,都是亨利八世、托马斯·沃尔西和查理五世在托马斯·沃尔西于1521年8月2日离开英格兰之前就安排好的。托马斯·沃尔西前往布鲁日的目的根本不是要促成一项协议,而是要在假意调解的过程中,与神圣罗马帝国缔结一个攻防联盟。1521年7月6日,神圣罗马帝国驻英格兰大使贝尔纳多·德·梅萨写道:"亨利八世同意了托马斯·沃尔西的计划,即假借听取法兰西王国和神圣罗马帝国各自抱怨的名义,派托马斯·沃尔西前往加来调解。等双方纷争无法调解时,托马斯·沃尔西就抽身去与查理五世缔结攻防联盟。"1521年8月25日,在布鲁日,托马斯·沃尔西和查理五世缔结了《布鲁日条约》。在托马斯·沃尔西返回加来前,查理五世许诺将来让托马斯·沃尔西成为教皇。与此同时,英格兰王国与神圣罗马帝国联合入侵法兰西王国的细节已确定好。查理五世将娶亨利八世的女儿玛丽公主为妻。教皇利奥十世将对查理五世与玛丽公主属于姨表兄妹[①]、不可结合的情况予以豁免,同时免除两人之前与其他人定下的婚

[①] 查理五世的母亲卡斯蒂尔的胡安娜是玛丽公主的母亲阿拉贡的凯瑟琳的姐姐。——译者注

约。托马斯·沃尔西可能会极力表示自己对法兰西的友好态度，对和平的奉献，以及会公平对待法兰西王国使者和神圣罗马帝国的使者，但所有这些华丽辞藻都掩盖不了一个事实——在他正直法官的面具后面隐藏着一副阴谋家的面孔。对英格兰驻法兰西大使威廉·菲茨威廉来说，托马斯·沃尔西在加来的调解使他的日子很不好过。弗朗索瓦一世的姐姐瓦卢瓦-昂古莱姆的玛格丽特因托马斯·沃尔西办事不力而指责威廉·菲茨威廉，暗示有人在欺骗弗朗索瓦一世。威廉·菲茨威廉感到很尴尬，发誓亨利八世不是骗子，还说如果谁胆敢称亨利八世是骗子，那么他愿意向此人证明事实并非如此。对托马斯·沃尔西的阴谋，威廉·菲茨威廉一无所知，他还向托马斯·沃尔西抱怨了瓦卢瓦-昂古莱姆的玛格丽特含沙射影的指责。托马斯·沃尔西知道，瓦卢瓦-昂古莱姆的玛格丽特指责的情况属实。不过，即便是这样，他也不会脸红。

因为法兰西王国和神圣罗马帝国后来的谈判并没有达成休战协定，托马斯·沃尔西便于1521年11月月底从加来回到了英格兰。法兰西给托马斯·沃尔西支付了半年的年金。1521年冬，英格兰一直在为战争做准备。神圣罗马帝国与法兰西王国敦促英格兰王国审核它们对对方侵略行为的指控，尽管确认了哪一方是先发起的侵略就可以证明英格兰的干预是合理的，但英格兰并未试图对双方的侵略行为进行公正裁决，毕竟这场争论的情况非常复杂。如果像查理五世说的那样，依据《伦敦条约》来裁决——该条约要求维持现状，那么入侵纳瓦拉的弗朗索瓦一世无疑就是侵略者。不过，弗朗索瓦一世恳请以《努瓦永条约》作为裁决的标准。根据《努瓦永条约》，查理五世要为流亡的纳瓦拉国王恩里克二世伸张正义，与弗朗索瓦一世的女儿法兰西的夏洛特结为连理，并且将那不勒斯交给弗朗索瓦一世。《努瓦永条约》并没有因《伦敦条约》的缔结而废止，并且查理五世也没有兑现在《努瓦永条约》中做的任何承诺。早在法兰西入侵纳瓦拉前，查理五世就一直在策划与法兰西的战争，并且与教皇利奥十世商谈将法兰西人驱逐出米兰，以及摧毁在热那亚居于主导地位的法兰西势力。对查理五世的战争意图，神圣罗马帝国的大臣并未做任何掩饰。

与此同时，1521年2月在卡斯蒂尔爆发的公社起义给弗朗索瓦一世带来了一个天赐的良机，并且引发了法兰西对纳瓦拉的进攻。这使查理五世能够巧舌如簧地辩解说自己不是侵略者，也是亨利八世声称站在查理五世一边的理由，但这并非亨利八世参战的真正原因。在纳瓦拉遭到入侵的一年前，亨利八世曾讨论过玛丽公主与法兰西的弗朗索瓦的婚约破裂，以及让玛丽公主和查理五世订婚的事情。

英格兰政策的真正动机并未显露出来。1524年，教皇克莱门特七世说："亨利八世的目的令人费解，因为曾让他为之努力的事业都是徒劳一场。亨利八世也许因自己曾蒙受弗朗索瓦一世和苏格兰人的侮慢而想要复仇，或者想要惩罚弗朗索瓦一世的傲慢，或者在查理五世阿谀奉承的诱惑下只想帮助他，再或者是真的想维护意大利的和平。因此，亨利八世宣布，任何破坏意大利和平的人都是他的对手。在神圣罗马帝国获胜后，亨利八世期望的查理五世的回报也是不可能实现的，也许亨利八世是希望能得到诺曼底。"1521年，还是枢机主教克莱门特七世曾坦言自己对英格兰的政治知之甚少。教皇克莱门特七世的无知或许可以解释为什么除了这些不确定又牵强的推测，他无法给出更令人满意的理由来解释亨利八世的行为。然而，在1862年至1876年关于亨利八世统治时期的国家档案出版后，想要了解他的真实意图就再容易不过了。托马斯·沃尔西宣称，除了弗朗索瓦一世行为的事后借口，亨利八世唯一的动机就是要恢复自己对法兰西王位的继承权。如果这是亨利八世真正的目的，那么亨利八世和托马斯·沃尔西都是政治骗子。征服法兰西是一个愚蠢的计划，亨利八世也承认，如果没有查理五世的雇佣军，自己是不可能募集到三万名步兵和一万匹马的。据塞巴斯蒂安·朱斯蒂尼安称，在英格兰，亨利八世很难征集到一百名士兵或一千名轻骑兵；英格兰当时唯一能拿得出手的军事力量是一支弓箭手部队，但已经落后于时代。英格兰的军粮绝对坚持不了三个月，将士们也不习惯冬季作战。英格兰士兵原本都是耕田种地的农夫，偶尔情况下才打仗。亨利七世留下的家业已被亨利八世消耗殆尽。为了给自己断断续续、徒劳无功的入侵战争筹集资金，亨利八世差点引发叛乱。他曾这样写道：要给这些战争提供费用，自己就负担不起爱尔兰军队的开支。托马斯·沃尔西宣布，出于同样的原因，英格兰在苏格兰的利益只能听天由命了；边境战事必须限制在最严格的防御范围内，还必须为爱尔兰找到一个"省钱"的代理人，此人要像基尔代尔伯爵杰拉德·菲茨杰拉德一样，能够在没有英格兰帮助的情况下统治爱尔兰。我们通常认为，亨利八世继承法兰西王位的举动非常愚蠢，然而，奇怪的是，自托马斯·沃尔西倒台，亨利八世亲自掌管国家事务后，英格兰这一外交政策就变得不那么重要了。亨利八世将注意力转向了英格兰的管理上，而不是试图去兼并其他国家的领土。可能比起践踏天主教会、处死约翰·费舍尔和托马斯·莫尔，亨利八世在英格兰人民流血战死、挥霍国家财富、对法兰西做徒劳无功的征伐方面更在行。不过，亨利八世试图使爱尔兰恢复秩序，将英格兰和苏格兰统一起来的这些举动，虽然说可能比较暴力，但至少比追求法兰西王位，甚至是拥有诺曼底更明智。

  然而，如果这些不是托马斯·沃尔西的目标，那么他的目标又是什么呢？对英格兰来说，最重要的事情是在弗朗索瓦一世与查理五世之间保持较好的平衡。托马斯·沃尔西如果认为把英格兰的筹码都放在查理五世的托盘上才是最好的保障，那么一定是误判了政治形势，没有预见到法兰西的崩溃。如果真的是这样，那肯定是因为征兆太多了，导致托马斯·沃尔西未看清形势。即便认为托马斯·沃尔西对弗朗索瓦一世的道德败坏、法兰西王太后萨伏依的路易丝损公肥私、法兰西下层民众对战争的普遍仇恨等情况都一无所知，或者无法预估其后果，细心的观察家也会对法兰西的这些情况发出明确警告。1517年，法兰西就有人强烈抱怨盐税和其他捐税的征收。有一个方济各会修士谴责弗朗索瓦一世比尼禄[①]还要残暴。1519年，法兰西的一个无名氏写道，弗朗索瓦一世摧毁了自己的人民，耗尽了法兰西的钱财；又称查理五世或其他人很快就会以

---

① 尼禄（37—68），罗马帝国第五任皇帝，其统治以暴虐、豪奢著称。——译者注

波旁公爵夏尔三世

低价把法兰西买了去，因为弗朗索瓦一世的王位比人们想象的还要不稳定。波旁公爵夏尔三世1524年的叛国行为在事发三年前就已有传言。当时，人们认为夏尔三世对弗朗索瓦一世"心怀不满"。据说，在金缕地，亨利八世曾跟弗朗索瓦一世说，自己如果有像夏尔三世这样的朝臣，那么一定会杀了他。所有这些细节都被汇报给了英格兰政府，并且归入了英格兰国家档案。事实上，在英格兰宫廷，人们结合事实普遍预期查理五世会在与弗朗索瓦一世的较量中胜出。

破坏神圣罗马帝国与法兰西王国的这种均势状态，不会给英格兰王国带来任何可能的好处。只有在弗朗索瓦一世和查理五世都没有完全掌控局势的情况下，英格兰王国才可能继续担任调解人。毫无疑问，英格兰王国不可能向查理五世开战，但这不是向法兰西王国开战的理由。在法兰西王国和西班牙王国通过战争彼此削弱时，英格兰王国如果懂得如何谨慎行事、壮大自我，那么就会在调解神圣罗马帝国与法兰西王国的争端过程中占据有利位置，并且可以以合理或公正的要求，从中尽可能地攫取利益。英格兰王国实行这种政策的优势显而易见，导致敏锐的法兰西政治家曾一度认为这是托马斯·沃尔西的阴谋。亨利八世在低地国家的特使托马斯·斯皮内利向托马斯·沃尔西转述了这些法兰西政治家的话，并且说："您可以利用弗朗索瓦一世和查理五世的争端，在他们中间斡旋。这样一来，他们就会继续交战，一方消灭另一方，而亨利八世安然如故，并且可以成为他们的仲裁者。"如果亨利八世急切地想参战，托马斯·沃尔西就必须满足他这一愿望或者辞职不干。对托马斯·沃尔西来说，即便是后一种选择，也是比较好的。因为这样一来，他的垮台就不会那么彻底，也会更加体面。托马斯·沃尔西并未辞职，这表明他让亨利八世卷入令人眼花缭乱的外国征服计划中，是想要转移亨利八世对英格兰国内重要事务的注意力，同时可能是因为他预料到了自己即将遭到毁灭。托马斯·沃尔西的举动就像是一个人疯狂地想让一匹他无法控制的奔跑的马在悬崖处调头一样。唯一合理的解释是，托马斯·沃尔西牺牲了英格兰的利益，以图从查理五世那里换取教皇的职位。

无论如何，教皇克莱门特七世不应该嘲笑英格兰。1521年，目光敏锐的理查德·佩斯曾表示，如果查理五世获胜，那么教皇克莱门特七世就不得不为查理五世效力了。事实上，无论是对教皇克莱门特七世来说，还是对托马斯·沃尔西来说，查理五世胜利带来的打击都是同样致命的。这种打击的力量重重地落在了教皇克莱门特七世身上，而他当年正是神圣罗马帝国与法兰西王国这场战争的主要推动者之一。1521年8月，加斯帕罗·孔塔里尼向威尼斯共和国汇报称，查理五世告诉他，教皇利奥十世拒绝了托马斯·沃尔西假惺惺地敦促神圣罗马帝国与法兰西王国的和解计划和休战谈判。加斯帕罗·孔塔里尼又补充说，他相信这些话是真的。1522年，弗朗索瓦一世坚称，朱利奥·德·美第奇[1],"是神圣罗马帝国与法兰西王国兵戎相见的罪魁祸首"。1527年,教皇克莱门特七世力图向查理五世献媚,宣称1521年自己还是枢机主教时,曾让教皇利奥十世与法兰西对立。1525年,查理五世宣布,自己主要是在教皇利奥十世的劝诱下参战的,而教皇利奥十世的堂弟朱利奥·德·美第奇[2]对教皇利奥十世有很大影响力。这种影响力大得导致1521年12月1日教皇利奥十世去世时,在教皇选举会议中,有位枢机主教说他们想要一位新的教皇,而不是一个做了多年教皇的人。这一嘲弄使局面对将来要成为教皇的朱利奥·德·美第奇很不利。教皇利奥十世和教皇克莱门特七世,都将教皇职位视为扩大美第奇家族势力的一种手段。1518年,教皇利奥十世因想把乌尔比诺公爵弗朗切斯科·马

乌尔比诺公爵弗朗切斯科·马里亚一世

---

[1] 1523年,朱利奥·德·美第奇成为教皇,称克莱门特七世。——译者注
[2] 朱利奥·德·美第奇的父亲朱利亚诺·德·美第奇是教皇利奥十世的父亲洛伦佐·德·美第奇的弟弟。——译者注

里亚一世的领地授予侄子洛伦佐二世·德·美第奇而猛烈抨击弗朗切斯科·马里亚一世,称其为"邪恶之子、地狱之子"。为了家族利益,教皇利奥十世拒不将摩德纳和雷焦交还给费拉拉公爵阿方索一世·德埃斯特,同时对费拉拉公国垂涎不已。1521年3月,法兰西出兵逮捕了一些藏匿在雷焦的米兰流亡者。借此机会,1521年5月8日,在沃尔姆斯,教皇利奥十世与查理五世结成联盟,要将弗朗索瓦一世逐出意大利。1521年5月8日,马丁·路德被宣布为不法之徒,意大利

费拉拉公爵阿方索一世·德埃斯特

也爆发了战争。1521年至1526年的意大利战争的影响是战争主要发起者几乎未能预见的。这项在背叛和贪婪中制定的战争决策包含着复仇的因素。帕维亚战役使查理五世成为欧洲除拿破仑·波拿巴之外最独裁的统治者。1521年至1526年的意大利战争导致罗马惨遭洗劫,以及教皇克莱门特七世遭查理五世的军队的监禁。对查理五世的依附使教皇克莱门特七世不可能批准亨利八世的离婚请求,而亨利八世离婚失败导致了托马斯·沃尔西的垮台。

1521年12月1日晚,教皇利奥十世去世了。临终前,他吟唱着《西缅之颂》,希望将法兰西人逐出米兰。在一片战争的喧嚣声中,枢机主教聚集一堂,推选下一任教皇,但他们的做事风格与他们的神职背道而驰。查理五世的代表胡安·曼努埃尔写道:"这里的一切建立在贪婪和谎言之上""地狱里也不可能有这么多的仇恨,这么多的恶魔"。英格兰驻罗马特使,巴斯和韦尔斯主教约翰·克拉克附和道:"教皇制度已严重衰败。枢机主教们吵骂不休,他们之间的恶意、背叛和刻薄与日俱增。"支持法兰西王国的枢机主教与支持神圣罗马帝国的枢机主教各持己见,互不相让。唯一的问题是,弗朗索瓦一世的拥护者或者查理五世的拥护者能否当选教皇。弗朗索瓦一世曾许诺会给托马斯·沃尔西投十四票。不过,如果加来会议时托马斯·沃尔西能预料到自己现在会成为英格兰的教皇候选人,并且他愿意替弗朗索瓦一世扩大一下影响力,那么弗朗索瓦一世现在会原谅他,并且投票给他。托马斯·沃尔西的希望更多的是建立在当初查理五世在布鲁日给他许下的承诺上。不过,托马斯·沃尔西如果真的希望得到查理五世的帮助,那么就太愚笨了。查理五世从来没有为托马斯·沃尔西做过任何努力。查理五世很公允地认为,托马斯·沃尔西如果当选,那么肯定会更多地照顾英格兰王国而不是神圣罗马帝国的利益,查理五世更愿意让一个对神圣罗马帝国忠心不二的人来担任教皇。理查德·佩斯被派到罗马与英格兰驻罗马特使约翰·克拉克一起为托马斯·沃尔西的当选奔走,并且他们也尽了最大努力,但英格兰在罗马教廷中的影响力微乎其微。尽管洛伦佐·坎佩焦不无谄媚地向托马斯·沃尔西保证说,每轮选举中都有托马斯·沃尔西的名字,并且有时为八票到九票;约翰·克拉克说托马斯·沃尔西有一次得了九票,有一次得了十二票,还有一次得了十九票,但其实十一轮选举中,托马斯·沃尔西的名字只出现过一次,并且他只获得了八十一张选票中的七张。选举过程漫长而激烈,选举会议于1521年12月28日开始,但直到1522年1月9日,对彼此的缺点一清二楚的教廷枢机主教们才同意选举一位他们对其知之甚少,并且不在场的人来担任教皇。最后,他们选中了托尔托萨枢机主教阿德里安·布因思。在此事中,查理五世的影响力十分重要。阿德里安·布因思曾一直是查理五世的导师。在选举会议开幕的当天,他才被神圣罗马帝国大使提名为教皇候选人。

托尔托萨枢机主教阿德里安·布因思

无论是查理五世将法兰西逐出了米兰,还是查理五世的导师阿德里安·布因思被选为新任教皇,都未能让托马斯·沃尔西看到查理五世的权力进一步扩大将带来的危险。查理五世似乎全身心地在谋划一个不太光明磊落的计划。这一计划完成了毁灭弱者,而查理五世则尽力在赃物中攫取自己能够得到的东西。1521年冬,查理五世一直忙于备战,同时努力将最终的实际破坏推迟到自己的计划完成后。弗朗索瓦一世深知英格兰对自己有敌意,便放任约翰·斯图尔特去谋取苏格兰,并且拒绝向亨利八世和托马斯·沃尔西支付年金。以这些不满为借口,亨利八世和托马斯·沃尔西发动了一场他们早就决心要进行的战争。1522年3月,亨利八世宣布,查理五世即将访问西班牙,自己也已经对尼德兰实施了保卫措施。弗朗索瓦一世声称,英格兰此举分明就是在向法兰西宣战,并且扣押了在波尔多运载葡萄酒的英格兰船,但他决定不采取正式攻势。于是,1522年5月,亨利八世派遣克拉伦斯纹章官托马斯·贝诺尔特前往法兰西向弗朗索瓦一世宣战。接下来的一个月里,在前往西班牙的路途中,查理五世途经英格兰。1522年6月19日,查理五世与亨利八世就入侵法兰西、他与玛丽公主的婚事,以及铲除异端等问题签订了一项新的条约,即《温莎条约》。在温莎,托马斯·沃尔西成立了教皇使者法庭,由此可以通过宗教压力让缔结条约的亨利八世和查理五世发下誓言,并且以这些誓言约束英格兰与法兰西的君主。托马斯·沃尔西妄称,自己可以行使一项教皇才能行使的职权。如果查理五世和亨利八世在遵守婚约方面发生争议,那么托马斯·沃尔西承诺将在双方间进行仲裁。不过,托马斯·沃尔西发现自己无论是在筹集资金方面,还是在调集作战士兵方面都明显存在困难。当亨利八世与查理五世在温莎会面时,有人提议英格兰应与法兰西"假意讲和",或者达成两年的休战协议,以便让英格兰有时间做好备战准备。

这个邪恶的提议最后不了了之。1522年7月,第三代诺福克公爵托马斯·霍华德攻陷并焚毁了法兰西的莫尔莱。不过,正如他在"玛丽玫瑰"号战舰上写的那样,威廉·菲茨威廉的船上没有肉和鱼吃,而他只喝了十二天的啤酒。食物的匮乏阻碍了英格兰海军取得进一步成功。1522年9月，第三代诺福克公爵托马斯·霍华德被派往法兰西的阿图瓦。此地缺乏组织管理，对英格兰军队来说，这也同样致命。然而，这并没有阻止第三代诺福克公爵托马斯·霍华德一路将农场、城镇焚烧殆尽。法兰西指挥官旺多姆公爵夏尔·德·波旁斥责第三代诺福克公爵托马斯·霍华德的行为是"肮脏"的。这种斥责很公允。对此，亨利八世负有责任。因为托马斯·沃尔西代表亨利八世给第三代诺福克公爵托马斯·霍华德写了一封信，敦促他摧毁杜尔朗和邻近城镇。如果亨利八世真的想把这些领土据为己有，那么以这种方法获得当地臣民的喜爱并积累财富就很奇怪了。除了对法兰西造成部分破坏，亨利八世并未取得什么真正的成就。这场无用的战争甚至耗尽了英格兰的精力，使它无法在北部边境抵抗苏格兰有史以来最强大的一支军队。多亏了苏格兰边区总督托马斯·戴克男爵的机敏和

旺多姆公爵夏尔·德·波旁

约翰·斯图尔特的怯懦,托马斯·沃尔西和亨利八世才得以幸免于一场可能是历史上最严重的苏格兰入侵。未等亨利八世下达指示,托马斯·戴克男爵便与苏格兰签署了休战协议。休战期尚未结束,苏格兰的军队就撤退了。亨利八世和托马斯·沃尔西可能会斥责托马斯·戴克男爵自作主张,但他们很清楚,托马斯·戴克男爵为他们立了功。

从英格兰的角度来看,英格兰和法兰西的这场战争的结果差强人意,但人们都希望来年会取得更大的战果。夏尔三世是法兰西王室统帅,也是法兰西最有权势的贵族,他一心想要背叛弗朗索瓦一世。此时,夏尔三世正在与亨利八世和查理五世商谈自己叛国的条件。法兰西的百姓被弗朗索瓦一世的税收,以及外敌的蹂躏弄得筋疲力尽,他们接受任何可以改变自己命运的办法,甚至是王朝的更迭。亨利八世听说,法兰西到处都在高喊"英格兰国王亨利八世万岁!"托马斯·沃尔西说,要想恢复亨利八世的法兰西王位继承权,再没有比这更好的机会了。亨利八世说,他相信自己能像父亲亨利七世对待理查三世那样对待弗朗索瓦一世。在给托马斯·沃尔西的信中,托马斯·莫尔写道:"我祈求上帝,如果这对亨利八世陛下和国家有好处,那么就希望结果如我们期待的那样。如果不能如愿,那么我祈祷上帝能赐予我们和平。"托马斯·莫尔很难再进一步地暗示自己喜欢的是和平,而不是亨利八世和托马斯·沃尔西现在满心所想的荒诞不经的计划。也许托马斯·莫尔对这场战争的看法与理查德·福克斯的看法差不多。1522年4月30日,在给托马斯·沃尔西的信中,理查德·福克斯说:"我已下定决心,不再插手世俗事务,尤其是战争,或者任何与战争有关的事。对往日那些战争犯下的许多令人不堪忍受的滔天罪行,我悔恨难当。我想,自己如果一生都在不停地为英格兰和法兰西的这场战争忏悔,那么就算再多活二十年,也无法赎清自己的罪恶。麻烦您别再召唤我去防御工事、战地,或者去处理任何关于战争的事了!我已年逾古稀,每天都在等待死亡的召唤。我如果再插手战争事务,那么会绝望而死的。"理查德·福克斯的抗议与托马斯·莫尔的暗示不太可能改变激进的托马斯·沃尔西,因为托马斯·沃尔西希望看到法兰西于1523年被毁灭。现在，对法兰西来说，夏尔三世要反叛；查理五世要从西班牙侵入；查尔斯·布兰登要从加来侵入；法兰西在意大利的影响力似乎也已被摧毁；1522年，就在英法战争爆发前，策划已久的热那亚革命爆发了；在理查德·佩斯的劝说和查理五世的威胁下，威尼斯共和国和费拉拉公国最终脱离了法兰西联盟。

英格兰惯常的拖延将查尔斯·布兰登对法兰西的入侵延迟到了1523年的年底。迟迟不发兵是因为亨利八世的国库空空如也，他父亲亨利七世攒下的家底已消耗殆尽。因此，有必要通过议会获得大量供给。然而，糟糕的是，事实证明议会也难以承担该项重任。在一次温和的演讲中，托马斯·克伦威尔敦促人们进行愚蠢的、不切实际的对外征服计划。与此同时，苏格兰仍然是英格兰的眼中钉。距离议会会议批准战争补贴还有三个月，1523年8月月底，查尔斯·布兰登率领军队横跨英吉利海峡到达加来。这是"百年来英格兰规模最大的一次出征"。亨利八世和查尔斯·布兰登想用这支军队来围攻布洛涅。对英格兰来说，如果围攻布洛涅能够取得成功，那么算是取得了某种实实在在的成就。

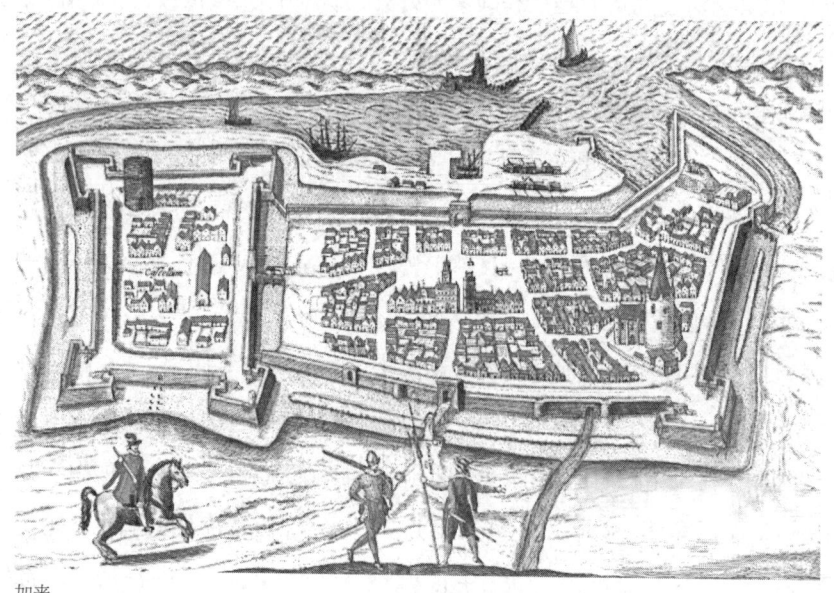

加来

比伦伯爵弗洛里斯·范·埃格蒙德

然而,在托马斯·沃尔西和神圣罗马帝国盟友的劝说下,亨利八世放弃了围攻布洛涅的计划,并且命令查尔斯·布兰登进军法兰西的心脏地带。查尔斯·布兰登虽然不是一位特别优秀的将军,但这次入侵他指挥得得心应手,并且严格规范麾下将士的举动——他希望通过不打家劫舍、宣告自由的做法来赢得法兰西人的心。不过,亨利八世认为只有掠夺才能让英格兰的军队保持团结。在加来,查尔斯·布兰登等待比伦伯爵弗洛里斯·范·埃格蒙德率领的神圣罗马帝国军队的到来。直到1523年9月19日,查尔斯·布兰登才离开加来。他向布雷、鲁瓦和蒙迪迪耶推进,占领了所有抵抗的城镇。1523年11月月初,查尔斯·布兰登到达距离法兰西首都巴黎不到四十英里的瓦兹河。然而,夏尔三世的叛国行为此时已败露,所以他不但没有与查尔斯·布兰登的军队联合,还仓皇地逃离了法兰西。在攻占了丰特拉维亚后,查理五世很满足,他停止了入侵活动。跟随查尔斯·布兰登军队的神圣罗马帝国军队也返回了。1523年的冬天来临了,那是个史无前例的寒冬,夏尔·德·波旁继续挺进,而英格兰军队被迫撤退。撤退过程中,英格兰军队毫发未损。到了1523年12月中旬,英格兰军队又回到了加来。查尔斯·布兰登成了这次耻辱性撤退的代表,而托马斯·沃尔西被塑造成了将他从失败的负面影响中拯救出来的人物。不过,即使是托马斯·沃尔西也很难想象,整整一个冬天,一支两万五千人的军队居然可以在既无支援又无通信联络保障的情况下,在法兰西的心脏地带生存下来。从军事角度来看,查尔斯·布兰登的这次入侵是自亨利五世以来英格兰对法兰西最成功的一次入侵,但由于指导策略不得当,入侵结果并不是很令人满意。

与此同时,罗马又进行了一次教皇选举。最诚实也最不受欢迎的一位教皇——阿德里安六世,于1523年9月14日去世。按照教廷枢机主教的命令,阿德里安六世的墓上刻着"阿德里安六世长眠于此。他一生中最大的不幸就是被任命为教皇"。带着同样的恶意和更加尖酸刻薄的言辞,罗马人为阿德里安六世的医生马切拉塔竖立了一尊雕像并题字"国家的解救者"。托马斯·沃尔西再次成为教皇候选人。托马斯·沃尔西告诉亨利八世,以自己现在的职位,就算是给他十个教皇的职位,他也不愿意交换,但这并不妨碍他暗中指示理查德·佩斯和约翰·克拉克继续替自己谋求教皇的职位。这二人要向教廷枢机主教展示托马斯·沃尔西"在基督教国家的事业中如何经验丰富;查理五世、亨利八世,以及其他国家君主对他如何青睐;他对基督教世界存在的问题是何等的焦虑;他是何等公正,他当选后将会给教会带来的巨大提升;他天生坦率、彬彬有礼;他没有家庭关系或派系倾向的束缚;他希望讨伐异教徒"。查理五世一如既往地慷慨许诺要大力支持托马斯·沃尔西,并且为他写了一封举荐信。然而,查理五世采取了一些预防措施。在教皇选举结束前,他将信使一直扣留在西班牙,并且事先已指示自己在罗马的大使——塞萨公爵路易·费尔南德斯·德·科尔多瓦要促成朱利奥·德·美第奇的当选。对托马斯·沃尔西的当选愿望,路易·费尔南德斯·德·科尔多瓦嗤之以鼻,他写道,"好像上帝每天都会施行神迹似的"。推选新教皇时,教廷枢机主教总是声称自己受到了圣灵的感动,但在领教过阿德里安六世后,圣灵不太可能再次启示这些枢机主教去选择另一位缺席者来担任教皇。托马斯·沃尔西没有丝毫当选的机会,任何一次选举中都不会有他的名字。在1521年12月28日至1522年1月9日那次有史以来最漫长的选举会议后,神圣罗马帝国的影响力就占了上风。1523年11月19日,枢机主教朱利奥·德·美第奇被宣布为新任教皇,即教皇克莱门特七世。

1523年8月,查尔斯·布兰登对法兰西展开的入侵行动是英格兰最后一次积极参与1522年至1526年的意大利战争。这次战争把英格兰弄得精疲力竭。查理五世未能在联合军事行动中施以援手让英格兰非常不满,或者是英格兰终于意识到了它从查理五世过度扩张的权力中不仅什么都没得到,还失去了很多。1524年,英格兰放弃了针对法兰西的军事行动,甚至开始向弗朗索瓦一世示好。当神圣罗马帝国军队带着夏尔三世的人马入侵普罗旺斯,围攻马赛时,托马斯·沃尔西对此袖手旁观,以回敬查理五世1523年在对法战争中的不作为。然而,弗朗索瓦一世仍然掌握着海上控制权,并且法兰西人民在危险面前斗志昂扬。马赛人民顽强抵御外敌并最终获胜。1524年10月,神圣罗马帝国军队仓皇逃回意大利。如果弗朗索瓦一世仅满足于保卫自己的王国,那么一切都会好起来,但野心诱使他走上了一条毁灭的道路。弗朗索瓦一世认为自己熬过了最艰难的时期,奋力一搏,也许米兰会成为自己的战利品。因此,在神圣罗马帝国的势力还没有完全撤离法兰西前,弗朗索瓦一世就翻过了阿尔卑斯山脉,并且着手围攻帕维亚,但西班牙将领安东尼奥·德·莱瓦进行了出色的防卫。1524年11月,人们认为弗朗索瓦一世的毁灭已成定局。甚至占星家预言弗朗索瓦一世要么被杀死,要么被囚禁。佩斯卡拉侯爵费尔南多·德阿瓦洛斯是当时最优秀的将军,他缓慢、坚定地带领神圣罗马帝国军队向北推进,去支援帕维

帕维亚战役

亚。弗朗索瓦一世不愿意停止围攻帕维亚。1525年2月24日，弗朗索瓦一世前方遭到了费尔南多·德阿瓦洛斯的袭击，后方遭到了安东尼奥·德·莱瓦的围堵。"我们大获全胜，"纳赫拉修道院院长费尔南多·马林在战场上给查理五世写道，"俘获了弗朗索瓦一世……全歼法兰西军队……今天是使徒圣马蒂亚斯的节日。据说，二十五年前，您就是在这个节日出生的。万分感谢并赞美上帝的仁慈！从今以后，您可以根据自己的喜好，随意为基督教教徒和土耳其人制定法律了。"

弗朗索瓦一世沦为阶下囚，而查理五世成了独裁者，这就是托马斯·沃尔西1521年以来实行的政策的结果。亨利八世徒劳地想从查理五世的战利品中分得一杯羹，但他的理由是什么呢？英格兰以巨大的不幸或者说愚蠢，不仅帮助查理五世取得了令人生畏的霸主地位，还早早地退出了战斗。因此，它失去了从自己的错误政策中获益的权利。夏尔三世率领军队入侵法兰西时，英格兰一直袖手旁观，它不敢支援，害怕自己的支援会让查理五世收获所有战果。因此，英格兰没有派兵横渡英吉利海峡去威胁弗朗索瓦一世的后方。由于没有英格兰的干涉，在意大利，法兰西士兵得以专心致志地与查理五世的军队展开战斗。亨利八世曾许诺给神圣罗马帝国的军队十万克朗，但这笔钱最终并未支付，并且英格兰一直在与法兰西进行秘密谈判。尽管这样，查理五世还是获胜了，他自然不愿意与英格兰瓜分自己的战利品。自1521年以来，英格兰的政策对它自己、对托马斯·沃尔西、对教皇，甚至对整个基督教国家来说都是灾难性的。在奥斯曼帝国苏丹谢里姆一世看来，基督教君主的纷争似乎为他提供了一个大显身手的机会。1522年11月20日，尽管圣约翰骑士团英勇防御，基督教国家的堡垒罗得岛还是落入了谢里姆一世的手中；紧接着，东欧最坚固的基督教堡垒——贝尔格莱德也沦陷了。1526年8月，在莫哈奇战役中，拉约什二世和匈牙利贵族精英都阵亡了。基督教国家君主间的自相残杀似乎只有通过勠力征服土耳其人才能平息。

　　亨利八世和托马斯·沃尔西开始为自己实行的政策付出代价。他们以前发动的战争徒劳无功，并且代价巨大，还要求英格兰人出资进行支援——英格兰人对此都习以为常了。1522年秋，托马斯·沃尔西被迫向英格兰的神职人员和世俗人员借贷。与后来的事件相比，此次借贷中，英格兰民众的态度还算比较好的，但这笔贷款并未支撑多久。没过半年，托马斯·沃尔西就发现又必须召集议会做进一步筹款。议会的议长托马斯·莫尔尽力确保托马斯·沃尔西的要求能够得到通过，但议员对此不予理睬，并且态度异常决绝，甚至为贷款一事展开了漫长而激烈的辩论。托马斯·沃尔西觉得自己有必要去下议院恐吓一下议员。这样一来，就连托马斯·莫尔也被迫请求议会对筹款事宜做特殊处理。最终，议会很不情愿地拨了一笔钱，但这笔钱很快就花光了。1525年，托马斯·沃尔西想出了新的办法来解决资金短缺问题。不过，他不敢再召集议会了，

弗朗索瓦一世在帕维亚战场被俘

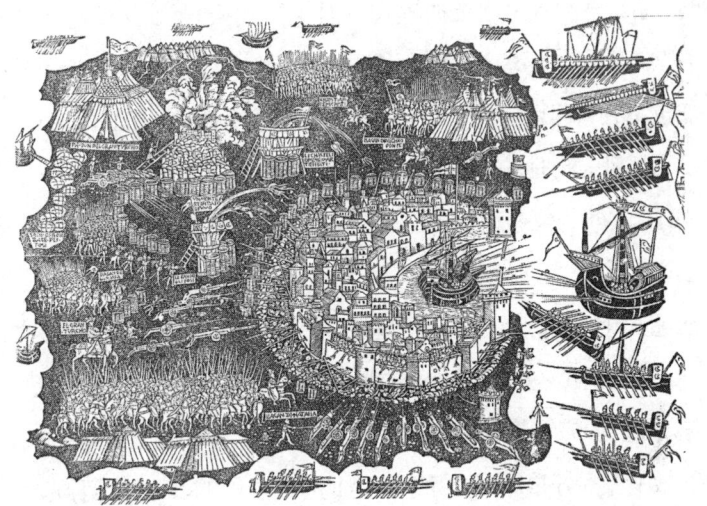

土耳其人围攻罗得岛

拉约什二世在莫哈奇战场阵亡

于是他提出了所谓的"善行捐"。托马斯·沃尔西说，亨利八世御驾亲征法兰西很有必要。如果要出征，那么必须以一国之君的身份出征才行。如果没有金钱的供给，那么亨利八世出征时就没有君主的气派。因此，托马斯·沃尔西的"善行捐"实际就是要求人们上缴累进所得税。对此，伦敦人拒不从命，直到得知再抵抗下去自己可能会丧命后，他们才停止了抵抗。1525年5月，萨福克郡等地爆发了叛乱。此时，有人建议取消固定的捐款比例，允许每个人按自己的意愿捐款。伦敦的一位普通议员立即反驳说，根据1484年理查三世在位时通过的《王权法案》，王室要求民众捐款的行为不合法。托马斯·沃尔西本来对宪法并不在意，但现在竟有人援引邪恶的篡位者理查三世立下的法律，这让他非常惊讶。不过，虽然托马斯·沃尔西不是个有理有据的宪政论者，但这位普通议员是。"您也许有所不知，"这位议员回答说，"理查三世虽然做过坏事，但执政时做了许多好事。这些好事不是他一个人做的，还得到了英格兰议会的同意。"托马斯·沃尔西无言以对，他的关于"善行捐"的要求也被撤回了。亨利八世从来没有遭到过议会这样的拒绝，不过，他后来再也没有经历过类似的遭遇。然而，当时的情况并不止如此。据称，托马斯·沃尔西曾经说伦敦人都背叛了亨利八世。与不祥的"叛逆言论"相关的消息变得越来越频繁。这些"叛逆言论"与亨利八世即位初期臣民的耿耿忠心形成了鲜明对比。臣民这种态度的转变可能并不完全是托马斯·沃尔西一个人的过错，但在任职期间，托马斯·沃尔西的权势几乎无人比肩。亨利八世很可能开始认为是时候撤掉托马斯·沃尔西了。

无论托马斯·沃尔西现在是急于通过协助弗朗索瓦一世攻打查理五世，从而弥补自己犯下的愚蠢错误，还是想通过完成对法兰西的毁灭来从查理五世的胜利中分一杯羹，英格兰人都拒绝再为战争捐钱。这让托马斯·沃尔西别无选择，只能与法兰西讲和。1525年4月，卡思伯特·滕斯托尔和理查德·温菲尔德奉命前往西班牙，向查理五世提议，剥夺弗朗索瓦一世与子女的法兰西王位，并且瓜分法兰西。托马斯·沃尔西是否希望实现如此荒谬、不公正的计划，这还是比较令人怀疑的。不过，可以肯定的是，查理五世无心与托马斯·沃尔西合谋。查理五世不想从弗朗索瓦一世的屈辱中为英格兰攫取利益，不想去见弗朗索瓦一世的次子——瓦卢瓦的亨利①，也不想见法兰西的任何一位地方领主，甚至不想履行自己在1522年的《温莎条约》中应尽的责任与义务。查理五世曾发誓要与玛丽公主结婚，而这场联姻能够带来的利益可能正是亨利八世渴望与查理五世结盟的原因之一。不过，另一桩联姻计划为查理五世提供了更多的实质性好处。从1517年起，西班牙的臣民就一直催促查理五世与葡萄牙的伊莎贝拉结婚。葡萄牙王室一直要求继承卡斯蒂尔的王位。在查理五世与一位葡萄牙公主结婚后，葡萄牙王室的这种要求就自然会平息下来。另外，查理五世如今经济困顿，而葡萄牙的伊莎贝拉有一百万克朗的嫁妆。1526年3月，查理五世与葡萄牙的伊莎贝拉举行了隆重的婚礼。

查理五世与葡萄牙的伊莎贝拉

---

① 1547年，瓦卢瓦的亨利成为法兰西国王，称亨利二世。——译者注

被关押在西班牙的弗朗索瓦一世

　　当弗朗索瓦一世被关押在西班牙时,托马斯·沃尔西正在与法兰西王太后萨伏依的路易丝进行秘密谈判。1525年8月30日,英格兰王国和法兰西王国缔结了《莫尔条约》:英格兰人放弃对法兰西领土的所有要求,而法兰西人要向亨利八世和托马斯·沃尔西提供大笔资金。亨利八世强行要求继承法兰西王位或得到其领土，一直被当作是他为自己浪费英格兰人的生命和财富的行为找的借口。现在，虽然弗朗索瓦一世被俘，法兰西防御空虚，但亨利八世承认了自己对法兰西王位或领土的诉求不切实际。对亨利八世或弗朗索瓦一世来说，签订《莫尔条约》有什么好处呢？查理五世完全控制了他的俘虏——教皇克莱门特七世，他可以随心所欲地发号施令。无论是亨利八世，还是弗朗索瓦一世，都无力与查理五世再进行战争。对自己依据1526年1月神圣罗马帝国与法兰王国西签订的《马德里条约》向弗朗索瓦一世勒索的利益，查理五世锱铢必较；即便英格兰与法兰西结成了联盟，也无法迫使查理五世对法兰西的勒索要求有丝毫降低。弗朗索瓦一世被迫放弃勃艮第，放弃对米兰、热那亚和那不勒斯的主权，抛弃盟友纳瓦拉国王恩里克二世、海尔德公爵查尔斯二世，以及罗贝

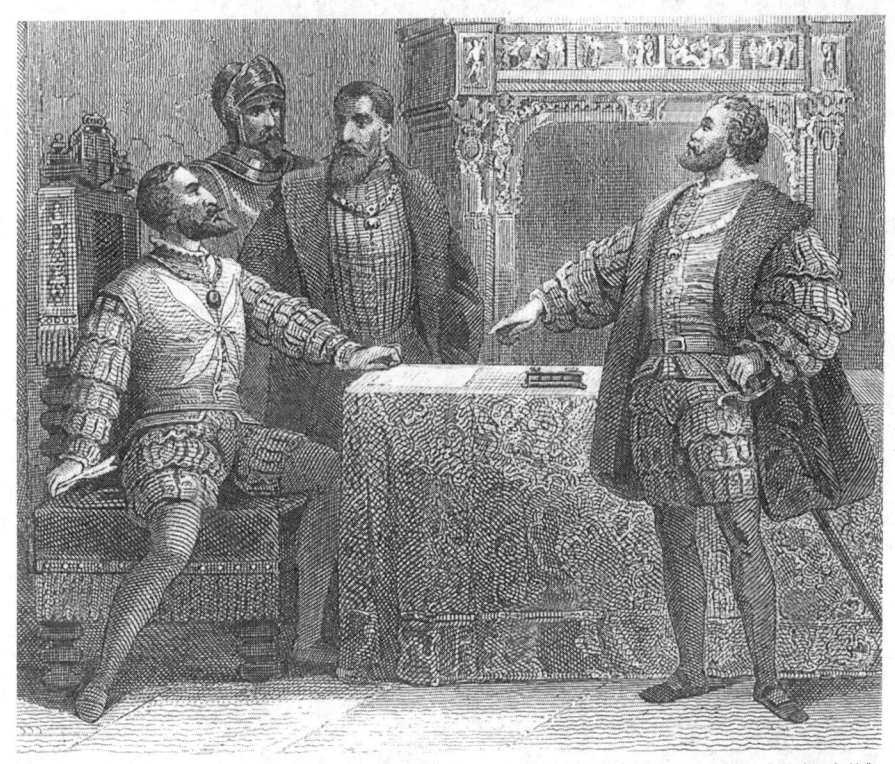

弗朗索瓦一世与查理五世签订《马德里条约》

尔三世·德·拉·马克。同时,弗朗索瓦一世与查理五世的姐姐,即丧夫独居的葡萄牙王后奥地利的埃莉诺订立了婚约,并且将两个儿子——法兰西的弗朗索瓦与瓦卢瓦的亨利——交给查理五世作人质,以履行《马德里条约》。不过,弗朗索瓦一世并不打算信守诺言。1526年3月,弗朗索瓦一世刚刚获释,就抗议说《马德里条约》是查理五世以武力胁迫自己签订的,因此,该条约对他不具有约束力。法兰西各阶层也表示拒不承认《马德里条约》。与往常一样,出于种种政治原因,教皇克莱门特七世愿意赦免弗朗索瓦一世在《马德里条约》签订时发下的誓言。目前,考虑到两个儿子的人身安全,弗朗索瓦一世还不能公开与

奥地利的埃莉诺

查理五世决裂,更不能听信托马斯·沃尔西的建议与玛丽公主结婚——这是托马斯·沃尔西抛下的诱饵。托马斯·沃尔西的目的仅仅是尽可能地伤害查理五世,同时不让英格兰卷入战争。托马斯·沃尔西先后与弗朗索瓦一世及其次子瓦卢瓦的亨利就玛丽公主的婚事进行谈判,努力使英格兰王国与法兰西王国结成更紧密的联盟。出于类似的原因,托马斯·沃尔西资助了由教皇克莱门特七世组建的意大利各邦国君主间的"神圣的联盟"。该联盟旨在将受西班牙军队控制的意大利从苦难中解救出来。

与英格兰的情况一样,教皇国、威尼斯共和国和其他意大利邦国的政策带有很大的盲目性。1523年,它们联合起来将法兰西人逐出了意大利。其结果是阿尔卑斯山脉以南的势力均衡状态被打破了,意大利半岛各国好比刚出油锅又入火坑,处境比以前更加屈辱。教皇克莱门特七世是在神圣罗马帝国的影响下被选为教皇的。路易·费尔南德斯·德·科尔多瓦形容教皇克莱门特七世,说他完全成了查理五世的玩物。路易·费尔南德斯·德·科尔多瓦写道,教皇克莱门特七世"非常内向,优柔寡断,很少自己做决断。他爱钱。在所有人中,他最喜欢那些知道哪里能弄到钱的人。教皇克莱门特七世想显示出一副独立的样子,但结果表明他总是受制于人"。然而,当选后的教皇克莱门特七世尽力摆出一副更符合基督教世界领袖身份的威仪,而不是一味依附查理五世的姿态。教皇克莱门特七世告诉查理五世,他对查理五世的敬爱丝毫未减,也不再仇恨其他人。1524年,教皇克莱门特七世一直在寻求促进基督教国家君主间和谐的办法。不幸的是,他的方法均未奏效。神圣罗马帝国入侵普罗旺斯失败,弗朗索瓦一世越过了阿尔卑斯山脉,这一切让教皇克莱门特七世相信查理五世已呈衰微之势,而法兰西正在不断崛起。在给查理五世的信中,路易·费尔南德斯·德·科尔多瓦写道,"教皇克莱门特七世任由征服者弗朗索瓦一世摆布"。因此,1525年1月19日,在罗马,教皇克莱门特七世和弗朗索瓦一世宣布成立"科尼亚克神圣同盟"。大多数意大利邦国也加入其中。不久后,即1525年4月24日,帕维亚战役爆发了。

当收到帕维亚战役获胜的消息时,查理五世表现出来的态度非常谦逊。不过,他不大可能会忘记以前在关键时刻自己被大多数意大利盟友抛弃的事。威尼斯共和国驻神圣罗马帝国大使加斯帕罗·孔塔里尼怀着恐惧的心情,颤抖着恳求查理五世获胜后能善待意大利各邦国。不过,意大利各邦国的行为很难让查理五世对它们表现出多少仁慈。由于不信任查理五世,科尼亚克神圣同盟与神圣罗马帝国军队展开了混战。然而,科尼亚克神圣同盟各国相互间的妒忌,英格兰王国或法兰西王国的冷眼旁观,再加上科尼亚克神圣同盟各国见好就收这种比较稳妥的想法引起的心理动摇,使这场战争最终只是徒劳。1526年9月,神圣罗马帝国指挥官蒙卡达的乌戈与教皇克莱门特七世的死敌科隆纳家族联手,意在威慑教皇克莱门特七世。蒙卡达的乌戈写道,我们与科隆纳家族已达成休战协议,"这样一来,已经放下武器的教皇克莱门特七世可能会被打得措手不及"。1526年9月19日,蒙卡达的乌戈带兵向罗马挺进。猝不及防的教皇克莱门特七世仓皇逃往圣天使城堡。他的宫殿和圣彼得大教堂被洗劫一空,而圣餐面包惨遭亵渎。英格兰在罗马教廷的代表格雷戈里·迪·卡萨莱说:"这样的残忍行为与亵渎行为,前所未见。"

圣天使城堡

与暴行相比，查理五世的怒火令全世界为之震恐。他最初的目的仅仅是让教皇变成顺从自己的奴隶。蒙卡达的乌戈说，无论是上帝还是凡人，如果敢抵抗查理五世的胜利之师，那么必然会受到严惩。不过，查理五世差点无法控制自己势不可当的军队。神圣罗马帝国士兵所向披靡，因为拿不到军饷，他们恣意踩躏、掠夺、洗劫了意大利北部的城市和教堂。最后，在一阵突如其来的狂热指引下，神圣罗马帝国士兵开始向罗马进军。蒙卡达的乌戈为他们带路。1527年5月6日，神圣罗马帝国士兵以疾风骤雨之势占领了圣城罗马，并且在首轮猛攻中杀死了夏尔三世。基督教国家中最富有的城市陷落在一群乌合之众的手中。教皇克莱门特七世再次逃奔圣天使城堡。接下来的好几个星期，罗马蒙受着亵渎、不敬、抢劫、谋杀和欲望的肆虐，其恐怖情形是任何画笔都描绘不出来，任何语言都无法表述出来的。当时，枢机主教斯卡拉穆恰·特里武尔齐奥在场，他说：“所有的教堂、修道院都惨遭劫掠。”许多修士，甚至祭司被砍死；许多修女遭到了殴打，年轻的修女被强奸、抢劫并被俘虏；所有法衣、圣杯、银器都被从教堂拿走……枢机主教、主教、修士、神父、修女、婴儿和最贫穷的仆人，儿子在父亲面前，婴儿在母亲眼前受到了闻所未闻的残酷折磨。教廷财务院的记账簿、文件被撕成碎片，有些还被烧毁了。在给查理五世的信中，一个神圣罗马帝国的人写道，"我们的士兵进入罗马后，洗劫了博尔戈，几乎见人就杀……所有修道院被洗劫一空，在里面避难的女人都被带走了。人人都被酷刑逼迫交出赎金……所有教堂的礼拜用品被一扫而光，圣徒遗物和其他物品被扔进了水槽和污水池中。甚至连许多圣殿都难逃厄运。圣彼得教堂和教皇宫从地下室到屋顶，都变成了马厩……大家认为这一切都是上帝的公正裁决，因为罗马教廷的统治非常糟糕……我们期待着您告知该如何管理罗马这座城市，并且罗马教廷是否要保留。有人认为教廷不应该继续设在罗马，以免弗朗索瓦一世在法兰西干预新教皇选举，并且拒不服从教廷。亨利八世发现，所有其他基督教君主都有这种打算。"

七丘之城罗马，一座骄傲的城市，殉道者用鲜血浇灌的城市，处处可以看

夏尔三世之死

罗马之劫

见圣徒的足迹的城市。它是基督教教徒朝圣的目的地，也是教皇的所在地，现在竟然沦落到如此境地。犹太人看到异教徒占据了圣地耶路撒冷，他们极度痛苦的心情和那些虔诚的天主教教徒听到罗马惨遭亵渎之后的心情是完全一样的。如果说罗马天主教教徒和神圣罗马帝国的支持者把这场洗劫称为上帝的公正审判，那么准备打破罗马束缚，并且"拒不服从教廷权威"的异端和分裂教会者认为，这场洗劫不亚于圣约翰预言的公元64年，尼禄统治时期罗马城的毁灭，也不亚于先知但以理预言的公元前539年，伯沙撒统治下的新巴比伦王国的灭亡。新巴比伦王国灭亡后，巴比伦大城成了群魔乱舞、藏污纳垢之地；巴比伦被瓜分后，分属于像米底人、波斯人那样来自北方，更加强大的国君与民族。

第 7 章

亨利八世离婚的根源

　　从特洛伊的海伦那时起，婚姻关系不和谐就给大众带来了许多灾难。英格兰历史上最具决定性的一件大事——英格兰与罗马教会的决裂，就与亨利八世与阿拉贡的凯瑟琳的离婚案有关。关于两人离婚的根源有许多不同的解释：有人将它归因于亨利八世喜欢安妮·博林；也有人将它归因于1527年英格兰王国与法兰西王国就玛丽公主和弗朗索瓦一世的婚姻联盟进行谈判时，法兰西的塔布主教安托万·德·卡斯泰尔诺对亨利八世与阿拉贡的凯瑟琳的婚姻合法性提出的质疑。这是主要的两种解释，但都错了。早在安托万·德·卡斯泰尔诺访问英格兰前，甚至在安妮·博林出生前，关于亨利八世婚姻合法性的质疑就已存在。不仅在两人结婚前，而且在亨利八世第一次向阿拉贡的凯瑟琳求婚时，就有人提出了质疑。1503年，亨利七世请求教皇尤利乌斯二世下一道特许令，让自己的次子亨利王子能够与长子阿瑟·都铎的遗孀阿拉贡的凯瑟琳结婚。教皇尤利乌斯二世的回答是，"特许令一般都是关于重大的事情"。初步看来，教皇尤利乌斯二世并不清楚自己是否有权特许这种事。最终，教皇尤利乌斯二世特许了这桩婚事，但人们的质疑并未完全停止。阿拉贡的凯瑟琳的忏悔神父迭戈·费尔南德斯让她时时将这些质疑记在心中；斐迪南二世也总向她提及这些质疑，要她谨慎行事。斐迪南二世认为有很必要打消亨利王子对娶寡嫂这种"罪过"可能产生的"良心上的不安"。威廉·沃勒姆和理查德·福克斯就亨利王子的这桩婚事进行了辩论。威廉·沃勒姆显然持反对态度；大公会议也已宣布反对教皇尤利乌斯二世的特许令，尽管教皇尤利乌斯二世的权威要比大公会议高。那些不赞成这桩婚事的人依旧怀疑亨利王子婚姻的合法性。

然而，即便是亨利八世这样优秀的教皇信徒，他也很难允许世人对教皇权力的质疑压倒这桩婚事会给他带来的实际利益。另外，可以肯定的是，除非有明确、紧迫的外部情况发生，否则亨利八世会坚信自己的婚姻是合法的。1510年1月31日，也就是亨利八世与阿拉贡的凯瑟琳结婚七个月后，阿拉贡的凯瑟琳生下了第一胎，是个女儿，但生下来就死了。1510年5月27日，阿拉贡的凯瑟琳告诉父亲斐迪南二世，这件事在英格兰被认为是个不祥的预兆，但亨利八世不以为意，她感谢上帝给了自己这样一位丈夫。迭戈·费尔南德斯写道，"国王亨利八世与王后阿拉贡的凯瑟琳相亲相爱"。1511年1月1日，阿拉贡的凯瑟琳生下了一个儿子。英格兰宫廷举行了一场骑士竞技赛来庆祝这件喜事。在洗礼仪式上，各国的使者都收到了一份丰厚的赠品。这个孩子被称为亨利，头衔为威尔士亲王。1511年1月14日，他被封为议会警卫官；1511年2月19日，又被封为御玺文书。1511年2月22日，这个孩子就夭折了，随后被葬在了威斯敏斯特教堂，丧葬费用约一万英镑。欢乐变成了悲痛，接连的失望让人备受摧残。这对亨利八世及臣民的思想造成了很大的影响。1513年9月，威尼斯共和国大使理查德·谢利宣布亨利八世第二个儿子出生了。这个孩子可能是个死胎，或者是刚出生不久就夭折了。1514年11月，理查德·谢利提到了"亨利八世又一个儿子"的洗礼，但这个男孩受洗后就夭折了。

现在，亨利八世的家庭悲痛正在被政治上的怨恨激化。斐迪南二世视女儿阿拉贡的凯瑟琳为自己的主要使者，任命阿拉贡的凯瑟琳担任自己在亨利八世宫廷的大使。阿拉贡的凯瑟琳利用自身的影响力来维系父亲斐迪南二世与丈夫亨利八世之间的政治同盟。不过，这种安排存在严重的缺陷：当两国君主的关系变得紧张时，两国的大使可能会被召回，而阿拉贡的凯瑟琳必须留下来。1514年，亨利八世因为斐迪南二世的背叛勃然大怒。因此，他将部分愤怒的情绪发泄在妻子阿拉贡的凯瑟琳,即斐迪南二世在英格兰的代表身上,也就不足为奇了。斐迪南二世的驻英格兰大使皮特·马特·德安吉拉写道,亨利八世责备阿拉贡的凯瑟琳的父亲斐迪南二世的不仁不义,并且用自己取得的战果来奚落她。皮特·马特·德安吉拉将1514年年底阿拉贡的凯瑟琳第四个儿子的早产归因于亨利八世的这种残忍行为。事实上,亨利八世准备要摆脱的不仅仅是英格兰与西班牙的联盟,还有他的西班牙妻子——阿拉贡的凯瑟琳。当时,亨利八世与路易十二协商联合攻打卡斯蒂尔王国,并且威胁要与阿拉贡的凯瑟琳离婚。1514年8月,在罗马,一个叫韦托尔·利波马诺的威尼斯人写道:"据说,亨利八世打算抛弃现在的妻子阿拉贡的凯瑟琳,因为她生不了孩子。亨利八世打算娶夏尔三世的某个女儿为妻……他打算宣告自己的婚姻无效。法兰西人从教皇尤利乌斯二世那里得到了它想要的;亨利八世也要从教皇利奥十世那里得到他想要的。"

然而,1515年1月1日路易十二的死与随之而来的英格兰与法兰西联盟的松动,使亨利八世和斐迪南二世再次成了政治盟友。此外,阿拉贡的凯瑟琳再次怀孕,使亨利八世重新燃起对子嗣的希望。这一次他们没有失望,玛丽公主于1516年2月18日出生。斐迪南二世于1516年1月23日驾崩,但这个消息一直瞒着阿拉贡的凯瑟琳,以免增加她的分娩风险。玛丽公主看起来很可能会活下来,亨利八世很高兴。在一片朝贺声中,塞巴斯蒂安·朱斯蒂尼安说:"如果这是个儿子,您肯定会更高兴。"亨利八世答道:"我和王后[①]都很年轻,如果这次是女儿,蒙上帝的恩典,那么以后会有儿子的。"亨利八世所有关于离婚的想法暂时烟消云散了,但他梦寐以求的儿子并没有降生。据说1517年8月,阿拉贡的凯瑟琳再次怀孕了,但此后就没有相关消息了,很可能她又流产了。1518年7月,在伍德斯托克,亨利八世写信给托马斯·沃尔西说,他不能去伦敦处理朝政,因为阿拉贡的凯瑟琳又怀孕了,现在处于"危险时期"。不过,亨利八世的预

---

① 指阿拉贡的凯瑟琳。——译者注

防措施无济于事。1518年11月10日，他的孩子出生了，依然是个死胎。塞巴斯蒂安·朱斯蒂尼安注意到英格兰人得知这一消息时十分烦恼。塞巴斯蒂安·朱斯蒂尼安表示，如果这件事发生在一两个月前，玛丽公主就不会和法兰西的弗朗索瓦订婚了，"因为英格兰人担心自己的国家以后会因为这桩婚事成为法兰西的附庸"。

这个夭亡的孩子是阿拉贡的凯瑟琳所生的最后一个孩子。几年来，亨利八世非常希望妻子阿拉贡的凯瑟琳能为他生下子嗣。1519年，亨利八世承诺，如果有了子嗣，他将亲自领导一场反对土耳其人的十字军东征。然而，从西班牙请来的医生和英格兰的医生一样，没能让亨利八世拥有子嗣。到了1525年，关于子嗣的最后一线希望熄灭了。阿拉贡的凯瑟琳此时四十岁，而亨利八世三十四岁，正是血气方刚的时候。造化弄人，亨利八世与阿拉贡的凯瑟琳的结合似乎注定会引起王位之争。英格兰从未像现在这样迫切地需要一个继任者。以前，英格兰国王的子女中从来没有出现过这样高的死亡率，也从来没有英格兰国王娶过自己兄长的遗孀。这些异乎寻常之事只在都铎王朝频频出现，只能说是都铎家族自身的问题。那些从罗马大洗劫中看到上帝审判的人，肯定会从亨利八世的孩子纷纷夭折这种事中看到《利未记》中记载的裁决："某个人如果娶了兄弟的妻子……二人一定会没有孩子。"如今这种裁决变成了现实。1528年，法兰西驻英格兰大使让·杜·贝莱写道，"很久以前，上帝就对娶兄弟的妻子这种事做出了判决"。我们没有理由怀疑亨利八世说的话，即他已经开始把孩子的夭折视为上帝对他的神圣审判，他开始怀疑自己的婚姻了。亨利七世曾用"良心不安"作为推迟亨利八世婚事的借口。这一举动虽然是为了掩盖他的政治意图，但很危险。对亨利八世来说，在孩子纷纷夭折后，这一借口变成了可怕的现实。

对这桩婚事，阿拉贡的凯瑟琳也有良心不安的地方，但那是另一种不安。据称，当第一次听说亨利八世打算离婚时，阿拉贡的凯瑟琳说"自己没有冒犯上帝，但这是上帝的审判，因为自己的婚姻是缔结在鲜血之上的"。在亨利八世

让·杜·贝莱

与阿拉贡的凯瑟琳结婚前,斐迪南二世要求先将无辜的爱德华·金雀花杀死,这就是这场婚姻的代价。爱德华·金雀花是无辜的,有这种感觉的不止阿拉贡的凯瑟琳一个人。在对爱德华·斯塔福德的审讯中,他的家臣做证说,曾听说"爱德华·斯塔福德对爱德华·金雀花被处决一事怀恨在心,并且说此事会受到上帝的惩罚,让亨利八世不会子嗣繁盛。亨利八世的儿子接连夭折就是上帝惩罚的明证,他的女儿也不会开枝散叶。因此,亨利八世是不会有子嗣的"。

然而,经常有人昧着良心做事。在影响亨利八世思想的其他动机中,有些是可敬的,有些则相反。其中,最合情合理的动机是他为王位继承问题做的打算。对亨利八世和枢密院来说,如果亨利八世驾崩时除了玛丽公主没有其他子女,那么英格兰就有陷入比内战还要严重的混乱状态的风险。1531年,威尼斯共和国大使洛多维科·法列里写道:"根据英格兰法律,女性不能继承王位。"事实并非如此,不过根据英格兰的过往历史,这无疑是大众的普遍印象。只有一位女性摄政王,即神圣罗马帝国皇帝亨利五世的妻子玛蒂尔达皇后曾对英格兰王位有过诉求,而玛蒂尔达皇后这一先例为英格兰防止类似状况再次发生提供了最有效的论据。尽管玛蒂尔达皇后与玛丽公主拥有同样的英格兰王位继承权,但玛蒂尔达皇后从未加冕成为英格兰女王,并且为了迫使英格兰接受自己的女王头衔,从1135年至1153年,她让英格兰陷入了长达十九年的混乱与内战状态。英格兰国王斯蒂芬和玛蒂尔达皇后是姑表兄妹关系,这与苏格兰的詹姆斯五世和玛丽公主的关系一样[①]。1532年,在大臣的督促下,刚满二十岁的詹姆斯五世自称为"英格兰王子"、约克公爵。詹姆斯五世的这种举动明显是在否认玛丽公主的王位继承权。当时,查理五世正在考虑推翻亨利八世统治的各种方案。一个方案是将詹姆斯五世拥立为英格兰国王,另一个方案是让玛丽公主嫁给某个显耀的英格兰贵族,并且宣布他们为英格兰的国王和王后。玛丽公主被认为没有继承王位的机会,因为冈特的约翰曾在议会中坚持认为王

[①] 玛蒂尔达皇后的父亲英格兰国王亨利一世与布洛瓦的母亲诺曼底的阿德拉是兄妹。苏格兰的詹姆斯五世的母亲玛格丽特·都铎与玛丽公主的父亲亨利八世是姐弟。——译者注

位只能由男性继承人继承；并且在兰开斯特家族中，与爱德华三世第三子埃诺伯爵威廉一世的女儿埃诺的菲莉帕相比，其第四子冈特的约翰的儿子亨利四世拥有优先继承王位的权利。1406年，英格兰通过了一项限制男性继承人继位次序的《王位继承法案》。亨利七世不动声色地否定女性继承王位的权利，从而确保了自己的统治。

反对女性继承王位，与其说是基于男性对女性个人能力的不信任，倒不如说是基于女性君主的婚姻问题及王位传承问题引起的难以避免的后果。玛丽公主如果即位了，那么会结婚吗？如果不会结婚，那在她驾崩后，英格兰王位的继承人将和以前一样稀少。另外，玛丽公主的身体状况并不是很好，可能活不了很长时间。如果玛丽公主结婚了，那么她的丈夫必然是自己的臣民或者是一位外国君主。如果她嫁给了一个臣民，那么会立刻引发一场混乱纷争，玫瑰战争就是因此引发的；如果她嫁给一位外国君主，那么对英格兰人来说必然是一个威胁。对外国势力，英格兰人如今比以往任何时候都要警惕，因为他们害怕受外国人统治，并且他们眼前就有无数个国家联姻的例子，其中，包括西班牙和尼德兰这两个性质完全不同的国家的联姻。他们不想看到自己的国家被并入某个欧洲帝国。为玛丽公主安排的各种婚姻计划中都要求在没有男性继承人的情况下，由她来继承英格兰的王位。不过玛丽公主能否继承英格兰的王位显然是一个不确定的问题，并且她嫁到法兰西或西班牙后，这桩婚事肯定会成为她继承英格兰王位的障碍，或者至少会在英格兰引起王位的纷争。

当阿拉贡的凯瑟琳不能再为亨利八世生育子嗣时，便马上有人对英格兰的王位提出了诉求。1519年，塞巴斯蒂安·朱斯蒂尼安向威尼斯共和国市政议会报告了都有哪些英格兰贵族希望自己能够登上英格兰王位。第三代诺福克公爵托马斯·霍华德觊觎王位，因为他的第一任妻子约克的安妮是爱德华四世的女儿；查尔斯·布兰登觊觎王位，因为他的妻子玛丽·都铎是亨利八世的妹妹。其中，最令人敬畏的还是爱德华·斯塔福德。"人们认为，如果亨利八世死后没有子嗣，那么爱德华·斯塔福德可能会很轻易地就登上王位。"1503年，早在亨利七世看起来很可能不会再有子嗣时，爱德华·斯塔福德就已经在为自己获得英格兰王位奔走了。现在，亨利八世的子嗣问题越来越严峻，爱德华·斯塔福德的王位继承权再次成为人们议论的话题。爱德华·斯塔福德对王位的渴望让自己断送了性命。他一直对都铎家族的统治心怀不满，特别是在托马斯·沃尔西掌权时期。当其他人鼓励爱德华·斯塔福德继承英格兰王位时，他对此不加阻止，并且可能还说过等亨利八世死后，他一定要坚持自己的王位诉求这种话，这触动了亨利八世那根最敏感的神经。1521年，爱德华·斯塔福德接受了贵族同僚的审讯，他被判犯有叛国罪并被处死。与亨利八世统治时期的所有重大审

爱德华·斯塔福德

爱德华·斯塔福德被送上断头台

判,乃至与所有时代大多数的国家审判一样,在这次审判中,官方首先考虑的是现实的或者是假定的政治权宜之计,其次才是对正义的考虑。爱德华·斯塔福德之所以被处死,并非因为他是罪犯,而是因为他很危险,或者将来会变得很危险。他的罪行不是叛国罪,而是因为他是爱德华三世的后代。与亨利七世一样,亨利八世向世人展示了自己对这样一个事实的理解,即没有其他潜在继承人的政府十分安全。

早在1521年,没有子嗣就使亨利八世对王位的继承问题既紧张又敏感。爱德华·斯塔福德被处决就是亨利八世这种心情的具体表现之一。1519年,当查理五世的大臣威廉·德·克罗伊提出将自己的侄女嫁给爱德华四世的外孙——埃克塞特侯爵亨利·考特尼①时,亨利八世也起了疑心。托马斯·沃尔西询问威廉·德·克罗伊,他是否在"为亨利·考特尼寻找继承英格兰王位的任何机会"。如果需要进一步的证据来表明亨利八世对王位继承一事的焦虑并不像人们说的那样,只是为了之后与阿拉贡的凯瑟琳离婚做辩护,那么我们可以从亨利八世对唯一的私生子亨利·菲茨罗伊采取的非常措施中找到证据。亨利·菲茨罗伊出生于1519年。他的母亲叫伊丽莎白·布朗特。人们注意到,伊丽莎白·布朗特曾在亨利八世即位初期参加过宫廷宴会。无论怎样,从表面上看,亨利八世的宫廷长期以来一直是礼仪的典范,没有犯过斯图亚特王朝国王查理二世时那样的累累恶行。另外,关于亨利·菲茨罗伊这个王室私生子的存在一直秘而不宣,直到1525年,才有信提到他的存在。当时,人们认为最紧要的是给亨利·菲茨罗伊一个重要公职,必须使亨利八世后继有人,这件事十分紧迫。

亨利·菲茨罗伊

---

① 埃克塞特侯爵亨利·考特尼的母亲约克的凯瑟琳是爱德华四世的女儿。——译者注

据说，这导致亨利八世在离婚前两年就一直在和枢密院考虑让亨利·菲茨罗伊即位的计划。1525年，亨利·菲茨罗伊被任命为里士满和萨默塞特公爵。这一头衔意义重大："里士满伯爵"曾是亨利七世登基前的头衔，而"萨默塞特公爵"曾是亨利七世的外祖父约翰·博福特及亨利七世的幼子萨默塞特公爵埃德蒙·都铎的头衔。不久，亨利·菲茨罗伊被任命为英格兰海军大臣、苏格兰边区总督和爱尔兰总督，后两个职位是亨利八世年轻时担任过的职位。1527年1月，西班牙驻英格兰大使伊尼戈·劳佩斯·德·门多萨-祖尼加汇报称，英格兰正在进行一个让亨利·菲茨罗伊成为爱尔兰国王的计划。这显然是在为亨利·菲茨罗伊继承英格兰王位铺平道路。英格兰驻西班牙的使者奉命告知查理五世：亨利八世要求找一位与查理五世有近亲关系的高贵公主，作为亨利·菲茨罗伊的妻子。英格兰驻西班牙的使者说，亨利·菲茨罗伊"拥有王室血统，他人品贵重，已具备成为一国君主的条件。在亨利八世的帮助下，他可以很容易地提高自己的地位"。查理五世推荐的人是自己的外甥女——葡萄牙的玛利亚[①]，也就是葡萄牙王后奥地利的埃莉诺的女儿。此前，玛利亚公主已许配给法兰西王太子——法兰西的弗朗索瓦，但英格兰使者说，如果玛利亚公主与法兰西的弗朗索瓦的婚事破裂，那么玛利亚公主可以将亨利·菲茨罗伊当成"另一个王太子"。另一个解决英格兰王位继承问题的计划是，通过教皇克莱门特七世的许可，亨利·菲茨罗伊可以娶他同父异母的姐姐玛丽公主。教皇特使洛伦佐·坎佩焦认为，从道德上讲，这种结合无可厚非。1528年10月，当洛伦佐·坎佩焦抵达英格兰时，他写道："我曾经认为这种结合是为了让亨利·菲茨罗伊继承英格兰王位，但现在我认为这种结合并不会让亨利八世满意。"教皇克莱门特七世同样愿意促成亨利·菲茨罗伊娶玛丽公主这一计划，条件是亨利八世不能与阿拉贡的凯瑟琳离婚。与教皇克莱门特七世或洛伦佐·坎佩焦相比，亨利八世可能不愿意亨利·菲茨罗伊与玛丽公主这对姐弟的结合。不管怎样，玛丽公主很

[①] 葡萄牙的玛利亚的母亲奥地利的埃莉诺是查理五世的姐姐。——译者注

快就与法兰西的弗朗索瓦正式订婚了。查理五世记录下了自己对此事的感想：法兰西王室迎娶玛丽公主是为了消除亨利·菲茨罗伊获得英格兰王位的障碍。

亨利·菲茨罗伊与玛丽公主结婚这一权宜之计表明了对亨利八世来说，有一个男性继承人来继承英格兰王位是非常重要的。亨利八世想要一个王位继承人，所以他想要一个新的妻子。情妇是不会让亨利八世满意的，不是因为与情妇所生的儿子会让亨利八世产生任何道德上的顾忌，而是因为这样的私生子很难毫无争议地继承王位。亨利八世有两个情妇：一个是伊丽莎白·布朗特，即亨利·菲茨罗伊的母亲；另一个是安妮·博林的姐姐玛丽·博林。在婚姻中，亨利八世可能还有其他失检的地方，这种概率特别大。因为1533年第三代诺福克公爵托马斯·霍华德告诉查理五世，亨利八世喜好风月之事。不过，这些都是没有确凿证据的事。如果亨利八世除了亨利·菲茨罗伊还有其他私

玛丽·博林

生子，那么我们很难理解为什么亨利·菲茨罗伊都被这样"曝光"了，而亨利八世其他私生子仍被藏得严严实实。1528年，有说法称亨利八世有十个情妇。不过，这种说法是在对唯一的一份相关文件歪曲解读后形成的，并且以此作为证据来支撑自己的观点。这份文件是1528年的一份贺礼清单，上面写着"送给三十三位贵妇"的礼物，接着是"给十位女士（mistresses[①]）"的礼物。当时，"mistress"一词是否具有现今这种令人不快的含义，还是值得怀疑的。在这份清单中，"mistress"一词只意味着"女士"，并且用这个词将这十个人与贵妇区分开来。与其他君主相比，亨利八世的德行并不逊色。与当时正在与教皇克莱门特七世谈判将自己的私生女帕尔马的玛格丽特嫁给教皇克莱门特七世的堂侄孙亚历山德罗·德·美第奇[②]之事的查理五世相比，亨利八世的道德标准不

帕尔马的玛格丽特　　　　　　　　　　　　　亚历山德罗·德·美第奇

[①] 英语中的"mistress"一词源自法语"maistresse"，本义为女主人、女老师，后来又有了情妇的含义。——译者注

[②] 亚历山德罗·德·美第奇的爷爷"不幸者"皮耶罗是教皇克莱门特七世的堂兄。另有说法称，亚历山德罗·德·美第奇是教皇克莱门特七世的私生子。——译者注

算高也不算低。亨利八世的道德标准也不比詹姆斯二世、威廉三世、乔治一世或乔治二世的低，还远远高于弗朗索瓦一世、查理二世，甚至比纳瓦拉国王恩里克三世①和路易十四要高许多。

  随意指责亨利八世不道德，和指责亨利八世与阿拉贡的凯瑟琳离婚并与罗马决裂的唯一目的是表达他对安妮·博林的喜爱的论调一样，并没有什么根据。如果亨利八世真的不道德，就不会找那么多的理由来解释他为什么要坚持离婚了。洛伦佐·坎佩焦说："亨利八世非常用心地研究离婚一事。我相信，在这件事上，他懂得的比著名的神学家和法学家还要多。"对自己所做事情的公正性，亨利八世深信不疑，"就算是从天而降的天使也无法改变他的想法"。为此，亨利八世派遣了一个又一个的大使去罗马，冒着信奉天主教的欧洲国家对自己的敌意，藐视教皇的权威，他还花了大量钱财从基督教国家的许多大学获得了对自己离婚有利的裁断。我们很难相信亨利八世投入所有这些精力仅仅是为了满足感官激情，因为就满足感官激情来说，亨利八世不用听罗马教皇或神圣罗马皇帝发牢骚就可以得到满足。有人相信，1529年，也就是与阿拉贡的凯瑟琳最终离婚前四年，亨利八世的这种感官激情就已经得到了满足。同样，1533年亨利八世离婚也不是因为他对安妮·博林的喜爱，而是因为他希望让安妮·博林所怀的孩子拥有合法身份。在亨利八世与安妮·博林结婚前，或者说在亨利八世与阿拉贡的凯瑟琳离婚前，安妮·博林就怀孕了。尽管将亨利八世对安妮·博林的喜爱作为他离婚的唯一原因不能令人信服，但这一感官激情让亨利八世的离婚问题变得更加复杂——它不仅激起了亨利八世的其他欲望，让托马斯·沃尔西与亨利八世产生冲突，还让大众认为亨利八世娶安妮·博林这种阶层和性格的女子无异于自贬身价。因此，亨利八世离婚一事不得人心。

  博林家族原本是伦敦的商人家族。1457年至1458年，博林家族中的杰弗里·博林担任伦敦市市长。安妮·博林的母亲伊丽莎白·霍华德拥有贵族血

---

① 后来继承法兰西王位，称亨利四世。——译者注

托马斯·博林

统。她的父亲是都铎王朝的第一代奥蒙德伯爵托马斯·博林。另外,奇怪的是,如果要追根溯源,那么亨利八世的几位妻子都是爱德华一世的后代。目前,安妮·博林的年龄还不确定,但人们普遍认为她出生于1507年。她的父亲托马斯·博林先被封为罗奇福德子爵,后来又被封为威尔特郡伯爵。有人试图以托马斯·博林受到的此种恩宠来推断安妮·博林对亨利八世的影响。不过,在统治初期,亨利八世给予朝臣这样的恩宠已十分常见,并且托马斯·博林为亨利八世效力,这应该也是他受到恩宠的一个原因。另外,在亨利八世爱上安妮·博林前，托马斯·博林的另一个女儿——玛丽·博林曾是亨利八世的情妇，所以托马斯·博林受到恩宠并非完全是因为安妮·博林对亨利八世的影响。对安妮·博林，我们知道的特别少。只知道安妮·博林于1519年前后被派往法兰西，在弗朗索瓦一世的王后法兰西的克洛德身边做侍女。1514年，安妮·博林的姐姐玛丽·博林曾以类似身份陪同亨利八世的妹妹玛丽·都铎前往法兰西与路易十二完婚。1522年，在英格兰王国与法兰西王国的战争爆发前夕，安妮·博林

亨利八世与安妮·博林

诺森伯兰伯爵亨利·珀西

托马斯·怀亚特

被召回英格兰宫廷，然后参与了英格兰宫廷中的各种狂欢与爱情阴谋。诗人托马斯·怀亚特虽然已结婚，但仍向安妮·博林表达了爱慕之情。诺森伯兰伯爵亨利·珀西曾多次向安妮·博林诚恳地求婚，但在亨利八世的逼迫下他最终放弃了。

亨利八世曾打算安排安妮·博林与第八代奥蒙德伯爵皮尔斯·巴特勒的儿子詹姆斯·巴特勒结婚，以结束巴特勒家族与博林家族之间长期的不和。不过，该安排并没有取得进展。这可能是因为安妮·博林和亨利八世的关系发生了变化。正如托马斯·怀亚特在一首十四行诗中抱怨的那样：

> 她的项链上写着：
> "勿碰我，我属于恺撒，
> 我虽看似温顺，实则狂野，难以捕捉。"

上述确凿证据表明，在离婚诉讼开始前，亨利八世就已经喜欢上安妮·博林了，但有人坚持认为，亨利八世是离婚诉讼开始后才喜欢上安妮·博林的。因

第 7 章 亨利八世离婚的根源　　215

为离婚诉讼程序至少于1527年3月就开始了，而在1528年秋受命前往罗马的威廉·奈特接到的指示中才第一次提到亨利八世与安妮·博林的往来。威廉·奈特此次前往罗马的目的是为亨利八世与安妮·博林的结合争取教廷的特许令。亨利八世许多著名的情书都没有写明日期，只是在字里行间略微有些关于书写时间的提示。其中，最早的一封情书据推测应是1527年7月写的。这些情书的书写时间可能早于1527年，最晚到1528年冬天。除非安妮·博林答应嫁给亨利八世，否则亨利八世是不太可能为了娶她而去请教皇克莱门特七世予以特许。在一些情书中，亨利八世似乎怀疑安妮·博林是否会答应他的求婚。另外，我们很难搞懂一个宫廷侍女怎么会回绝掉自己的国王的求婚。安妮·博林不愿意做一个不太体面的情妇，并且亨利八世也没有想要强迫她。在一封情书中，亨利八世写道："我相信，你不在我身边并非你有意想这样做，因为如果你真的想这样做，我也只能哀叹自己的不幸，并且逐渐减少自己荒唐透顶的行为。"亨利八世对安妮·博林的爱无疑是"荒唐透顶的行为"。这也是他一生中最富有激情的时刻。然而，这些情书本身并没有什么特别的地方。在一封情书中，亨利八世说自己中了"爱情之箭"一年多，但他仍不确定安妮·博林是否喜欢自己。在另一些情书中，亨利八世哀叹安妮·博林短暂的离去如同永久的别离；他希望安妮·博林的父亲托马斯·博林尽快回到英格兰宫廷；他非常担心安妮·博林会染上时疫；他向安妮·博林保证染上时疫的女人并不多，还答应把自己亲手射杀的一头雄鹿送给她。这无疑是在玩文字游戏了①。后来，亨利八世提到了自己与阿拉贡的凯瑟琳离婚案的进展，并且因有一封信写得比较简短而向安妮·博林致歉，理由是他在写一本为自己辩护的书，写了四个小时，此刻正头痛不已。在该系列的最后一封情书中，亨利八世宣布，自己一直在为安妮·博林装修住所，并且祝贺自己和安妮·博林，因为罗马派来审理此案的教皇使者洛伦佐·坎佩焦为他送来了祝福，还告诉他，他不像外界说的那么"傲慢自大"。

---

① 英文中，"雄鹿"（hart）与"心"（heart）同音。亨利八世这样说是想表示要将自己的心献给安妮·博林。——译者注

安妮·博林让亨利八世如此着迷的原因让评论家非常困惑。加斯帕罗·孔塔里尼这样写道:"安妮·博林并非绝世美人。她中等身材,肤色黝黑,长长的脖子,大大的嘴巴,身材并不丰满。实际上,除了一双美丽的黑眼睛,她没有什么出众的地方,但很符合亨利八世非同一般的审美。"可能安妮·博林是在法兰西学会如何充分利用自己美丽的双眸。1533年6月1日,在去参加王后加冕礼的路上,安妮·博林披散着乌黑的长发。坎特伯雷总主教托马斯·克兰麦称她好像"端坐在秀发中"。披散头发可能是法兰西的风俗习惯,这让英格兰宫廷里古板守旧的贵妇多少有些震惊。据说,安妮·博林的一块指甲上有点小瑕

托马斯·克兰麦

奉路德教的诸侯,"良心虽然只存乎一心之间,但最能评判世间的善恶公义"。1533年,亨利八世告诉尤斯塔斯·查普斯,上帝对他的做法很满意。还有一次,亨利八世写信给查理五世,说:"上帝的灵魂在哪里,哪里就得以自由。"显然,亨利八世是在暗示说他拥有上帝的灵魂,所以可以为所欲为。对亨利八世来说,正如对圣保罗来说,一切事情都是合法的。亨利八世向教皇克莱门特七世、博学的神学家、国内外的大学发出离婚呼吁,并非为了个人的满足,而仅仅是对世俗之人做出的让步,这些人既没有亨利八世的学问,也没有他君主应有的良心。这种信念扎根于亨利八世的心中。亨利八世四处呼吁各方支持自己的努力徒劳无益,并且试图劝说他放弃离婚是一件危险的事,因为他认为自己离婚是正义的,这种信念让他变成了一个非常危险的人物。我们对自己漠不关心的事情之间的分歧报以宽容的态度,但良心让我们变得固执起来。众所周知,不同神学体系之间互相仇恨,宗教战争也很残酷。良心使托马斯·莫尔遭到迫害,使迫害异教徒成为荣耀,也为玛丽一世赢得了"血腥玛丽"的绰号。人们被本着良心的天主教信仰感动,亨利八世被本着良心的自我信仰感动,但他们都是通过欺诈的手段来获得自己急切想要的良心上的安宁。

第 8 章

教皇克莱门特七世的困境

1527年2月，在寻求与法兰西结盟，从而为英格兰的外交政策奠定基础的过程中，托马斯·沃尔西认识到了与查理五世结盟的致命弊端，但为时已晚。法兰西大使抵达英格兰，缔结了弗朗索瓦一世与玛丽公主的婚约。代表法兰西的是塔布主教安托万·德·卡斯泰尔诺。安托万·德·卡斯泰尔诺被指控，是他首先在谈判过程中对亨利八世与阿拉贡的凯瑟琳的婚姻合法性提出质疑，而这场婚姻最终以离婚收场。三个月后，托马斯·沃尔西也宣称亨利八世与阿拉贡的凯瑟琳的婚姻无效。时至今日，安托万·德·卡斯泰尔诺的质疑依然被亨利八世的维护者用来当作为亨利八世的离婚举动辩护的主要依据。现在有些人斥责这种质疑是厚颜无耻的污蔑，他们的理由是，现有的谈判记录中并没有关于安托万·德·卡斯泰尔诺这一质疑的任何记载。不过，遗憾的是，我们现在也只有一两封与此次外交谈判有关的信。后来，确实有一份由法兰西大使馆秘书克洛德·多迪厄起草的详细记录，但在该记录中，克洛德·多迪厄也没有提到安托万·德·卡斯泰尔诺是否对亨利八世与阿拉贡的凯瑟琳的婚姻合法性提出过质疑。因此，这份记录对维护亨利八世的人来说，也没有什么帮助。1528年，让·杜·贝莱向法兰西政府汇报了亨利八世的公开声明。该声明称安托万·德·卡斯泰尔诺曾提到过这些质疑。亨利八世的声明并未遭到否认，这表明安托万·德·卡斯泰尔诺相信亨利八世的婚姻不具有合法性，并且英格兰在努力让教皇克莱门特七世批准亨利八世的离婚时，经常援引安托万·德·卡斯泰尔诺的看法。在没有确凿证据的情况下，认为亨利八世和托马斯·沃尔西故意撒谎，只是一种猜测，因为安托万·德·卡斯泰尔诺完全可能表达过一些这样的质疑。事实上，弗朗索瓦一世有充分的理由支持人们对亨利八世婚姻合法性的质疑，并且借这种质疑挑拨亨利八世与查理五世的关系。亨利八世正努力从弗朗索瓦一世那里获得年金、贡金、领土等种种好处，以此作为将玛丽公主嫁给弗朗索瓦一世的回报。安托万·德·卡斯泰尔诺说，法兰西国王配英格兰公主绰绰有余，法兰西没有必要再对英格兰做更多的让步。亨利八世对此回复说，弗朗索瓦一世无疑是玛丽公主的良配，但他能自由选择与谁结婚吗？弗朗索瓦一世与查理五世的姐姐奥地利的埃莉诺已定下婚约。这是一个棘手的问题，因此，弗朗索瓦一世求婚这一举动的价值有待商榷。尽管弗朗索瓦一世渴望教皇克莱门特七世能够特许自己的结婚请求，但或许教皇克莱门特七世并不会这么做，或者就算他这么做了，他颁布的特许令也起不到什么作用。安托万·德·卡斯泰尔诺质疑亨利八世婚姻的合法性，完全有可能是在暗示玛丽公主并非亨利八世所说的那么尊贵。亨利八世与阿拉贡的凯瑟琳结婚的特许令真的不容置疑吗？玛丽公主身份的合法性也真的无可争辩吗？为诱惑弗朗索瓦一世，亨利八世故意说未来将由玛丽公主继承英格兰王位，但玛丽公主继位的事情真的万无一失吗？即使是在安托万·德·卡斯泰尔诺于1527年2月前往英格兰执行任务时，这些问题也不是什么新鲜话题。1514年，亨利八世离婚一事就已引起讨论。到现在1527年，亨利·菲茨罗伊的重要地位成了公众议论的话题，这不免让人对玛丽公主的继承权产生怀疑。在安托万·德·卡斯泰尔诺执行完谈判任务后不到三个月，亨利八世和托马斯·沃尔西都声称安托万·德·卡斯泰尔诺曾对亨利八世婚姻的合法性提出过质疑，但除此之外，没有任何书面证据表明安托万·德·卡斯泰尔诺曾有过此种质疑。不过，亨利八世并没有说安托万·德·卡斯泰尔诺是第一个提出这种质疑的人，托马斯·沃尔西也没有。托马斯·沃尔西宣称，教皇克莱门特七世是因这些质疑而反对弗朗索瓦一世与玛丽公主结婚。后来，亨利八世向伦敦市长约翰·鲁德斯顿爵士和市议员阐明了自己的立场。据让·杜·贝莱称，亨利八世说，自安托万·德·卡斯泰尔诺提及此事以来，他越发感到良心不安了。

不管怎么说，在安托万·德·卡斯泰尔诺1527年的谈判结束前，亨利八世就已迈出离婚的第一步，或者像托马斯·沃尔西和亨利八世自认为的那样，朝着平复亨利八世对自己的婚姻是否合法的良心不安迈出了第一步。1527年4月月初，理查德·沃尔曼博士被派往温切斯特，就这一问题向理查德·福克斯进行请教。此事十分保密，理查德·福克斯的任何顾问都不允许在场，而关于这次谈话的其他证据都是通过各种渠道收集的。1527年5月17日，也就是安托万·德·卡斯泰尔诺离开英格兰一个星期后，教皇特使托马斯·沃尔西传唤亨利八世出庭，请亨利八世解释他与阿拉贡的凯瑟琳共同生活的行为。理查德·沃尔曼被任命为这次离婚诉讼的代理人。亨利八世做了自我辩解。1527年5月31日，理查德·沃尔曼代亨利八世向教皇使者法庭做出答复。然后，诉讼程序就结束了。对这些人的任命，亨利八世遵循的是妹夫查尔斯·布兰登开创的先例。查尔斯·布兰登很早就与安东尼·布朗爵士的女儿订下了婚约，但由于某种原因，婚约破裂。后来，查尔斯·布兰登又向约翰·莫蒂默爵士的遗孀玛格丽特·内维尔求婚。他与玛格丽特·内维尔有血缘关系。在获得教皇尤利乌斯二世的特许后，查尔斯·布兰登与玛格丽特·内维尔结婚并一起生活。然而，与亨利八世一样，良心或其他方面的考虑使查尔斯·布兰登认为自己的婚姻是罪恶的，并且教皇尤利乌斯二世颁布的特许令也是无效的。在查尔斯·布兰登的活动下，大概是一位"掌握传统事务审判权的伦敦副主教"发表了一份声明。然后，查尔斯·布兰登就和安·布朗结婚了。在安·布朗死后，查尔斯·布兰登娶了亨利八世的妹妹玛丽·都铎。查尔斯·布兰登和玛格丽特·内维尔的婚姻，与亨利八世的婚姻一样，都是在教皇尤利乌斯二世的特许下，并且也已经有了夫妻之实。查尔斯·布兰登与玛格丽特·内维尔的婚姻被宣布为无效的理由，与亨利八世提出的离婚理由完全相同，即教皇尤利乌斯二世的特许令是无效的。

1528年5月12日，教皇克莱门特七世发布诏书，确认查尔斯·布兰登与玛格丽特·内维尔离婚，并且谴责所有质疑查尔斯·布兰登后续婚姻合法性的人。这正是亨利八世希望获得的结果。托马斯·沃尔西打算判决亨利八世与阿拉贡的凯瑟琳的婚姻无效，理由是教皇尤利乌斯二世的特许令存在疏漏。然后，亨利八世就可以娶自己喜欢的任何女子为妻。教皇克莱门特七世也将对此判决予以确认，并且谴责所有对亨利八世第二次婚姻或所生子嗣身份合法性持有异议的人。

另一个离婚先例也给亨利八世留下了深刻印象：1527年3月11日，在托马斯·沃尔西召开教皇使者法庭前两个月时，罗马教廷准许了苏格兰王后玛格丽特·都铎的离婚。比起亨利八世，玛格丽特·都铎的借口更不合理——她声称阿奇博尔德·道格拉斯在和她结婚前就已经与他人定有婚约，但这一点并未得到证实。玛格丽特·都铎声称她相信詹姆斯四世在弗洛登战役后还活了三年，即自己嫁给阿奇博尔德·道格拉斯时詹姆斯四世还活着。另外，阿奇博尔德·道格拉斯一直对她不忠。不过，根据教规，这不能作为离婚的理由，更何况玛格丽特·都铎已与亨利·斯图尔特生活在了一起。另外，为了能与玛格丽特·都铎结婚，亨利·斯图尔特已离婚。对这两起离婚案中的任何一起，罗马教廷都没有提出反对。不过，阿奇博尔德·道格拉斯与玛格丽特·内维尔都没有一个当皇帝的外甥，也没有可以挺进罗马捍卫自己婚姻合法性的帝国军队，并且教皇克莱门特七世也不可能会为他们颁布诏书，因为他担心自己颁布的诏书的公正性会受到大权在握的君主的武力质疑。然而，亨利八世的情况就不一样了。1527年5月，当托马斯·沃尔西召开的教皇使者法庭审判正在秘密进行时，罗马惨遭洗劫，教皇克莱门特七世落入查理五世的军队手中。他成了阶下囚的消息令世人震惊。因此，陷入困境中的教皇克莱门特七世是不可能批准对其"主人"查理五世的姨母阿拉贡的凯瑟琳不利的离婚判决。收到罗马的消息后，托马斯·沃尔西便写信给亨利八世："无论教皇克莱门特七世被杀或者是被囚禁，都将对陛下您的离婚造成巨大阻碍。不过，到目前为止，关于离婚的事情一直进行得很顺利。"不久，托马斯·沃尔西便宣布，如果阿拉贡的凯瑟琳否认他判决此事的权威，那么离婚就必须得到教皇克莱门特七世或罗马枢机主教的同意。不过，要想得到教皇克莱门特七世的同意，就必须先释放他；要想得到枢机主教的同意，就必须先召集他们来法兰西议事。

1527年7月3日，托马斯·沃尔西动身前往法兰西。他此行的目的是解救教皇克莱门特七世，或者更确切地说，是为了在教皇克莱门特七世被囚禁期间，在法兰西召集一次枢机主教大会。在弗朗索瓦一世的领土上，由托马斯·沃尔西主持召开的枢机主教大会势必会赞成斥责查理五世的姨母阿拉贡的凯瑟琳，而落入查理五世军队之手的教皇克莱门特七世必然会对此表示反对。此次，托马斯·沃尔西不是以亨利八世的大使而是以国王代表的身份出访法兰西。因此，此次阵势无与伦比。与往常一样，托马斯·沃尔西计划通过这次活动使自己的职位获得进一步提升。法兰西王太后萨伏依的路易丝向托马斯·沃尔西建议：在教皇克莱门特七世未获得人身自由前，所有基督教国家的君主都不应该承认他的权威。托马斯·沃尔西回答说，这种建议就算萨伏依的路易丝不提出来，自己和亨利八世也会提出来。此时，西班牙有传言称，托马斯·沃尔西"去法兰西是为了将英格兰的教会和法兰西的教会从罗马教会分离出去，不仅仅是解救被囚禁的教皇克莱门特七世，更是为了永久性地分裂教会"。传言还称，弗朗索瓦一世将任命托马斯·沃尔西担任上述两个分裂教会的主教。为赢得托马斯·沃尔西对西班牙利益的支持，有人甚至建议查理五世废黜教皇克莱门特七世，让托马斯·沃尔西担任教皇。分裂教会的计划是不可行的，罗马的枢机主教太多了，而托马斯·沃尔西只获得四名枢机主教的支持，其中，包括三名法兰西枢机主教和一名意大利枢机主教。这四名枢机主教与托马斯·沃尔西签署了一份抗议书，声称只要教皇克莱门特七世仍在查理五世的掌控中，便不承认教皇克莱门特七世的权威。不过，最终还是需要由教皇克莱门特七世同意亨利八世的离婚。查理五世已听到针对阿拉贡的凯瑟琳的诉讼风声，此时局势已刻不容缓。事实上，查理五世早已知道亨利八世的意图，尽管托马斯·沃尔西竭力阻止阿拉贡的凯瑟琳与外甥查理五世进行联络。1527年8月,托马斯·沃尔西甚至密谋要绑架阿拉贡的凯瑟琳准备派往罗马求救的一名信使。不过,这一切都是徒劳的。因为就在托马斯·沃尔西召开的教皇使者法庭于1527年5月17日秘密开庭的第二天,西班牙大使伊尼戈·劳佩斯·德·门多萨-祖尼加就写信给查理五世。他说,托马斯·沃尔西"一直在密谋促成阿拉贡的凯瑟琳的离婚,这是他犯的最后一项罪恶"。1527年7月29日,在托马斯·沃尔西怀疑自己的审判走漏了风声前,查理五世就已通知伊尼戈·劳佩斯·德·门多萨-祖尼加,自己已派遣枢机主教基尼翁前往罗马,代表阿拉贡的凯瑟琳说服教皇克莱门特七世撤销托马斯·沃尔西的教皇使者权力。

对这一切完全不知情的托马斯·沃尔西敦促亨利八世派遣伍斯特主教吉罗拉莫·吉努奇带人去罗马提出某些要求。其中,有一项是要求教皇克莱门特七世同意在法兰西举行一次会议,但教皇克莱门特七世并未应允。不过,现在托马斯·沃尔西与亨利八世的分歧已经很明显:虽然都在争取让亨利八世尽快离婚,但托马斯·沃尔西希望亨利八世离婚后娶法兰西的勒妮作为第二任妻子,从而使亨利八世与弗朗索瓦一世能更紧密地联合在一起——托马斯·沃尔西的个人计划与政治计划现在完全建立在这两人联合的基础上。然而,亨利八世已决定自己的第二任妻子将是安妮·博林,而托马斯·沃尔西对他的这一决定还一无所知。托马斯·沃尔西完全有理由害怕安妮·博林会控制亨利八世的思想,因为安妮·博林是反对罗马天主教教权者的希望和工具,但目前这些人一直受托马斯·沃尔西的压制。第三代诺福克公爵托马斯·霍华德是安妮·博林的舅舅[①],于公于私,他都非常仇恨托马斯·沃尔西。安妮·博林的父亲托马斯·博林、表兄威廉·菲茨威廉[②]和姨表兄弗朗西斯·布莱恩[③],以及她的许多

[①] 安妮·博林的母亲伊丽莎白·博林是第三代诺福克公爵托马斯·霍华德的妹妹。——译者注
[②] 此处怀疑有误,查不到威廉·菲茨威廉与安妮·博林有任何亲戚关系或类似支持性观点。——译者注
[③] 安妮·博林的母亲伊丽莎白·博林是弗朗西斯·布莱恩的母亲玛格丽特·布莱恩的妹妹。——译者注

远亲一有机会就攻击英格兰的教会和托马斯·沃尔西。在亨利八世的离婚案开始前,托马斯·沃尔西的地位就已岌岌可危。英格兰国内的税收政策和对外政策的失败使英格兰人对亨利八世的忠诚化为了愤懑。对此,托马斯·沃尔西负有主要责任。1527年3月,伊尼戈·劳佩斯·德·门多萨-祖尼加写道:"对亨利八世的不满,对教皇使者托马斯·沃尔西的仇恨在英格兰随处可见……现在只要有一个人站出来领导这些心怀不满的人,亨利八世很快就会被迫更换朝臣。"1527年5月,伊尼戈·劳佩斯·德·门多萨-祖尼加向西班牙汇报了一个在英格兰流传甚广的谣言,大意是说亨利八世有意将托马斯·沃尔西撤职。托马斯·沃尔西几乎招致了英格兰各阶层的憎恶,而亨利八世是他唯一的靠山,但亨利八世现在已经开始动摇了。1527年5月,在亨利八世面前,托马斯·沃尔西和第三代诺福克公爵托马斯·霍华德大吵大闹;1527年7月,亨利八世和托马斯·沃尔西就加来的神职授予权问题争吵不休;早在亨利八世的离婚诉讼失败前就有种种迹象表明,亨利八世和托马斯·沃尔西的融洽合作早已终止。

托马斯·沃尔西未能获得罗马教廷对亨利八世有利的离婚判决,但把这一点当作是托马斯·沃尔西垮台的唯一或主要原因实在是大错特错。如果托马斯·沃尔西能够让亨利八世顺利离婚,那么他的垮台也许会推迟一段时间。这是他最后一次,也是唯一的一次机会。托马斯·沃尔西被迫玩了一场孤注一掷、毫无胜算的游戏。托马斯·沃尔西反复跟教皇克莱门特七世强调,如果他的计划失败了,那么对他来说就意味着万劫不复的毁灭,并且在他垮台的过程中,他会拖垮教会。不过,如果托马斯·沃尔西真的成功拖垮了教会,那么他就更加有生命危险了,因为这意味着安妮·博林和她的反教会亲属将占据上风。在这种情况下,托马斯·沃尔西可能要对法兰西与西班牙的大使,还有查理五世的意见越重视越好。托马斯·沃尔西认为,亨利八世与阿拉贡的凯瑟琳离婚是彻底打破英格兰与勃艮第家族联盟的手段,取而代之的将是英格兰与法兰西的联盟。亨利八世的这场离婚案因为和托马斯·沃尔西的与法兰西联盟的政策完美契合,所以很自然地引起了外界对亨利八世离婚目的的猜疑。不过,评论家记录下了这样的想法——托马斯·沃尔西因害怕安妮·博林会占据上风而暗地里反对亨利八世离婚。直到1527年6月，亨利八世才关注到外界的这种猜疑。托马斯·沃尔西反对亨利八世离婚可能是因为他没有像亨利八世那样被激情蒙蔽双眼，看不到离婚会遇到怎样的困难。另外，还有可能是托马斯·沃尔西首先说服亨利八世向教皇克莱门特七世求助的。当时，亨利八世希望仿照查尔斯·布兰登的先例，先在英格兰获得判决，然后再婚，并且通过教皇克莱门特七世确认这些诉讼程序。

然而，在这些自相矛盾的消息背后，托马斯·沃尔西的真正意图到底是怎样的，现今已无法得知。托马斯·沃尔西知道，一旦亨利八世下定决心要离婚，那么"无论谁与他意见相左，最终都得听他的"。因此，作为大臣，托马斯·沃尔西要么辞职——这在16世纪是很困难的一件事，要么执行亨利八世的政策。托马斯·沃尔西并不反对亨利八世离婚。与阿拉贡的凯瑟琳的外甥查理五世一样，托马斯·沃尔西尽管也被阿拉贡的凯瑟琳的不幸命运深深打动，但希望看到英格兰王位的继承权能够得到巩固，并且认为只要自己能够让亨利八世如愿以偿，就可以巩固自己摇摇欲坠的地位。托马斯·沃尔西不遗余力地削弱查理五世的实力，究其原因，或者是因为查理五世太强大了，或者是为了报复查理五世在教皇选举中对自己的背叛。不过，托马斯·沃尔西极力反对亨利八世与安妮·博林结婚，原因有两点：其一，安妮·博林和她的亲戚属于托马斯·沃尔西自1515年以来一直害怕的反对罗马天主教教权者；其二，托马斯·沃尔西希望亨利八世娶法兰西的勒妮，从而巩固自己的反神圣罗马帝国政策。此外，托马斯·沃尔西希望亨利八世的离婚案能够通过教皇克莱门特七世来解决。因为仅凭英格兰单方面采取行动来解决的话，会造成英格兰和罗马教廷的决裂，毁了托马斯·沃尔西当选教皇的机会；还会威胁到他在英格兰的教会中至高无上的地位——虽然这地位只是个教皇使者而已；甚至还会把教皇克莱门特七世推向查理五世那边——托马斯·沃尔西希望教皇克莱门特七世成为一位反神圣罗马帝国联盟的得力成员。因此，托马斯·沃尔西准备与亨利八世先进行合作，但他清楚地知道他们终究会分道扬镳。托马斯·沃尔西为亨利八世做的一切最终也因为他努力想让亨利八世按照他的规划行事而受阻。

亨利八世对托马斯·沃尔西已经起了疑心。他知道托马斯·沃尔西反对他与安妮·博林的婚事，于是打算暂时甩开托马斯·沃尔西单独行动。当身处法兰西的托马斯·沃尔西暗示亨利八世会娶法兰西的勒妮为妻时，亨利八世在暗中努力消除自己与安妮·博林结婚将面临的各种障碍。托马斯·沃尔西建议亨利八世派遣熟悉罗马教廷的意大利人吉罗拉莫·吉努奇去罗马，但亨利八世不予采纳，并且派遣国务大臣威廉·奈特带着两项特别任务去了罗马。亨利八世认为，第二项任务非常隐秘，"托马斯·沃尔西或其他人什么也发现不了"。第一项任务是请教皇克莱门特七世允许他在不与阿拉贡的凯瑟琳离婚的情况下娶第二位妻子，并且与两个妻子所生子嗣的身份都是合法的。这一"重婚许可证"自然会引起许多人的愤怒。不过，那个时代婚姻法并不严苛，教皇可以根据自己的政治目的随意做出解释，并且亨利八世提到了"关于离婚比较有名的理由与先例，尤其是《旧约》中有记载的"。除了这些例子，亨利八世本来还可以列举一个更新、更切合实际、更能吸引教皇克莱门特七世的先例——1521年，查理五世的西班牙议会就亨利八世的婚姻问题起草了一份备忘录，其中，指出查理五世的祖先恩里克四世于1440年娶了纳瓦拉女王布兰卡二世为妻，两人婚后没有子女。因此，教皇尤金四世特许恩里克四世娶葡萄牙的胡安为第二位妻子，条件是恩里克四世如果在特定时间内仍然没有子嗣，那么就必须回到布兰卡二世身边。对亨利八世来说，仿照这一先例获得一张重婚许可证是非常合适的，但他显然没有意识到可以仿照这个有用的先例。未等威廉·奈特向教皇克莱门特七世开口，亨利八世就撤销了第一项任务。然而，对重婚许可证这一要求，教皇克莱门特七世并没有感到那样震惊，因为1530年9月18日，在给亨利八世的信中，格雷戈里·迪·卡萨莱写道："教皇克莱门特七世秘密向我提出允许陛下您有两位妻子的建议。几天后，我告诉教皇克莱门特七世，我不能向陛下您提出任何这样的建议，因为我不知这是否能让陛下您感到心安。我这样回答是因为我知道神圣罗马帝国有很多人早有此意，并且竭力主张这样做，但他们为何有这样的想法，我不得而知。"吉罗拉莫·吉努奇和英格兰驻罗马大使威廉·贝内特的态度也同样谨慎，他们认为教皇克莱门特七世的建议只不过是个诡计。无论是不是诡计，这都是当时教皇对信徒实行道德感化的一个奇怪例证。

威廉·奈特的第二项任务几乎与第一项一样奇怪。通过与玛丽·博林的不正当关系，亨利八世成了安妮·博林的"姐夫"。事实上，这种关系与阿拉贡的凯瑟琳被指在婚前曾是亨利八世的嫂子一样，只不过亨利八世与玛丽·博林的关系是非法的。亨利八世试图规避有人拿他为自己找的拒不承认其第一次婚姻有效的借口，拒不承认他的第二次婚姻。在这个过程中，亨利八世反复无常的行为可以帮助我们确定他的立场，以及他的良知。显然，在这个阶段，亨利八世并没有否认教皇克莱门特七世的特许权，因为他还想在这种特许权的帮助下娶安妮·博林为妻。无论亨利八世断言自己离婚再娶一事必须通过教皇克莱门特七世来解决，还是否认教皇尤利乌斯二世当初的特许令，他的这些行为都是没有任何原则的。不过，我们必须记住，教皇克莱门特七世特许亨利八世可以娶两个妻子这种事，就算不完全是，也几乎是前所未有的教皇权力的延伸了。不过，特许亨利八世娶寡嫂阿拉贡的凯瑟琳，与废除亨利八世与玛丽·博林的关系对他与安妮·博林结婚造成的法律障碍，二者完全是两码事。就此而论，英格兰的教会脱离罗马教廷，或许可以被看作是由教皇克莱门特七世扩大教皇权力而引起的。然而，亨利八世是一个只关心自己的离婚案的诡辩家，坚持认为给予自己与阿拉贡的凯瑟琳完婚的那道特许令是无效的。作为对外界的让步，亨利八世给出了一些理由。不过，这些理由丝毫不影响任何宗教原则，都只是与离婚案有关的一些法律细节问题，即教皇尤利乌斯二世当时给予特许的原因，如他渴望促成这桩婚事，这桩婚事的政治必要性纯属虚构，他曾抗议过这桩婚事等。对亨利八世来说，他深信自己受到了惩罚，他知道自己和阿拉贡的凯瑟琳共同生活是罪恶的，因为他的子女除了玛丽公主存活下来，其余都夭折了。这是上帝发怒的明证。自以为是这种能力是自我主义者的武器库中最有效的武器，亨利八世的自我主义达到了登峰造极的地步。不管别人是怎么看待亨利八世被卷入的这一明显自相矛盾的迷局，他都心无愧疚。1528年，亨利八世害怕自己会死于时疫。这种恐惧很容易激起亨利八世内心的罪恶感，完全可能会让他暂时停下离婚再娶的脚步，但他从来没有动摇过，他继续泰然自若地给安妮·博林写情书，如同一个未婚男子给心上人写情书那样认真。此外，亨利八世立下遗嘱，并且"每日忏悔，在宴会上感恩造物主"。亨利八世非常注意修道院的道德风化，以及臣民对托马斯·沃尔西渎职行为的指控。对姐姐玛格丽特·都铎的罪过，亨利八世严厉地加以训斥。他希望玛格丽特·都铎能回转归向"上帝的话语、耶稣基督的教义，以及耶稣基督是得救的唯一依靠——《哥林多前书》①第三章提到的"。他提醒玛格丽特·都铎，"神圣的、生死相依的婚姻法令最早是在天堂设立的"，并且力劝玛格丽特·都铎不要招来"上帝对通奸者的惩罚"。亨利八世能够自由地操控自己的良心，他信奉"生死相依的婚姻法令"，所以当他想离婚时，他的良心就告诫他，他从未真正同阿拉贡的凯瑟琳结过婚，于是便有了他与阿拉贡的凯瑟琳、安妮·博林、克莱沃的安妮的无效婚姻诉讼案。另外，如果亨利八世从未与阿拉贡的凯瑟琳结婚，那么他与玛丽·博林、伊丽莎白·布朗特的关系显然并非通奸关系，所以他可以心安理得地谴责姐姐玛格丽特·都铎的罪过。

　　威廉·奈特要获取亨利八世与安妮·博林的婚姻特许令本来没什么困难，但这一特许令只有在亨利八世与阿拉贡的凯瑟琳的婚姻被判决无效后方能生效，并且正如托马斯·沃尔西看到的，这一点才是问题的真正症结所在。威廉·奈特正要回英格兰时，一位信使给他带来了托马斯·沃尔西的新指令，要他让教皇克莱门特七世做出进一步退让——要求教皇克莱门特七世授权托马斯·沃尔西或其他可靠的人去审查当初教皇尤利乌斯二世的特许令，如果

---

① 《哥林多前书》是《新约圣经》中使徒保罗与管理犹太会堂的所提尼为解决哥林多教会的各种问题，给该教会写的书信。——译者注

发现该特许令无效，那么教皇克莱门特七世就可以宣布亨利八世与阿拉贡的凯瑟琳的婚姻无效。因此，威廉·奈特返回罗马教廷。接着，英格兰与西班牙在罗马展开了较量，最后这场较量以查理五世获胜、英格兰否认罗马教廷司法管辖权而告终。英格兰与西班牙对双方较量中涉及的问题认识得非常清楚，换言之，双方对较量结果都非常在意。托马斯·沃尔西、斯蒂芬·加德纳、理查德·福克斯、格雷戈里·迪·卡萨莱和受雇于此案的每一位英格兰特使都警告并威胁罗马教廷说，如果教皇克莱门特七世拒绝了亨利八世的要求，那么就会让托马斯·沃尔西与教皇克莱门特七世在英格兰的事业一起毁灭。托马斯·沃尔西身边的洛伦佐·坎佩焦说："托马斯·沃尔西宣称，如果亨利八世的愿望得不到满足……那么随之而来的将是自己还有教会在英格兰的影响力迅速、彻底的毁灭。"在给格雷戈里·迪·卡萨莱的信中，托马斯·沃尔西写道："我不敢想这件事，不敢合眼，因为照这样发展下去，我看到的就是毁灭、耻辱、自

斯蒂芬·加德纳

己尊严的丧失，还有教廷对我的恶评。你会看到时局是多么凶险。教皇克莱门特七世如果肯考虑这桩离婚案的严重性和此案对英格兰的安全是多么重要，就会看到，他现在奉行的路线将会迫使亨利八世采取对他不利的措施，并且有人频繁地向亨利八世提议这些措施。"有一次，教皇克莱门特七世承认说，他将坚守教会律法，永不改变。斯蒂芬·加德纳先是粗暴地反诘教皇克莱门特七世：在这种情况下，难道不应该将教会律法付之一炬吗？接着，他向教皇克莱门特七世讲述了路德教教徒是如何鼓动亨利八世没收教会的世俗财产。不过，教皇克莱门特七世只是哀叹自己是多么的不幸。他坚决表示，如果出现异端邪说或分裂教会的情况，那也不是自己的错。教皇克莱门特七世得罪不起拥有无上权力的查理五世。罗马大洗劫和查理五世的旁敲侧击清楚表明，这一切都是上帝的审判，因此，教皇克莱门特七世余生都将惶惶不安，并且他下定决心不再招惹查理五世。

　　从司法的公正性这个角度看，教皇克莱门特七世手上的这桩离婚案是个很好的案例。即便是否认教皇特许权限的路德教教徒也对这桩离婚案表示谴责。"本不该做之事，做了即为有效事实。"就亨利八世来说，既然他已经和阿拉贡的凯瑟琳结为夫妻，就不应再离婚了。这是路德教关于公平正义的观点，但根据教皇克莱门特七世及前任教皇尤利乌斯二世的意志，亨利八世不可能与阿拉贡的凯瑟琳离婚。1498年12月，教皇亚历山大六世曾批准路易十二与第一任王后法兰西的若昂离婚，离婚原因只有一个：路易十二想通过与布列塔尼的安妮的婚姻将布列塔尼并入法兰西领土，而出身于波吉亚家族的亚历山大六世需要通过路易十二的帮助来扩大罪恶的波吉亚家族的利益，所以阿拉贡的凯瑟琳的遭遇与法兰西的若昂的遭遇一样，都是非常不公正的。亨利八世的妹妹玛丽·都铎的丈夫查尔斯·布兰登就是婚前通过教皇克莱门特七世结束了之前的婚姻，那为什么亨利八世就不可以这样做呢？如今教皇克莱门特七世又准备同意玛格丽特·都铎提出的和第二任丈夫阿奇博尔德·道格拉斯离婚的请求。教皇克莱门特七世很乐于批准玛丽公主与同父异母的弟弟亨利·菲茨罗伊结婚。越是不可逾越的障碍，清除后就越能加强教皇的权力。废除罗马正典和神律当然可以做到，但宣布教皇的特许令无效——这难道不是在降低教皇自身的权威吗？在给教皇克莱门特七世的信中，亨利八世写道，教皇如果能够随心所欲地废除神的法律，那么为什么就不能废除人类的法律呢？显然，这是因为上帝的权力自然由上帝来支配，而教皇的特权则需要一个细心的人来代替上帝进行管理。不过即使是这样，执行起来也并非一以贯之，因为教皇克莱门特七世在查尔斯·布兰登的离婚案中废除了一项特许令。教皇克莱门特七世真正焦虑的是如何逃避责任。他多次敦促亨利八世能像查尔斯·布兰登那样自己去解决离婚问题——从英格兰法院获得离婚判决，然后迎娶第二任妻子。亨利八世提交给他的，只能是针对第二次婚姻有效性的诉讼。在案件的审理中，亨利八世和阿拉贡的凯瑟琳的婚姻是既定事实，无可回避，并且理清案件的头绪也需要时间。教皇克莱门特七世认为拖延和不承担责任同样重要，但亨利八世决意要得到离婚判决，并且以这一判决消除外界对自己再婚后所生子女身份合法性的所有怀疑。亨利八世急于把责任推给教皇克莱门特七世，而教皇克莱门特七世正竭力避免承担任何责任。接着，教皇克莱门特七世催促阿拉贡的凯瑟琳去修道院做修女，因为这样做只会对她一人造成不公正，并且不会让自己和教廷陷入危险的世俗事务。当阿拉贡的凯瑟琳表示拒绝后，教皇克莱门特七世真希望她现在就死了。教皇克莱门特七世哀叹说，自己似乎注定要因阿拉贡的凯瑟琳而失去自己在教会中的精神凝聚力，正如他因阿拉贡的凯瑟琳的外甥查理五世而失去教会的世俗权力一样。

  教皇克莱门特七世极不情愿地批准了威廉·奈特带来的委托书。这份委托书由托马斯·沃尔西起草。委托书明白无误地宣布了亨利八世的离婚案应适用何种法律，并且授权托马斯·沃尔西处理这桩离婚案，如果事情属实，那么托马斯·沃尔西可以宣布亨利八世与阿拉贡的凯瑟琳的婚姻无效。托马斯·沃尔西希望教皇克莱门特七世能按照草拟的内容予以批准，但教皇克莱门特七世的顾问宣称，这样的委托书会让亨利八世、托马斯·沃尔西和教皇克莱门特七世蒙羞。因此，这份委托书经过了修改，使其不会引起任何异议，或者换句话说，它变得毫无用处了。威廉·奈特怀着大获全胜的喜悦，带着这份修改后的委托书返回英格兰复命。然而，一看完委托书，托马斯·沃尔西就说这份修改后的委托书"有没有都一样"。此事使托马斯·沃尔西和亨利八世都认为教皇克莱门特七世没有诚意。不过，为掩饰内心的怨恨，托马斯·沃尔西和亨利八世于1528年2月派遣斯蒂芬·加德纳和爱德华·福克斯再去罗马获得新的、更有效的审理这桩离婚案的权力。1528年6月8日，托马斯·沃尔西和洛伦佐·坎佩焦取得了审理亨利八世的离婚案并宣判结果的委托书。即使亨利八世和阿拉贡的凯瑟琳有一方对结果不满意，另一方也可以自行其是；教廷禁止双方所属教区就此事上诉。这并非一份教谕委托书，不会约束教皇克莱门特七世，也不会阻止他撤销此案。然而，这样一份委托书，其授予条件是除了亨利八世和托马斯·沃尔西，不能再有其他人知晓，也不得在离婚案审判程序中使用，尽管西班牙大使胡安·安东尼奥·穆谢图拉代表阿拉贡的凯瑟琳提出了抗议。不过，教皇克莱门特七世做出了书面承诺，表示不会撤销该委托书，也不会做出任何使该委托书无效的事情，但会认可罗马枢机主教的决议。1527年12月，教皇克莱门特七世就曾表示，法兰西元帅洛特雷克子爵奥代·德·富瓦如果逼近罗马，那么可能会向查理五世辩解说自己是迫于压力而采取行动的。等奥代·德·富瓦一打到罗马，教皇克莱门特七世就打算立即签发委托书。目前，奥代·德·富瓦已抵达罗马，他在意大利境内一路南下，攻陷了梅尔菲，并且击毙了西班牙指挥官蒙卡达的乌戈。奥代·德·富瓦对那不勒斯的围攻被认为是查理五世投降的预兆。随着西班牙对意大利的统治逐渐减弱，查理五世显得不再那么可怕，他的姨母阿拉贡的凯瑟琳离婚案的公正性也不再那么引人关注了。

1528年7月25日，在意大利的科尔内托，洛伦佐·坎佩焦登上船。这艘船慢悠悠地经过法兰西，向英格兰驶去。亨利八世暗自庆幸自己离婚的愿望就要实现了。然而，不幸的是，这一愿望的基础并不牢固。亨利八世离婚案的判决仍然取决于教皇克莱门特七世，而教皇克莱门特七世的态度随着西班牙军队在意

安德烈亚·多里亚

大利的成败而摇摆不定。洛伦佐·坎佩焦刚一出发返回英格兰,热那亚著名海军上将安德烈亚·多里亚就抛弃了弗朗索瓦一世,转投于查理五世麾下。1528年8月15日,奥代·德·富瓦死于那不勒斯城外。1528年9月10日,一个英格兰密探给托马斯·沃尔西发来了法兰西战败的消息,称这场灾难性战争比帕维亚战役或罗马大洗劫更加严重。1528年9月11日,教皇秘书乔瓦尼·巴蒂斯塔·桑加写信给洛伦佐·坎佩焦说:"由于查理五世大获全胜,教皇克莱门特七世不得再以任何借口向他提出决裂的要求,以免教廷被彻底摧毁……你继续前往英格兰。到达英格兰后,尽你最大努力让亨利八世与阿拉贡的凯瑟琳重修旧好。如果没有新的明确委托，你不得发表任何看法。"几天后，乔瓦尼·巴蒂斯塔·桑加重复了这一禁令。他写道，"教皇克莱门特七世每天都会找到更加有力的理由，要我提醒你谨慎行事"，如果满足了亨利八世的离婚愿望，那么"将会毁灭罗马教廷和使徒教会，由于最近发生的事……如果查理五世受到莫大伤害……教廷将难逃灭顶之灾，因为掌管教廷的都是查理五世的奴仆。因此，我再说一遍——你不必对此感到诧异——在没有得到明确委托的情况下，你不得以任何借口进行宣判，而是要尽可能拖延宣判"。教皇克莱门特七世写信给查理五世说，他不会做任何伤害阿拉贡的凯瑟琳的事，并且洛伦佐·坎佩焦去英格兰只是为了敦促亨利八世履行职责，整个案件最终将提交给罗马处理。这就是洛伦佐·坎佩焦于1528年10月抵达英格兰时接受的秘密指示。他欣然承诺不会宣判，但抗议自己不能进行审判——这是他对教皇克莱门特七世的命令的理解。洛伦佐·坎佩焦说，英格兰人"会认为我是来欺骗他们的，因而可能会感到愤怒，这件事太复杂了"。洛伦佐·坎佩焦似乎没有意识到，拒绝宣判同样是在欺骗英格兰人，而审判只能推迟他们识破骗局的时间；如果不宣判，审判是没有用的。

按照教皇克莱门特七世的指示，洛伦佐·坎佩焦先是试图劝说亨利八世放弃离婚诉讼。当发现亨利八世不为所动后，他又极力劝说阿拉贡的凯瑟琳像路易十二离异的王后法兰西的若昂那样，去做修女。洛伦佐·坎佩焦说："离婚后，法兰西的若昂依然过着无比体面的生活。蒙上帝眷顾，她深受法兰西人的赞誉。"洛伦佐·坎佩焦向阿拉贡的凯瑟琳表示，她答应离婚是不会有任何损失的，因为阿拉贡的凯瑟琳原本就不可能重获亨利八世的爱。如果当时阿拉贡的凯瑟琳接受了洛伦佐·坎佩焦的劝说，那么英格兰的教会与罗马教廷就不会那么早决裂，教皇克莱门特七世肯定也可以从屈辱、难以忍受的境地中解脱出来。不过，这些对阿拉贡的凯瑟琳来说并不重要，她和亨利八世一样不为所动，对洛伦佐·坎佩焦的恳求充耳不闻。也许，阿拉贡的凯瑟琳的不屈不挠精神与她是西班牙人不无关系。比起亨利八世，人们更容易读懂阿拉贡的凯瑟琳息使亨利八世和托马斯·沃尔西不再为教皇尤利乌斯二世的敕令劳心费神,转而继续推进英格兰教皇使者法庭的诉讼程序,这样就可以在该案件交由罗马教廷处理前做出一些决定。教皇克莱门特七世获悉,只要自己的使者宣布支持亨利八世离婚,英格兰人一点都不在乎其他地方的人会怎么对待英格兰。

因此,1529年5月31日,在伦敦黑衣修士堂的大厅,著名的教皇使者法庭正式开庭。1529年6月18日,亨利八世和阿拉贡的凯瑟琳被传唤出庭。当时,亨利八世由两名代理人代为出庭,但阿拉贡的凯瑟琳亲自出庭并抗议教皇使者法庭的权限。1529年6月21日,亨利八世和阿拉贡的凯瑟琳均亲自出庭,并且听取了法庭的判决。阿拉贡的凯瑟琳跪倒在亨利八世面前,恳求他考虑一下女儿玛丽公主还有他自己的荣誉。亨利八世两次把阿拉贡的凯瑟琳从地上扶了起来,告诉她,让教皇使者法庭来裁决他们的婚姻,使他感到"良心上永远不得安宁",但他最希望看到的是教皇使者法庭认定他们的婚姻是合法、有效的。亨利八世还宣称,只是因为他对阿拉贡的凯瑟琳的爱意,他才在沉默了许久后,决定请求教皇使者法庭来裁决他们的婚姻。亨利八世又说,鉴于查理五世大权在握,对教廷决策影响极大,阿拉贡的凯瑟琳要求将离婚案转至罗马审理是不合理的。阿拉贡的凯瑟琳再次抗议教皇使者法庭的审判权限,称要向罗马教廷提出上诉,然后就离开了。阿拉贡的凯瑟琳的恳求令亨利八世非常感动。亨利八世对阿拉贡的凯瑟琳大加赞赏。他说:"各位,她正如我所能幻想、希冀、渴望的那样,是一位忠诚、顺从的妻子。她拥有像她这样尊贵的女人或其他任何阶层的女人所应具备的一切美德。"不过,这些美德与无情的法律形式无关。身为教皇使者的托马斯·沃尔西否决了阿拉贡的凯瑟琳的抗议,拒绝了她的上诉要求,并且传唤她重新出庭。对此,阿拉贡的凯瑟琳不予理会,于是被判藐视法庭。

接着,在阿拉贡的凯瑟琳缺席的情况下,庭审继续进行。约翰·费舍尔勇敢地为亨利八世与阿拉贡的凯瑟琳的婚姻合法性辩护,而亨利八世借着向各位教皇使者讲话的时机愤怒回应了此事。庭审匆忙进行的速度与洛伦佐·坎佩

阿拉贡的凯瑟琳跪在丈夫亨利八世面前

焦的意愿相左，但他并没有过早判决此案，因为他仍然不知该如何判决才好。罗马方面命令洛伦佐·坎佩焦到时候判亨利八世败诉，而洛伦佐·坎佩焦对此提出了严正抗议，并且要宣布自认为公正的判决。然而，在严酷的考验面前，洛伦佐·坎佩焦退缩了，并且尽力按照教皇克莱门特七世的命令拖延审判。在这方面，他做得可谓尽善尽美，但判决似乎不能再拖延下去了，最迟应该于1529年7月23日进行宣判。1529年7月23日，亨利八世及朝中要员都到庭了。亨利八世的诉讼代理人约翰·特里戈威尔要求法庭宣判。洛伦佐·坎佩焦站起来后，非但没有宣判，反而宣布休庭至1529年10月。"哎呀！"查尔斯·布兰登突然大叫一声，将拳头重重砸在桌子上，"我现在算是明白了，老话说的一点也没错：英格兰的教皇使者跟枢机主教从来就没有什么用！"这是英格兰历史上最后一次召开教皇使者法庭。后来，除了在玛丽一世执政期间与英格兰有过短暂的互动，英格兰的教皇使者法庭再没有开过庭。罗马教廷驻英格兰的教皇使者可能会让教皇克莱门特七世明白：一个月前，托马斯·沃尔西曾写信给驻罗马的各位英格兰使者称，如果撤销了亨利八世的离婚案，那么教皇克莱门特七世就会失去亨利八世与英格兰对罗马教廷的忠诚，同时会彻底摧毁他[①]。

早在休庭期结束前，亨利八世就得知自己的离婚案已移交罗马教廷审理的消息。事实上，撤销判决是在洛伦佐·坎佩焦宣布休庭前一个星期宣布的。查理五世的幸运之星再度升起，而亨利八世的命运被不祥之光笼罩着。1528年1月22日，英格兰驻西班牙的大使受到了法兰西大使的蒙骗，从而违背了亨利八世的意愿，使英格兰王国与法兰西王国结成了亲密联盟，并且联合向查理五世宣战。在英格兰，此举激起了狂风暴雨般的反对浪潮，也让托马斯·沃尔西很难在亨利八世面前为自己辩解。杜·贝莱写道："可以肯定的是，托马斯·沃尔西在玩一个可怕的游戏。因为我相信他是唯一一个希望与佛兰德斯开战的英格兰人。"托马斯·沃尔西如果真的希望开战，那么注定会失望，因为英格兰人

[①] 指托马斯·沃尔西。——译者注

的厌战情绪十分强烈。1528年5月10日，肯特郡的裁缝罗伯特·米尔纳等提出了一个计划：把托马斯·沃尔西抓起来，放在打满洞的船上，任它漂流。1528年3月，第三代诺福克公爵托马斯·霍华德向托马斯·沃尔西汇报称，威尔特郡的裁缝正在造反，并且诺福克郡的雇主在解散自己的工人。与佛兰德斯的战争意味着英格兰王国和神圣罗马帝国最繁荣的行业都将遭到毁灭，并且英格兰王国将本国与佛兰德斯的交易地点转至加来的计划也失败了。因此，亨利八世与查理五世很快就开始讲和了，英格兰王国和神圣罗马帝国没有发生任何敌对行动。1528年6月，英格兰王国和神圣罗马帝国达成共识，认为双方与佛兰德斯的贸易应照常进行，随后签署了停战协议。1529年8月3日，法兰西王国与神圣罗马帝国缔结了《康布雷和约》。《康布雷和约》为法兰西王国与神圣罗马帝国带

签订《康布雷和约》

来的和平景象，给人们衡量英格兰王国自1521年以来的衰落景象提供了参照标准。托马斯·沃尔西被刻意排除在所有康布雷和谈事宜之外。英格兰王国虽然被允许参与此次和谈，但在此之前，萨伏依的路易丝和奥地利的玛格丽特几乎把一切条件都谈好了。让·杜·贝莱告诉弗朗索瓦一世，如果不把英格兰王国纳入和谈一方，那么托马斯·沃尔西就会立即垮台。

根据《康布雷和约》，弗朗索瓦一世放弃意大利，意大利转由查理五世掌控。自奥代·德·富瓦死后，弗朗索瓦一世在阿尔卑斯山脉以南的事务每况愈下。由法兰西和英格兰士兵组成的教皇卫兵——旨在减轻教皇克莱门特七世对查理五世的恐惧——从未被组建起来，这并不是教皇克莱门特七世倒向查理五世的唯一客观原因，因为英格兰王国和法兰西王国的盟友威尼斯共和国占领了两个原属于教皇国的城镇——拉韦纳和切尔维亚。约翰·卡萨莱写道："没有什么比威尼斯人攻占教皇国的土地更容易让教皇克莱门特七世触动的。教皇克莱门特七世将借用除魔鬼以外的任何力量来为自己受到的伤害复仇。"乔瓦尼·巴蒂斯塔·桑加反复对洛伦佐·坎佩焦说："亨利八世和托马斯·沃尔西除非能尽最大努力迫使威尼斯人退还教皇国的领土，否则就别指望教皇克莱门特七世还会按他们的意图行事。"亨利八世尽了最大努力，但弗朗索瓦一世并没有用心帮他。最后，亨利八世不过是徒劳一场。因此，教皇克莱门特七世认为，自己可以从查理五世那里得到更有效的帮助。1529年1月10日，在意大利，查理五世的代理人洛佩·德·索里亚说："现在大家都相信，教皇克莱门特七世正真诚地依附于查理五世。"1529年1月，在伦敦，让·杜·贝莱写道："我怀疑教皇克莱门特七世已命令洛伦佐·坎佩焦不要再插手亨利八世的离婚事务了，因为教皇克莱门特七世看到了与自己得到的保证截然不同的情况。另外，在那不勒斯，查理五世的战事正进行到关键时刻。因此，教皇克莱门特七世不敢惹他不快。"教皇克莱门特七世已通知查理五世：阿拉贡的凯瑟琳要求撤销离婚诉讼的请求将获得批准。实际上，康布雷同盟已经解散了。1529年6月7日，教皇克莱门特七世对卡普阿总主教尼古劳斯·冯·舍恩贝格说："我仔细考虑过了,我要做神圣罗马帝国的支持者,至死不渝……现在就等我的特使杰罗尼莫·德·斯基奥回来了。"

杰罗尼莫·德·斯基奥赴巴塞罗那去谈判教皇克莱门特七世与查理五世的联盟事宜。他的使命一旦完成,便意味着教皇克莱门特七世正式依附查理五世。查理五世驻罗马的代表认为,罗马教廷延迟撤销亨利八世的离婚诉讼,只是为了给教皇克莱门特七世争取更好的待遇。1529年6月21日,在兰德里亚诺战役中,法兰西指挥官圣波勒伯爵弗朗西斯·德·波旁输得一败涂地。格雷戈里·迪·卡萨莱汇报称:"法兰西军队全军覆没。"1529年6月29日,教皇克莱门特七世与查理五世签订了《巴塞罗那条约》。条约内容包括:教皇克莱门特七世的堂侄孙亚历山德罗·德·美第奇将迎娶查理五世的私生女帕尔马的玛格丽特;美第奇家族将在佛罗伦萨重新建立独裁专政;拉韦纳和切尔维亚将重新回到教皇克莱门特七世手中;教皇克莱门特七世将为查理五世加冕,并且

兰德里亚诺战役

赦免所有参与或同意洗劫罗马的人。实际上,《巴塞罗那条约》属于家族契约,其中,要求教皇克莱门特七世不再审理亨利八世的离婚案;教皇克莱门特七世的堂侄孙亚历山德罗·德·美第奇迎娶查理五世的私生女帕尔马的玛格丽特。1529年7月16日,英格兰驻罗马的使者写道:"我们暗中获悉,教皇克莱门特七世昨日早晨签署了亨利八世的离婚诉讼撤销令。因为本周日将在罗马公布教皇克莱门特七世与查理五世签订的《巴塞罗那条约》,如果在这之后公布撤销令,将非常不光彩。"教皇克莱门特七世知道自己的动机经不起推敲,于是便试图用自己一贯特有的手段来避免公众的反感。在英格兰,阿拉贡的凯瑟琳无法为自己伸张正义;在罗马,亨利八世也得不到正义。因为在英格兰裁决的结果是亨利八世胜诉,而在罗马是阿拉贡的凯瑟琳胜诉。亨利八世的大使奉命呼吁教皇克莱门特七世做个"真正的基督的代理人",但世间哪里能找到真正的基督的代理人呢?再没有比罗马教廷更高级别的司法机构了。英格兰诉讼的结果竟然受制于法兰西王国或哈布斯堡家族在意大利的影响力,还受制于教皇对其世俗权力安全问题的希望与恐惧,这简直让人无法容忍!亨利八世离婚诉讼的必然结果就是英格兰脱离罗马教廷。

第 9 章

托马斯·沃尔西垮台

失去对英格兰的宗教管辖权,这是教皇为保住自己在意大利的世俗财产而付出的部分代价。在欧洲历史上,教皇的权力往往不是太大就是太小。如果教皇要凭借自己的世俗权力才能稳固自己的地位,那么这种权力应该大到足以让教皇免受世俗君主的摆布与愤恨。从这个角度来看,教皇尤利乌斯二世能够实现自己的目标是合理的。如果教皇尤利乌斯二世当初能成功地将"蛮族"——日耳曼人赶到阿尔卑斯山脉以北或赶到海上,那么他和继任者可能就可以安枕无忧地管辖各国宗教事务,罗马教廷与亨利八世的决裂也可能永远不会发生。如果教皇可以依靠自己的宗教武器,那么就根本不需要教皇国。就教皇国现有势力范围和地位来说,它们就是教皇的阿喀琉斯之踵[①],即薄弱点。世俗的对手可能会通过这个薄弱点伤害教皇。法兰西王国与西班牙王国分别从北方和南方威胁教皇,让教皇进退维谷、左右为难。16世纪,意大利是欧洲各国的战场。此时,教皇的眼睛紧盯着俗世争斗,试图挽救或扩大自己的统治,而法兰西王国和西班牙王国则通过教皇的世俗权力,向其他国家施压。教皇只能在法兰西王国和西班牙王国之间挑拨离间,以保全自我。在这场博弈中,教权是教皇唯一有用的棋子。教皇手中的宗教权力越来越多地被用来为政

[①] 阿喀琉斯是希腊神话中的英雄。年幼时,他的母亲忒提斯提着阿喀琉斯的脚后跟,将他浸泡在冥河的河水中。阿喀琉斯因此浑身刀枪不入,但他的脚后跟没有被浸湿,成了他唯一的致命弱点。——译者注

治目的服务。世俗君主被教皇称为"罪孽之子、沉沦之子",这不是因为他们缺失信仰,或道德比其他人低,而是因为他们妨碍了教皇所在家族的野心。教皇滥用手中的权力,使教廷的训诫遭到了公开的藐视;各国君主也很快就不再惧怕教皇的假话了。1513年6月28日,詹姆斯四世被逐出教会时自称要向祭司王约翰[①]申诉,还要支持任何反对教皇的会议,哪怕该会议只是三名主教主持的。教皇迷失于自己的世俗欲望中。"最大的恶莫过于至高至上者的堕落",教皇的世俗欲望拖垮了他的崇高情操。如果说罗马教廷不同于其他意大利各邦国君主的宫廷,那并非是因为罗马教廷异常纯洁。西尔韦斯特罗·德·吉利写道:"在罗马教廷,与在其他宫廷一样,不送礼什么事都办不成。"据说,教皇利奥十世未经过行贿就当选了。对此,西班牙圣克鲁斯教区的枢机主教贝尔纳迪

詹姆斯四世

---

① 祭司王约翰,12世纪到17世纪,流行于欧洲的传说人物。据说,他是东方一个神秘的基督教国家的祭司兼皇帝,以宽厚、正直著称。——译者注

诺·洛佩斯·德·卡瓦哈尔很是惊奇，称这种情况"实属罕见"。在罗马，就算毒药不是一般人的常用武器，但至少对教皇和枢机主教来说是常用武器。据说，教皇亚历山大六世是被毒死的；一个叫雷纳尔多·德·摩德纳的管家被指控毒死了自己的主人——枢机主教克里斯托弗·班布里奇；还有一些人被指控企图毒杀教皇利奥十世。1517年，理查德·佩斯这样描述罗马的形势："完全是群魔乱舞，到处是耻辱的事与不体面的事；诚信、正直与宗教都消失了，整个世界显得如此可怕。"1528年以后，查理五世宣称罗马大洗劫是上帝的正义审判。西班牙王国驻葡萄牙王国大使洛佩·乌尔塔多说，应褫夺教皇对其世俗领地的所有权，因为这些领地是一切纷争的根源。教皇克莱门特七世声称自己是1526年至1530年科尼亚克神圣同盟战争的始作俑者，这场战争给自己带来了可怕却公正的惩罚。

教皇与意大利各邦国君主联合的另一个结果是英格兰王国和其他欧洲北部国家实际上被排除在基督教最高会议之外。没有明显的理由表明为什么英格兰人不可以像意大利人一样担任基督教教会的领袖。在由英格兰人担任教皇，管辖意大利各邦国这个问题上，各国意见不一，并且近四百年以来，从没有英格兰人担任过教皇一职。托马斯·沃尔西两次竞选教皇都以失败告终。这清楚表明，不管英格兰人有怎样的说辞，他们通往教皇之位的大门已被封死。对英格兰人来说，教廷枢机主教一职，情形也大抵如此。罗马教廷公开承认：教廷枢机主教团通常应有一名来自英格兰的枢机主教。在四五十人的教团里占得一席之地，是英格兰人能达到的最高极限。在教廷的影响力被贬抑到这样地步，英格兰王国因此否认教廷的权威也就不足为奇了。欧洲其他国家的想法和英格兰王国的想法大致相同，只需将属于每个国家的枢机主教人数加起来，就能十分准确地得知哪些国家不承认教皇的权威。在罗马枢机主教团中，代表人数非常少的国家都脱离了罗马教廷，而那些仍然忠于罗马教廷的国家现在正控制着，或者希望将来能够控制罗马教廷的最高权力。西班牙王国和法兰西王国几乎没有想过要废除它们轮流把持罗马教廷的权力，因为教皇如与阿拉贡的凯瑟琳离婚这一件事，那么英格兰王国是不会有宗教改革的。1536年5月19日，在安妮·博林死后，亨利八世原本可以做一些小小的补赎，给教皇克莱门特七世献上一份礼物，或者讨伐他的某个宿敌，那么英格兰王国与罗马教廷就尽释前嫌了，但他并没有这么做。自教皇格列高利七世时代[①]以来，发生了许多事情，教皇再也不能强迫教徒进行任何表示忏悔的壮举。事实上，亨利八世的离婚案是英格兰开展宗教改革的契机，而不是原因。

对亨利八世来说，这场改革本质上既不是宗教改革，也不是英格兰国教脱离罗马教廷的分裂活动，而是罗马教廷和英格兰王国永恒争端中的一个插曲。在与罗马教廷的争吵过程中，亨利八世和伊丽莎白一世坚持认为，他们只是重申了被罗马教皇夺取的王室本来拥有的教会无权干涉的特权。英格兰王国的改革历来是建立在似是而非的保守托词之上的，能让英格兰人改变的唯一方法就是说服他们相信这场改革根本算不上改革，或者告诉他们，改革会带他们回到从前一切都秩序井然的美好时代。正如17世纪的英格兰议会认为斯图亚特家族自命不凡一样，亨利八世和伊丽莎白一世认为教皇自命不凡，因为他们不可褫夺的权利都被教皇夺走了。近年来，不断有让英格兰国教会成为普世教会的运动。其理由是，教会原本就是普世的。都铎王朝认为，国家永远凌驾教会之上的思想，现在已转变成这样一种理论：英格兰的教会始终、至少是半独立于罗马的。不过，目前还不清楚英格兰的教会是否一直反对教皇，但英格兰人一直是反对教权的。

毫无疑问的是，自亨利八世执政起，英格兰人就非常反对神职人员。1512年7月18日，詹姆斯四世向亨利八世抱怨说，英格兰人抓走了苏格兰商人，并且虐待他们，辱骂他们"和教皇是一伙的"。1512年年底，英格兰议会剥夺了所有犯有谋杀罪或重罪副执事级别以下神职人员的权益。这一举措立刻激起了"教

[①] 教皇格列高利七世是著名的改革派教皇。他于1073年4月22日当选教皇，1085年5月25日卸任。担任教皇期间，他代表罗马教廷与神圣罗马帝国在"主教叙任权"上展开毕生斗争，死后被封为圣徒。——译者注

会处于危急状态"的呼声。在布道中，温什科姆修道院的院长理查德·基德尔敏斯特说，议会这一举措有悖于上帝的律法和教会的自由，并且同意该举措的贵族已招致教会的谴责。伦敦托钵修会的执事亨利·斯坦迪什为议会的举措辩护，并且世俗贵族要求主教撤销理查德·基德尔敏斯特的温什科姆修道院院长的职务。对此，主教表示拒绝。接着，在1515年的主教大会上，亨利·斯坦迪什被传唤到会并解释自己的言论。因此，亨利·斯坦迪什向亨利八世提出上诉。法官宣布，所有起诉亨利·斯坦迪什的人都将以蔑视王权罪论处。法官还宣布，在没有上议院神职人员参会的情况下，国王可以召开议会，并且这些上议院中的神职人员只能以非神职人员的身份参会。这一观点似乎与这场争端无关。但值得注意的是，在一份1515年的英格兰议会与会者名单中，一个修道院院长都没有。

高级神职人员宣称主教大会享有与议会相同的言论自由，认为理查德·基德尔敏斯特和亨利·斯坦迪什可以坚持议会的某些行为与教会的法律有冲突的观点，这并不违禁。托马斯·沃尔西出面为理查德·基德尔敏斯特和亨利·斯坦迪什进行调解，恳请将此事交给教皇克莱门特七世裁决。亨利八世则宣称，王室的司法审判权应保持不变。这并不是议会和主教大会的全部内容。在总结会议议事录时，上议院书记官兼主教大会主席约翰·泰勒博士说："在这次议会和主教大会过程中，神职人员和世俗权力之间爆发了十分危险的争吵，但这是对教会自由的尊重。"议会收到了一份反对神职人员横征暴敛的请愿书。在这份非同寻常的请愿书中，人们抱怨说，神职人员只有得到死者最好的珠宝、衣服或类似的礼物馈赠后，才肯安排死者下葬。该请愿书要求所有助理神父不得主持圣礼，除非信徒有此要求。难怪托马斯·沃尔西会建议"尽快解散"1515年这届议会。1523年，英格兰财政出现困难时，托马斯·沃尔西被迫召集了一次议会。在托马斯·沃尔西掌权期间，他没有再召集过第二次议会。托马斯·沃尔西的垮台标志着英格兰议会的复兴。接着，议会立即开始处理1515年遗留下来的工作。

这一系列重要事件都不是孤立的。1515年,伦敦主教理查德·菲茨詹姆斯的司法官威廉·霍西被控谋杀了一个叫理查德·哈恩的人。理查德·哈恩被发现死于理查德·菲茨詹姆斯的监狱中。理查德·菲茨詹姆斯恳求托马斯·沃尔西从中调解,以便阻止伦敦陪审团审判威廉·霍西。理查德·菲茨詹姆斯说,伦敦陪审团一定会判威廉·霍西有罪,"尽管威廉·霍西如同《圣经》中的亚伯①一样无辜,但陪审团歪曲事实,冤枉他"。理查德·菲茨詹姆斯还说,异端并非信仰的问题,而是对神职人员特许权的憎恨。1516年,在写给德西迪里厄斯·伊拉斯谟的信中,托马斯·莫尔说,《蒙昧者书简》"四处流传",它是一部十分辛辣的、讽刺神职人员的作品。在反教权这件事上,亨利八世和世俗臣民的看法不谋而合。被约翰·泰勒博士称为所有这些邪恶之事的推动者和煽动者的亨利·斯坦迪什,是亨利八世宫廷中最得宠的传道者。理查德·佩斯说,亨利八世"经常称赞亨利·斯坦迪什宣讲的教理"。那是怎样的教理呢?这些教理并没有宣扬亨利八世喜爱的"新学术"。亨利·斯坦迪什曾痛斥尼德兰人文主义学者德西迪里厄斯·伊拉斯谟编撰的希腊语版《圣经·新约》,但他遭到了德西迪里厄斯·伊拉斯谟的嘲弄。后来,亨利·斯坦迪什坚决捍卫教皇尤利乌斯二世当初对亨利八世和阿拉贡的凯瑟琳结婚的特许权限,并且与约翰·费舍尔一起在托马斯·沃尔西控制的教皇使者法庭上抗议亨利八世离婚。如今,亨利·斯坦迪什否认神职人员不受英格兰管辖,还断言王室拥有教会无权干涉的特权。这就是亨利·斯坦迪什得到亨利八世称赞的原因。1518年,圣阿瑟夫教区的主教职位出现空缺。当时,正处于权力巅峰的托马斯·沃尔西推荐了一位饱学之士,即圣巴多罗买大修道院的院长威廉·博尔顿担任该职位。不过,亨利八世决意将这一职位赐给自己最宠信的神职人员以示嘉奖。于是,亨利·斯坦迪什获得了这一职位。因为为人正直,理查德·佩斯认为,以亨利·斯坦迪什的德行,不配担任圣阿瑟夫教区主教的职位。但理查德·佩斯又无法改变这一

---

① 亚伯是《圣经》中亚当和夏娃的次子。亚伯与兄长该隐一起向上帝献祭。上帝只接受亚伯所献祭品。出于嫉妒,该隐杀死了亚伯。——译者注

结果。因为除了亨利八世的恩宠，亨利·斯坦迪什还受到"所有朝臣的喜爱，因为他为推翻英格兰的教会提供了特殊帮助"。

在英格兰，此时距离教会被推翻还有十一年。这也是独自伫立于教会与教徒之间的托马斯·沃尔西最风光的时候。1528年，洛伦佐·坎佩焦写道，正是由于托马斯·沃尔西的警惕和用心，罗马教廷才得以保持自己在英格兰和其他地方的地位和尊严。托马斯·沃尔西的垮台会拖累教会。对这一点，安妮·博林及其派系、洛伦佐·坎佩焦、教皇克莱门特七世、亨利八世都很清楚。1529年10月17日，在托马斯·沃尔西垮台前夕，让·杜·贝莱写道："这些达官显贵打算在托马斯·沃尔西死后或垮台后，控告教会并夺走其财产。这些内容我几乎不需要再隐晦地写了，因为这都是他们的公开言论。我希望他们能够创造美好的奇迹。"1529年10月23日，让·杜·贝莱又写道："我希望神职人员以后再也不能执掌国玺，因为这会在议会中引起恐慌。我估计，斯蒂芬·加德纳会有许多治国理政方面的工作要做，特别是如果他愿意放弃自己在教会中的职位。"1529年4月7日，在亨利八世的宫廷中，关于路德教思想的书籍流传开来。这些书中的观点主张：没收教会财产，让教会回归到初兴时期的简朴状态。针对这一现象，洛伦佐·坎佩焦向亨利八世提出告诫，坚称教会拥有世俗资产是合情合理的，并且议会和神学家对此早有规定。亨利八世反驳说，根据路德教教义，"那些规定是神职人员制定的，现在有必要让世俗之人参与规定的制定"。最后一次拜见亨利八世时，洛伦佐·坎佩焦提到了即将召开的英格兰议会。他恳请亨利八世尊重教会的自由。在洛伦佐·坎佩焦看来，亨利八世很想将君权最大化。"推翻教会"将成为英格兰议会的口号。亨利八世是否真的会"行使其权力"来维护英格兰议会的自由，目前还不确定。不过，如果说亨利八世与阿拉贡的凯瑟琳离婚一事是英格兰王国与罗马教廷决裂的唯一原因，实在不足为信。英格兰的宗教离心力与亨利八世的离婚案无关。宗教离心力的历史重要性在于它使英格兰疏远了唯一会遏制自己的势力——罗马教廷。只要托马斯·沃尔西与亨利八世身边的上议院神职人员仍保持着至高无上的地位，那么教会就会相对安全。然而，托马斯·沃尔西完全仰仗亨利八世的支持，一旦亨利八世放弃了对他的支持，那么教会和托马斯·沃尔西就会一起垮台。

然而，托马斯·沃尔西的最终垮台并不是因为他未能促成亨利八世与阿拉贡的凯瑟琳离婚，而是由多种原因造成的。归根结底，这是亨利八世的性格自然发展的结果。从一开始，亨利八世最突出的性格特点就是以自我为中心。在众人的极力奉承下，都铎王朝的君主都有这样的性格特点。亨利八世不仅认识到了自己拥有的精神力量，还认识到了能在多大程度上将自己的意志强加于人。这两点进一步促进了亨利八世这种以自我为中心的性格特点的发展。亨利八世想在各领域大显身手，绝不容许有比自己更出色的对手。亨利八世年轻时醉心于体育运动和华丽的排场，喜欢在人前展示自我，如趁着骑士竞技赛的间歇，在女士面前策马腾跃，或者穿着金黄色的裤子在船上当领航员，把哨子吹得和小号一样响亮。随着时间的推移，亨利八世对运动的狂热渐渐退去，对其他方面的追求，如对建筑等的热爱取代了体育运动。1577年，在《英格兰概览》一书中，作家威廉·哈里森称，亨利八世是"他那个时代擅长精致、奇特砌体结构建筑人中的翘楚"。在亨利八世别出心裁的设计下，约克坊被改造成了怀特霍尔宫，无双宫落成，格林尼治宫与汉普敦宫也得到了大规模改建。

不过，涉足建筑行业并不是什么重要的事。亨利八世开始追求自己在政治领域权力的扩张，而这种扩张对托马斯·沃尔西的地位有着致命的影响。此时，亨利八世还不到四十岁，依然精力充沛。他体态优雅，让那些初次见到他的人惊叹不已。1529年年初抵达英格兰时，对亨利八世的体态与容貌，新任威尼斯共和国大使洛多维科·法列里和塞巴斯蒂安·朱斯蒂尼安、洛伦佐·帕斯夸利戈一样惊讶不已。洛多维科·法列里写道："在亨利八世身上，上帝将肉体的美与才智的美融为一体。这让所有人感到惊奇……亨利八世虽然不是很英俊，但有着如同天使般的面孔——威尼斯人小马里诺·萨努多于1520年曾称他面容"柔美"，并且很有威仪。他蓄着胡须，这并不符合英格兰人的习俗。亨利八世俊美非凡，言辞大胆，并且男子汉的运动他都非常擅长。一想到这些，谁不会

怀特霍尔宫

无双宫

感到惊讶呢!"不过,亨利八世的身体已不再百病不侵。现在,人们经常提到,头痛使亨利八世无法继续工作。不久,他的腿上出现了瘘管。这种疾病一直折磨着亨利八世,并且最终导致了他的死亡。

亨利八世发现自己起初把离婚及离婚需要面临的障碍想得太简单了,但离婚一事让他变得坚定、严肃起来,培养了他超凡的自制力,这对他晚年的经历有很大帮助。亨利八世天生充满激情,他如果没有毅力收敛自己的脾气,不懂得深藏不露,那么是永远不可能躲开困扰自己的重重危险。大臣可能自以为能读懂亨利八世的心思,并且因此沾沾自喜。不过,可以肯定的是,经历了与阿拉贡的凯瑟琳的离婚风波后,亨利八世就能读懂大臣的心思了,但大臣永远不可能读懂他的心思。1530年,亨利八世说:"三个人是守不住秘密的,除非其中的两个人死掉。如果帽子会知道我的秘密,那么我就把帽子丢到火里烧掉。"历史学家约翰·舍伦·布鲁尔评论说:"亨利八世说的这些话是真的。可以说,他对自己的描述非常到位。很少有人会想到,亨利八世外表看似善良、和善、坦率,但在这逍遥自在、光彩照人的完美表象下,隐藏着一双警惕、神秘的眼睛,它们不动声色地记下了正在发生的事情。在准备发动袭击前,它们装作什么都没有看见,然后突然像猛兽一样无情地暴击猎物。这样微妙的变化与凌厉的攻势结合在一起,非同寻常。"

尽管亨利八世手段残暴、脾气专横,但他精明、优秀,并不会因为自己与对方意见不一就鄙视对方的建议,或者把对方想得很糟。亨利八世即便可以下令让对方服从自己,但还是喜欢展开论战,以理服人。直到临终时,亨利八世都十分器重坦诚直谏的朝臣。他信任的这些朝臣从来都不是他的下人、奴仆,或者阿谀奉承的人。亨利八世有自己的宠臣。他和这些宠臣一起狩猎、射击、掷骰赌博,还经常为了钱和他们一起打网球,玩普利麦罗纸牌,还有一些其他游戏,如纸牌类游戏"教皇尤里"、棋类游戏"帝王",以及打圆盘等。虽然亨利八世把大片修道院土地都输给了这些宠臣,但他们从未影响过他制定政策。在亨利八世统治时期,从来没有人仅仅因为迎合他的虚荣心,或纵容他作恶而加官晋爵。在自身的欲望或良心不与道德诚信相冲突的情况下，人人都能头头是道地评判他人的行为，也能坚定地捍卫道德诚信。1528年，安妮·博林和朋友急切地想让埃莉诺·凯里担任威尔顿修道院的院长。不过，埃莉诺·凯里不守贞洁已人尽皆知。因此，在给安妮·博林的信中，亨利八世写道：无论如何，我不会昧着自己的良心，让一个亵渎神灵的人担任修道院院长。你应该相信，我不会为了亲情玷污自己的名誉和良心。"亨利八世又以同样的理由否决了托马斯·沃尔西想要提名的威尔顿修道院的副院长人选。不过，托马斯·沃尔西没有听从亨利八世意见。因此，他遭到了亨利八世的痛斥，称此事这样做有失尊严和体面。亨利八世写道："我对你的厚爱，借用上帝的话来说就是'凡是我喜爱的，我就责备、管教他'。我认为，一个值得信赖的仆人，在主人同意将一件事交由他来决定时，特别是在主人既是君主，又与此事有利益牵扯的情况下，他选择了一个主人不同意而他自己支持的人，这是不对的。还有一件事让我更加不高兴，那就是你自称不知我对此事的态度，借以掩饰你的欺君之罪。"在力陈托马斯·沃尔西的借口是如何空洞后，亨利八世接着说："啊！做了坏事后用漂亮的话来掩饰，这犯的是双重的欺君之罪！对智者来说，这是无法接受的。所以你不要再跟我来这一套了，我对此深恶痛绝。"接着，亨利八世警告托马斯·沃尔西要注意，现在有许多关于托马斯·沃尔西如何为位于牛津的主教座堂筹集资金的负面汇报。"汇报中说，这是你打着大学的幌子为非作歹。从你的信中，我看出你还收了这些修道院因接待自己的信众而上缴的免罪金。如果你教皇使者的身份是用来愚弄世人的，那这种身份的存在就不符合上帝的旨意。我相信你会就此收手。"托马斯·沃尔西利用自己教皇使者的身份向修道院勒索钱财，以此作为他们免于接受教皇使者视察的代价。后来，这些修道院极力反对向亨利八世提供"善行捐"。因为托马斯·沃尔西使用的部分手段，这些修道院免去了"善行捐"这一义务。亨利八世严重怀疑这些修道院不把钱捐给自己，解决自己的困境，是因为它们都慷慨地把钱捐给了主教座堂，以此来获得托马斯·沃尔西的豁免——不用定期接受他委派的特使的巡察。

亨利八世与托马斯·沃尔西

在信的结尾处，亨利八世写道："我希望你不要觉得我写这封信是因为我对此事感到不高兴。因为我写这封信只是为了让自己此时此刻，在这个房间里，在上帝面前得到解脱。另外，也是出于我对你的喜爱。"亨利八世拥有许多身为国王应具有的优秀品质，他的话并非一个毫无良心、不敬畏上帝与人的伪君子的虚情假意。亨利八世尽管有怪异、暴力的举动，但依然良心未泯。不过，他专横的自我主义使良心沦为了卑微的奴隶，使他对自己的罪过视而不见，但能敏锐地察觉他人的过错，并且严惩不贷。

托马斯·沃尔西垮台前一年多时间里发生的这些事，说明了亨利八世和托马斯·沃尔西各自地位的变化。现在，谁是主人已非常明确：除了亨利八世，英格兰再没有其他掌权者的存在。正如让·杜·贝莱所说，亨利八世已"掌管一切"。托马斯·沃尔西知道自己已失去亨利八世的信任，于是便开始考虑退隐。1528年8月或更早前，托马斯·沃尔西告诉让·杜·贝莱，等自己使英格兰王国与法兰西王国建立起牢固友谊，消弭两国的仇恨，改革英格兰的法律与习俗，解决英格兰的王位继承问题后，他就退出政治事务去服侍上帝，一直到死。让·杜·贝莱认为，托马斯·沃尔西自知即将失去拥有的权力，所以才故意这样说的。这次谈话揭示了亨利八世和托马斯·沃尔西的不同之处，有助于解释为什么托马斯·沃尔西取得的成就如此少，并且不长久，而亨利八世能取得如此多的成就。对什么可行，什么不可行，托马斯·沃尔西似乎没有敏锐的洞察力，但亨利八世拥有这种洞察力，并且这种洞察力可以用来补救他自身存在的不足。托马斯·沃尔西晚年时，在经历了十六年掌握大权的生活后，他开始谈论起也许需要自己毕生精力才能完成的许多计划，以此作为他退出政治事务后的开端。托马斯·沃尔西曾拥有实施他说的这些计划的良机，但他最后取得了什么成果呢？有人说，自托马斯·沃尔西垮台后，亨利八世统治时期真正的辉煌便不复存在了。诚然，亨利八世统治前期的浮华的确是不复存在了，但亨利八世对后世影响深远的功绩是在他的统治后期取得的。亨利八世如果在托马斯·沃尔西垮台时驾崩，那么会拥有怎样的历史地位呢？毫无疑问，亨利八世是个才华横溢的人，要是再取得一些成就，可能会被认为是个很有能力的人。亨利八世发动的对外战争没有给英格兰带来明显的利益：他不仅没有获得任何土地，还把亨利七世积累的财富全耗尽了。1529年，亨利八世被迫在英格兰四处寻找金矿。为亨利八世献出生命和财富后，臣民对他的感情也消失殆尽。到1527年冬，亨利八世初登王位时臣民的激情澎湃已变成怨声载道。1521年，在欧洲各国中，英格兰王国的地位已上升到很高的位置，但它的衰落同样迅速。1525年，英格兰王国在欧洲各国的地位比1513年时还要低。在英格兰王国国内，情况同样糟糕。据说，1528年，英格兰对爱尔兰的控制是有史以来最弱的；在1509年至1529年制定的英格兰法典中，一项重要法案都没有，但在1529年至1547年制定的法典中则包含了一系列在英格兰后来的历史上被奉为圭臬的法案。

事实上，托马斯·沃尔西的政策是一场华丽的失败。依仗自己出色的外交天赋，托马斯·沃尔西认为仅凭外交就可以让英格兰王国成为欧洲的仲裁者，但1521年英格兰王国在欧洲具有的地位只是一种假象。仅靠亨利七世留下的财富和托马斯·沃尔西的外交手腕，难以维持这种假象。英格兰声名日隆，主要归功于托马斯·沃尔西使英格兰王国成为欧洲金主这一事实。1522年，英格兰外交官托马斯·斯皮内利说："英格兰因富甲一方而享有盛誉，这是它备受尊敬的重要原因。"然而，英格兰王国的财富于1523年就已败光，同时议会拒绝征收赋税。因此，托马斯·沃尔西的华而不实之举全都失败了。他没有参与1529年8月的康布雷和谈，而这一和谈确定了当时欧洲的局面。当法兰西人和西班牙人暗中媾和的流言传到英格兰时，托马斯·沃尔西以性命担保，对亨利八世说该流言纯属捏造。托马斯·沃尔西坚信，和谈是不可能实现的，除非由他来促成和谈。然而，流言是真的，亨利八世因此严惩了托马斯·沃尔西。托马斯·沃尔西的政策产生的积极影响全部丧失，带来的主要消极影响是，他多年来一直避免教会在英格兰走向毁灭的政策，最后让英格兰卷入外国的阴谋与徒劳的战争旋涡。

托马斯·沃尔西的末日很快就来了。1529年10月4日，让·杜·贝莱写道："我清楚地看到，在1529年11月召开的宗教改革议会上，托马斯·沃尔西将完全失去影响力，他没有任何翻盘的机会。"亨利八世预料到议会将对托马斯·沃尔西采取什么样的态度。对托马斯·沃尔西，英格兰高等法院的王座法庭提出了起诉。1529年10月22日，托马斯·沃尔西承认自己犯有"王权侵害罪"。第三代诺福克公爵托马斯·霍华德和查尔斯·布兰登剥夺了托马斯·沃尔西掌管国玺的权利。1529年11月，上议院通过了一项剥夺托马斯·沃尔西公权的法案。不过，在获得亨利八世默许后，托马斯·克伦威尔劝说下议院否决了这项法案。尤斯塔斯·查普斯写道："人们认为亨利八世对托马斯·沃尔西没有敌意。"洛伦佐·坎佩焦认为："在托马斯·沃尔西这件事上，亨利八世不会走极端，而是会谨慎行事。亨利八世无论做什么事都很谨慎。"托马斯·沃尔西被允许保留约克总主教头衔、一笔至少值七万英镑的钱财与物资，以及从温切斯特

亨利八世免去托马斯·沃尔西的职务

主教区获得的一千马克的年金。1530年春,在约克郡的北部教区,托马斯·沃尔西开始度过自己的余生。随后的六个月里,他致力于总主教的职责,为数千名儿童举行了坚信礼仪式,解决邻里纠纷,从而赢得了民心。这是托马斯·沃尔西以前神气十足时从未有过的感受。伦敦人曾围着落魄的托马斯·沃尔西幸灾乐祸,现在约克郡的人纷纷前来求他赐福。

就在托马斯·沃尔西为自己1530年11月7日的约克总主教就职仪式做各项准备时,1530年11月4日,他因叛国罪被捕。他的威尼斯医生阿戈斯蒂诺·阿戈斯蒂尼出卖了他。托马斯·沃尔西被指控请弗朗索瓦一世替自己向亨利八世求情，这件事是真的，但托马斯·沃尔西似乎曾寻求过查理五世的调解。阿戈斯蒂诺·阿戈斯蒂尼进一步宣称，托马斯·沃尔西曾写信敦促教皇克莱门特七世将亨利八世革除教籍并发动一场暴动，以帮助托马斯·沃尔西重掌大权。托马斯·沃尔西如今意志消沉，健康严重受损。这位曾经不可一世的高级教士迈着虚弱、迟缓的步伐被从庞蒂弗拉克特转押至唐克斯特，再转至诺丁汉，一步步走向自己的末日。托马斯·沃尔西被关押在伦敦塔里。这里曾关押过爱德

伦敦塔

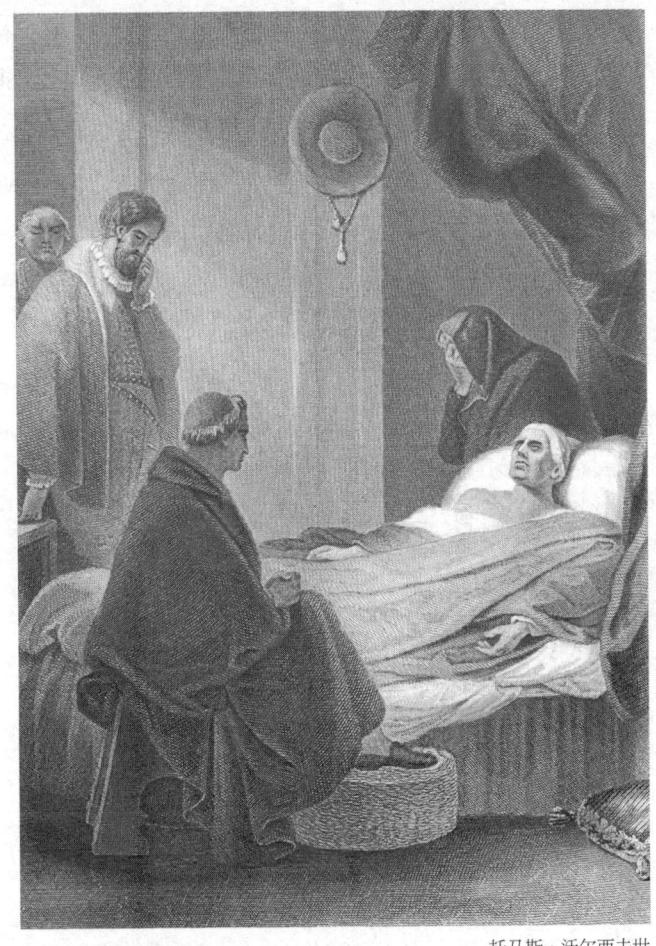

托马斯·沃尔西去世

华·斯塔福德。不过,托马斯·沃尔西即将面对的是比叛徒之死稍好一些的结局。对莱斯特修道院的修士,托马斯·沃尔西说:"我来这里,是要把自己的尸骨留在此处。"1530年11月29日,托马斯·沃尔西去世了。1530年12月1日,托马斯·沃尔西被悄无声息地安葬在莱斯特修道院。临终前,托马斯·沃尔西大喊道:"如果当初我服侍上帝能像服侍陛下[①]那么勤勉,那么上帝也不会在我

---

① 指亨利八世。——译者注

满头白发的时候抛弃我了。"在都铎王朝时期,托马斯·沃尔西的这一呐喊不停回荡。人们像尊敬长者一样尊敬新的救世主亨利八世,把属于上帝的东西献给了他,以换得财富与权势,但他们并未得到内心的安宁。帝王的恩宠反复无常,"龙颜大怒意味着死亡",托马斯·沃尔西、威廉·沃勒姆和第三代诺福克公爵托马斯·霍华德都这么认为。对第三代诺福克公爵托马斯·霍华德,托马斯·莫尔用先知般的口吻说:"只是这样吗?我真诚地告诉你,你我的不同就是,我今日死,你明日死而已。"

第 10 章
亨利八世与议会

　　1529年7月月底，一名信使从罗马给英格兰送来几封信，宣布教皇克莱门特七世与查理五世结成联盟，罗马教廷对亨利八世和阿拉贡的凯瑟琳的离婚诉讼予以撤销。对这些消息，亨利八世的回复既不是虚声恫吓，也不是空洞的责备，而是对教廷撤销自己离婚案的有力反驳。1529年8月9日，英格兰的大法官法庭发出令状，要求1529年11月3日召开的议会，在英格兰王国与罗马教廷最后的联系未断绝前，不得与罗马教廷决裂。此后，英格兰王国正式开始了与西班牙王国长达六十年的斗争，最终以1588年英格兰王国击败西班牙的"无敌舰队"而告终。当时，英格兰王国迎战西班牙王国这一步看起来真像是棋走险招。1523年的议会不欢而散。紧接着，许多郡纷纷公然作乱。与此同时，各郡要求亨利八世偿还贷款，可他无力偿还。很大程度上，英格兰王国的安全取决于弗朗索瓦一世和查理五世相互之间的敌意，而法兰西王国和神圣罗马帝国于1529年8月在康布雷缔结了和平条约，因此，查理五世可以随心所欲地煽动爱尔兰对英格兰的不满，并且怂恿苏格兰向英格兰开战。查理五世的大法官梅尔库里诺·迪·加蒂纳拉吹嘘说，神圣罗马帝国的人如果愿意，那么不用三个月就可以把亨利八世赶出英格兰。梅尔库里诺·迪·加蒂纳拉的说法建立在亨利八世的臣民反抗他的统治基础之上。亨利八世的离婚案一直影响着英格兰人的情感：阿拉贡的凯瑟琳所到之处是一片喝彩声，而亨利八世尽了最大努力也难以避免安妮·博林遭到英格兰人的羞辱。在英格兰人心中，亨利八世的第一任妻子阿拉贡的凯瑟琳是个受到伤害的女人,并且英格兰人担心与查理五世决裂后自己的羊毛生意会受到影响——尤斯塔斯·查普斯曾说过,大多数英格兰人都依赖羊毛贸易来维持生计。这两点影响了英格兰人。

在这种紧要关头召集议会似乎是自取灭亡。事实上,这是亨利八世第一次也是最引人注目的一次展示自己的胆识与洞察力,这使他能够在自己最后十八年的统治里紧握权力,屹然不倒。教皇克莱门特七世已经把离婚,以及打破罗马束缚的武器交到了亨利八世的手中。在亨利八世的离婚案被撤销的消息传到英格兰的前一两天,托马斯·沃尔西写道:"如果传唤陛下[①]或指定的代理人到罗马出庭的特权将遭到侵犯,那么英格兰臣民对此是难以容忍的。如果陛下现身意大利,那么他的身份应是一支精锐之师的最高统帅。"即使是阿拉贡的凯瑟琳的支持者,也对亨利八世在英格兰以当事人的身份被传唤到教皇使者法庭做申辩一事感到十分不满;甚至有人认为这些诉讼程序是为了激起英格兰民众对罗马司法管辖权的愤怒。更让人无法忍受的是罗马教廷对英格兰的民族偏见,英格兰的国王竟然要被传唤到受一个外国君主武力控制下的遥远国度去出庭,再没有什么比这更让英格兰人与教皇离心离德的了。在英格兰臣民看来,亨利八世是永远不可能公正地获得离婚的。不过,现在离婚问题与另一个问题紧密地交织在一起,那就是教皇在英格兰的司法管辖权。在这个问题上,英格兰绝大多数民众对亨利八世都给予了美好祝愿。1529年,查理五世和斐迪南一世向教皇克莱门特七世递交请愿书,请求罗马教廷禁止英格兰议会讨论亨利八世的离婚问题。对查理五世和斐迪南一世的这种举动,几乎所有英格兰人愤怒不已。亨利八世召集议会,打开了长期被托马斯·沃尔西关闭的反教皇、反圣礼情绪的闸门,而这场不得人心的离婚案只是主流中的一股逆流,并且对亨利八世有利。

由此,亨利八世将自己的臣民从教皇那里吸引了过来。正如有人指出的那

---

① 指亨利八世。——译者注

样,如果没有选举自由,如果下议院全是王室提名的议员,那么亨利八世就更可以这样做了。不过,这些说法可能会被认为是严重夸大了,不值得探讨。各郡议会代表的选举具有鲜明的特征,即真正的人民自由。在选举过程中,时常有骚乱发生,有时还有人在地产终身保有者中进行秘密游说,以推举或击败某个特定的候选人。1547年,肯特郡会议贸然向当地的地产终身保有者推荐了一位大臣。这一举动遭到了选民的反对。郡会议斥责郡守把自己的建议误解成了命令,又申明自己没有想过要褫夺该郡的"选举自由"。不过,如果选民愿意支持这位大臣候选人,那么郡会议将"非常感激"。这些好话安抚不了选民,而那位大臣不得不另谋职位。英格兰各行政区的选举权不尽相同,有些地方的选举几乎完全是民主的,而在另一些地方,选举权掌握在一两个选民手中。1529年10月5日,在市政厅举行了伦敦的议员选举。当地选民都参加了这次选举。选举中,没有出现任何王室干预的现象。选举是依照惯例进行的,即市长和市议员提名两名候选人,公民提名两名候选人。然而,一个多世纪以来的总趋势是,议会选举权一般掌握在少数人手中。这些人往往会限制民众代表的人数。民众代表人数越少,议会的影响力越大。在许多地方,议员选举在很大程度上是由周边地区的土地领主或大贵族推荐决定的。在加顿,庄园主提名议会议员时,在罗杰·科普利爵士和郡守联手制定一份契约后,正式选举结果就诞生了;温切斯特主教斯蒂芬·加德纳习惯在自己的教区范围内为多个行政区挑选议员代表;第三代诺福克公爵托马斯·霍华德声称,仅在萨塞克斯郡和萨里郡就能选出十名议员。

不过,这些并非王室的提名。我们没有理由认为提名产生的议员比自由选举产生的议员对王室更加恭顺,除非当地土地领主恰好是王室的大臣。提名产生的议员的观点与态度取决于其庇护人的意见,而这些庇护人有可能与王室不和。1539年,托马斯·克伦威尔的代理人曾考虑过以王室提名的几位候选人对抗温切斯特主教斯蒂芬·加德纳提名的几位候选人是否可取。根据1529年托马斯·克伦威尔收到的一封奇怪的信,有人认为,英格兰下议院有王室提名的议员，但这封信毫无说服力。托马斯·克伦威尔请求亨利八世准许自己在议会中任职出于以下两个原因：首先，他仍然是那个非常讨厌但已失势的枢机主教托马斯·沃尔西的仆人；其次，他正设法投靠亨利八世并为其效力，他认为自己在下议院可能会对亨利八世有用。如果亨利八世接受了他的请求，那么托马斯·克伦威尔就将成为牛津郡的议员候选人。如果最后没有当选，他会成为温切斯特教区地方议员候选人。当时，由于托马斯·沃尔西的离职，温切斯特教区出现了职位空缺。不过，即使得到了亨利八世的同意，托马斯·克伦威尔也不可能一定会当选牛津郡的议员。实际上，托马斯·克伦威尔既不是牛津选区的议员代表，也不是温切斯特教区的议员代表，而是汤顿选区的议员代表。王室的影响力只能在有限的几个王室自治城镇中起作用，而通过建立易受王室影响的选区来增加这种影响力的尝试是1529年后才开始的。1477年至1529年，关于议会议员的选举制度还没有建立。不过，比较1477年至1529年的选区数量，我们就会发现，1529年派代表参加议会的全部选区中，只有六个选区没有派议员参加1528年的议会；这六个选区几乎都是因为人口数量不断增多，重要性不断提高，所以无意派代表去下议院议政。事实上，建立六个选区，以便将王室的意志强加于议会的做法既徒劳无益，也没有必要。因为这么少的票数毫无用处，除非议会中两派势力基本均等，并且这六个选区的代表恰好是亨利八世不露痕迹地安插在议会中的。下议院是以一个整体而不是两个部分来运作的。在当时的各种决策中，"议院的意见"比现今体现得更加明显，真正的分歧很少见：要么向上议院提出一项提案，要么不提。在这两种情况下，涉及的问题通常没有经过投票就决定了。设立议员选区也是多此一举。议会里议员众多，足以满足亨利八世的需要，所以无须他再进行干涉。各郡中，年收入四十先令——约等于现在的三十英镑——的地产终身保有者才有选举资格。因此，城镇居民享有的民主权利逐渐消失。另外，下议院议员的席位主要掌握在地主、士绅和富有的商人手中，而他们给都铎王朝提供了最有力的支持。虽然说都铎王朝时期民众怨声载道，但都是关于社会、经济方面的怨声，与政治统治无关。这些抱怨针对的是公共用地的圈地者,是买下农田、驱逐佃农,并且将佃农租种的土地变成牧场的农业资本家,还有城镇的大商人。这些人以牺牲比较贫穷的竞争对手为代价,控制了商业。这些抱怨指向的不是王位上的某个暴君,而是村庄、城镇里无数个"小暴君",并且下层的穷人都指望亨利八世来保护他们免受这些"小暴君"的欺侮、压榨。这些怨声针对的不是议会,而是议员。当时,在《罗德里克·莫尔斯的抱怨》一文中,一个叫亨利·布林克洛的激进人士写道:"让议会改掉这些沉疴积弊是很难的,因为问题的矛头刺痛的正是那些代表市镇的议员……市镇就不能改改这种选议员的方式吗?它们到底是为谁选的这些有钱人,或者在郡里做官的人?很多时候,这些议员都是些大言不惭、夸夸其谈的人!到目前为止,市镇一直都是这样选议员的:这个候选人即使愚不可及、酗酒成性、敲诈勒索、私通淫乱、贪婪狡诈,但如果有钱,有一官半职,可以在郡里招摇撞骗,那么一定可以成为一名议员。唉,这些候选人有着这样的想法,又怎能为王国提出什么好建议呢?"这篇文章不支持议会成员都接受了王室提名这种观点。如果各选区一心要选举一个"对本郡毫无用处的议员",那么亨利八世就没有必要进行干预。《罗德里克·莫尔斯的抱怨》这篇文章中抱怨的富商等担任议员的局面,正是王室和上层官员期望看到的。

事实上,就目前来说,无论是在世俗事务上还是在宗教事务上,亨利八世和普通中产阶层的利益是一致的。商人一般都反对战争,至少反对在本国国内发动的战争,因为他们从中得不到任何利益。商人完全有理由与亨利八世的政府一同反对混乱状态。在与神职人员有关的政治事务中,商人和亨利八世一样,都对教会不满,都认为神职人员太过富有,并且认为教会的收入交给世俗之人才会得到更好的利用。共同利益使亨利八世和商人的行动保持一致。自1529年开始的一百五十年之后,英格兰议会才再次像亨利八世统治后期那样频繁地开会,或者会议进行的时间很长。1509年至1515年,英格兰平均每年召集一次议会。1512年2月,在会议开幕式上,威廉·沃勒姆作为大法官阐述了经常召集议会的必要性。随之而来的是托马斯·沃尔西的教会专制。与斯图亚特王朝的查理一世一样,托马斯·沃尔西试图甩开议会统治国家,但这一做法造成的最终结果对他来说同样是致命的。从1529年托马斯·沃尔西垮台至1547年亨利八世驾崩,议会几乎每年都开会。暴君经常会破坏议会,但议会最终会摧毁暴君。不过,亨利八世并不在此列。因为他从来没有想过要破坏议会,更何况议会就像尤利西斯的弓[①]一样,凭亨利八世的力量是无法破坏的。相反,亨利八世发现议会非常有用,于是利用了它。

事实上,没有哪位君主比亨利八世能更热情地拥护议会的特权,仔细地观察议会的形式,或者巧思独运地倡导健全的宪法学说。1543年,亨利八世首次阐述了宪法原则,即最高统治权属于"国王会同议会[②]"。亨利八世曾向下议院的议员宣布:"身为国王,我的地位在议会中才是最高的。在议会中,我是首脑,你们是主体。我们联合在一起,组成一个政治实体。其间,任何冒犯或伤害议员的行为,即被判定是对我和全体议会的危害。"亨利八世严格要求别人尊重他的议会特权,并且对此特别留意。1512年的斯特罗德案[③]确立了议员的言论自由;1543年的费勒斯案[④]确立了议员免于民事逮捕的自由。这些事情与亨利八世统治的总基调没有太大的偏差。在议会中,议员甚至可以攻击国法,并且不会因此受到质询。1515年,对此羡慕不已的主教大会请求享有与议会同样的言论自由。1547年,在为自己的一封信篇幅太短辩解时,斯蒂芬·加德纳写道:"我认为,在叙述时,我与下议院议员一样,有随时结束言论的自由。"斯蒂芬·加德纳又提到亨利八世在位期间,自己在议会发表的一次演讲,"议员在议院内言论自由,没有任何危险"。1523年,托马斯·沃尔西试图威逼下议院同意向政府拨款,以满足对法兰西发动战争的需要。由此掀起了一场反对风暴,

---

[①] 尤利西斯即希腊神话中的奥德修斯。他参加特洛伊战争后,长时间生死未卜。许多人向他的妻子珀涅罗珀求婚。珀涅罗珀称,谁能拉开尤利西斯的弓,并且一箭射中十二把斧头柄上的小孔,就嫁给他。但没有一个求婚者能拉开尤利西斯的弓。——译者注
[②] "国王会同议会"指君主以君主身份并按照其议会的建议同意行使权力。——译者注
[③] 指德文郡下议院议员理查德·斯特罗德于1512年提出的一项法案。该法案旨在改善德文郡达特穆尔高地矿工的生活状况。——译者注
[④] 指普利茅斯下议院议员乔治·费勒斯于1543年因债务纠纷而被逮捕一事。——译者注

亨利八世和他的议会

而亨利八世在这方面从来没有犯过错误。1532年,来自韦斯特伯里的议员托马斯·泰米斯提议,亨利八世应与阿拉贡的凯瑟琳重修旧好。类似这样的言论并不会触动亨利八世的敏感神经。然而,对查理一世来说,即便是一个很微小的冒犯,他也要去下议院捉拿冒犯自己的人。亨利八世曾与下议院议长托马斯·莫尔,以及一个议员代表团就其婚姻问题进行了辩论,但他没有对议员代表提起任何诉讼。1529年,伦敦议员约翰·珀蒂反对一项免除亨利八世偿还贷款义务的议案。这一举动造成的唯一结果是使亨利八世更看重约翰·珀蒂。在议会期间,亨利八世"会询问约翰·珀蒂是否支持他"。事实上,没有任何证据表明亨利八世曾恐吓过下议院,或者使1529年的议会里全是自己提名的议员。系统化地干预议会选举是后来托马斯·克伦威尔想出的办法。1534年议会议员的补缺选举,以及1536年和1539年议会的普选明显都受到了托马斯·克伦威尔的干预。接着，托马斯·克伦威尔努力争取获得枢密院中大多数成员对他，以及他针对枢密院中的反对派而提出的特别政策的支持。托马斯·克伦威尔的计划引起了世俗议员的分化，并且为这种分化提供了必要的政治手段。然而，其实只要世俗人员仍然团结一致反对教会，就不需要这样做。在该计划通过后不久，托马斯·克伦威尔就垮台了。因此，该计划就没有意义了。亨利八世不赞成大臣结党。事实上，议会中出现结党行为通常是一个政府即将灭亡前的应急之举，而斯图亚特王朝的"送葬者"就是它的议会。都铎王朝时期唯一一次主要由政府提名人组成的议会，是诺森伯兰公爵约翰·达德利于1553年3月垮台前夕召集的议会。1553年8月，查理五世的顾问西蒙·雷纳德曾询问过他是否会建议表妹玛丽一世[①]按照约翰·达德利介绍的方式召集一次常规的议会，或者仅仅是召

诺森伯兰公爵约翰·达德利

---

① 查理五世的母亲卡斯蒂尔的胡安娜是玛丽一世的母亲阿拉贡的凯瑟琳的姐姐。——译者注

集一次"名流"大会。从这一询问中,我们可以看出英格兰议会的组成是非常特殊的。

虽然说议会中不全是亨利八世提名的议员,并且议员在很大程度上并未受到什么威胁,但议会因与亨利八世相处得很融洽而被人斥为奴性十足。即便这样,议会还是忠实地体现了选民的意愿。虽然亨利八世的想法与议会偶然一致,但这并不能表明议会奴性十足。只有在证明议会出于对亨利八世的顺从,放弃自己的主张去迎合圣意的情况下,对议会奴性十足的指控才能成立。不过,没有发现议会有迎合圣意的举动,也没有迹象表明英格兰人怨恨那些将亨利八世的命令变成法律的法案,或者对通常被用来证明议会必须服从亨利八世的命令的任何法令感到不满,这就使亨利八世可以通过遗嘱来解决自己的王位继承问题。当亨利八世驾崩后,这些法律中的大部分内容都被护国公爱德华·西摩废除了。不过,爱德华·西摩的这一番举动让自己丢了性命。事实上,我们不可避免地会得出这样的结论:当时,英格兰人赞成独裁统治;议会是有意让亨利八世成为独裁者的,因为议会认为亨利八世会做它想做的事,并且亨利八世拥有很大的权力总比没有权力好。议会否决了亨利八世的部分议案。不过,要是按照议会以前的想法,亨利八世的许多议案早就被否决了。亨利八世最中意的莫过于这两个法令:《遗嘱法》和《用益法》。然而,在1529年至1536年的英格兰议会中,这两个法令至少被否决了两次。

亨利八世和议会的总体和谐是建立在双方基本利益相似这一基础上的。双方在细节上的和谐不是通过亨利八世强制推行其个人意志实现的,而是通过他对上议院和下议院谨慎、巧妙地操纵实现的。要迁就下议院很容易,但要驾驭它很难。不过,在对下议院的管理上,没有人比亨利八世更老练。上议院和下议院彼此嫉妒,但都对亨利八世的关注感到十分满足——亨利八世非常用心地关注着两院的世俗贵族与议员。从1529年开始,亨利八世不允许自己和议会之间再有任何人或机构介入。托马斯·克伦威尔越来越受到亨利八世的重用,但仅限于次要事务的处理。凡有大事需要决断时,亨利八世都会亲自处理。他经常去上议院和下议院，每次都要逗留好几个小时。他会仔细观察议员博弈时的一举一动，并且记录下议会整体形势发生变化的所有细节特征。亨利八世没有向忠于自己的下议院下达过命令，在这方面，他没有女儿伊丽莎白一世那么专横。亨利八世提出自己的观点供下议院考虑，与议员辩论，并且坦率地给出自己的理由。当然，亨利八世这么做时，总是带着王室纡尊降贵、威风凛凛的气势，但表现得非常优雅。这导致他相信自己是真的很高兴能屈尊与臣民商讨国家事务。他也相信，自己这样做是出于对议会的信任，并且期待议会也这样信任他。亨利八世表现得像是上议院和下议院的领导者，而不是国王，并且与现代的议会领导者一样，亨利八世要求议员把大部分时间用于他提出的议案。

不过，亨利八世统治时期的立法几乎都是由政府提出的这一事实，并不是议会向亨利八世卑躬屈膝的确证。因为尽管可能理论上认为议会之所以存在，就是为了通过他自己构想的法律，但事实并非如此，除非行政机关和立法机关长期对立。议会通常都是政府的工具，这是成功的执政的必要条件。现在，召集议会的主要目的仍然是讨论行政机关认为适合提交给议会的议案。当然，在亨利八世统治期间，通过的政府议案与其他议案所占比例比今天要小；普通议员的议案更有可能变成法律，而政府议案被否决的可能性更大。当然，事实并非全部如此。下议院认为，自己可以随意否决亨利八世提出的议案的原因之一是，这种否决并不会导致政府的垮台，并且议会希望通过其他方法来支持政府，同时自己不会因此被解散。对16世纪英格兰议会的议员来说，普选并不可怕，因为对他们来说，能在下议院获得一席之地并不是什么很大的荣耀。下议院的议员来自不同阶层。议员醉心于中饱私囊，而不是参与公共事务。对他们来说，议员的身份从来都不是一种负担。然而，宗教改革议会的漫长会议让这些议员非常不满。议员理查德·利斯特抱怨说，这些会议花费了他大约五百英镑，超过了选民付给他的薪水。议会经常收到议员的辞职请求。尤斯塔斯·查普斯记录道，亨利八世使用一种特殊的策略批准了敌对议员的辞职请求，但拒不批准支持自己的议员的辞职请求。这在议会中是一种合法的策略。如果议员个人得失考虑超过了他们对阿拉贡的凯瑟琳的利益的考虑，或者是对天主教会权利的考虑，那么这并不是亨利八世的错。

然而，亨利八世最大的优势在于，他所处的环境构成了16世纪的议会与当代议会主要的、真正的差别。亨利八世的议会议员是自下而上选出的长期代表，而不是受委派参加某一次会议并按照委派者的意思发言的临时代表。作为议员，他们应对提交给自己的问题做出决定，而不仅仅是向议会呈报选民已经做出的决定。尽管议员习惯于在每届会议结束时向选民告知自己的议事情况，尽管他们的工资有赖于选民这一事实使他们不能违背选民的意愿行事，但他们从没有收到过该如何行事的确切指示。这些议员不用做任何明确承诺，便进入了议会。因此，他们更容易受到压力和争论的影响，并且他们的投票有时可能会受到演讲的影响。议员的行动不是由先前的约定或者党派纪律决定的，而是由他们对摆在自己面前的议案的实质性问题，以及对议案的必要性的看法决定的。与个人看法无关的外部环境，如对国王的敬畏等，可能会在一定程度上干扰议员。不过，现有此类关键性的证据表明，亨利八世和议会的合作是能够进行下去的。因为议会做了亨利八世想做的事，而亨利八世做了议会想做的事。当然，议会并不总是按照亨利八世的意愿行事，而亨利八世的举动也不总是受到议会的欢迎。宗教改革议会的大多数法案都是议会与亨利八世互相妥协促成的。正是由于亨利八世的高明手段和当时的情况，他最终得到的总是对自己有利的，而他付出的总是以牺牲神职人员的利益为代价。针对下议院对主教与神父的不满，亨利八世承诺会为下议院主持公道，从而获得了下议院对他的特定目的的支持。据说，1532年，亨利八世发起了著名的"反对教区主教请愿"。不过，有人暗示，请愿中抱怨的神职人员滥用职权的行为实际上并不存在。毫无疑问，是亨利八世鼓动议院进行抱怨的，他这样做有着充分的理由。然而，神职人员滥用职权的事情并非亨利八世捏造的，因为如果下议院没有什么不满，那么亨利八世承诺为下议院主持公道的举动就不足以使它去满足亨利八世的要求。下议院的不满导致了世俗之人对神职人员的敌意。这种敌意是亨利八世推翻教皇权威的工具，也是他建立自己至高无上地位的基础。

世俗人员的这种反教会倾向是亨利八世进行宗教改革的主导因素，但"反教会"这个词的现代意义很难用于亨利八世的教会政策。"反教会"一词的普通含义是指对教义的净化，但君主心中是否有过任何干预教义的想法，这一点是存在疑问的。二十多年来，君主们一直宣扬进行宗教改革的必要性，并且建议改革神职人员的行为；他们最喜欢的改革方式是废除神职人员的特权，并且将教会财产没收充公。英格兰的宗教改革，就亨利八世在位期间进行的这一阶段来说，确实是世俗人员对教会享有豁免权，以及教会对信徒施加种种限制的拒绝。主要的问题并不是英格兰的教会和罗马教廷的决裂，或者说是英格兰的教会对教皇束缚的否认。因为在亨利八世统治时期，政府并没有强迫英格兰的教会采取任何针对罗马教廷的措施。直到爱德华六世和伊丽莎白一世统治时期，英格兰的教会才准许在定罪的基础上对神职人员采取最初的那种诉诸暴力的处理方式。宗教改革是国家权威对英格兰的教会的最终论断。与罗马教廷决裂，并且否认教皇在英格兰宗教事务中的影响力并不是一场自发的教权运动，而是教会服从国家世俗权力的结果。到目前为止，半受国家控制、半普世性质的英格兰的教会一直是英格兰政治共同体中半独立的一部分，它对普世教皇有所效忠，对国家君主也有所效忠。不断崛起的民族精神不容分裂，普世思想也让位于民族观念；一个国家断不可有"主权内的主权"；国家应该是"一体政治"，并且只有一个至尊领袖。据尤斯塔斯·查普斯汇报称，亨利八世说，就英格兰王国来说，他是国王、皇帝和教皇的三位一体。英格兰的教会将自立门户，成为英格兰国教会，而不是罗马的普世教会在英格兰的一个分支。

这场宗教改革必然是通过英格兰的国家行动而不是英格兰国教会的行动来实现。教会本质上和宗教一样，是世界性的，而不是民族性的。对将要被缩小、降低到为政治目的服务的前景，英格兰国教会特别反感，但它没有办法，也没有武器来实现独立于教皇制的内部改革。英格兰高等法院的王座法庭也在努力进行自我改革，以摆脱来自亨利八世和议会的干扰，但同样没取得任何成果。从理论上来说，英格兰的教会的管辖权来自罗马教皇；托马斯·沃尔西希望改革修道院时，不得不求助于教皇利奥十世的权威；在兰贝斯，威廉·沃勒姆曾开庭问案，行使司法管辖权，但他当时是以教皇的本地使者的身份，而不是坎特伯雷总主教的身份行使该权力的。教皇的本地使者的司法管辖权可以随时被教皇钦使的权力取代。正如威廉·沃勒姆被托马斯·沃尔西取代一样，因为这种代理管辖权不属于威廉·沃勒姆，而属于他人。主教和总主教只是在行使教皇的司法管辖权。1532年，亨利八世斥责威廉·沃勒姆犯了"王权侵害罪"。因为1518年7月11日，威廉·沃勒姆还没等亨利八世下令恢复亨利·斯坦迪什在圣阿瑟夫教区的教会财产，就为他举行了祝圣。威廉·沃勒姆回复称：自己只是教皇的代表，没有自行决定权，"决议是教皇做的"。在主教大会上，一旦亨利·斯坦迪什得到晋升，那么自己就必须立即为他举行祝圣。神职人员可以推选亨利·斯坦迪什为主教；威廉·沃勒姆可以为亨利·斯坦迪什祝圣；亨利八世可以恢复亨利·斯坦迪什的教会财产，但身为主教的亨利·斯坦迪什并没有司法管辖权。事实上，权力和司法管辖权有且仅有两个来源，即世俗君主和教皇。宗教改革必须由这二人中的一人来实现。托马斯·沃尔西有改革英格兰的教会的想法，但他不能僭越，因为是教皇给了他权力并允许他这样做的。英格兰的教会如果违反了教皇的这一限制，那么就会在宗教分裂中被毁灭，托马斯·沃尔西也会因此而丧失司法管辖权。所以托马斯·沃尔西改革英格兰的教会的计划根本不可能实现。最终，只剩下一个可行的办法，那就是由世俗君主实行宗教改革。这正是约翰·威克里夫主张的，也是被16世纪的英格兰国教信徒证明可行的办法。由于是早期英格兰国教的奠基者向罗马教廷让出了手中的权力，英格兰国教信徒从中得出结论：英格兰国王不仅拥有至高无上的地位，并且其权威高于教皇。这证明了由世俗君主进行宗教改革是完全合理的。

所以亨利八世进行宗教改革利用的机构是议会，而不是主教大会。当然，与世俗人员代表一样，神职人员的代表也经常会面，但他们的活动完全是防关押在伦敦塔。伦敦塔卫队队长埃德蒙·沃尔辛厄姆写道：失去约翰·弗里思将是一件非常遗憾的事，要是他愿意和解就好了。1531年，托马斯·比尔尼殉道。议会介入调查托马斯·比尔尼殉道一事，不是因为议会支持他的学说，而是因为据说神职人员未经政府同意就把他烧死了。议会与主教大会一样，都对异端分子深恶痛绝，但议会希望由世俗人员来惩处异端分子。

与其他方面一样，在反教权方面，亨利八世和议会的态度完全一致。亨利八世将之前通常由神职人员担任的要职全部换成了世俗人员，这足以证明亨利八世的反教权态度。自古以来，英格兰的大法官一直由主教担任。然而，到了

托马斯·比尔尼被押赴刑场

托马斯·奥德利

1529年，托马斯·莫尔接替了托马斯·沃尔西。后来，托马斯·奥德利又接替了托马斯·莫尔。在亨利八世统治期间，掌玺大臣一职也是由三位主教依次担任的，他们分别是：理查德·福克斯、托马斯·鲁塔尔、卡思伯特·滕斯托尔。现在，国玺由安妮·博林的父亲托马斯·博林掌管。此时，斯蒂芬·加德纳仍是亨利八世的国务大臣。不过，让·杜·贝莱认为，斯蒂芬·加德纳如果愿意放弃教会神职，那么就会得到晋升。很快，斯蒂芬·加德纳就被托马斯·克伦威尔取代了。现在，连议会书记官一职都由世俗人员布赖恩·图克担任。在亨利八世统治的前半期，神职人员在亨利八世议会中的影响力非常大，但到其统治后半期，神职人员的这种影响力几乎被清除。与议会一样，亨利八世对神职人员在异端问题上的管辖权持怀疑态度。他说，神职人员只是灵魂的医生，与肉体无关。亨利八世甚至赞同一种非常现代的观念，即婚姻是一种民事契约，因此，婚姻诉讼不应由神职人员来审判。1529年，亨利八世曾命令托马斯·沃尔西释放因传播路德教而被投入监狱的雷丁修道院院长约翰·舍伯恩，"除非其罪行令人发指"。1530年，对休·拉蒂默的布道，亨利八世大加赞赏；诺里奇主教理查德·尼克抱怨自己教区的信徒普遍反映亨利八世偏爱异端书籍，"信徒说，无论走到哪里，都会听说英文版的《圣经·新约》要出版了。亨利八世陛下感到很高兴"。似乎没有什么理由怀疑都铎王朝时期著名历史学家爱德华·霍尔的说法：亨利八世命令主教将《圣经》译为英文，以订正威廉·廷代尔翻译的英文版《圣经》中的错谬。然而，这些主教什么都没做。亨利八世写信给神圣罗马帝国信奉路德教的诸侯，赞扬他们为教会改革做的努力。许多顾问敦促亨利八世在英格兰展开类似的改革运动。尤斯塔斯·查普斯说，安妮·博林和托马斯·博林比马丁·路德还要崇奉路德教，他们才是路德教在英格兰的真正使徒。

不过，无论安妮·博林如何崇奉路德教思想，亨利八世仍然忠于天主教的正统信仰。如果说亨利八世对神圣罗马帝国信奉路德教的诸侯的态度模棱两可，同时对自己的异端臣民抱有希望，那不是因为他信奉双方中任何一方的教义，而是因为双方都可能为他所用。1540年7月，亨利八世之所以赦免了爱德华·克罗姆的火刑，不是因为他支持此人的异端邪说，而是因为此人在教会受审时否认教皇至高无上的地位，并且提出要上诉。亨利八世说，爱德华·克罗姆所说的并非异端，而是真理。当亨利八世派人去牛津搜寻约翰·威克里夫的异端文章时，他说这不是为了研究一位改革家的弥撒教理，而是为了探寻约翰·威克里夫呼吁国家净化腐败教会的理由，并且领会此人反对神职人员拥有世俗财富的观点。在赞扬神圣罗马帝国的诸侯进行宗教改革时，亨利八世想到的是这些诸侯没收了教会的财产。对教会的掠夺，以及对教义最狂热的虔诚，两者是并行不悖的。1531年，亨利八世告诫教皇克莱门特七世，查理五世可能会允许世俗人员"侵占教会财产。这虽然没有触及信仰基础，但对其他人会起到什么样的榜样作用，是显而易见的"。亨利八世设法提高了查理五世在这方面的榜样作用。1533年，亨利八世告诉尤斯塔斯·查普斯，说自己"有意匡正亨利二世与儿子无地王约翰犯的错误。在内外交困之际，他们让英格兰与爱尔兰归顺罗马教廷，成了教皇的附庸"。亨利八世还决心将神职人员持有的财产统一收归王室，他认为这是之前的君主办不到而自己一定要完成的事，因为他在加冕典礼上曾发下相关誓言。大约就在这时，或者稍晚些时候，亨利八世起草了修改君主加冕誓词的建议，要求只有在君主认为合适的情况下，君主应尽的义务才对君主具有约束力。除了在处理教会财产方面给亨利八世树立榜样，神圣罗马帝国诸侯还让亨利八世想到了一个问题：如果自己与查理五世在阿拉贡的凯瑟琳的问题上产生分歧，公开决裂，那么神圣罗马帝国诸侯可能会对自己有很大帮助。英格兰的外交使者对神圣罗马帝国诸侯的宗教改革热情表示祝贺，同时努力让他们相信，在他们抵御专横的查理五世时，亨利八世将会给他们提供极大的保障。

　　在亨利八世看来，所有这些现象：德意志的宗教改革，英格兰国内的异端邪说，以及自己臣民的反教权态度，都是可以屈从于自己特定意图的客观条件。亨利八世对这些条件的驾驭体现了他高瞻远瞩的治国才能。亨利八世没有冲动鲁莽行事，他虽然充满激情，但非常有自制力。他与罗马教廷决裂，采用的手段非常高明，就算是尼科洛·马基雅弗利最得意的弟子也望尘莫及。亨利八世利用的条件不是自己创造的，并且英格兰人对教会的敌意也是真实存在的。亨利八世是个伟人。与此同时，教会强加在臣民身上的负担真实存在，而他只是利用了臣民的不满。虽说亨利八世并不抵触教会收取的遗嘱认证费和首岁教捐[①]，但他没有向罗马教廷上缴这些费用。如果他威胁要废除这两种款项，那么可能会迫使教皇克莱门特七世准许他离婚。异端本身令人非常厌恶，但如果异端能帮助君主对抗教皇的至高权威，那么为什么不能宽恕异端的罪行呢？

[①] 首岁教捐指天主教神职人员担任神职第一年的收入。按照当时的规定，遗嘱认证收费和首岁教捐必须献给教皇。自1543年起，这两种款项只献给英格兰君主。——译者注

教会与反教权者的力量势均力敌，而亨利八世的优势在于他处于二者之间。一方面，亨利八世如果支持反教权者，那么就有可能摧毁教会。另一方面，只要亨利八世还活着，他就可以通过支持教会，避免教会的毁灭。这一点虽然不是很确定，但很有可能会发生。议会可能急于在宗教改革过程中发挥作用，但现在没有必要召集起来。如果教皇克莱门特七世批准亨利八世离婚，那么持续了七年的宗教改革议会很可能在几个星期内就解散。宗教改革议会举行了一届又一届的会议，通过了一项又一项法案，而每一项法案都旨在向教皇克莱门特七世施加新的压力。宗教改革议会从教皇克莱门特七世堡垒的外围工事开始着手。一旦其中某项工事被拆除，亨利八世就会大喊一声"且慢"！然后，查看教皇克莱门特七世是否会投降。如果教皇克莱门特七世拒绝投降，那么亨利八世就重新开始进攻。这样一来，教会和教皇的特权一个接一个地消失了。最后，在英格兰王国，教会的权利和教皇的权威荡然无存。

第 11 章

下议院提出"推翻教会！"

1529年11月3日，在伦敦黑衣修士堂，宗教改革议会召开了第一次会议。细心的评论家很清楚宗教改革议会对教会将采取什么样的态度。会议由亨利八世亲自召开。新任大法官托马斯·莫尔发表演说，严厉谴责了上一任大法官托马斯·沃尔西。托马斯·莫尔说，召开此次会议是为了改革那些因失察而在英格兰被使用或被允许的东西。1529年11月4日，由于发生了瘟疫，上议院和下议院的办公场所转移到了威斯敏斯特宫。与此同时，下议院推选下一任大法官托马斯·奥德利担任议长。议员的首要任务是审议一项褫夺托马斯·沃尔西公权的议案，但这项议案似乎会对议会中最受欢迎的两种理论[①]中的一种造成破坏。在下议院，这项议案遭到了托马斯·克伦威尔的反对并被驳回。究其原因，可能是因为褫夺公权的法案不仅仅是亨利八世个人意志的表达，也可能是因为议会远不止是都铎王朝的工具。我们之所以这样推测，是因为亨利八世先让人提出褫夺公权的议案，再下令对该议案予以否决的这种说法让人难以置信。议员的第二项任务是处理亨利八世要求解除自己偿还托马斯·沃尔西所筹贷款的义务的问题。下议院表示，除非亨利八世能答应议会的一些条件，否则议会将拒绝批准亨利八世的请求。不过，下议院并没有反对改革神职人员的议案。下

---

① 即君权神授和议会主权。——译者注

议院通过了《限制神职人员兼领圣俸与不居教区法案》，对主教收取遗嘱认证费用，以及主教其他一些神职职责予以限制。《限制神职人员兼领圣俸与不居教区法案》同时规定：神职人员不得兼领圣俸，个别情况除外。不过，该法案的内容很温和，该法案同时不适用于神职人员于1530年以前获得的圣俸，除非神职人员领取的这种圣俸超出了四份。该法案颁布了对不居教区的外籍神职人员的处罚，还试图遏制神职人员从事商业活动的现象。

这些改革措施看起来十分合理，但限制教会强行索取遗嘱认证费用的观点似乎是对约翰·费舍尔的侮辱。"各位大人，"约翰·费舍尔喊道，"你们每天都能看到从下议院传来了一些什么样的议案，这一切只是为了摧毁教会。看在上帝的份上，看看波希米亚王国曾经是多么强盛！教会倒台后，波希米亚王国的国势也随之衰落了①。现在，下议院的议员只知道'推翻教会'。在我看来，这一切只是因为他们没有信仰。"下议院认为，限制教会收费不足以作为指控异端的理由，于是借议长托马斯·奥德利之口向亨利八世投诉了约翰·费舍尔。在亨利八世面前，约翰·费舍尔百般解释自己的冒犯性言辞，但其他神职人员则成功地否决了下议院的许多议案。在神职人员与下议院僵持时，亨利八世提出了一个打破僵局的办法，提议上议院和下议院各派八名议员举行一次会议。在上议院的代表中，神职人员和世俗贵族各占一半。亨利八世非常清楚，下议院会坚定地投票支持这些被否决的议案，并且世俗贵族会对此予以大力支持——他们的确这么做了。因此，下议院的各项议案得以通过。1529年12月17日，宗教改革议会休会。我们可以把亨利八世的提议称为诡计，或者巧妙的议会策略。1789年，法兰西的第三等级②也施展过同样的诡计，确保了法兰西大革命的成功。在1529年的英格兰，这一诡计也同样奏效。

---

① 15世纪早期，在扬·胡斯的领导下，波希米亚王国出现教会改革运动。1415年，在扬·胡斯被处死后，波希米亚王国陷入"胡斯战争"带来的混乱与动荡。——译者注
② 第三等级，指1789年法兰西大革命前夕，处于法兰西贵族、神职人员之下的资产阶级和农民。——译者注

对英格兰王国发生的暴风雨前的雷鸣，罗马教廷置若罔闻。教皇克莱门特七世对此也置之不理。这不是因为他没有听到英格兰王国的雷鸣声，而是因为神圣罗马帝国的兵戈之声掩盖了这些声音。1531年，欧塞尔主教弗朗索瓦·德·丹特维尔写道："如果说有谁做过对手的阶下囚或者受制于对手，那就是现在的教皇克莱门特七世了。"教皇克莱门特七世一如既往地急于逃避责任。1530年3月27日，在给弗朗索瓦一世的信中，安托万·德·卡斯泰尔诺写道："教皇克莱门特七世私下跟我说过至少三次，说如果亨利八世已通过托马斯·沃尔西的特许或其他方式再次结婚了，那么他会很高兴。只要不是他特许的，也不是在削弱他的权力或违背神圣法后取得的特许就可以。"1530年下半年，教皇克莱门特七世建议，亨利八世可以拥有两位妻子，并且与任何一方所生子女身份的合法性都不会受到影响。然而，亨利八世拒绝了这一建议，只愿意接受英格兰承认的最高宗教权威的裁决。当他与安妮·博林的婚姻必须得到法律裁决，但罗马教廷显然不会给予他这样的裁决时，形势就变得十分紧迫了。亨利八世安排由威廉·沃勒姆来担任英格兰法律承认的最高宗教权威。

与此同时，教皇克莱门特七世数次声明教皇拥有的特权，而这种声明任何时候都会引起所有英格兰人的愤怒。1530年3月7日，教皇克莱门特七世颁布了一道敕令，并且派人将它张贴在布鲁日、图尔内和敦刻尔克的教堂门上。该敕令称，亨利八世如果再次结婚，将被革除教籍。然而，不久前教皇克莱门特七世还告诉安托万·德·卡斯泰尔诺，称自己希望亨利八世能与安妮·博林结婚。两个星期后，教皇克莱门特七世又颁布了第二道敕令，禁止教会审判官、神学博士、辩护律师，以及其他人员发表或撰写否认亨利八世与阿拉贡的凯瑟琳婚姻合法性的言论或文字。教皇克莱门特七世如果仅仅是想禁止众人讨论还在进行司法审议的问题，本该在对亨利八世这桩婚事的辩护律师下达禁言令的同时，禁止约翰·费舍尔著书反对亨利八世，并且禁止约翰·费舍尔秘密把书稿送到西班牙印刷。1530年12月23日，罗马教会法庭颁布法令，禁止威廉·沃勒姆审理亨利八世与阿拉贡的凯瑟琳的离婚案，禁止亨利八世和除阿拉贡的凯瑟琳以外的其他任何女性同居，还禁止"所有女性与亨利八世缔结婚约"。1531年1月5日，教皇克莱门特七世下令，禁止世俗人员、神职人员、大学、议会、法院对亨利八世的离婚案做出任何裁决。

对教皇克莱门特七世的谴责，英格兰古代法律为亨利八世提供了足够的回击手段。在给教皇克莱门特七世的信中，亨利八世写道："大人，您不要以为英格兰国王及贵族会容忍英格兰的固有法律被弃置一旁。"1530年9月12日，亨利八世发布了一项基于《神职授职权法》的公告，禁止英格兰人从罗马教廷购买或者出版任何对英格兰和亨利八世计划不利的书籍。1531年1月13日，第三代诺福克公爵托马斯·霍华德奉命提醒教皇特使尤斯塔斯·查普斯，在没有亨利八世恩准的情况下，将教皇诏书带入英格兰是会受到惩罚的。不过，亨利八世最臭名昭著的应急之策是向欧洲大学发出的求助举动。这个主意由托马斯·克兰麦于1529年8月提出。1530年，英格兰的代理人一直忙着从国外大学获取关于教皇尤利乌斯二世是否有权免除娶已故兄长遗孀的禁令的表决，最后取得了很大的成功。巴黎和奥尔良、布尔日和图卢兹、博洛尼亚和费拉拉、帕维亚和帕多瓦的大学做出了教皇尤利乌斯二世败诉的表决。牛津大学和剑桥大学做出了类似表决。这可能是亨利八世恫吓下的结果，正如西班牙各大学在查理五世的压迫下做出了教皇尤利乌斯二世胜诉的表决一样。不过，法兰西和意大利所有大学收受了亨利八世贿赂的说法并不可信。对这些大学，查理五世的代理人采取了软硬兼施的手段。在意大利，查理五世的代理人比亨利八世的代理人行动起来更方便。个别情况下，查理五世的代理人无疑采取了不正当的利诱手段，但如果欧洲大多数知名学府能被肮脏的不义之财诱惑，昧着良心进行表决，那就意味着进行大刀阔斧的宗教改革很有必要，尽管对腐败论深信不疑的人通常不愿意承认这一点。然而，这些国外大学是基于一般情况做出的表决，关于阿拉贡的凯瑟琳与阿瑟·都铎圆房与否的问题似乎被谨慎地排除在考虑之外。对圆房问题的考虑会在多大程度上影响这些大学的表决，我们现在已得不到确定的答案，但这种考虑似乎对阿拉贡的凯瑟琳的支持者所持观点并

阿瑟·都铎

没有产生什么实质性影响。这些支持者承认阿拉贡的凯瑟琳在法庭上的誓言不能作为她没有和阿瑟·都铎圆房的充分证据，但他们认为很有必要证明当时教皇尤利乌斯二世特许阿拉贡的凯瑟琳与阿瑟·都铎结婚是有紧急理由的。阿拉贡的凯瑟琳的支持者提出的唯一紧急理由是1503年亨利七世和斐迪南二世之间剑拔弩张，战争迫在眉睫。1534年，让·杜·贝莱断言，没有人敢在罗马的教会议会上坚称教皇尤利乌斯二世当时允许亨利八世和阿拉贡的凯瑟琳结婚的特许令是有效的，而教皇尤利乌斯二世的拥护者在智穷力竭下，竟然称：不管当时阿瑟·都铎与阿拉贡的凯瑟琳的婚姻是否徒有虚名，不管亨利八世和阿拉贡的凯瑟琳的结合有没有违背神圣法，教皇尤利乌斯二世都有特许亨利八世和阿拉贡的凯瑟琳结婚的权力。在当时欧洲天主教国家里，教皇尤利乌斯二世的拥护者的这种观点自然不被认可。

在亨利八世向各大学发出求助并等待结果时，英格兰对亨利八世的离婚案几乎没有采取任何行动。1530年6月，英格兰上议院中的神职人员与世俗贵族联名签署了一封致教皇克莱门特七世的信，敦促他执行亨利八世的离婚要求。直到1531年1月16日，英格兰议会才召开会议。尤斯塔斯·查普斯向西班牙汇报称，英格兰议会现在最重要的任务是起草并通过与十字弩和手铳相关的

1531年的亨利八世

赦免行列后,下议院议员十分震惊,于是他们拒绝通过这项法案。起初,亨利八世以一种高高在上的口吻指出,下议院不能阻止他赦免神职人员;他只需给谕旨盖上国玺,或者通过立法就可以做到这一点。然而,下议院对此并不满意。尤斯塔斯·查普斯说:"下议院议员有很大的怨气。有些议员当着枢密院成员的面说,亨利八世给英格兰摊派的苛捐杂税,比之前任何几位国王的摊派加起来都多,还说亨利八世应考虑一下自己的力量来自臣民对他的感情这一事实,并且举出了许多君主因苛待臣民而麻烦不断的例子。"亨利八世非常精明,他没有惩罚这种直言不讳的行为,因为他知道下议院是自己唯一的支持者,于是立刻让步了。尤斯塔斯·查普斯继续说:"在得知下议院议员的抱怨后,亨利八世于1531年3月25日通过议会批准了对下议院议员的赦免令。"对神职人员和世俗议员的赦免令是同时通过的。不过,神职人员是用巨额罚金、丧失独立性换来的赦免,而世俗议员没有花一分钱。会议的最后一项事情是宣读从各大学获得的关于亨利八世胜诉的表决,然后休会。议员奉命向选民讲述自己的所见所闻。

1532年1月15日,在与身边的人交流后,议员再次碰面,讨论一件比他们尚未处理完的公务更加重要的事,并且他们要尽一切努力确保上议院贵族与下议院全体议员都会出席这次会议。尤斯塔斯·查普斯认为,除了没有通知的卡思伯特·滕斯托尔,几乎所有上议院贵族都会出席这次会议。约翰·费舍尔不请自来,显然没有人刻意要把他排除在外。下议院议员准备通过许多反对教会的议案,同时反对亨利八世征税。此时,议员的态度比以前更加坚决。为保护自身权益,如继承金[①]和土地初占捐[②],亨利八世授意起草了《遗嘱法》《用益法》。对这两项议案,下议院一再表示否决。这表明议员对这两项议案持批判态度。尤斯塔斯·查普斯写道:"针对自己的要求,亨利八世与议会各持己见,僵持不下。尽管亨利八世的朋友尽了一切努力,但他的要求还是被拒绝了。"在捐税问题上,下议院议员同样坦率直白,他们只同意国王征收十分之一和十五分之一

---

① 指佃户死后,他人如果要租用土地,必须向土地领主和君主缴纳的一笔费用。——译者注
② 指土地领主死后,其成年继承人如果要继承封地,必须向君主缴纳的一笔费用。——译者注

的税金,但亨利八世因税金数目太少而拒绝接受。正是在这场关于捐税问题的辩论中,有两名议员提议让亨利八世与阿拉贡的凯瑟琳和好。他们说,这样一来,英格兰就不需要新的武器装备。这番话得到了下议院议员的赞赏。对限制向罗马教廷上缴首岁教捐的《首岁教捐法案》,下议院十分支持,并且没有交这笔钱。对英格兰的主教,下议院非常不满,因此,议员想不到有什么特别的理由要帮这些身为高级教士的主教减轻经济负担。托马斯·克伦威尔写信给斯蒂芬·加德纳,称自己不知道《首岁教捐法案》要怎样才能获得通过。显然,亨利八世需要尽全力说服上议院和下议院通过这项法案。上议院只有世俗贵族投了赞成票。下议院有人投赞成票,是因为自己不用向教廷交首岁教捐了,有人不赞成是因为主教也可以不用交这笔钱了。这些人对主教不满,不想"帮这些高级教士减轻经济负担",所以不想投赞成票。上议院和下议院的投票都是当着亨利八世的面进行的,但几乎可以肯定的是,亨利八世的影响并未体现在《首岁教捐法案》的原则上,而是体现在一条十分巧妙的条款上,即教皇克莱门特七世必须在一年内判亨利八世与阿拉贡的凯瑟琳离婚,否则亨利八世将停止向教皇克莱门特七世上交一切款项。这一条款将《首岁教捐法案》的执行交给亨利八世自行决定,并且为他提供了向教皇克莱门特七世施压的有力手段。这是亨利八世对这件事的说法。在《首岁教捐法案》通过前,亨利八世告诉尤斯塔斯·查普斯,在英格兰,首岁教捐遭到攻击并不是他授意的。1532年3月21日,在《首岁教捐法案》通过后,亨利八世与自己在罗马的各位代表说,他曾努力限制议员的言论自由,并且让议员把首岁教捐的问题交给他来裁决。1532年3月23日,法兰西驻英格兰特使吉勒·德·拉·波姆拉耶写道:"亨利八世非常狡猾,他让英格兰的贵族和臣民都遵从他的意愿。这样一来,教皇克莱门特七世就会知道,如果他不为亨利八世做一些事,那么亨利八世就有办法惩罚他。"英格兰的主教任命条款和祝圣条款的执行权交到了亨利八世手中,无须再诉诸罗马教廷。

不过,下议院攻击英格兰的教会滥用职权一事,根本不需要有人来施压诱导，因为下议院议员感受到了滥用职权一事的严重性。在1532年的早期会议中，下议院议员讨论了著名的"反对教区主教请愿"运动。1532年2月28日，第三代诺福克公爵托马斯·霍华德提到了议会对英格兰的教会的"无尽抱怨"。目前，"反对教区主教请愿"的请愿书的四份修订稿依然保存在英国公共档案局中。这一事实被认为是该请愿书出自亨利八世宫廷的确凿证据，但该请愿书的草稿上似乎不是任何已知的政府书记员的笔迹。如果托马斯·克伦威尔亲自修改该请愿书，那么无疑表明该请愿书是亨利八世意愿的体现。不过，即便该请愿书是托马斯·克伦威尔起草的，也不妨碍我们做这样的假设，即托马斯·克伦威尔屈尊亲笔写下自己在议会中从议员那听到的种种抱怨，仅仅是为了给亨利八世做参考。现代立法中大多数文件都是由政府文员起草的，但这并不能证明该立法没有代表民意。从表面上看，几乎没有证据表明"反对教区主教请愿"的这些请愿书是亨利八世的口述记录。请愿书中的抱怨与亨利八世的感受并不相同。亨利八世对神职人员的要求已直接交给主教大会，并且他也没有找任何借口说这些要求都出自下议院。在"反对教区主教请愿"的请愿书中，有些要求与亨利八世于1515年提交给议会的要求类似，有些则直指教会滥用职权的行为，如世俗人员被从自己的教区传唤至宗教法庭、宗教法庭收费过高、遗嘱认证书迟迟拿不到手并且问题不断。有人抱怨说，主教大会中神职人员制定的法律与英格兰法律不一致；教区主教迟迟不让本教区的神职人员担任有俸神职，并且这些职位只由少数几个人担任；宗教节日过多，特别是收获时；神职人员还占据世俗职位。民众主要的不满是，在没有任何原告出庭的情况下，主教就把穷人传唤到宗教法庭，然后命令他们要么放弃异端信仰，要么被烧死。近期颁布的法规试图找到应对这种滥用职权行为的对策，但均未成功。据尤斯塔斯·查普斯向查理五世汇报称，亨利八世"十分大度地"承诺支持下议院议员反对英格兰的教会，"并且减轻英格兰宗教司法审讯的严酷程度。据说，英格兰宗教司法审讯的严酷程度超过了西班牙的宗教裁判所"。

  议会就上述教会滥用职权的问题进行了辩论，下议院之后同意"世人面临的所有烦恼都应以书面形式呈交"。因此，各种请愿书的草案就保存在了英国公共档案局。1532年3月18日，以下议院议长托马斯·奥德利为首的议员代表团将请愿书递交给了亨利八世。亨利八世接受了请愿书。这令人十分费解，因为从理论上来说，亨利八世认为自己的臣民没有任何不满情绪。托马斯·奥德利说，亨利八世愿意考虑下议院的请愿书。不过，下议院的议员如果希望亨利八世遵从他们的意愿，就必须先遵从亨利八世的意愿。亨利八世建议下议院放弃对上议院已同意的《遗嘱法》《用益法》的反对意见。1532年4月4日，亨利八世向主教大会递交了下议院的请愿书。接着，神职人员向亨利八世请求保护。亨利八世就这样把自己推到了议会和教会调解人的位置上。他希望能从双方获利，但并未成功。亨利八世要求神职人员服从三大要求：同意改革教会律法；放弃教会独立立法权；确认国王批准现有教规的必要性。神职人员满足了亨利八世的这些要求。与往常一样，亨利八世可以从神职人员那得到自己想要的东西，但在下议院，他只能得到下议院愿意给的东西。下议院的议员再次拒绝通过关于《用益法》和《遗嘱法》的议案，并且只愿意向亨利八世让渡最微不足道的捐税，但他们欣然通过了象征神职人员投降的法案——《神职人员服从法案》。《神职人员服从法案》是教会对亨利八世的让步，同时意味着教会必须服从下议院。另外，其他一些法案在下议院也获得了通过。这些法案旨在改革下议院请愿书中的一些要点：禁止主教将信徒从所属教区传唤到宗教法庭；依照副执事的命令，犯有谋杀罪等重罪或轻微叛国罪的教士被褫夺神职人员权益。轻微叛国罪是1512年通过的一项法令的拓展延伸。然而，在斯蒂芬·加德纳的领导和托马斯·莫尔的帮助下，在上议院，主教拒绝教会对亨利八世做出让步。不过，主教批准了教会向下议院做出的让步。议会异乎寻常地开了四个月的会。1532年5月14日，议会休会。1532年5月17日，托马斯·莫尔辞去了大法官职务，而斯蒂芬·加德纳因不想再担任温切斯特主教而离职。

　　与此同时，在罗马，亨利八世的离婚案进展缓慢。在基督教界的最高法庭，即罗马教廷的宗教法庭，审案耗费的时间要比在其他国家的法庭多得多。

亨利八世派遣代理人爱德华·卡恩爵士前往罗马教廷，仅仅是为了说明：不能将英格兰君主传唤到罗马教廷出庭申辩。罗马教廷一直在讨论是否应聆讯爱德华·卡恩爵士。这一讨论进行了两年。在英格兰与西班牙两股政治力量的夹击下，教皇克莱门特七世左右为难。1532年12月，查理五世与教皇克莱门特七世再次会面。意大利的神圣罗马帝国拥护者预测，此次查理五世御驾亲临必然和三年前一样，会对阿拉贡的凯瑟琳起到决定性的支持作用。不过，1532年10月，在布洛涅，亨利八世和弗朗索瓦一世进行了私人会晤，向世人展示了他们的关系是多么亲密。这次会晤虽然没有金缕地会盟时那样令人眼花缭乱的排场和规模宏大的仪式，但亨利八世和弗朗索瓦一世的联合是实实在在的。英格兰和法兰西的王后均未到场。因为亨利八世不愿同阿拉贡的凯瑟琳一起前来，他也不喜欢西班牙的服饰，当看到弗朗索瓦一世的西班牙王后——奥地利的埃莉诺以后，这种感受更加难以忍受。最近，安妮·博林被封为彭布罗克女侯爵——这表明她是贵族了，并且取代了阿拉贡的凯瑟琳的英格兰王后地位。

布洛涅

推动亨利八世离婚案的进展是亨利八世和弗朗索瓦一世这次讨论的重点。对亨利八世和弗朗索瓦一世权力的敬畏，使查理五世与教皇克莱门特七世随后的会面效果不是很理想。在与查理五世告别前，教皇克莱门特七世暗中应允给他些许恩惠，并且给弗朗索瓦一世类似恩惠。教皇克莱门特七世将于1533年夏天与弗朗索瓦一世在尼斯会晤。早在教皇克莱门特七世与弗朗索瓦一世会晤前，关于亨利八世离婚案的判决就已陷入危机。1533年1月月底，亨利八世知道安妮·博林有了身孕。因此，他必须不惜一切代价让她的子嗣拥有合法身份。这只能通过亨利八世先与阿拉贡的凯瑟琳离婚，再与安妮·博林结婚来实现。然而，教皇克莱门特七世让亨利八世如愿的可能微乎其微。因此，此事必须通

教皇克莱门特七世与弗朗索瓦一世

过坎特伯雷总主教来完成。为排除离婚判决结果可能引起的一切争议，必须在托马斯·克兰麦做出判决前将他的坎特伯雷大主教法庭确认为英格兰的最高宗教法庭。

上述情况丝毫没有外泄，并且决定了亨利八世1533年前几个月的政策。其间，亨利八世的治国本领得到了淋漓尽致的展现。1532年12月，尤斯塔斯·查普斯写道，尽管亨利八世在接待他时，"谦恭有礼，一如既往"，但他比以往任何时候都更加积极地与议会一起进行庭审演练。亨利八世面临的种种困难，对任何人来说，可能都是极大的挑战，但它们似乎只会让亨利八世的行动变得更加大胆、稳健。到目前为止，亨利八世与安妮·博林的结婚日期依然是个谜。有传闻称，他们的婚礼是由托马斯·克兰麦主持的。对此，托马斯·克兰麦予以

亨利八世与安妮·博林的私人婚礼

否认，声称自己是在婚礼举行完两个星期后才知道的，并且表示婚礼是于1533年1月25日前后举行的。一个更重要的问题是托马斯·克兰麦的个性问题。他将宣布亨利八世与阿拉贡的凯瑟琳的婚姻无效。因此，他是亨利八世可以信赖的人。对亨利八世来说，幸运的是，威廉·沃勒姆已于1532年8月去世，并且托马斯·克兰麦是他的继任者。托马斯·克兰麦还是最先向亨利八世提出就离婚问题向欧洲各大学征求意见的人。在威廉·沃勒姆去世后，托马斯·克兰麦是英格兰驻神圣罗马帝国的大使。现在，时间紧迫，不能再耽搁了。通常在较重要的主教职位出现空缺时，亨利八世能借此获得较大收益，但现在坎特伯雷总主教一职需要马上有人填补，不能延误。亨利八世甚至借给托马斯·克兰麦一千马克，帮他支付开支。不过，教皇克莱门特七世是愿意与人方便，尽快颁布任命诏书，还是会一如既往地怀疑英格兰提名坎特伯雷总主教一职新人选的目的？

对后一种情况，亨利八世早有准备。实际上，他是在利用教皇克莱门特七世，以确保自己可以和阿拉贡的凯瑟琳离婚。与教皇克莱门特七世表面上的友好关系是亨利八世现在能使用的最有力的武器。目前，教皇克莱门特七世正在与法兰西大使讨论一项建议，即将亨利八世的离婚案移交给某个中立机构，如康布雷联盟，并且推迟做出阿拉贡的凯瑟琳胜诉的明确判决——神圣罗马帝国的拥护者希望教皇克莱门特七世与查理五世最近的会面能促成这一结果。在英格兰，教皇特使安东尼奥·德·普莱奥正接受款待，并且与亨利八世枢密院的大臣进行着令人难以置信的友好会谈。亨利八世写信给教皇克莱门特七世，信中措辞无比友好亲切。1531年，亨利八世曾指示自己的大使"对教皇要无比温和"。教皇克莱门特七世称赞亨利八世高尚纯良，与弗朗索瓦一世相比更睿智、英明。现在，亨利八世暂不派代表参加大公会议，并且教皇克莱门特七世担心有人会在会上提出将教皇国还给查理五世的计划。亨利八世告诉驻英格兰的教皇特使安东尼奥·德·普莱奥，虽然他研究过教皇的权威问题，也不再捍卫教廷，但教皇克莱门特七世可能会给他一个机会以进一步探讨此事，并且重新考虑自己于1529年7月写的关于撤销亨利八世与阿拉贡的凯瑟琳离婚诉讼内容的信。此外，亨利八世批准了《首岁教捐法案》。该法案将使教皇损失大笔收入。带着这一温和的暗示，亨利八世向罗马教廷发出请求——不仅请求教皇克莱门特七世为总主教托马斯·克兰麦颁布任命诏书，还请求免去通常须为此支付的一万马克。罗马枢机主教不愿意在失去额外津贴的情况下颁布诏书，但获得英格兰的首岁教捐更重要。于是，1533年2月22日，罗马教廷主教大会决定满足亨利八世的要求。

亨利八世假意与教皇克莱门特七世保持表面上的和气，又如法炮制用这种手段去麻痹议会和主教大会。离婚诉讼的拖延让阿拉贡的凯瑟琳的支持者倍感沮丧。尤斯塔斯·查普斯写道，除非立即判决，否则教皇克莱门特七世将逐渐失去威信。尤斯塔斯·查普斯说，因为教皇克莱门特七世在亨利八世离婚问题上的拖延，以及他批准托马斯·克兰麦任命诏书的速度缓慢，所有人冲着他大喊："这是谋杀！"大家普遍认为"教皇克莱门特七世会背叛查理五世"，并且"认为亨利八世和教皇克莱门特七世之间有秘密协定"。

外界的这种想法是亨利八世刻意营造出来的——他两次带着教皇特使庄重地前往议会，以此展示自己与罗马教廷的良好关系。面对这样的现象，高级神职人员和其他神职人员还有什么理由拒绝亨利八世强加给他们的要求呢？坎特伯雷的主教大会与约克郡主教大会重申了1532年的《神职人员服从法案》，并且以压倒性多数票通过了两项主张：第一，从法律上来说，如果一个男子与妻子有夫妻之实，那么教皇无权特许该男子的兄弟与其遗孀结婚；第二，从事实上来说，阿拉贡的凯瑟琳和阿瑟·都铎的婚姻已有夫妻之实。议会讨论了《禁止向罗马教廷上诉法》，并且规定在英格兰，主教的任命与祝圣无须征求罗马教廷的同意。与亨利八世提出的其他议案一样，《禁止向罗马教廷上诉法》建立在一个似是而非、保守的请求的基础上。亨利八世说，大公会议已下令，诉讼应在起诉地进行裁决，因此，没有必要去国外上诉。随之而来的对《禁止向罗马教廷上诉法》的反对并非基于宗教原则，而是因为商业利益是这个时代最强大的推动力,并且下议院担心《禁止向罗马教廷上诉法》可能会招来教皇克莱门特七世的禁令。议员并不介意这种禁令会使自己失去宗教慰藉,他们担心的是这种禁令会毁了英格兰与尼德兰的贸易。然而,亨利八世劝慰下议院议员说,羊毛贸易对佛兰芒人和对英格兰人同等重要,教皇克莱门特七世的禁令最终只会被证明是一种空洞的恐吓。亨利八世谨慎地没有向下议院提出其他要求:既没有要求给王室补贴,也没有寻求拓展王室特权。最终,在1533年4月的第一个星期,《禁止向罗马教廷上诉法》获得了通过。其获得通过的过程非常容易,令人特别惊讶。

现在,亨利八世离婚道路上的障碍已被清除。托马斯·克兰麦成了坎特伯雷总主教,也是教皇在英格兰的永久性代表,其权威不容置疑。根据《议会法案》,托马斯·克兰麦的坎特伯雷大主教法庭是英格兰所有宗教案件的终审法庭。对托马斯·克兰麦的裁决提出上诉即是违法。

1533年4月11日,在托马斯·克兰麦还没有被祝圣前,他恳请为亨利八世裁定婚姻问题,"因为在这个问题上,民众有多种看法"。毫无疑问,事实的确如此,但这并非如此仓促行事的原因。亨利八世很高兴地同意了托马斯·麦克兰的这一请求。1533年5月10日,在邓斯特布尔,总主教托马斯·克兰麦开庭。当然,阿拉贡的凯瑟琳不承认托马斯·克兰麦有权审理教皇法庭才有权审理的案件。

1533年5月23日,阿拉贡的凯瑟琳被判蓄意藐视法庭。托马斯·克兰麦的裁决与主教大会如出一辙。他宣布教皇尤利乌斯二世无权特许亨利八世与阿拉贡的凯瑟琳结婚,并且亨利八世与阿拉贡的凯瑟琳从来就不是夫妻。经过五天的秘密调查后,托马斯·克兰麦宣布亨利八世和安妮·博林合法结为夫妻。1533年6月1日,在威斯敏斯特教堂,托马斯·克兰麦为安妮·博林举行了王后加冕仪式。1533年9月7日15时至16时,在格林尼治宫,安妮·博林生下了一个女孩。1533年9月10日,伦敦主教约翰·斯托克斯利为这个女孩举行了洗礼。托马斯·克兰麦担任这个女孩的教父。尤斯塔斯·查普斯认为,此事不过就是亨利

1533年5月23日，法庭上的阿拉贡的凯瑟琳

托马斯·克兰麦为安妮·博林举行王后加冕仪式

八世的情妇生了一个私生女。对任何人来说，这种事都不值得一提，更不用说对像查理五世这样的君主了。然而，这个"私生女"就是未来的伊丽莎白一世，她由此被带进了一个充满鄙视的世界。她活着就是为了挫败西班牙的锐气。她高举亨利八世竖起的大旗，并且取得了最终胜利。

第12章

英格兰宗教改革取得成功

1533年,距离都铎王朝权力斗争的最终胜利还很遥远。针对这一斗争,教皇断言英格兰的宗教改革必然失败。都铎王朝似乎陷入了万劫不复的毁灭中。

由于对自己和臣民都信心满满,亨利八世觉得再也不需要教皇克莱门特七世的支持了,于是他揭下了友好的面具,并且于1534年7月9日授权批准了《首岁教捐法案》。总主教托马斯·克兰麦在邓斯特布尔的庭审、亨利八世的再婚、安妮·博林的加冕,这三者构成了对崇奉天主教的欧洲逐渐公开化的蔑视。教皇克莱门特七世的权威遭到了轻蔑的挑战,但他能做的只是挽救自己残存的尊严,然后对亨利八世发起教廷的最终禁令——革除教籍。因此,1533年7月11日,教皇克莱门特七世起草了革除亨利八世教籍的裁决。教皇克莱门特七世从未冒险以开除亨利八世教籍的方式来主张自己在基督教界的最高世俗地位,他认为凭借自己无可争辩的教皇特权来行事就十分稳妥了。教皇克莱门特七世拥有的教权似乎很强大,他把上帝对先知耶利米[1]说的话用到了自己身上:"看啊,我要委派你到各国各邦去完成毁灭和重建的任务。耶和华是所有人间君主的王,会让万民臣服于你。"[2]凭借自己的特权,教皇克莱门特七世

---

[1] 先知耶利米,《旧约》中犹大王国的一位主要先知,是《耶利米书》《耶利米哀歌》《列王纪上》《列王纪下》的作者。——译者注

[2] 这段文字出自教皇克莱门特七世诏书中的武加大版《圣经》。因此,与如今通行的钦定版《圣经》有很大不同。——译者注

将亨利八世逐出教会：亨利八世在世时，被基督教除名，不得领受圣礼；驾崩后，其下葬时不得按照基督教仪式举行葬礼，还要在地狱中永受折磨。

如此可怕的诅咒会造成什么影响？亨利八世的前途看起来很不妙。他如果藐视了罗马教廷，那就等于冒犯了教皇——基督教的世俗领袖。阿拉贡的凯瑟琳已被亨利八世休弃，并且玛丽公主身份的合法性也受到了质疑。在给查理五世的急报中，尤斯塔斯·查普斯写下了自己对阿拉贡的凯瑟琳和玛丽公主遭遇的愤怒与哀叹。阿拉贡的凯瑟琳和玛丽公主既骄傲又固执，拒绝以任何形式承认亨利八世的各项法案，以及近期立法取得的成效。阿拉贡的凯瑟琳宁愿以王后的身份饿死，也不愿做锦衣玉食的威尔士太妃。如果阿拉贡的凯瑟琳承认自己不是王后，那么她的女儿玛丽公主就不再是公主了。亨利八世对阿拉贡的凯瑟琳有求必应，但阿拉贡的凯瑟琳大胆违抗他的命令和意愿，这激起了他性格中最坏的一面。不过，亨利八世的愤怒并不是阿拉贡的凯瑟琳和玛丽公主担心的最严重后果。他仍然保持着对阿拉贡的凯瑟琳的尊重和对玛丽公主的感情。尤斯塔斯·查普斯写道："亨利八世的天性并不坏，但安妮·博林让他的脾气变得如此邪恶反常，失去了人性。"新任王后安妮·博林非常恶毒，并且嫉妒心很强。她让姑母安妮·谢尔顿[①]担任玛丽公主的家庭教师，还时常叫安妮·谢尔顿打玛丽公主的耳光，强迫玛丽公主做同父异母的妹妹伊丽莎白公主的女仆。

对玛丽公主所受的羞辱，人们深恶痛绝。尤斯塔斯·查普斯说，尽管亨利八世不许人们再称呼阿拉贡的凯瑟琳为王后——违者处死，但人们仍大声地称她为王后。几个星期后，在给查理五世的信中，尤斯塔斯·查普斯写道："您无法想象大家是多么渴望陛下您能派兵攻打英格兰。每天都有英格兰的显贵、贤达、学者同我说这些话。他们要我明白，约克家族最后一位国王理查三世都未像亨利八世这样招人怨憎。"接着，尤斯塔斯·查普斯又说，查理五世能

---

① 安妮·谢尔顿是安妮·博林的父亲托马斯·博林的姐姐。——译者注

够战胜亨利八世。查理五世驻罗马的代表普雷德罗·奥尔蒂斯坚信，英格兰人会因亨利八世的固执，以及他不服从教皇、执意分裂教会的行为而奋起反抗。约翰·费舍尔敦促查理五世准备入侵英格兰；埃克塞特侯爵亨利·考特尼似有觊觎英格兰王位的想法，同样建议查理五世入侵英格兰。阿伯加文尼男爵乔治·内维尔、托马斯·达西，以及其他贵族则脸色阴沉，怏怏不乐。他们都在聆

托马斯·达西

听肯特郡的修女伊丽莎白·巴顿的胡言乱语。伊丽莎白·巴顿预言,亨利八世活不过一年了。在爱尔兰,查理五世的密使正忙碌着,因为基尔代尔即将爆发起义。詹姆斯五世暗示,如果亨利八世被教皇克莱门特七世褫夺了王位,那么自己将取而代之。尤斯塔斯·查普斯拿不定主意是让詹姆斯五世担任教皇判决的执行者好,还是把玛丽公主嫁给某个英格兰大贵族并引发英格兰内部叛乱更好。在阿拉贡的凯瑟琳的建议下,尤斯塔斯·查普斯向亨利八世推荐,让乔治·金雀花的外孙——雷金纳德·波尔[①]向玛丽公主求婚。尤斯塔斯·查普

詹姆斯五世

[①] 雷金纳德·波尔的母亲索尔兹伯里伯爵夫人玛格丽特·波尔是乔治·金雀花的女儿。——译者注

斯还亲自出面,力劝雷金纳德·波尔继承英格兰王位。阿拉贡的凯瑟琳担心的既不是亨利八世,也不是玛格丽特·都铎、玛丽·都铎,而是爱德华四世的外孙——埃克塞特侯爵亨利·考特尼。尤斯塔斯·查普斯认为,当年,在理查三世的要求下,巴斯和韦尔斯主教罗伯特·斯蒂灵顿宣布爱德华四世与伊丽莎白·伍德维尔——埃克塞特侯爵亨利·考特尼的外祖母——的婚姻无效,并且宣布他们子女为私生子;现在,如果亨利·考特尼的私生子女后代的身份得以确认,那么阿拉贡的凯瑟琳就不用再担心亨利·考特尼会和她的女儿玛丽公主结婚了。当初,亨利八世提出离婚时,在他的坚定支持者中,有人动摇、退缩过。现在,爱德华·李、卡思伯特·滕斯托尔、斯蒂芬·加德纳和威廉·贝尼特暗地里或公开地反对过亨利八世离婚,甚至林肯主教约翰·朗兰也为自己曾是亨利八世的忏悔神父而向尤斯塔斯·查普斯表示遗憾。与缺乏诚心的革命者一样,早知道自己需要航行这么远的距离,有些人是根本不会出发的。现在,他们要逆风航行了。与此同时,亨利八世凭借一己之力让英格兰按照自己规划的路线前行。亨利八世与查理五世、教皇克莱门特七世展开对抗,令欧洲为之震惊;弗朗索瓦一世不赞成英格兰王国与罗马教廷决裂;爱尔兰正在发生叛乱;苏格兰一如既往地对英格兰充满敌意;议会被迫接受亨利八世的命令,通过了各项立法,而教会又被迫接受了议会的这些立法。与此同时,遭到不公平对待的阿拉贡的凯瑟琳和玛丽公主又遭到各种侮辱,广大民众对此非常愤怒。从一切自然、道德、政治的法则来看,亨利八世似乎注定要面临与《但以理书》中的新巴比伦王国君主尼布甲尼撒二世同样的命运。尼布甲尼撒二世做事随意而行;他自高自大,凌驾众神之上;为了利益,他将土地分给承认自己地位的人,并且从所占土地上掠走金银财宝。埃兰人从东边和北边入侵新巴比伦王国的消息让尼布甲尼撒二世苦恼不已。他因此怒气冲冲带兵出征,要把许多人杀尽灭绝。在尼布甲尼撒二世身处困境时,没有人帮助他。

  上述各种情况都可能是亨利八世失败的原因,并且十分令人信服,但如果要通过这些事实和传闻来解释下列这些情况,那么将完全无法得出定论,即亨利八世是如何做到让臣民不反抗他、不废黜他？查理五世为什么没有指挥西班牙无敌舰队在英格兰海岸登陆？尽管教皇克莱门特七世震怒不已，可为什么亨利八世能平静地寿终正寝？亨利八世的丧葬仪式十分隆重，并且所有人都表现得很恭敬，这让教皇克莱门特七世感觉非常不适。亨利八世带着成功的自信，带着对表象下种种真相的洞察力，傲然独立。从纯粹的政治或非道德的角度来看，这正是亨利八世之所以优秀的明证。他从一开始就知道自己能做什么，因为他已算过成本和风险。1533年8月，贝德福德伯爵约翰·拉塞尔写道："我从未见过亨利八世如此快乐。"1531年3月，亨利八世告诉尤斯塔斯·查普

贝德福德伯爵约翰·拉塞尔

斯，就算教皇克莱门特七世开除他教籍一万次，他也毫不在意。当教皇特使安东尼奥·德·普莱奥第一次暗示亨利八世将被逐出教会，并且教皇克莱门特七世声称要动用武力时，亨利八世表示自己对此根本不在乎。亨利八世说，他要让各国君主睁开双眼看看，教皇克莱门特七世的权力实际上是多么渺小，并且"当教皇克莱门特七世站在他的立场上做了他喜欢做的事时，我就会站在自己的立场上做自己喜欢做的事"。对教皇克莱门特七世的威胁，亨利八世予以报复。亨利八世并不惧怕西班牙人，他说西班牙人可能会来，就和1588年他们远征英格兰一样，但他们可能有来无回。亨利八世告诉臣民，英格兰只要能上下一心、君臣同志，就坚不可摧。在《约翰王》结尾处，威廉·莎士比亚爆发的爱国热情正是对亨利八世这番话的呼应与扩展。

> 英格兰从来不曾，也永远不会屈服在骄傲的征服者的脚下，
> 除非它先自残。
> ……
> 即使全世界与我们为敌，向我们发起围攻。
> 我们也可以将其击退。
> 只要英格兰人忠于自己，
> 天大的灾祸我们都无所畏惧。

现在，英格兰人最担心的是查理五世会通过禁止英格兰与佛兰德斯进行贸易的方式毁灭他们。在给查理五世的信中，尤斯塔斯·查普斯写道："英格兰人获得的唯一的慰藉就是亨利八世让臣民相信，陛下您无权这样做。"1533年秋，亨利八世关闭了加来的贸易中心，以此实际检测一下英格兰人的担心程度。之所以这样做，据称是因为亨利八世和英格兰商人起了争执。这有可能是真的，因为通过这些争执，亨利八世有力地向臣民证明，查理五世是不会禁止英格兰与佛兰德斯进行贸易的。佛兰德斯顿时困顿不堪、怨声沸腾。佛兰德斯

匈牙利的玛丽

摄政王匈牙利的玛丽匆忙派大使向亨利八世提出抗议,称关闭加来贸易中心违反了商业条约。亨利八世冷淡地回复说,他没有违反任何条约,这只是他和英格兰商人的一场私人纠纷,外国势力没有理由干涉。佛兰德斯的大使不得不失落地离开。不久,加来贸易中心重新开放,但亨利八世向臣民证明了"仅关闭加来贸易中心三个月,佛兰芒人就叫苦连天,这说明他们离不开英格兰的贸易"。

事实上,关于查理五世在想什么,亨利八世看得很透彻。1533年5月31日,查理五世的帝国会议就目前局势做了讨论。面对亨利八世造成的巨大损失,议员仔细研究了可能采取的补救措施,并且提出了三种方案:依靠正义、诉诸武力,或者二者合一。有人反对依靠正义,即依靠教皇克莱门特七世的判决行事。原因是:首先,亨利八世不会服从教皇克莱门特七世的判决;其次,教皇克莱门特七世并不值得信任。有人反对诉诸武力,理由是战争将危及整个欧洲,特别是查理五世的领土，加之亨利八世既没有对阿拉贡的凯瑟琳使用暴力，也没有给查理五世留下任何违反《康布雷条约》的口实。最后，帝国会议决定将此事交由教皇克莱门特七世处理。查理五世敦促教皇克莱门特七世宣布对亨利八世的判决，但不要对英格兰下禁行圣事①的命令，因为这"会扰乱英格兰与西班牙和佛兰德斯的交往。因此，教皇克莱门特七世如果要对英格兰下禁行圣事的命令，那么应仅限于某一教区，或者是亨利八世居住的地方"。这样的禁令或许会鼓励针对亨利八世的暗杀行动。除此之外，亨利八世与臣民不太可能关心教皇克莱门特七世会如何判决。然而，应该让人劝说教皇克莱门特七世废黜亨利八世，这可能会为玛丽公主即位和查理五世在英格兰拥有支配地位铺平道路。不过，绝不能由查理五世来执行教皇克莱门特七世对亨利八世的判决。詹姆斯五世或爱尔兰人如果敢"深入虎穴"，那就再好不过了。查理五世并不清楚自己该如何承担执行教皇克莱门特七世对亨利八世的判决的风险。

的确，查理五世不仅害怕亨利八世，还害怕正在图谋意大利的弗朗索瓦一世。有人建议，查理五世应采取各种应急策略，将弗朗索瓦一世的注意力转移到其他地方。查理五世如果选择攻打加来，那么应该会对自己有所帮助。查理五世谨慎地表示，"为了佛兰德斯的安全，与攻打英格兰相比，攻打加来是个更好的选择"。教皇克莱门特七世暗示，如果将米兰赠给弗朗索瓦一世，那么也许可以将他争取过来。也许可以吧，但查理五世宁愿放弃自己的姨母阿拉贡的凯瑟琳，也不愿看到米兰落入法兰西的手中。在这件事上，查理五世真正关心的不是姨母阿拉贡的凯瑟琳遭受的不公，而是玛丽公主继位的前景将被摧毁——这关系自己实实在在的政治利益。查理五世着急的，并不是让亨利八世受到贬责，而是要确立玛丽公主对英格兰王位的合法诉求。查理五世是一位优秀的政治家，当为他人洗雪冤屈与自我政治利益相冲突时，他的决策断然不会因他人的冤屈而受到影响。"虽然说我与阿拉贡的凯瑟琳王后是亲戚，"他说，

---

① 天主教教会中，教皇对神职人员、教徒、某一教区的一种处分。受处分期间，受罚者或受罚地区不得举行圣餐礼或领受圣餐。——译者注

"但这是个人私事，我必须考虑公众的意见。"一年后，正如查理五世承认的那样，公众的意见"迫使他不得不安抚亨利八世"。尤斯塔斯·查普斯请求查理五世将自己从英格兰召回，以免自己继续留在英格兰会让人相信查理五世已宽恕亨利八世与安妮·博林结婚一事。同时，尤斯塔斯·查普斯劝阿拉贡的凯瑟琳不要离开英格兰。查理五世拒绝了尤斯塔斯·查普斯的这一请求。查理五世认为，如果自己向弗朗索瓦一世流露出对亨利八世的任何敌意，那么这一信息会立刻被透露给亨利八世，弗朗索瓦一世就会和亨利八世联手对自己开战。查理五世决意避免战争，因为战争会造成佛兰德斯的毁灭——这是难以避免的，并且亨利八世和弗朗索瓦一世一直以来对神圣罗马帝国的路德教都很感兴趣，与英格兰王国和法兰西王国任何一方关系的破裂都很容易引发神圣罗马帝国的内乱。事实上，在法兰西王国的纵容下，1534年6月，黑森伯爵腓力一世

黑森伯爵腓力一世

巴巴罗萨·海雷丁帕夏

从哈布斯堡家族手中夺走了符腾堡。人们一直认为，弗朗索瓦一世与土耳其人有合作协议。在地中海，奥斯曼帝国的著名海盗巴巴罗萨·海雷丁帕夏引起了不小的恐慌。亨利八世则与吕贝克和汉堡等地建立了密切联系，并且在丹麦北部挑起了纠纷。丹麦有人提议让亨利八世做丹麦国王，但被他谨慎地拒绝了。

与查理五世相互之间强烈的嫉妒使弗朗索瓦一世不愿意忽略自己与亨利

八世的友谊。亨利八世小心翼翼地给法兰西驻英格兰大使夏尔·德·索列尔制造这样一种印象：当无计可施时，自己可以通过与阿拉贡的凯瑟琳重修旧好、恢复玛丽公主的王位继承权的方式与查理五世和平相处。亨利八世与查理五世1521年至1525年的联盟给弗朗索瓦一世留下了深刻的印象。这导致弗朗索瓦一世不愿冒险让旧事重演。十字军东征和骑士精神的时代已一去不复返，16世纪的商业竞争，以及国家间的竞争与如今一样激烈。接下来的情况和后世的情况如出一辙——相互间的猜忌使欧洲各君主不可能有效地联合起来对抗土耳

夏尔·德·索列尔

失去王位被囚禁的丹麦国王克里斯蒂安二世

其人。1522年，罗得岛落入土耳其人的手中；1523年，查理五世的大妹夫丹麦国王克里斯蒂安二世①被赶下丹麦王位；1526年，在莫哈奇战役中，查理五世的二妹夫匈牙利国王拉约什二世②阵亡。1534年，这些事件还未得到雪耻前，查理五世就被迫撤出科龙。欧洲各君主如果不能联合起来对抗土耳其这个共同的信仰之敌，那么有可能联合起来对抗一个虽然罪大恶极，但仍然很正统的基督教教徒——亨利八世吗？另外，如果欧洲各君主不联合行动，那么教皇

---

① 克里斯蒂安二世的妻子奥地利的伊莎贝拉是查理五世的大妹。——译者注
② 拉约什二世的妻子匈牙利的玛丽是查理五世的二妹。——译者注

克莱门特七世的宗教谴责、革除教籍、禁行圣事，以及所有宗教层面的繁文缛节就只能用来证明他的各种主张是多么的空洞，并且展示出欧洲人缺乏宗教热情。至少在西班牙，人们会认为只要查理五世代表阿拉贡的凯瑟琳发出召唤，那么所有人都会为她而战。尤斯塔斯·查普斯写道："亨利八世总是通过议会授权来加强王权。"尤斯塔斯·查普斯认为，查理五世如果能照着亨利八世的样子做，让阿拉贡和卡斯蒂尔的议会，"或者至少是那些显贵"为阿拉贡的凯瑟琳的离婚案提供人力和资金，那就太好了。这样的提议，如果在英格兰公布，"会有无数人愿意效力"。然而，查理五世无能得让人觉得可怜。为获得公众支持，查理五世"以私人名义免除了臣民提出的出人出资的帮助和承诺"。与以往一样，他这又是在故作姿态。对教皇克莱门特七世和查理五世来说，很不幸的是，亨利八世有个让他们倍感棘手的技能：他能一眼识破他人的伪装。

在英格兰，亨利八世的地位之所以强大，是因为他国内的对手不团结。英格兰人如果想废黜亨利八世，那么早就毫不费力地达到目的了。在估计外国入侵英格兰的可能性时，有人指出，亨利八世完全依赖于臣民：在伦敦，他只有一座城堡，即伦敦塔，以及一百名侍卫。事实上，如果民众团结一心，或者局部地区的反叛行动组织良好，深得民心，那么亨利八世是无力与之对抗的。在都铎王朝统治时期，民众的不满情绪贯穿始终，但都是局部性的。残余的旧贵族一直对都铎王朝的统治心怀怨恨，而土地领主的虐待让贫穷的下议院议员愤懑不平，但这些旧贵族与贫穷的下议院议员没有一致的行动基础。在英格兰，占主导地位的是商人，他们对亨利八世没有什么不满。不过，商人同样惧怕上议院和下层民众，因为上议院和下层民众均可从议会对教会世俗贵族和商人的掠夺中获益，并且他们的行为得到了许可。除了教会的教义，人们和教会再没有什么共鸣了。尤斯塔斯·查普斯承认，褫夺神职人员从租约中获利的法案是"为了取悦人民"而通过的。另一位保守派人士约翰·赫西爵士宣称，如果教会被褫夺了所有世俗财产，那么许多人会为此感到高兴，很少有人会感到惋惜。大众普遍同情阿拉贡的凯瑟琳，厌恶安妮·博林，但他们的想法和查理五世的想法一样，这只是个人情感，必须考虑公众的意见。英格兰人从来都不愿意推翻一个政府，除非他们看到另一个政府有取代现在这个政府的可能性。然而，取代亨利八世的唯一方案就是使国家处于无政府状态，更何况亨利八世的反对者无法与其领导者就反对政策达成一致。爱德华四世和乔治·金雀花的众多孙子孙女可能会对英格兰王位提出一些没有多少胜算的王位诉求。另外，还有其他一些王位候选人。这些人的数量虽然比较多，但对亨利八世构不成任何威胁。可以肯定的是，这些王位诉求者中的任何一个人稍稍靠近王位，都会把其余的人推向亨利八世这一边。尤斯塔斯·查普斯一度看好的詹姆斯五世知道，如果苏格兰人入侵英格兰，那么会使所有英格兰人团结起来反对他。查理五世的大使——尤斯塔斯·查普斯虽然对入侵英格兰一事充满热情，但很可能会遭到查理五世的斥责，因为查理五世认为自己的任何企图对他本人造成的伤害远比对亨利八世造成的伤害更严重。这种想法可能很明智。即便如此，正如尤斯塔斯·查普斯所说，亨利八世仍非常警觉地关注臣民的表情变化，想看看自己可以实行到哪一步，又必须在哪里停止。同时，他没有忽视自己和英格兰在和平与安全方面的预防措施。议会通过了加强海军的法案，不断测试改良的武器；在加来、苏格兰的边境区，以及其他地方，英格兰的军事防御工事得到了加强；威尔士如今循法守序。在弗朗索瓦一世的调解下，英格兰与苏格兰达成了令人满意的和平协议。

  在确信自己不会受到国内外的讨伐后，亨利八世继续完成征服英格兰的教会，以及与罗马教廷最终决裂的任务。教皇克莱门特七世刚把亨利八世逐出教会，就开始后悔，因为他比亨利八世更担心这样判决后可能产生的后果。得知教皇克莱门特七世将自己逐出教会的判决后，亨利八世火速将自己驻罗马的大使召了回来，并且起草了一份致教廷大公会议的申诉。教皇克莱门特七世因此很担心自己将永远失去英格兰。神圣罗马帝国的支持者安慰他说，毕竟英格兰只是个"无利可图的岛屿"。这种安慰让教皇克莱门特七世更加痛苦。虽然教皇克莱门特七世重新获得了西班牙与查理五世其他领地的敬拜，但这并不能与失去英格兰相提并论。或许这些领地的领导者会向教皇克莱门特七世做出保证，再也不会让罗马遭受洗劫了。教皇克莱门特七世把对亨利八世的判决推迟了一段时间。1534年11月，教皇克莱门特七世赴马赛与弗朗索瓦一世会面。在马赛停留期间，伦敦主教埃德蒙·邦纳向教皇克莱门特七世透露了亨利八世向教廷大公会议提出的申诉。对这种"轻率的"申诉，教皇克莱门特七世愤怒地予以拒绝了。弗朗索瓦一世认为，教皇克莱门特七世是自己请来的客人，这种当面藐视他的行为是对自己的侮辱，也是对自己调和教会与英格兰关系的努力的破坏。对斯蒂芬·加德纳，弗朗索瓦一世说："显然，你们把一切都毁了。我努力研究如何把教皇克莱门特七世争取过来，而你们努力研究如何失

埃德蒙·邦纳

去他。"弗朗索瓦一世宣称,早知道埃德蒙·邦纳会有这种举动,那么自己是不会让他这么做的。然而,亨利八世并不希望把教皇克莱门特七世争取过来。他告诉法兰西驻英格兰大使路易·德·佩罗,自己决心脱离罗马教廷。亨利八世"不会因脱离罗马教廷而有半点不虔诚,而是更加虔诚,因为他希望耶稣在任何地方、任何事情中都得到承认。只有耶稣才是基督教教徒的恩主。他要让人宣扬耶稣的圣言,而不是教皇的教规和律令"。

英格兰议会原定于1534年1月召集会议以实现与罗马教廷决裂这一目的。1533年秋,首次有迹象表明,托马斯·克伦威尔想让议会中全是自己安排的议员,所以他起草了一份备忘录,列出因去世或其他原因而空缺的议员席位。大多数新议员似乎是自由选举产生的,但有四个空缺席位是"根据国王的旨意"填补的。亨利八世对修道院院长选举的干预更加广泛、明确。1533年,许多修道院院长的职位出现空缺。在选举新院长时,每次都有专员来确保亨利八世提名的人能够当选。在其他许多情况下,专员劝诱修道院院长辞职,以便让新的院长就职。我们不清楚亨利八世这样做的主要目的是不是要让修道院院长这类神职代表占据所有上议院议席,因为这些修道院院长在上议院中只占据几个席位,并且他们没有议会和主教大会中的主教那么爱制造麻烦。在主教大会中,修道院院长的人数远远超过了主教人数。因此,与主教投票占多数的上议院相比,主教大会要顺从得多。更有可能的是,亨利八世此举的最终目的是通过逼迫修道院就范的方式解散修道院。现在,人们认为托马斯·克伦威尔"主宰着一切"。托马斯·克伦威尔自诩要让亨利八世成为基督教国家中最富有的君主。奥斯曼帝国苏丹苏莱曼一世对臣民拥有绝对权力,而托马斯·克伦威尔称赞他是其他国家君主的典范。从这种称赞中,我们大致可以猜出托马斯·克伦威尔会采用什么样的手段来实现自己的愿望。然而,1533年,议会的形势对亨利八世十分有利,并且议会的主教代表很支持亨利八世。自托马斯·沃尔西垮台以来,亨利八世便有机会来填补约克、温切斯特、伦敦、达勒姆和坎特伯雷的主教职位空缺。1533年,共出现五个主教职位空缺,其中,班戈、伊利、考文垂和利奇菲尔德三个教区是因上一任主教过世而产生的职位空缺，而索尔兹伯里、伍斯特教区出现职位空缺是由于议会通过1529年的《限制神职人员兼领圣俸与不居教区法案》褫夺了意大利籍又不在英格兰居住的洛伦佐·坎佩焦和吉罗拉莫·吉努奇的教区后产生的。其他主教中，巴斯和韦尔斯主教约翰·克拉克、林肯主教约翰·朗兰在亨利八世的离婚案中一直表现得很活跃。据说，1523年，约翰·朗兰首次建议亨利八世离婚。诺里奇主教理查德·尼克和奇切斯特主教罗伯特·舍伯恩都已经八十多岁了。兰达夫主教乔治·德·阿瑟奎是阿拉贡的凯瑟琳的忏悔神父。他是西班牙人，一句英语也不会说。在王座法庭的法官中，除了罗切斯特郡主教约翰·费舍尔，再没有人愿意或有勇气为教会自由做任何有效表态。

在1533年的宗教改革议会开会前，弗朗索瓦一世派遣让·杜·贝莱前往伦敦为维护英格兰王国与罗马教廷的和平做最后努力。让·杜·贝莱并不能从亨利八世那得到任何有价值的让步。亨利八世承诺的一切就是，如果教皇克莱门特七世能在1533年复活节前宣布他与阿拉贡的凯瑟琳的婚姻无效，与安妮·博林的婚姻有效，那么他就不会在英格兰废除教皇克莱门特七世的教皇权威，尽管在英格兰教皇权威已所剩不多。亨利八世大概也不指望教皇克莱门特七世会接受自己的条件。早在让·杜·贝莱于1534年1月到达罗马前，宗教改革议会就在讨论旨在向神职人员分发最终遣散费的议案。主教大会和议会两院的反对派都十分软弱。尤斯塔斯·查普斯悲观地预言，由上议院通过废除教皇权威、安排主教选举的主要议案，以及事关神职人员最终遣散费的议案的通过不会存在任何困难。1532年被上议院否决的第二版《禁止向罗马教廷上诉法》草案最终于1533年4月获得通过。该法案体现了1532年主教大会所做的让步：没有亨利八世的批准，主教大会既不能开会也无权立法——亨利八世可能会任命一个王室委员会来改革教会法；一切向罗马教廷提出的上诉必须经过坎特伯雷的总主教法庭；修道院和其他宗教机构不再受主教管辖，而是立即归于大法官法庭管辖。1534年3月9日通过的第二部《首岁教捐法案》更准确地定义了选举主教的新方法：如果全体神职人员未能在十二天内为王室推选出主教提名人，那么亨利八世可通过授权书的形式自行任命。第三部法案，即1534年3月12日通过的《废除彼得便士与教皇赦免权法案》。该法案规定：禁止向罗马教廷缴纳一便士税和其他强行摊派；一切赦免权与特许权移交给坎特伯雷总主教。该法案同时宣布，无论是亨利八世还是英格兰均无意更改天主教的教规。

《1534年叛国罪法案》规定，指控异端邪说必须有两名世俗人员目击者作证，并且只能由世俗权威人士对该罪行提出起诉。与亨利八世的其他反教权立法一样，《1534年叛国罪法案》建立在民众意愿的基础上。1534年3月5日，在议长汉弗莱·温菲尔德爵士的带领下，下议院全体议员在约克坊觐见亨利八世，

汉弗莱·温菲尔德爵士

并且他们花了三个小时细数教会司法对议会的压迫。最后，亨利八世同意，由八名世俗贵族、八名下议院代表和十六名主教"共同讨论此事，最后交由他裁决"。亨利八世的这一旨意正是对1529年叛国罪草案内容的重复，它非常准确地反映了亨利八世的统治策略，以及宗教改革议会期间的政教关系。

1534年3月30日，宗教改革议会结束。其通过的最后一部法案——《1534年王位继承法案》是一项非常重要的宪法创新。从理论上来说，自古以来，王位的继承方法先由选举决定，再由继承权决定。实际上，王位的继承往往由野蛮的战争决定。因为王位继承权是模糊的、有争议的。对如果亨利八世驾崩，那么谁才是最合适的继位者这一问题，众人争论不休，莫衷一是。模糊的王位继承权应被明确的法律代替，因为法律是无可争辩的。不过，与王位继承权不同的是，法律很容易被改变。王位的继承不再受不可更改的原则的约束，而是由《议会法案》中民众或王室的意愿来管理。1534年3月23日，这部内容颇丰的《1534年王位继承法案》的第一批系列法规已获得通过。安妮·博林为亨利八世所生子嗣由此拥有了王位继承权。《1534年王位继承法案》又增加了一些条款，宣布以文字、印刷品或其他行为质疑亨利八世与安妮·博林婚姻者犯有叛国罪，以言语质疑该婚姻者犯有蔑视法庭罪。最初政府建议将这两类罪行都归为叛国罪，后来下议院对这一提议做了修改。

1534年3月23日，在宗教改革议会结束的前一个星期，也就是亨利八世的离婚案进行了七年后，教皇克莱门特七世在罗马判决阿拉贡的凯瑟琳与亨利八世的婚姻有效。在英格兰，这一判决没有激起任何涟漪。尤斯塔斯·查普斯写道，对教皇克莱门特七世的这一判决，亨利八世并不在意，仍然一如既往地饮酒作乐。与此同时，在罗马街头，神圣罗马帝国的暴徒成群结队地游行，他们高呼"神圣罗马帝国与西班牙王国"，并且鸣枪庆祝阿拉贡的凯瑟琳在离婚诉讼中胜诉。1534年3月24日，查理五世驻罗马的代表哈恩枢机主教埃斯特万·加布里埃尔·梅里诺写信给他说，关于亨利八世的离婚判决仅能捍卫查理五世的荣誉，证明阿拉贡的凯瑟琳拒绝离婚的理由是正当的。除此之外，它并没有给神圣罗马帝国带来什么好处。与此同时，埃斯特万·加布里埃尔·梅里诺祝贺查理五世不必亲自执行阿拉贡的凯瑟琳与亨利八世的离婚诉讼判决。1534年2月14日，普雷德罗·奥尔蒂斯写信给查理五世称，佛兰芒人撕掉了教堂门上张贴着的教皇克莱门特七世对亨利八世的宗教谴责。查理五世一如既往地相信与亨利八世保持友好很有必要。他向教皇克莱门特七世提议，应从罗马派一个人来与尤斯塔斯·查普斯会合，"努力让亨利八世改正错误"。对此，教皇克莱门特七世只能回答说："我认为，两位使者并不会对亨利八世产生任何影响。不过，让他们劝说一番也无妨。劝说他是对他的恭维！"教皇克莱门特七世和查理五世都不可进攻英格兰这一事实或许会对亨利八世有所影响，但恭维影响不了他，他还没有落魄到要向教皇克莱门特七世低头的地步。1534年9月25日，教皇克莱门特七世去世。罗马民众闯入他的卧室，并且拿刀在他的尸体上乱砍一通，然后要拖着他的尸体去大街上示众。其他人费了好大劲才制止了这些人的行为。这就是圣城罗马对教皇的致敬。在更远的地方，人们对教皇克莱门特七世关于亨利八世离婚案的判决也没有表现出任何尊重。

现在，亨利八世的政治教化已完成。从1529年至1534年发生的各种事件向亨利八世证明，他一开始的断言就是对的，即教皇可以在罗马为所欲为，他自己也可以在英格兰为所欲为，只要他能避免激起大多数世俗臣民积极与他敌对的情绪即可。英格兰的教会用实际行动向亨利八世表明了自己的软弱；教皇克莱门特七世向亨利八世证明了自己的宗教武器的无力；查理五世承认了自己既没有能力也不愿意干预英格兰的事务。这一切使亨利八世意识到了自己的权力是多么强大，他的性格因此受到了严重影响。一旦知道自己的愿望不会遭到有效反对后，人或者政府就会变得大意或独断专横。不过，至少亨利八世从没有大意过。亨利八世警惕地睁大双眼，竖直耳朵，随时捕捉即将到来的暴风雨那微弱、低沉的轰鸣声；为抓住外交博弈中的每个转折点，他总是处于警觉状态；他做事总是很有效率，并且确保大臣在做事时也是如此。不过，他现在非常独断专横，因为他知道自己可以这么做，这成了他为所欲为的理由。

在实行专制的过程中，亨利八世逐渐丧失了道德底线。与此同时，英格兰人的处境日益恶化。亨利八世走向专制的过程可能与托马斯·克伦威尔的得势有关。托马斯·克伦威尔将奥斯曼帝国苏丹苏莱曼一世视为基督教国家君主的典范。1534年5月，托马斯·克伦威尔成为亨利八世的首席大臣。同时，英格兰王国与苏格兰王国缔结了最终的和平协议。这使亨利八世更加安全，他开始用议会交给他的武器来加强自己的权威。1534年4月20日，根据《议会法案》，伊丽莎白·巴顿及同伙——托钵修会修士休·里奇和理查德·里斯比、本笃会修士约翰·迪林和爱德华·博金，还有神父亨利·戈尔德均被定为叛国罪，被送上了断头台。议会任命并派遣一批专员前往英格兰各地。他们强制民众宣誓承认《1534年王位继承法案》。如果民众普遍拒绝宣誓，那么亨利八世的王位继承计划就会因此而告终。然而，民众普遍同意尊重《1534年王位继承法案》，这就给了亨利八世随意处理例外情况的权力。1534年4月，约翰·费舍尔和托马斯·莫尔因此被关入伦敦塔。他们愿意宣誓承认《1534年王位继承法案》，认为这是自己分内之事，但拒绝按照专员的要求宣誓，声称该要求否定了教皇的权威，这没有法律依据。1534年6月，紧随约翰·费舍尔和托马斯·莫尔之后，整整两车的托钵修会修士被关入伦敦塔。1491年，在格林尼治遵规修士会的一座教堂里，亨利八世接受洗礼；1509年，在这座教堂里，他与阿拉贡的凯瑟琳举行婚礼；早年，亨利八世还曾写信给遵规修士会的修士，表达自己对该修士会的热情赞美。可到了1534年8月，遵规修士会也遭到了镇压。

1534年11月，议会强化了《1534年王位继承法案》，对誓词斟字酌句，并且规定如果一份"拒绝宣誓证明书"上有两名专员签字，那么该证明书与由十二名陪审员一致通过的起诉书具有同等的法律效力。其他法案授权亨利八世通过王室公告废除某些进出口管制法令。教皇克莱门特七世已被褫夺的初年圣俸，即宗教改革前的首岁教捐，以及什一税现在都缴纳给亨利八世，作为对教会最高领袖的宗教捐赠。"教会最高领袖"这一头衔是1531年由坎特伯雷和约克的主教大会授予亨利八世的，并且得到了《议会法案》的确认。目的是使亨利

伊丽莎白·巴顿因预言亨利八世死亡而受到审判,后被处死

八世以教会最高领袖的身份实现"基督的宗教美德在英格兰的增长,压制并根除此时存在于英格兰的所有宗教谬误、异端邪说、其他的弥天罪过,以及教权滥用问题"。身为"信仰的捍卫者",亨利八世拥有的授权应该不止一项。他应该是至高无上的;他捍卫的不是别人的信仰,而是自己的信仰;原来的"在神圣法允许的范围内"这一限制亨利八世宗教事务权限的条款被删除了。亨利八世的正统地位必须不容置疑,或者至少不能在英格兰遭到公开指摘。鉴于此,议会颁布了新的叛国罪罪名。任何人如果胆敢称亨利八世为异端、裂教者、暴君、不信者或僭越者,都将受到法律所能实施的最严厉的惩罚。议会还通过了一项法案,规定设立一些副主教职位,以此表达王室与议会对提高宗教美德的诚挚愿望。

如今,亨利八世成了英格兰的教皇,拥有任何教皇不曾有过的权力。对这场宗教改革,人们的看法不尽相同。有人认为,它是把英格兰的教会从早已不堪忍受的罗马教廷桎梏中解脱出来的一场宗教解放运动;有人认为,它给英格兰的教会套上了"国家至上"的思想枷锁,并且英格兰的教会此后必须长期忍受这种枷锁;还有人认为,这场宗教改革是对亨利八世一直以来就享有的至尊地位的主张,所以相对来说并不重要。有人说,改革前后的英格兰的教会是同一个教会,要说有什么区别,那就是改革前它是新教会,改革后它是天主教会。它自然是同一个教会。一个人的生前及死后可以视为同一个人,甚至在《圣经》中扫罗和保罗是同一个人[①]。验明正身是验尸陪审团的事,但验尸陪审团并没有忽视生者与死者的重要区别。在亨利八世立法前后,英格兰的教会发生了非常多的细小变化。然而,严格来说,亨利八世解放了或者是奴役了英格兰的教会的这种说法似乎并不准确。相反,他是用一种形式的专制取代了另一种形式的专制,即用本国君主的单一控制取代了罗马教皇与本国君主的二元控制。福音派改革者乔治·康斯坦丁抱怨说,这种改变只不过是权力的转移而已。15

---

① 使徒保罗,即圣保罗,出生于意大利罗马,是使徒时代一位重要的基督徒。使徒保罗是犹太人,"扫罗"是他的希伯来语名字。——译者注

世纪末以前，教会内部的民主运动已经消亡。国家和市政中的民主运动也是如此。1533年，几个天主教教徒抱怨，改革后的英格兰国教会让人一点都不快乐，因为以前的主教通常都是由圣灵和教会的全体神职人员选出来的。

在英格兰，教会以前一直由国王和教皇进行合作管理，教会的神职人员并没有太大的影响力。亨利八世并不是第一个褫夺这些神职人员在英格兰的教会中的影响力的人。不过，他也没有恢复他们的影响力。亨利八世所做的就是驱逐自己的外国合伙人——教皇，然后独占利润，并且将自己的那部分业务交到了一位代理人手中。初年圣俸和什一税虽然被人称为过度的负担，但并未被废除，只是从教皇手中转移到亨利八世的手中。主教完全由亨利八世提名，而不再是由亨利八世和教皇联合提名。虽然英格兰从罗马教廷手中夺回了教会诉讼中的最高上诉司法管辖权，但英格兰并没有将该司法管辖权交给英格兰国教会。事实上，英格兰国教会从未拥有最高上诉司法管辖权。在英格兰，宗教诉讼的终审法庭是大法官法庭，而不是总主教法庭。过去，教会的权力由国王和教皇平分，如今，全由国王一人把持。因此，在如今的教会中，国王的地位远超从前的国王或教皇。

这一变化类似于共和时代罗马的管理者从两位共同执政官变成一位独裁者。在英格兰和共和时代的罗马，独裁都是在特殊条件下形成的。与其他地方的教会一样，英格兰的教会一直要求改革但又无力自我改革。实际上，宗教改革前英格兰的教会接受的二元控制是一种无政府状态——二元控制经常都是如此。宗教改革前英格兰的教会的状况与法兰西大革命前法兰西教会的状况相差无几：在纯粹的宗教问题上，教皇是至高无上的权威。正因为如此，15世纪的大公议会运动以失败告终。现在的教皇和18世纪的法兰西君主一样，把所有权力集中在自己手中，并且导致的统治结果也一样，都是集专制与混乱于一体的局面。教皇和各国君主无法承受自身权力的重担，他们无法实行改革，即使想改革也有心无力。1500年至1530年，几乎所有肇始于欧洲的计划——无论是和平计划还是战争计划，其终极目标都是要求改革教会。不过，如果不是因为罗马教廷在宗教改革运动中失去了半壁江山后进行了改革，那么它现在还是改革前的老样子。

在英格兰，从罗马教皇与本国君主的二元控制转变为本国君主的单一控制后，国家迅速对教会实施有效控制，从而使英格兰的教会改革成为可能。不过，本国君主的单一控制是通过君主被赋予教会最高领袖的特殊权力这种形式，从外部强加给教会的，所以这场宗教改革在现代社会备受指责。现代社会对这场宗教改革的反对与其说是反对它所做的事，不如说是反对这些事得以实现的方式，或者说是反对教会是在国家强权下进行改革的。另外，英格兰的教会并没有从罗马教廷的束缚中解脱出来。接着，它又要进行自我拯救。不过，在亨利八世统治时期，很少有人会想到先让英格兰的教会彻底摆脱罗马教廷的束缚，然后再进行自我拯救的解决方案。亨利八世最优秀的反对者和最糟糕的反对者的反对理由是，亨利八世要把英格兰的教会从天主教会这个普世教会中分离出去。这些反对者更多的是反对亨利八世在宗教改革中所做的事，而不是做这些事的方式——如果这场宗教改革是由坎特伯雷和约克的主教大会实施的，那么托马斯·莫尔也会非常努力地与之抗争。从另一个角度来说，当时，没有人想到要借神职人员之手进行宗教改革。亨利八世和托马斯·克伦威尔继承和发扬了神圣罗马帝国皇帝腓特烈二世与首席法官彼得罗·德拉·维尼亚、法兰西国王腓力四世与法律顾问皮埃尔·迪布瓦、神圣罗马帝国皇帝路易四世与御用神学家帕多瓦的马西略等的传统。这些人主张世俗权力高于宗教权力的至高无上的地位，并且断言神职人员没有司法管辖权，他们只是以守门人的身份持有天堂大门的钥匙。这是民族国家对抗天主教会这个普世教会的问题。民族教会的概念是后来才发展起来的，它是宗教改革的结果，而不是原因。

亨利八世的独裁统治是世俗性质的。他在英格兰的教会中至高无上的地位是通过王权强求而来的，而不是议会主动赋予的。由此，亨利八世，而不是议会，便拥有同时管理本国世俗事务和宗教事务的双重权力。一方面，亨利八世

神圣罗马帝国皇帝腓特烈二世　　　　　　　　神圣罗马帝国皇帝路易四世

法兰西国王腓力四世　　　　　　　　帕多瓦的马西略

是国家元首；另一方面，他是教会领袖。议会和主教大会相互协调，都服从于亨利八世的统治。都铎王朝的君主，尤其是伊丽莎白一世，极力拒绝让议会分享自己的教会权力。作为一种对教会实行真正有效控制的手段，君主在教会中至高无上地位只能由其一人独享，并且该手段与都铎王朝一同消亡。随着君主权威的下降，君主的世俗权力被议会攫取，而他的教会权力则由议会和主教大会共同分享。议会和主教大会都无法证明唯独自己才有权继承原属于君主的教会权力，而它们对教会控制权的二元诉求导致了一种令人束手无策的局面。在某些方面，这种局面与亨利八世使用暴力方法将英格兰的教会从二元控制中拯救出来的情形十分相似。

第 13 章

亨利八世的统治危机

亨利八世"教会最高领袖"的头衔是1535年1月15日以授权书的形式纳入王室称谓的。1535年，英格兰的主要活动就是迫使所有人承认这一头衔。1535年4月，查特豪斯修道院院长约翰·霍顿、赛恩修道院一个叫理查德·雷诺兹的修士，以及艾尔沃思教区的神父约翰·黑尔成为此事的第一批受害者。不

处决约翰·霍顿

过，议会提供的法律机制几乎不足以惩处亨利八世两位最卓越的对手——约翰·费舍尔和托马斯·莫尔。按照《议会法案》的条款，1534年秋，约翰·费舍尔和托马斯·莫尔曾被定为叛国罪，但这一惩处最多不过是终身监禁和没收个人家产。只有证明约翰·费舍尔和托马斯·莫尔曾满怀恶意，企图褫夺亨利八世"教会最高领袖"的头衔，才能杀死他们。不过，他们目前被关在伦敦塔，要实现这一目的很难。如果不是因为教皇克莱门特七世的继任者教皇保罗三世的

教皇保罗三世

轻率，那么约翰·费舍尔和托马斯·莫尔可能根本不会受到进一步的迫害。教皇保罗三世对亨利八世无计可施，于是就尽力去激怒他。1535年5月20日，教皇保罗三世任命约翰·费舍尔为枢机主教。后来，教皇保罗三世解释说，他并不想伤害谁，但伤害已造成，并且牵连了约翰·费舍尔的朋友兼盟友托马斯·莫尔。亨利八世宣布将把约翰·费舍尔的人头送到罗马去戴那顶枢机主教的帽子，并且立即派专员到伦敦塔去通知约翰·费舍尔和托马斯·莫尔——除非他们承认亨利八世在英格兰的教会中的至尊地位，否则将被当作叛徒处死。对此，约翰·费舍尔明确表示拒不承认，而托马斯·莫尔则拒绝回答。然而，在与副检察长理查德·里奇的一次谈话中，托马斯·莫尔中了圈套，承认英格兰人不会接受其他国家都不赞成的教会最高领袖。约翰·费舍尔和托马斯·莫尔受到了法律的裁决。事实上，约翰·费舍尔确实犯了叛国罪，因为他曾多次敦促尤斯塔斯·查普斯，让他力谏查理五世入侵英格兰。英格兰政府可能并不知道有这么一件事。然而，审讯约翰·费舍尔和托马斯·莫尔的陪审团自认为已收集到足够的证据。1535年6月22日，约翰·费舍尔被处死；1535年7月6日，托马斯·莫尔被处死。无论法律的裁决是否公正，约翰·费舍尔与托马斯·莫尔都是死于一场无休止的宗教争执。我们应该把良心的界限放在哪里？又应该把国家意志的界限放在哪里？良心是只有国王才能安然享受的奢侈品吗？约翰·费舍尔和托马斯·莫尔都不愿昧着良心接受《议会法案》，也都不相信良心才是正义的最高法庭。托马斯·莫尔承认，在世俗问题上，自己的良心受英格兰法律的约束；在宗教事务上，所有人的良心都受基督教教义的约束。基于该原因，当被判处火刑的异教徒恳求宽恕时，约翰·费舍尔和托马斯·莫尔都拒绝了。事实上，在良心与宗教的争论中究竟谁胜谁败，并不是人类能断言的。如果让良心成为评判世间一切的最高标准，那么所有世俗统治将成为权宜之计，而我们必须在这权宜之计导致的无政府状态中，等待耶稣降临并在人世间建立和平与公正的国度。不过，如果我们舍弃了良心，那么人就会堕落为低等生物。人类社会只能建立在妥协的基础上，而妥协本身就涉及良心问题。约翰·费舍尔和托

约翰·费舍尔被押赴刑场处死

托马斯·莫尔临行前与女儿告别

马斯·莫尔以死来抗议他们在生活中践行的一项原则——与安提戈涅①在几千年前所做的事情一样，他们和他们迫害的异教徒都宣称不会遵守自己认为并非上帝制定的法律。

在欧洲，有成千上万的人虽然正在为自己的信仰献出生命，但仍然对约翰·费舍尔和托马斯·莫尔的死讯感到惊恐不已，不是因为这两人案件的实质性问题，而是因为他们是宗教界声望极高的人物。在英格兰历史上，枢机主教是第一次，也是最后一次被处死。教皇保罗三世努力发挥自己世俗权力的影响。作为世界上所有君主的最高领袖，教皇保罗三世下令开除亨利八世的教籍，还派遣信使到各个国家的法院去寻求合作，以执行自己的判决。不过，教皇英诺森三世时代教廷对信徒的宗教惩罚手段到了保罗三世时代，已经不合时宜，起不到什么作用了。弗朗索瓦一世谴责教皇保罗三世的主张是对君主尊严最肆无忌惮的攻击；由于查理五世正忙于征服突尼斯，因此，亨利八世可以高调回应各方对他的抱怨和抗议，并且继续不受干扰地强行推进自己王权至上的工作。1535年秋，亨利八世的主要活动就是巡视修道院、牛津大学和剑桥大学，并且推翻经院学派学者托马斯·阿奎那、邓斯·司各脱和其他人几百年以来的宗教权威地位。亨利八世努力以新的研究替换民法类的研究，以使其符合自己的旨意要求，以及王室权威的观点。

亨利八世越大胆反抗命运，就越受到幸运女神的垂青。1534年，尤斯塔斯·查普斯写道："除了对臣民的信任，亨利八世还希望阿拉贡的凯瑟琳尽快死去。"1536年1月7日，郁郁寡欢的阿拉贡的凯瑟琳去世了。她曾坚决拒绝以任何方式承认自己与亨利八世的婚姻无效，也曾从教皇克莱门特七世判她在离婚诉讼中胜诉获得些许安慰，但教皇克莱门特七世的这种判决并不是为了减少阿拉贡的凯瑟琳受到的粗暴对待。尽管阿拉贡的凯瑟琳是无辜的，但因为她，英格兰出现了异端邪说，以及针对教会的暴行。一想到这，阿拉贡的凯

---

① 安提戈涅，希腊神话中俄狄浦斯的女儿。她不顾底比斯国王克瑞翁的禁令，安葬了反叛底比斯的兄长波吕尼刻斯，因此，被克瑞翁处死。——译者注

阿拉贡的凯瑟琳去世

瑟琳虔诚的灵魂便深感不安。临终前几天，尤斯塔斯·查普斯的到访，令阿拉贡的凯瑟琳有一丝欢欣。尤斯塔斯·查普斯于1536年1月1日到达金博尔顿城堡，并且一直逗留到1536年1月5日。当时，阿拉贡的凯瑟琳看起来似乎恢复得很好，但三天后她就去世了。1536年1月29日，阿拉贡的凯瑟琳被以威尔士太妃的身份安葬在彼得伯勒的本笃会修道院。阿拉贡的凯瑟琳的医生告诉尤斯塔斯·查普斯，他怀疑阿拉贡的凯瑟琳是中毒而亡的。不过，根据现代医学判断，阿拉贡的凯瑟琳有可能死于心脏病。怀疑阿拉贡的凯瑟琳因中毒而亡是一件很正常的事，因为她的死使亨利八世不再焦灼不安。"赞美上帝！"亨利八世喊道，"我们不用担心会爆发战争了。"1536年1月30日，亨利八世出席了一场舞会。他穿着一身黄色的衣服，以表达自己内心的喜悦。亨利八世是一位国王，但不是一位绅士。就连斯蒂芬·加德纳也写道，通过阿拉贡的凯瑟琳的死，上帝在她和亨利八世的离婚诉讼中做出了判决。

  一个星期后，宗教改革议会召开了第七次也是最后一次会议。会议从1536年2月4日一直持续到1536年4月14日。在这十个星期里，至少有六十二项法案得以成功通过。其中，有些法案是地方性的，有些法案关乎个人，剩下的法案包含了不少对公众非常重要的内容。亨利八世的《用益法》最终获得通过。这一事实或许可以表明亨利八世的手腕和成功给议员留下了十分深刻的印象，因此，与之前的议员相比，本届议员更愿意默许亨利八世的各种要求。不过，如果英国公共档案局留存的草案是政府的建议，而通过的法案是上议院或下议院根据政府的建议修改的，那么议会肯定在某种程度上坚持将自己的意见写入了法案，因为留存的草案与最终通过的法案有很大不同。如果说这些通过的法案有什么非同寻常的地方，那就是其对神职人员做出了很多让步，并且很受他们的欢迎。在上缴了1535年的首岁教捐后，神职人员得到了不用上缴什一税的特许。取消教会法后，英格兰人还要向王室缴纳什一税，这让他们心生疑虑，但这是《议会法案》规定的。《1536年流浪汉及乞丐惩处法案》试图解决穷人问题；而《1535年叛国罪法案》就算不是为了遏制圈地运动，至少也是为了让亨利八世在该法案的实施过程中获得一些收益。《1535年叛国罪法案》还规定，伪造国王的签名、御玺属叛国重罪。亨利八世曾被主教大会授权，如今又被宗教改革议会授权指派一个委员会来改革教会法。不过，1535年议会通过的主要法案是《解散小型修道院法案》，以及成立一个增收法庭，以便处理亨利八世因解散小型修道院而增加的收入。

  通往解散小型修道院这场革命的道路是1535年秋冬季节就精心铺好的。凭借自己新的、有效的教会最高领袖地位，亨利八世下令对英格兰大部分地区的修道院展开一场大视察，并且将视察员的报告作为宗教改革议会的行动基础。从表面上即可看出，这些视察报告体现了一种无与伦比的人性堕落。不过，这些报告的可信度有多高，仍存在争议。担任视察员的都是一些不可靠的人。事实上，很难说服体面人士来做这项视察工作。视察员的手段很严苛，其使命主要是为亨利八世解散修道院找借口。视察员可能会利用手中大权，尽一切手段诱使修士、修女证明自己有罪。这可能会给人造成一种完全错误的印象，认为修士、修女统统有罪。因为大多数案件只会提到犯罪者，而清白的人往往被悄无声息地释放了。有多少人有罪、多少人无罪并没有被记录下来。视察报告中使用的一些术语也存在争议：在许多情况下，一个修女不贞洁的污名可能仅仅指她在皈依天主教之前不贞洁，但众所周知，修道院因此被认为是行为不检点而声名狼藉的女子的正确归宿。

另外，关于修士道德堕落的说法并不完全依据视察员的报告。约翰·斯凯尔顿的讽刺作品、当时的民谣，以及其他大众观点或偏见对修士道德堕落现象均有指涉。此外，自亨利八世统治以来，当时的主教还有其他完全可靠的证人在通信中多次提到有必要彻底改革修士道德堕落的现象。例如，1516年，伊利主教尼古拉·韦斯特视察了伊利教区的修道院，发现该修道院的管理十分混乱。因此他宣称，幸好自己去视察了，否则该修道院早就被解散了。1518年，在罗马，吉罗拉莫·吉努奇写信称，英格兰修道院必须进行改革。1521年，亨利八世对教会改革的狂热达到了顶峰。他感谢索尔兹伯里主教尼古拉·沙克斯顿因布罗姆霍尔修女院的"滔天罪恶"而将其解散。托马斯·沃尔西认为对修道院的改革已完成，然后开始解散修道院。他的目的是增加大教堂的数量，并且将教堂的其他收益捐给教育事业。1532年，升任枢机主教的威廉·佩托修士大胆谴责亨利八世的离婚案。后来，他因惧怕亨利八世动怒而逃往国外。威廉·佩托修士没有任何动机要违背自己的良心说话。他承认各修道院存在严重的滥用职权问题，并且认为如果解散修道院得到的捐赠用于正当目的，那么他非常赞同解散修道院。此类例子无须一一列举，因为由教皇保罗三世任命的一个枢机主教委员会于1537年汇报称，英格兰的修道院时常发生丑闻。尽管视察员的报告不完全属实，但不可能都是假的。他们的指控非常精确，报告详细说明了犯罪者的姓名与犯罪性质。视察员通过赞扬少数人，谴责多数人，表现得好像他们所说的都是真的。整顿修道院的道德被默认为等同于解散修道院。亨利八世很关注教会风气，尤其是教会的道德风貌。如果否认这一点，那么对亨利八世来说很不公平。不过，如果要相信解散修道院并非视察的真正目的，而仅仅是视察员的报告迫使亨利八世这么做的，那么就需要对亨利八世的"无私精神"有着坚定的信念。抨击修道院的道德问题是个很好的借口，修道院因此纷纷关闭。不过，与其说这是因为修道院道德堕落，不如说是因为修道院地位低下。毫无疑问，道德堕落问题导致了修道院被解散这一结果，但修道院被解散还存在其他原因。修道院早就意识到，即使其把所有财产用于正当的事业，但在中产阶层的世俗人员看来，这证明不了其拥有这些财产是合理的。这些世俗人员还认为，至少好几十年以来，修道院一直与贪欲为伍。神职人员拿出自己的部分收入，以年金和贿赂的形式拉拢、腐蚀朝臣，希望能因此保留自己的剩余收入。神职人员把自己的财产交给世俗人员进行管理成了一种惯例，其结果可能就是，修道院因为不断购买土地等原因很快就欠下了周边士绅高额的债务。这让修道院的世俗债主除了大规模地夺取修道院的地产，看不到任何讨回债款的希望。在亨利八世在全国推行褫夺修道院地产这种做法前，私人褫夺修道院地产的现象已多有发生。修道院拥有的特权给自己带来了毁灭。由于不受英格兰国教会的管辖，只听命于教皇，修道院因此得不到英格兰国教会相应的帮助。一旦教皇对英格兰的管辖权被废除，修道院就失去了依靠。当时，各国修道院的情况都是如此。亨利八世统治时期的英格兰修道院没有中世纪时期英格兰的教会具有的民族特性。当修道院真正被纳入英格兰宗教体系时，它们在英格兰国教会找不到容身之地。

　　修道院被解散可能与托马斯·克伦威尔夸口要让亨利八世成为基督教国家中最富有的君主有关，但实际效果并非如此，因为亨利八世被迫将大部分战利品分赐给了贵族和士绅。亨利·布林克洛是个激进的改革者。他建议将修道院的土地用于教育。如果亨利·布林克洛的方案当时真的被采纳了，那么英格兰获得的教育捐赠将超过世界上任何国家，英格兰也可能会在17世纪就成为

修道院的解散

民主国家。从这个角度来看，亨利八世毁了英格兰一次重要的发展机会。但从另一个角度来看，亨利八世将英格兰从一次十分严重的危险中拯救了出来。如果当时亨利八世将修道院的财富保留下来，那么斯图亚特王朝也许就不用再依赖议会了。不过，对亨利八世来说，他是不会主动帮助斯图亚特家族脱困的。实际上，亨利八世用解散修道院获得的财产贿赂了世俗人员，并且很可能他是有意这样做的，目的是让世俗人员默然接受由他引起的巨变，等他驾崩后，他的后继者如果想进行某种改革，或者无法阻止某种改革时，那么就必须使用比亨利八世的铁腕更加持久的东西来支撑他建造的体系架构。于是，亨利八世开始在教会财富中寻找这种支撑。从宗教改革议会一开始，解散修道院的设想就摆在新贵族、议员、治安法官，以及渴望拥有土地并跻身士绅阶层的富商面前。尤斯塔斯·查普斯反复提到一个将教会土地分给世俗人员的计划，这是

1536年议会的一个拟订方案。不过，世俗人员的时机还没有到来，他们只有把该干的活干完后才能得到回报。修道院的解散与这些占主导地位的阶层的世俗原则搭配得天衣无缝。在忙碌的工业时代，人们并不喜欢远离尘世去寻找一种无法用金钱来衡量的修道理想。

阿拉贡的凯瑟琳与安妮·博林的命运紧紧纠缠在一起，直至死亡将她们分开。阿拉贡的凯瑟琳临终前几年的故事虽然充满悲情色彩，但与安妮·博林被毁灭的丑恶惨剧相比，并不算什么。在一封信中，安妮·博林谈到玛丽公主时，这样写道："我如果有个儿子——我希望不久后就会有，那么玛丽公主的下场可想而知。"1536年1月29日，也就是对手阿拉贡的凯瑟琳下葬那天，安妮·博林早产了，是一个死婴。尽管这不是安妮·博林第一次流产，但对她来说，这是个致命的结果。在与阿拉贡的凯瑟琳的离婚案中，亨利八世因为愧疚还有所顾忌，但现在他毫无顾忌了。1536年1月29日，不知道安妮·博林流产的尤斯塔斯·查普斯向查理五世详细叙述了一则亨利八世准备离婚再娶的宫廷传闻。据称，亨利八世说自己与第二任王后安妮·博林结婚是受了巫术的诱骗，所以这场婚姻无效。因为上帝不允许他们有子嗣，所以亨利八世必须与安妮·博林离婚。安妮·博林取代了自己的女主人阿拉贡的凯瑟琳后过得并不安宁。婚后不到六个月，亨利八世就到处留情，这让安妮·博林心生醋意。当安妮·博林为此抱怨时，据说，亨利八世曾粗暴地告诉她，她必须像阿拉贡的凯瑟琳那样忍受这种事。然而，尤斯塔斯·查普斯认为，这些争执不过是情侣间的拌嘴，最后双方往往都和好如初了。后来，安妮·博林的影响似乎一如既往地稳固。不过，到了1536年1月，神圣罗马帝国大使尤斯塔斯·查普斯和其他人都等待着亨利八世再次离婚。随着1536年春天的来临，关于亨利八世离婚的传闻甚嚣尘上。1536年5月2日，安妮·博林突然被逮捕，并且被关进了伦敦塔。她被指控与弟弟罗奇福德子爵乔治·博林乱伦，与弗朗西斯·韦斯顿、亨利·诺里斯、威廉·布里尔顿、马克·斯米顿等通奸。1536年5月12日，这些人因为叛国罪被陪审团判处死刑。1536年5月15日，安妮·博林接受了舅舅第三代诺福克公爵

安妮·博林被宣判有罪

托马斯·霍华德主持的一个由二十六位贵族成员组成的陪审团的审判。陪审团一致判决安妮·博林有罪。1536年5月19日,从加来的圣奥梅尔请来的刽子手将安妮·博林斩首。

在安妮·博林临死前两天,托马斯·克兰麦领导的一个由律师组成的宗教法庭宣布她与亨利八世的婚姻无效。判决理由虽未说明,但可能有两条:第一条,即安妮·博林与亨利·珀西之前订下的所谓婚约,但亨利·珀西郑重宣誓并对此予以否认。第二条,即亨利八世与安妮·博林的关系取决于其之前与玛丽·博林的关系。两条理由中,第二条似乎更有可能是真的,因为亨利八世于1528年4月取得了教皇克莱门特七世对他与玛丽·博林关系的赦免,这使亨利八世可以与安妮·博林结婚。然而,自那以后,英格兰否认了教皇的豁免权。另外,依据教会法,亨利八世与安妮·博林也不能结婚。1536年6月,议会通过第二部《王位继承法案》宣告亨利八世与安妮·博林的婚姻无效。这种肆意的不公正待遇是亨利八世留给伊丽莎白一世的诸多麻烦之一。唯一对亨利八世有利的是,他对安妮·博林的不忠不会违反《圣经》"十诫"中的第七诫:不可奸淫。另外,安妮·博林被判处死刑的公正性令人怀疑。1536年5月19日,安妮·博林无所畏惧地走上断头台,并且宣称自己是清白的。她认为死亡可以让人从不堪忍受的处境中解脱出来。在给托马斯·克伦威尔的信中,伦敦塔总管威廉·金斯顿写道,安妮·博林双手抱着自己纤细的脖颈"开怀大笑",想着刽子手的斩首任务会是多么简单。安妮·博林曾抱怨过,她从这个世界解脱的时间被从9时推迟到了12时,并且那么多无辜的人因她而遭遇不幸,她为此感到抱歉。据说,在安妮·博林被捕前,亨利八世曾向亨利·诺里斯表示,他如果愿意认罪,便可得到赦免,但除了马克·斯米顿,无一人认罪。从某个角度来说,安妮·博林被处决肯定是因为她以前的种种行为让对她的指控听起来十分可信。即使在亨利八世统治时期,当个人的公正与国家的实际利益或预期利益相比无足轻重时,包括安妮·博林的舅舅第三代诺福克公爵托马斯·霍华德在内的二十六位贵族组成的陪审团竟会在没有任何看似合理的理由下判安妮·博林和她的共犯有罪。如果这些指控仅仅是为了毁掉安妮·博林而捏造出来的,那么有她这一个罪犯就足够了,没必要牵连其他人。有人认为,亨利八世把四个不必要的受害者送上断头台是因为他滥杀无辜。然而,即使是在亨利八世最嗜血的时刻,他也没有滥杀无辜。

1536年5月19日,亨利八世从总主教托马斯·克兰麦那获得了与第三任王后结婚的特许。亨利八世于1536年5月20日与第三任王后再次订婚,并且于1536年5月30日在"约克坊王后寝宫的密室中"秘密地举行了婚礼。这次他选择的妻子是威尔特郡沃尔夫霍尔的约翰·西摩的女儿简·西摩。简·西摩的母亲是爱德华三世的后代，所以托马斯·克兰麦不得不废弃一项关于简·西摩与亨利八世因血亲关系而不得结婚的禁令。简·西摩曾是阿拉贡的凯瑟琳和安妮·博林的侍女，她的哥哥爱德华·西摩是爱德华六世统治时期的护国公。多年来，爱德华·西摩承蒙亨利八世的眷顾，平步青云。1535年10月，亨利八世造访了沃尔夫霍尔。从那时起，他对简·西摩的关注就变得明显多起来。不过，对这份关注，简·西摩看起来十分不情愿。她不仅拒绝了亨利八世赠给她的一包金子，

简·西摩

还将亨利八世写给她的信原封不动地退了回去。简·西摩甚至得到了亨利八世的承诺：如果没有别人在场，他就不和她说话。亨利八世又将托马斯·克伦威尔从格林尼治宫赶了出去，目的是将腾出的房间赏赐给爱德华·西摩。这样一来，亨利八世就有地方和简·西摩进行交谈，并且不会引起流言蜚语了。当然，亨利八世采取这些"得体"的举止是因为他审慎的、雄心勃勃的想法。亨利八世的想法不仅"高明"，还取得了巨大成功。不过，除了苏格兰宗教改革家亚历山大·艾利斯，简·西摩似乎没有什么对手。亚历山大·艾利斯向马丁·路德谴责简·西摩，认为她是福音的敌人。这很可能是因为简·西摩取代了安妮·博林，成了英格兰王后。在雷金纳德·波尔的描述中，简·西摩是一个心地善良的人，并且她竭尽全力去调和亨利八世与玛丽公主的关系。自安妮·博林垮台后，玛丽公主的境况逐渐好转。尤斯塔斯·查普斯写道："简·西摩中等身材，长相并非倾国倾城，皮肤特别苍白。"不过，所有人都称赞简·西摩聪慧。她虽然没有阿拉贡的凯瑟琳的人格魅力，但性情温和，总是努力调解周围人的矛盾。简·西摩的婚姻生活虽然很短暂，但她可能要比亨利八世任何一位王后都过得幸福快乐。她的地位之所以重要主要是因为她生下了亨利八世唯一一个身份合法的儿子。

安妮·博林被废黜迫使新一届议会召开会议，重新考虑王位继承问题。第五届长期议会已于1536年4月14日解散，而本届长期议会将于1536年6月8日召开。在本届长达六个星期的会议中，一共通过了十八项法案。这些法案表明宗教改革与亨利八世的独裁是并行发展的。第二部《王位继承法案》宣布安妮·博林的女儿伊丽莎白公主为私生子，但没有宣布阿拉贡的凯瑟琳的女儿玛丽公主的身份不合法，并且宣布由简·西摩未来的子嗣继承亨利八世的王位。第二部《王位继承法案》中还有一项特别条款：亨利八世如果与现任王后简·西摩没有子嗣，那么有权随意处置自己的王位。如果真是这样，那么亨利八世可能要把王位传给自己的私生子亨利·菲茨罗伊，但亨利·菲茨罗伊不久后就去世了。本届议会于1536年7月18日解散。1536年7月23日，亨利·菲茨罗伊去世。本届议会还通过了一项拓展国王特权的法令。该法案允许都铎王朝的国王在年满二十四岁时可宣布废止在其未成年时议会以其名义通过的任何法案。《1536年叛国罪法案》又进一步提升了英格兰国王的地位。该法案规定，未经国王许可，任何人娶国王的女儿——无论她的身份是否合法、妹妹、侄女、姑母、姨母都以叛国罪论处。另外，还有两项立法推动了对神职人员滥用职权的改革：一项是防止神职人员不在自己教区居住的法案，另一项是防止主教拖延授予神职人员有俸神职，从而将空缺神职应得的什一税据为己有的《1536年什一税法案》。《1536年罗马教廷法案》宣布，所有称颂教皇权威者都犯有"王权侵害罪"；所有世俗人员和神职人员必须宣誓与罗马教廷决裂，拒绝宣誓将被视为叛国罪。《1536年罗马教廷法案》进一步促进了英格兰王国与罗马教廷的决裂。因此，有些人想借着安妮·博林和她的"新教派使徒"亲戚垮台后引起的反应而采取行动的希望被迅速、粗暴地摧毁了。

阿拉贡的凯瑟琳的去世与安妮·博林的垮台大大提高了亨利八世的统治地位。对这两件事，亨利八世以最粗俗、最无情的方式表达了自己的喜悦。现在，亨利八世只要愿意，可以想娶谁就娶谁，并且任何人都不得依据教会法或其他法律对亨利八世未来子嗣的合法身份提出质疑。无论教皇对爱德华王子身份的合法性承认与否，都不会影响爱德华王子的王位继承权。尽管有传言称安妮·博林可能是在证据不足的情况下被处死的，但她的垮台大快人心。因为她与家人傲慢得让人厌恶，并且人们认为正是因为这一家人，亨利八世才会迫害阿拉贡的凯瑟琳和玛丽公主，以及为这对母女打抱不平的人。在英格兰以外的地方，阿拉贡的凯瑟琳与玛丽公主遭受不公正对待一事造成的影响令人震惊。一听到阿拉贡的凯瑟琳去世的消息，亨利八世就在托马斯·克伦威尔给英格兰驻法兰西的大使的外交信函中加了一句附言，要求大使与弗朗索瓦一世讲话时语气要更加强硬，因为导致他与查理五世产生分歧的根源已不复存在。私下里，查理五世认为姨母阿拉贡的凯瑟琳是被毒死的，但个人的悲痛情绪不应影响自己国家政策的制定。查理五世、弗朗索瓦一世，甚至教皇保罗三世都或多或少地成了亨利八世的竞争对手。当时，教皇保罗三世要开除亨利八世教籍的诏书已起草好，并且签了字，如今成了一纸空文。其他国家的君主都争先恐后地表示他们从没有敦促教皇保罗三世发布开除亨利八世教籍的诏书。查理五世推迟了教皇保罗三世诏书的发布，并且以此向亨利八世居功自夸。查理五世还试图证明是一直对英格兰王位虎视眈眈的弗朗索瓦一世逼着教皇保罗三世起草的诏书。教皇保罗三世对英格兰驻罗马使者格雷戈里·迪·卡萨莱说的那番话，也许可以解释成他是为任命约翰·费舍尔担任枢机主教、谴责亨利八世处决约翰·费舍尔和托马斯·莫尔而道歉。

1535年，因为担心查理五世出兵攻打英格兰王国，亨利八世从自己与神圣罗马帝国各诸侯的联盟中取得了比预期还要大的进展。不过，亨利八世未能说服这些信奉路德教的诸侯接受他对弥撒的看法，以及他与阿拉贡的凯瑟琳的婚姻无效这一事实。现在，亨利八世很高兴就自己曾和查理五世的臣民密谋一事与查理五世取得谅解。托马斯·克伦威尔与枢密院十分乐于接受尤斯塔斯·查普斯多次表达的亲善之词。尤斯塔斯·查普斯要求英格兰王国协助神圣罗马帝国共同对抗弗朗索瓦一世，而托马斯·克伦威尔与枢密院表示愿意促成此事。亨利八世任由托马斯·克伦威尔等如此操作了一段时间，但托马斯·克伦威尔掌握的权力不能与托马斯·沃尔西相比，并且亨利八世也不愿意重蹈自己与托马斯·沃尔西关系的覆辙。亨利八世受够了法兰西王国的虚弱不堪，以及神圣罗马帝国的主导地位，现在他迫切希望这两国谁都无法掌控全局。1536年4月19日，尤斯塔斯·查普斯前去觐见亨利八世。他满心期待亨利八世会同意协助神圣罗马帝国共同对抗弗朗索瓦一世。因此，当听到亨利八世强硬地为弗朗索瓦一世于1536年入侵萨伏依和皮埃蒙特的行为辩护时，尤斯塔斯·查普斯、托马斯·克伦威尔和枢密院其他成员感到万分惊讶。不过，弗朗索瓦一世发动的这次入侵在1536年的亨利八世再次带来好运。正如1512年亨利八世和斐迪南二世为了与路易十二开战而放弃对付摩尔人一样，1536年，弗朗索瓦一世与教皇保罗三世非但未能联手讨伐藐视罗马教廷的亨利八世，反而相互敌视。弗朗索瓦一世从未打算放弃米兰。现在，他已从帕维亚战役的失利中恢复过来。1536年春，弗朗索瓦一世攻占了萨伏依和皮埃蒙特。1536年4月，查理五世访问罗马；1536年4月17日，在教皇保罗三世召集的枢密会议上，查理五世发表了著名演说。在该演说中，查理五世既没有谴责马丁·路德，也没有谴责亨利八世，而是猛烈抨击弗朗索瓦一世。查理五世这一无意之举证明了一个观点：信仰的统一性敌不过国家利益，并且无论君主自称多么遵从耶稣基督的代理人——教皇的忠告，他们实际上遵从的都是自己的世俗欲望。

因此，亨利八世得以在没有外国干涉的情况下处理国内发生的重大危机。修道院的解散让许多人过得十分艰难。不过，这不可避免。依照事先的安排，修道院解散后，神职人员要么领取养老金，要么转移到其他修道院。尽管养老金比较丰厚；尽管负责解散修道院的专员也希望为许多修道院取得特许状，好让这些场所能再维持一段时间，从而避免许多不必要的麻烦，但修士发现要取得养老金仍存在很多困难。尤斯塔斯·查普斯描绘了一幅修士受苦的场景：修士到处流浪，在早已供过于求的市场里寻找工作，以自己完全不习惯的方式谋生。底层平民十分同情修士，因为底层平民的就业机会也很少，并且他们之前得到过修道院的救济。在英格兰北部，平民非常同情修士。在这里，负责解散修道院的专员经常遭到公开抵抗。宗教不满情绪是叛乱爆发的原因之一，但叛军可能主要由失去土地的佃农组成。圈地运动使这些佃农失去了土地所有权，他们的土地变成了牧场。佃农需要通过一场大骚乱才能得到自己想要的，即使失败了，他们也不会有什么损失。在这些叛乱的佃农中，流浪的修士找到了随时愿意倾听他们抱怨的人。除了修士，其他人也急切地诉说着四处扩散的不满情绪。多年来，北方贵族托马斯·达西和约翰·赫西爵士一直向尤斯塔斯·查普斯表示，查理五世如果入侵英格兰，那么一定会成功，并且承诺届时会尽全力帮助查理五世。1534年12月25日，托马斯·达西给尤斯塔斯·查普斯送去一把剑，暗示裁决亨利八世的时刻已到。托马斯·达西等着亨利八世特许他回到约克郡的家中。这样一来，他就可以高举"十字架"作为反叛的大旗。然而，因为怀疑托马斯·达西的忠诚,亨利八世让他留在伦敦,直到1536年年初才放行。如果当时亨利八世让托马斯·达西在伦敦待上更长一段时间就好了。

1536年夏末,英格兰北部民间有谣言称:每场葬礼、婚礼、洗礼都要被课以重税;所有家畜都要打上记号,未打记号的家畜一律充公;相距五英里以内的教堂因数量过多要被拆除;珠宝、教堂用的金银器皿要被没收;吃白面包、鹅或阉鸡的人要交税,并且所有人的财产都要接受严格的调查。还有许多荒唐的谣言甚嚣尘上,这显然是居心不良的人故意编造的。1536年10月3日,林肯郡的凯斯托爆发叛乱。叛军反抗的不是解散修道院的专员,而是那些奉命收取议会规定补贴的专员。1536年10月6日,叛军进入林肯郡的郡治林肯,宣称自己可以不用再交钱了,同时要求废除宗教改革,恢复遭查禁的修道院,驱逐托马斯·克兰麦和休·拉蒂默等异端,将托马斯·克伦威尔和理查德·里奇等出身寒微的国王顾问清理出枢密院。查尔斯·布兰登集结军队,派使者向叛军解释说,那些谣言都是他人栽赃亨利八世的,亨利八世并没有打算这样做。然后,查尔斯·布兰登敦促平民都回家去。亨利八世在安特希尔调集的后备军被解散了。不到两个星期,骚乱就被平息了。

然而,林肯郡的叛军并未散去。紧接着,传来了更糟糕的消息:约克郡爆发了叛乱。在约克郡,托马斯·达西及友人的势力最强。尽管托马斯·达西等毫无疑问是叛乱的实际煽动者,但表面上叛乱的领导者是律师罗伯特·阿斯克。即使在约克郡,叛乱也不过是一场被夸大了的骚乱。几个团的士兵很快就能将这场叛乱镇压下去。叛军宣称自己完全效忠于亨利八世,并且他们没有提议由谁来争夺王位,只是要求改变现有政策。然而,叛军如果要改变政策,那么就得更换政府;如果要更换政府,就得废黜亨利八世。不过,叛军从来没有提过要废黜亨利八世,并且如果这样做了,只会导致更混乱的状态。叛乱之所以可怕,主要是因为亨利八世没有常备军。他的统治几乎完全依靠人民的善意,或者至少是人民的默许。约克郡以外的士绅全力支持亨利八世,他们向剑桥郡派遣的兵马数量是亨利八世要求的两三倍。这可能是因为这些士绅希望亨利八

庞特弗雷特城堡

世能把修道院的财产赐给他们做奖励。尽管士绅的佃农对叛乱表现出了极大的同情，但士绅是不可能这么做的。那时的交通运输比现在要困难。在国家军队尚未到达特伦特前，托马斯·达西很不情愿地把庞特弗雷特城堡拱手让给了叛军，并且发誓要维护叛军的利益。对叛军的要求，亨利八世推三阻四。他认为赦免叛军或者与叛军谈判会玷辱自己的名誉。第三代诺福克公爵托马斯·霍华德如果被迫向叛军承诺会宣告他们无罪，那么在承诺中决不能说这是亨利八世的意思。

显然，第三代诺福克公爵托马斯·霍华德别无选择。在1536年10月27日举行的停战仪式上，叛军代表团受到了热情接见，并且向亨利八世表达了叛军的不满。亨利八世对叛军的答复堪称是治国方略的杰作。他"亲手写的这封回信，在未完成前，没有人能知道其中的内容"。亨利八世说，叛军对宗教改革的抱怨"太过笼统，难以回复"，但自己至死都信仰上帝；无论叛军说的教会自由权是否合法，都需要说明其具体是什么；不过，自己没有做任何违反教规和法律的事情。就英格兰来说，是哪位国王让子民如此长久地享受富足与太平，以及公正的司法，并且保护子民免受外敌的侵害？在亨利八世初登王位时，出身寒微的朝臣比现在还要多，那时"真正的贵族不过两人而已。其他人，如亨利·马尼和托马斯·达西勋爵，"在我提拔他们前，他们勉强算是出身高贵的士绅，但并非名门望族，其他朝臣都是律师和神职人员……你们怎么会认为以前我枢密院中的贵族比如今还要多呢"？叛军指挥自己的君主应该让谁去枢密院任职，这很不合适。然而，如果叛军能像他们说的那样，证明枢密院中的某些人违背了上帝和英格兰的法律，那么亨利八世就会查办这些人。接着，亨利八世谴责了叛军的叛乱，并且提到了他们的赦免请求，然后说："为表示我对你们的怜悯，我如果发现你们有悔过之意，并且交出我确认的这场叛乱的十名头目，那么就赦免你们。现在，请看看你们的国王是多么仁慈，多么努力地避免杀戮事件的发生。作为你们的君主，我为你们祈祷：我的子民，愿上帝开悟你们，并且使你们受益。"

　　1536年12月，在唐克斯特召开了一次会议。罗伯特·阿斯克应亨利八世的邀请前来一起讨论民众的诉愿。亨利八世仁慈起来非常仁慈，暴虐起来也非常暴虐。如果他想要得到什么东西，不管他对此人有多么怨恨，也会竭力掩饰，不让对方有丝毫察觉。现在最重要的是说服罗伯特·阿斯克，让他相信亨利八世在乎叛军的利益。因此，对罗伯特·阿斯克，亨利八世使尽了一切手段，也得到了丰厚的回报。1537年1月，完全相信亨利八世善意的叛军首领罗伯特·阿斯克返回约克郡。他迫切希望参与叛乱的平民会按亨利八世提出的条件来行事。然而，在实际操作中，罗伯特·阿斯克无法控制一些叛军的狂暴情绪。叛军宣称自己被出卖了。随后，叛军秘密策划要夺取赫尔和斯卡伯勒。但这两起秘密策划均被政府觉察到了。罗伯特·阿斯克、约翰·康斯特布尔，以及求恩巡礼[①]初始阶段的其他领导者极力阻止自己暴躁的追随者引发骚乱。然而，这些追随者

[①] 1536年10月，由律师罗伯特·阿斯克领导的一场平民起义。该起义从英格兰北部的约克郡蔓延至坎伯兰、诺森伯兰和北兰开夏等地，但最终于1537年10月被镇压。——译者注

求恩巡礼

中温和派与极端派意见不一,所有叛乱运动因此迅速被瓦解。叛军的再次叛乱给了亨利八世一个收回赦免的借口。他严厉地惩处了与这两起秘密策划有牵连的人。托马斯·达西死有余辜,不值得同情,因为最早叛国的是他,坚持到最后的也是他。然而,罗伯特·阿斯克是个老实人。虽然陪审团判罗伯特·阿斯克有罪,但判处他死刑是一种暴力的不公正行为。第三代诺福克公爵托马斯·霍华德被派往英格兰北部去进行一场血腥审判。他和亨利八世如果是詹姆斯二世统治时期英格兰大法官乔治·杰弗里斯式的残暴人物,那么会以非常残忍的手段将求恩巡礼镇压下去。亨利八世决心以恐怖手段彻底解决此次叛乱。然而,虽然英格兰北部现在遭到了苏格兰国王詹姆斯五世的威胁,但整体而言,亨利八世对英格兰北部未来的统治管理采取的措施是明智的。亨利八世不再相信贵族,亲自担任起苏格兰边区总督一职,为东部、中部、西部边区任命了三个级别较低的副官,又在约克郡成立了一个由卡思伯特·滕斯托尔领导的强有力的北方法院。北方法院的权力几乎和伦敦枢密院的权力一样大。自此,身在伦敦的亨利八世就不会再受到民众不满情绪的烦扰。

亨利八世还要处理求恩巡礼带来的一个后果,即内乱让他无暇顾及可能存在的外患。对教皇保罗三世来说,这是个不容忽视的好机会。1537年年初,教皇保罗三世派一名使者前往佛兰德斯煽动叛乱。这个使者是枢机主教雷金纳德·波尔。雷金纳德·波尔是索尔兹伯里伯爵夫人玛格丽特·波尔的儿子、乔治·金雀花的外孙,以及亨利八世的宠臣。亨利八世支付了雷金纳德·波尔的教育费用,并且在他还未成为神职人员前就让他在教会中担任了高级职位。亨利八世每年还向雷金纳德·波尔提供约一千二百英镑,使他能够在意大利完成学业。1530年,雷金纳德·波尔奉命在巴黎征集赞成亨利八世离婚的意见。亨利八世有意封雷金纳德·波尔为约克总主教,但他自觉受之有愧,所以拒绝了。雷金纳德·波尔曾试图劝亨利八世弃恶从善,但一切都是徒劳的。1532年,雷金纳德·波尔离开了英格兰。一对好友就此分别,但亨利八世还是继续给雷金纳德·波尔发放年金。后来,雷金纳德·波尔越来越反感亨利八世的做法,但亨利八世仍然希望雷金纳德·波尔能支持自己。1536年，亨利八世就自己的"教会最高领袖"头衔写信征求雷金纳德·波尔的意见。雷金纳德·波尔将自己的名作《教会统一论》寄给了亨利八世，以此作为回答。雷金纳德·波尔极富理性，并且很刚毅。他认为外界对亨利八世太过温和，当初如果教皇克莱门特七世在亨利八世的宗教改革刚开始不久就发布诏书，将他逐出教会，那么亨利八世一意孤行的宗教改革也许就会戛然而止。为弥补教皇克莱门特七世的疏漏，雷金纳德·波尔现在要开始对亨利八世实施必要的惩罚。雷金纳德·波尔说："谄媚乃万恶之源。"不过，就连雷金纳德·波尔的朋友枢机主教加斯帕罗·孔塔里尼都觉得他的《教会统一论》语言过于尖刻，并且这本书让雷金纳德·波尔在英格兰的家人十分恐慌。这些家人中的部分人与尤斯塔斯·查普斯过从甚密。尤斯塔斯·查普斯曾向查理五世建议将雷金纳德·波尔作为英格兰王位的候选人，但《教会统一论》很可能会让雷金纳德·波尔的家人因此送命。然而，亨利八世忍住了怒火。他邀请雷金纳德·波尔来英格兰，但雷金纳德·波尔拒绝了。这样做也许很明智，但随后雷金纳德·波尔就接受了教皇保罗三世的召唤，前往罗马，并且于1536年12月22日受封为枢机主教。然后，他以教皇使者的身份前往离英格兰较近的佛兰德斯去煽动英格兰北部的叛乱。

然而，雷金纳德·波尔去得太晚了。除了展示自己和教皇保罗三世的无能，他一事无成。在雷金纳德·波尔的教皇使者委任状签署前，英格兰北部的叛乱就被镇压了。当雷金纳德·波尔在法兰西旅行时，亨利八世下令将他以叛徒的身份引渡回英格兰。面对这一要求，弗朗索瓦一世很难应允，但他命令雷金纳德·波尔离开法兰西。于是，雷金纳德·波尔便前往佛兰德斯寻求庇护，不料他被挡在佛兰德斯的边境外。与弗朗索瓦一世一样，查理五世不愿得罪亨利八世。雷金纳德·波尔获悉，自己可以去拜访列日主教埃拉尔·德·拉·马克，但必须乔装打扮一番才可以。在给匈牙利的玛丽的信中，雷金纳德·波尔写道，以前从未有教皇使者受到过如此对待。亨利八世兑现了自己曾经说过的话——他要让欧洲的君主看看教皇的力量是多么渺小。亨利八世抹去了教皇权威在

亨利八世与简·西摩、爱德华王子

英格兰的所有痕迹,并且以最强硬的态度违抗教皇。现在,当教皇也试图这样做时,在被逐出教会的亨利八世的要求下,教皇的使者被赶出了教会忠实的儿子——查理五世的领地。亨利八世成功地度过了别人都认为会毁灭他的危险,带领英格兰王国经历了本国历史上最重大的一次改革,并且镇压了宗教改革在国内引起的唯一一次起义——求恩巡礼。然而,在国外,欧洲各国君主的态度已经表明,他们认为教皇和亨利八世彼此彼此,都好不到哪去。

　　1537年秋,亨利八世的好运气达到了顶峰。1537年10月12日,简·西摩生了一个儿子。亨利八世之前曾决定,如果安妮·博林能为他生下一个儿子,那么就以自己的名字给儿子命名,或者以外祖父爱德华四世[①]的名字给他命名。

---

① 爱德华四世的女儿约克的伊丽莎白是亨利八世的母亲。——译者注

简·西摩的儿子出生在圣爱德华节①的前一天,由此得名爱德华。1537年10月24日,爱德华王子②还未加冕为王后的母亲简·西摩去世。在亨利八世的妻子中,唯独简·西摩被隆重地安葬在温莎城堡的圣乔治礼拜堂。亨利八世也只悼念过简·西摩一人,以示对她的嘉赏。对简·西摩的去世,亨利八世的悲痛是真诚的。此后两年多时间,他没有再娶,这实在非比寻常。不过,简·西摩离世的重要性无法与爱德华王子的出生相提并论,因为这位合法的男性继承人身上承载了太多希望,也引发了许多悲剧。爱德华王子的出生为亨利八世的胜利锦上添花。亨利八世统治时期最大的风暴和压力都已结束,尽管未来会有各种危机纷至沓来。在一个相对安定的统治时期里,这些危机可能会被认为是十分严峻

---

① 1161年,罗马教廷封"忏悔者爱德华"为圣徒,并且指定10月13日为圣爱德华节。——译者注
② 1547年,爱德华王子继承英格兰王位,称爱德华六世。——译者注

的，仍然需要通过亨利八世所有审慎、狡猾的手段才能解决。现在，弗朗索瓦一世和查理五世准备结束这一场只有亨利八世能从中获利的争斗，而教皇保罗三世希望加入弗朗索瓦一世和查理五世的行列，共同对英格兰宣战。然而，在经历最糟糕的狂风恶浪后，亨利八世觉得自己已在国内牢牢确立起了权威，现在可以尽情将这种权威扩展至国外了。

第14章
亨利八世与查理五世

尽管亨利八世拥有或担任的各种头衔中没有"帝国"或"皇帝"的名词，但我们有多种理由称他是近代帝国主义之父。直到亨利八世驾崩一年后，才有文献记载表明，英格兰政府曾有意将英格兰和苏格兰合并为一个帝国，并且宣称其君主为大不列颠皇帝。不过，只有通过爱德华六世与苏格兰女王玛丽一世联姻才能使英格兰与苏格兰合并。这正是亨利八世在统治的最后几年里主要努力的目标，并且帝国思想在他的脑海中一直占据着主导地位。没有哪位国王比亨利八世更坚决地表示自己要头戴皇冠，统治一个帝国了。1536年，当主教大会宣布英格兰王国"自身便是帝国教廷"时，它只是将亨利八世的话——在他的领土内，他不仅是国王，还是教皇、皇帝——用体面、正式的语言表述出来。西欧其他地方处于查理五世的世俗统治，以及教皇的宗教统治之下，但亨利八世并不效忠于这二者中的任何一方。

亨利八世自早年起就表现出了对"皇帝"一词的明显偏爱。"亨利皇帝"号是英格兰王国一艘战舰的名字。1513年，海军上将埃德蒙·霍华德曾在这艘战舰上升起王室的旗帜。亨利八世最喜欢的一个游戏也叫作"皇帝"。不过，随着统治时间的推移，亨利八世把"皇帝"这个抽象概念转化成具体行动，让"皇帝"一词有了明确的含义。为突显自己至高无上的尊严，对"陛下"一词的表述，亨利八世选择了此前只有皇帝专用的"His Majesty"，而不再是他与各位公爵和总主教共享的"His Grace"。亨利八世一生都在持续不断、有条不紊地蜕变。统治早期，亨利八世有很长一段时间一直处于托马斯·沃尔西和其他神职人员的操控下，所以他自我主张的第一步便是把自己从这种操控中解放出来，在宫廷范围内维护自己的权力。亨利八世自我主张的第二步是在英格兰建立他个人之于教会和国家的至尊地位，这就是1529年至1536年宗教改革议会的工作。亨利八世统治后期，对英格兰的边远地区、苏格兰边境区、威尔士，以及其他边境区实行更加有效的统治，然后再将这种有效统治扩大到不列颠群岛的其他地方。

　　亨利八世扩大自身王权范围的进程很早就开始了。威尔士的局势，以及与罗马教廷的斗争锻炼了亨利八世和议会的能力。"形形色色的抢劫、谋杀、盗窃、非法侵入、骚乱、溃败、收买、压迫、破坏和平，以及其他恶性事件，每天都在威尔士上演。"这种局面显然要迅速予以匡正，除非议会通过立法对此表示强烈抗议。1534年，议会通过了几项限制地方司法的法案，并且扩大了威尔士和边区议会及其议长的权力。尤斯塔斯·查普斯宣称，实施这些法案就是剥夺威尔士人的自由。他认为，威尔士人可能会因此产生不满情绪并被人利用，然后掀起一场支持阿拉贡的凯瑟琳和天主教信仰的叛乱。然而，这种不满情绪就算有，也不是很强烈。1536年，亨利八世继续完成英格兰与威尔士的联合。首先，在威尔士，他实施了治安法官制度。在英格兰，治安法官制度已被证明是维护亨利八世权威最有效的工具。接着，他又颁布了一项更重要的法案——《1535年及1542年威尔士法案法令》。威尔士人的"权利、习惯、法律、风俗与英格兰的大相径庭"，他们"日常使用的语言也与英格兰人的母语截然不同"。"一些粗鲁无知的人将英格兰人与威尔士人区分开来对待。"对威尔士人，亨利八世"十分热情，并且很喜爱"。他有意使威尔士人"遵守英格兰法律中规定的完美的社会秩序，知晓这些法律中的公告、学问，并且要在威尔士彻底废除一切不同于英格兰风俗习惯的歪风邪气"。威尔士公国被划分成了十三个郡，进而又分成了上百个市镇。在执法时，威尔士的法院不得使用其他语言，只能讲英语。讲威尔士语的人不能"担任任何形式的职务或享受任何形式的薪

1540年的亨利八世

酬"。另外,亨利八世还任命了一个王室委员会来调查威尔士的法律。其中,只有亨利八世认为有必要保留的法令法规才可以继续执行。威尔士各郡与市镇要向英格兰议会选派议员。实际上,《1535年及1542年威尔士法案法令》是英格兰历史上第一部联合法案。六年后的《1543年法案》重组与发展了威尔士和边区议会的司法管辖权。威尔士和边区议会的职能类似于枢密院。与北方议会一样,威尔士和边区议会是枢密院的一个分支,目的是在一个十分混乱的地区以铁腕手段维持和平安定。然而,威尔士和边区议会拥有的权力经常与英格兰的普通法相冲突。这令后来的斯图亚特王朝的议会对威尔士和边区议会的司法管辖权,以及都铎王朝各法院的其他管辖权抱怨不已。

亨利八世其实更需要将英格兰联合苏格兰的原则应用到爱尔兰。因为威尔士如果像尤斯塔斯·查普斯认为的那样是叛乱种子萌发的沃土,那么爱尔兰的叛乱就已然成熟,可以"收割"了。在英格兰王国的其他国内问题中,因为当时托马斯·沃尔西一心想在欧洲事务中发挥作用,爱尔兰事务被放弃。据称,托马斯·沃尔西倒台前夕是自盎格鲁-诺曼人入侵爱尔兰以来,英格兰对爱尔兰的统治力度最弱的时候。1528年,在英格兰王国、法兰西王国与神圣罗马帝国的战争爆发后,西班牙使者第一次出现在爱尔兰首领的宅邸中。此后,西班牙人在爱尔兰的阴谋让都铎王朝的君主焦头烂额。1534年秋,除了帕莱,整个爱尔兰都爆发了起义。威廉·斯凯芬顿爵士成功镇压了这次起义,但他于1535年去世。继任者伦纳德·格雷勋爵未能平息爱尔兰人的不满,也未能克服爱尔兰议员因为嫉妒给他造成的困难。伦纳德·格雷勋爵的妹妹伊丽莎白·格雷是基尔代尔伯爵杰拉德·菲茨杰拉德的妻子,而菲茨杰拉德家族1535

基尔代尔伯爵杰拉德·菲茨杰拉德

年的叛乱行径使伦纳德·格雷勋爵的忠诚受到了质疑。爱尔兰议会指控伦纳德·格雷勋爵犯有叛国罪。1540年，在返回英格兰时，伦纳德·格雷勋爵宣称，爱尔兰现在是一派和平安定的景象。然而，还没等到他与亨利八世见面，爱尔兰又爆发了一场新的叛乱。伦纳德·格雷勋爵被关进伦敦塔。在狱中，他承认自己犯有叛国罪，随后被处决了。

亨利八世决心用对待威尔士的方法对待爱尔兰。1537年，一个委员会彻底调查了爱尔兰的情况。这一调查给亨利八世提供了针对爱尔兰的政策纲领。与威尔士的情况一样，亨利八世用英格兰的土地保有制度、司法制度、语言等取代了爱尔兰本土制度和语言。在世俗和宗教事务中，亨利八世至高无上的地位将得到加强。通过武力与和解并用这种明智、审慎的手段，亨利八世将逐渐控制爱尔兰。新任命的爱尔兰副总督安东尼·圣莱杰爵士十分能干，曾主持过1537年为调查爱尔兰的情况而成立的委员会的工作。1541年，安东尼·圣莱杰爵士到达都柏林，并且把调查工作做得很彻底。亨利八世虽然不像托马斯·沃尔西那样挥霍无度，但在爱尔兰事务上毫不吝啬。1541年6月，爱尔兰议会通过了《1542年爱尔兰王位法案》。自此以后，亨利八世成了爱尔兰国王而不再是爱尔兰领主。为了闪闪发光的贵族头衔，许多爱尔兰首领放弃了部落的独立。到了1542年，爱尔兰不仅实现了境内的和平，还派遣两千名轻步兵在苏格兰边境上协助英格兰人作战。此时，在爱尔兰，英格兰人的统治比以往任何时候都更加稳固。

除了爱尔兰和威尔士，亨利八世还在其他领域寻求巩固和推广都铎王朝统治管理方法的机会。1540年成立的王室监护法院、首岁教捐与什一税征收法院，以及星室法庭与申诉法庭司法权的发展，都是为了进一步推动亨利八世心目中的两个目标——执政效率的提高和特权的扩大。这与亨利八世的政策完全一致，即议会制度与国王的权力应同时扩大。1529年，苏格兰的贝里克郡首次选派代表参加英格兰议会。如果苏格兰1536年也坚持派代表参加英格兰议会，必然会给英格兰的议会制带来重大改变。1536年，两名加来议员也被召唤到议会担任代表。在英格兰统治的行政区域中，现在只有一个地区尚未向英格兰议会选派代表，即达勒姆，也叫"主教公署区"，其仍然独立于国家议会体系之外。1654年，奥利弗·克伦威尔命令达勒姆向议会选派代表，由此完成了英格兰议会代表制度。这并不是英吉利共和国追随亨利八世脚步的唯一体现。在1542年的议会中，首次出现了关于威尔士议员和加来议员参会的记录。这次议会通过了一项关于英格兰海军的法案。该法案规定只能用英格兰的船来进口货物。在与苏格兰打交道的过程中，亨利八世的扩张计划表现得非常明显。然而，在亨利八世朝着这个方向实行自己的计划前，他必须先避免欧洲天主教国家联合起来共同反抗自己。

尽管亨利八世在查理五世与弗朗索瓦一世的争斗中煽风点火，但这两位君主的争斗并未让他们中的任何一方支持雷金纳德·波尔完成煽动英格兰北部叛乱的使命，雷金纳德·波尔也没有从求恩巡礼中获得任何利益。1537年秋，查理五世与弗朗索瓦一世的争斗逐渐平息。为阻止查理五世与弗朗索瓦一世日益亲密给自己带来重重危险，亨利八世向他们暗示：如今，王后简·西摩已死，他可以自由娶妻了，并且这场婚姻可能会把他和这两位君主中的一位永远紧密地联系在一起。亨利八世请求弗朗索瓦一世，将已许配给詹姆斯五世的玛丽·德·吉斯嫁给自己为妻。亨利八世拒不相信苏格兰与法兰西的联姻事宜已谈妥，法兰西竟然不给自己半点机会。他成功说服了玛丽·德·吉斯的家人，让他们相信：英格兰王后之位比詹姆斯五世能给予的一切更具吸引力。然而，事情的决定权掌握在弗朗索瓦一世的手中。弗朗索瓦一世命令玛丽·德·吉斯的家人必须履行与詹姆斯五世的婚约。亨利八世毫不气馁，又要了一份有其他法兰西女士的名单，看看谁有资格成为自己妻子的最佳人选。亨利八世甚至建议，可以让瓦卢瓦-昂古莱姆的玛格丽特把名单中最漂亮的几位女士带到加来，方便自己亲自过目。亨利八世告诉路易·德·佩罗："除了自己，我谁都不相信。这件事关乎我的切身利益。我希望能先亲自见一见她们，了解一下她们，然后再做决定。"法兰西宫廷并不太喜欢这种"把年轻的女士像马一样拉出

玛丽·德·吉斯

来，供人挑选"的想法。为了让亨利八世对自己粗俗的求婚方式感到羞耻，路易·德·佩罗语带嘲讽地建议他测试一下这些女士的魅力。这个令人恶心的建议让亨利八世面红耳赤，这是有案可查的他唯一一次脸红。这场选美活动因此再无下文。亨利八世宣布，他根本没有打算与法兰西或西班牙联姻，除非他的婚姻能使他与弗朗索瓦一世或查理五世结成一种比这两个对手的联盟更加紧密的联盟。

当向法兰西公主求婚的谈判正在进行时，亨利八世在尼德兰开展了类似的联姻活动。临近1537年年末时，亨利八世指示约翰·赫顿向他汇报匈牙利的玛丽的宫中有哪些女子。约翰·赫顿回复说，据说，米兰公爵夫人丹麦的克里斯蒂娜"品貌俱佳"。她是被废黜的丹麦国王克里斯蒂安二世与王后奥地利的伊莎贝拉的女儿，而奥地利的伊莎贝拉是查理五世的妹妹。十三岁时，丹麦的克里斯蒂娜就与米兰公爵弗朗切斯科二世·斯福尔扎结婚了。然而，现在才

奥地利的伊莎贝拉　　　　　　　　　　　　　　　米兰公爵弗朗切斯科二世·斯福尔扎

小汉斯·霍尔拜因绘的丹麦的克里斯蒂娜的画像

十六岁的她已是一个寡妇。丹麦的克里斯蒂娜"身材高挑，五官精致，温柔可人"。1538年3月10日，画家小汉斯·霍尔拜因抵达布鲁塞尔。他花了三个小时的时间为丹麦的克里斯蒂娜画了一幅肖像，但丹麦的克里斯蒂娜的魅力似乎并没有给亨利八世留下多少印象。事实上，亨利八世挑选美女的眼光令人不敢恭维。据称，年轻的公爵夫人丹麦的克里斯蒂娜说，她如果有两颗头，那么会心甘情愿地把其中一颗献给亨利八世，任由他处置。这种说法毫无根据。到目前为止，亨利八世只砍了一位妻子——安妮·博林的头。丹麦的克里斯蒂娜是一位十分谨慎、懂礼的人。即便英格兰确实有将王后斩首的先例，她也断然不会以这样失礼的方式提及此事。她知道自己无权决定自己的婚姻。虽然查理五世出兵要求结束苏格兰人与法兰西人的婚姻谈判，但其实查理五世和亨利八世都不愿意该谈判结束。查理五世与弗朗索瓦一世结盟并巩固友谊后，就不需要亨利八世再向他表示友好了。因此，亨利八世只好从其他地方寻找制衡这一敌对联盟的办法。

查理五世与弗朗索瓦一世并没有被英格兰人的阴谋欺骗，也没有因亨利八世想破坏他们之间的联盟而未能结成联盟。1538年6月，在尼斯，查理五世、弗朗索瓦一世和教皇保罗三世会面。通过谈判，教皇保罗三世达成了为期十年的休战协议。自此，教皇国、西班牙王国和法兰西王国认为，彼此利益一致。三方在英格兰的大使互相交换了意见，以便更有效地挫败亨利八世高明的外交策略。查理五世、弗朗索瓦一世和教皇保罗三世一直以来都渴望入侵英格兰王国。如今，执行这一计划的时机似乎已经成熟。与此同时，亨利八世在自己反教会的累累罪行中又增加了一笔：他毁坏了坎特伯雷的圣托马斯神殿，并且焚烧了圣托马斯的遗骨。据说，在一片嘲弄声中，圣托马斯的遗骨接受了审判。圣托马斯被指蔑视权威，又被谴责为叛徒。如果可以这样对待殉道者的圣骨，那么将来谁还会对教会或者在圣殿上心怀敬意？罗马有一派人，其中，最富激情的是雷金纳德·波尔。他们宣称，真正的"基督教信仰之敌"是亨利八世，基督教国家的所有君主应联合起来，把亨利八世从上帝的土地上清除出去，这片土地已被他玷污太久。考虑到基督教联军对奥斯曼帝国的影响，英格兰的"基督教信仰之敌"亨利八世可能并不会感到沮丧，但教皇保罗三世和雷金纳德·波尔决心使出自己最厉害的一招。教皇保罗三世决定公布1535年8月起草的革除亨利八世教籍的教皇诏书。到目前为止，由于教皇保罗三世希望亨利八世能痛改前非，再加上许多君主纷纷劝阻，这份教皇诏书一直未能公布。现在，在法兰西、佛兰德斯、苏格兰和爱尔兰，这份诏书要被正式公布了。大卫·比顿被任命为枢机主教，并且被派到苏格兰劝说詹姆斯五世入侵亨利八世的英格兰王国；雷金纳德·波尔则四处奔走，鼓动其他国家征服自己的母国——英格兰王国。

教皇保罗三世的诏书威胁要革除亨利八世的教籍，但最终遭殃的是雷金纳德·波尔在英格兰的家人。他们被判处死刑并没收财产。除了雷金纳德·波尔犯下叛国罪这个原因，他的家人遭到处罚还有另一个原因：雷金纳德·波尔及其兄弟都是乔治·金雀花的外孙。数年前，尤斯塔斯·查普斯曾力谏查理五世提名雷金纳德·波尔为英格兰王位的候选人。与父亲亨利七世一样，亨利八

大卫·比顿

世深信，让政府安全稳固的真正方法是断绝所有外人继承王位的可能性。现在，教皇保罗三世威胁要将亨利八世逐出教会。对亨利八世来说，这种断绝所有外人继承王位的需要变得比以往任何时候都更加迫切。虽然说雷金纳德·波尔的家人被判处死刑并没收财产是出于政治原因，但正是他们自身的行为招致亨利八世通过法律手段来这么做。雷金纳德·波尔的叛国罪是毫无疑问的；他的弟弟杰弗里·波尔爵士经常与查理五世的大使尤斯塔斯·查普斯商讨入侵英格兰的计划；他的母亲——年迈的索尔兹伯里伯爵夫人玛格丽特·波尔，尽管嘴上痛斥雷金纳德·波尔是叛徒，并且懊悔自己生了他，但暗地里接受了教皇保罗三世的教皇诏书并与雷金纳德·波尔通信，这让她陷入了巨大的麻烦。这家人中罪过最轻的似乎是玛格丽特·波尔的长子——蒙塔古男爵亨利·波尔，但他最后与家人一起被处死了。英格兰人正计划将雷金纳德·波尔绑架回英格兰，并审判他。1538年8月，杰弗里·波尔爵士被捕。在诱供或逼供下，他检举了同谋。作为奖赏，杰弗里·波尔爵士活了下来，但从此过着悲惨的、备受良心谴责的生活。玛格丽特·波尔苟活了一段时间，但亨利·波尔于1539年1月被处死。

随同亨利·波尔一起被处死的还有他的姨表哥——埃克塞特侯爵亨利·考特尼[①]。正如乔治·金雀花外孙的身份对亨利·波尔等四兄弟一样，爱德华四世后裔的身份对亨利·考特尼来说也是致命的。亨利·考特尼是约克家族的后裔，如果都铎王朝后继无人，那么他就是下一任英格兰王位继承人。在亨利七世统治时期，亨利·考特尼的父亲——德文郡伯爵威廉·考特尼就被褫夺了财产，但后来亨利八世恢复了威廉·考特尼的荣耀，并且善待其子亨利·考特尼，封他为嘉德骑士、埃克塞特侯爵，还以各种方式争取他的支持。不过，亨利·考特尼约克家族后裔的身份，以及对亨利八世政策的厌恶，让他对都铎王朝心怀不满。1531年，亨利·考特尼因涉嫌叛国罪被关进伦敦塔。获释

---

① 亨利·考特尼的外祖父爱德华四世是亨利·波尔的外祖父乔治·金雀花的哥哥。——译者注

后，亨利·考特尼听过伊丽莎白·巴顿歇斯底里的演说，与尤斯塔斯·查普斯暗中密谋，还与雷金纳德·波尔互通书信。1538年，在康沃尔，有一伙人合谋让亨利·考特尼做英格兰的国王。如果没有这么多的证据，那么都铎王朝的贵族陪审团肯定会认为处死亨利·考特尼只是一种应急手段。1538年12月9日，亨利·考特尼为自己的约克王室血统付出了生命。

在民众心中，这些处决似乎没有引起丝毫的厌恶，因为外国入侵的威胁激起了他们的防御热情。1538年8月，亨利八世南下多佛尔视察自己多年来在该地修建的防御工事。各修道院遭拆除后的砖石被用来修筑海岸防线，以及沿岸的堡垒。卡尔绍特堡和赫尔斯特堡就是用附近的比尤利修道院的建筑材料建起的。专员被派往加来、吉讷、苏格兰边区，以及从贝里克到泰晤士河的入海口、从泰晤士河到利泽德角的海岸去修复防御工事。他们修复灯塔，给需要的地方配备军械，列出各港口的船舶的清单，建立水手花名册，并且在英格兰各

卡尔绍特堡

地招募人员。到处都有人自告奋勇前来帮助。在怀特岛，人们在海岸边竖起栅栏，并且采取了让对手的登陆举步维艰的一切预防措施。在埃塞克斯，人们挖好堤坝，筑起堡垒，以此迎接对手的到来；在哈里奇，大法官托马斯·奥德利看到"妇女、儿童在战壕和堡垒上用铁铲干活"。无论我们如何看待亨利八世统治的粗暴与严酷，但民众并不憎恨他的统治方法，所以亨利八世并没有失去对国家的控制。每当亨利八世在国家危急时呼吁臣民时，他都会得到热烈的回应。国外的阴谋家幻想着将亨利八世赶下王位。如果这些人能成功挑起亨利八世与臣民的纷争，并且向英格兰发动突袭，那么我们就没有理由认为英格兰的命运与1588年全军覆灭的西班牙无敌舰队会有什么区别。

1539年春，尽管英格兰人普遍担心外敌会入侵，但雷金纳德·波尔的第二次任务与第一次任务一样，均以失败告终。与此同时，在多佛尔堡，五港总督托马斯·切恩爵士正全神贯注地搜寻从斯海尔德河和莱茵河河口驶来的敌军舰队，但敌军舰队从未出现，或者更确切地说，本以为驶来的是敌军舰队，结果却是一队普通商船。经过再三考虑后，教皇保罗三世没有公布自己之前许诺要公开的诏书。因为他不相信自己的世俗盟友会认真对待这道诏书，他也害怕自己大张旗鼓行动后如果遭遇失败会招来其他人的蔑视和嘲笑。此外，当对亨利八世的讨伐热情达到顶峰时，教皇保罗三世忍不住想扩大自己的世俗权力，但自他占领乌尔比诺后，弗朗索瓦一世便对他冷淡起来。不过，占领乌尔比诺一事给了亨利八世在意大利创建一个反教皇组织的机会。如果查理五世首开禁止英格兰贸易的先河，哪怕他只是开了个头，那么弗朗索瓦一世会很乐意加入这个行列。然而，查理五世没有采取任何行动，这让弗朗索瓦一世什么也做不了。即使在弗朗索瓦一世与查理五世的友情十分深厚时，在亨利八世的要求下，弗朗索瓦一世也曾被迫惩罚了许多猛烈抨击亨利八世的法兰西神父。然而，对查理五世来说，与英格兰进行贸易比维持与弗朗索瓦一世的友谊更有价值。查理五世的臣民无法容忍自己与英格兰之间获利丰厚的贸易往来被打断。在政治事务中，亨利八世总能展示出十分高超的手段。1539年，当外国入侵英格兰的危险似乎要一触即发时,亨利八世又以某种高超手段让佛兰芒人确信,英格兰人与佛兰芒人的贸易往来不会受到任何影响。亨利八世发布了一项公告称,未来七年内,佛兰芒人缴纳的商品关税将和英格兰人的国内商品税持平。节俭的佛兰芒人不愿意因战争而丧失这一源源不断的新财源。查理五世也有更紧急的事情要处理。亨利八世也许比奥斯曼帝国苏丹苏莱曼一世更像个土耳其人;教皇保罗三世也许认为圣托马斯的神殿遭劫远比亨利八世像土耳其人那样击败基督教国家的一支舰队更可怕[1],但亨利八世并不打算侵扰查理五世

奥斯曼帝国苏丹苏莱曼一世

---

[1] 1538年9月28日,在希腊的普雷韦扎,教皇保罗三世联合威尼斯共和国、西班牙王国等组织的神圣同盟舰队与入侵的奥斯曼帝国海盗巴巴罗萨·海雷丁展开海战。神圣同盟舰队遭遇惨败。——译者注

的海岸线,也没有威胁要褫夺查理五世的弟弟斐迪南一世的匈牙利王国。与亨利八世对圣徒及遗迹的一切猛烈攻击相比,土耳其人在陆地和海上的胜利更让查理五世担忧。另外,除了奥斯曼帝国这一祸患,查理五世还担心英格兰王国和神圣罗马帝国各诸侯的联盟可能会带来的政治影响。这一担心不无道理:英格兰宗教改革正在为这种联盟铺平道路,而一旦攻击亨利八世,英格兰王国和神圣罗马帝国各诸侯的联盟必将变得更牢固。

亨利八世被授予"教会最高领袖"的头衔后不久,就把自己在教会中享有的最高权力搁置一边。不管从哪种理论角度来分析,实际上,亨利八世在英格兰的教会中的至尊地位与爱德华七世迄今对英格兰的教会拥有的至尊地位有

斐迪南一世

很大不同。从步入自己新的教会王国那一刻起,亨利八世不仅致力于改革教会滥用职权的问题,如神职人员财富过多,还定义了正统信仰的标准,并且迫使臣民接受他的宗教政策。只有在"教会最高领袖"愿意的情况下,天主教信仰才能依然有效。自此以后,"国王的信条"成为亨利八世自称的"朕的英格兰国教会"应遵循的规则,并且"信仰的统一与和谐"也将由王室法令确立。

亨利八世对信仰的第一个定义体现在他1536年提交给主教大会的《十条信纲》中。他说,迫于民众的不同意见,自己"不得不亲笔写下某些信纲……并且认为任何人无权妄说任何反对这些信纲的话,或者在陈述这些信纲时信口开河"。亨利八世坚持认为,他的子民,无论是贵族还是高级神职人员,都无权违抗他的世俗命令或宗教命令,不管这些命令是什么。教会在英格兰的权威已衰落。1536年,主教大会开幕时,出现了一个叫威廉·彼得的神学博士。此人是世俗人员,要求在主教大会中设置一个高于所有主教和总主教席位的主位。威廉·彼得说,最高权威应属于教会的最高领袖。亨利八世任命托马斯·克伦威尔担任自己的副主教;托马斯·克伦威尔又任命威廉·彼得担任自己副主教一职的代理人。威廉·彼得的主张得到了主教大会的批准。唯命是从的神职人员认为,亨利八世的《十条信纲》几乎无可挑剔,尽管这十条信纲中只提到了三个圣礼:洗礼、忏悔礼和圣餐礼。同时,亨利八世谴责了滥用圣像的行为,警告人们不可对圣徒过度虔敬,不可相信"宗教仪式有赦免罪行的力量",也不可相信弥撒可将灵魂从炼狱中解救出来。最后,主教大会将教皇召集总议会的权利移交给了亨利八世。

1537年,在出版了俗称《主教书》的《基督教教徒的培养》后,亨利八世几乎无事可做。1537年2月至1537年7月,针对《主教书》中的教义问题,主教进行了辩论。1537年8月,亨利八世写道,自己没有时间仔细审查主教的辩论结果,不过,他相信主教的智慧,并且同意在未来三年内出版《主教书》,每逢主日和圣日,还要向人们宣读此书。1537年,亨利八世允许修改一次《主教书》。这给英格兰宗教改革注入了新的动力,并且摧毁了亨利八世曾十分看重的"信仰的

迈尔斯·科弗代尔

统一与和谐"的一切前景。1535年,英格兰宗教改革家兼翻译家迈尔斯·科弗代尔获准在英格兰印刷他的《圣经》英译本,并且他将译著献给了简·西摩。1538年,在托马斯·克兰麦的授权下,化名托马斯·马修的约翰·罗杰斯将迈尔斯·科弗代尔的《圣经》英译本与他人的多个英译本进行了整合修订。出版时,该书书名是《马修圣经》——这是身为副主教的托马斯·克伦威尔下令所有教堂必备的"最大部头"《圣经》。每位教区神职人员都要鼓励教区的居民阅读《马修圣经》;教区神职人员要会背诵英文的《主祷文》《信经》《十诫》。这样一来,教徒就可以跟着教区神职人员逐步学习这些经文。教区神职人员应要求全体教徒在接受圣餐前必须熟悉一定的基本教理;教区神职人员至少每三个月布道一次,并且将教徒的出生、婚礼及死亡日期登记在册。

与此同时，迷信活动比较猖獗的地方遭到了猛烈打击；朝圣活动被镇压；许多"会显灵"的圣像被摧毁。当时，肯特郡梅德斯通镇博克斯利修道院著名的十字架上面，可以活动的耶稣像让人以为耶稣显灵了。1538年7月2日，该十字架被带到梅德斯通镇的集市上。凭着精巧的机关，该十字架上耶稣的眼睛和嘴唇能够奇迹般地一开一合，令观看者非常惊奇。也许大众早已不再敬重这些小物件了。在那不勒斯，如果不是因为一场骚乱[①]，圣亚努阿里乌斯之血[②]是不可能像1538年英格兰的"黑尔斯修道院的基督宝血"[③]那样受到无礼对待。不过，曝光这些迷信是激发大众对修士的愤怒的一种有用的方法，让宗教改革者心中充满了神圣的喜悦。在给瑞士宗教改革家海因里希·布林格的信中，约翰·胡克说："英格兰各地的邪神纷纷倒下；巴比伦的神明彼勒[④]已化作齑粉。"这些神像的捣毁发生在针对修士的最后一场运动起始阶段的小规模冲突中。1535年的《小修道院解散法案》只允许亨利八世解散每年接受捐款不足二百英镑的小修道院，而大修道院的解散目前是通过它们或多或少的自觉屈服过程逐步实现的。在某些情况下，修士可能是心甘情愿离开修道院的。在负债累累的同时，修士还受到托马斯·克伦威尔各种强加规则的骚扰，因此，想要保持修道院全盛时期的那种隐修热情是很难的。另外，这些修士很可能会认为离开修道院是一种很好的解脱，因为自己可以不受修道院的约束，还可以领到年金，而抵制修道院解散则会惹怒亨利八世，从而极有可能使自己被处以可轻可重的叛国罪和谁也搞不明白的"王权侵害罪"。因此，大修道院一个个

[①] 指303年罗马帝国最后一次也是最严重的一次对基督教教徒的迫害，史称"戴克里先迫害"或"大迫害"。——译者注
[②] 圣亚努阿里乌斯是4世纪那不勒斯的主教，在"大迫害"中，他被罗马皇帝戴克里先处死，其凝固的血液存放于一个小瓶中，称"圣亚努阿里乌斯之血"。——译者注
[③] "黑尔斯修道院的基督宝血"原藏于英格兰格洛斯特郡的黑尔斯修道院，供教徒敬拜。在亨利八世进行宗教改革时期，巡视专员认为该"基督宝血"是鸭血，属于伪造。后来，黑尔斯修道院被解散，"基督宝血"下落不明。——译者注
[④] 古巴比伦王国时期，巴比伦宗教和亚述宗教中的神明，《圣经·但以理书》中称其为邪神。——译者注

地屈服于王室专员的劝说和威胁。1538年，托钵修会和圣约翰骑士团的解散虽然引发了持续多年的冲突，但彻底赶走了原本有组织地驻扎在英格兰的教皇军队的残余势力。

　　神圣罗马帝国路德教教徒对罗马教廷有多厌恶，就对英格兰这一系列行动有多满意。亨利八世和神圣罗马帝国各诸侯的联盟似乎是由一个宗教与政治的利益共同体决定的。弗朗索瓦一世和查理五世的友谊威胁到了英格兰人和德意志人的自由。因此，英格兰人和德意志人必须联合起来对抗他们共同的敌人。1536年7月23日，主教大会以亨利八世的名义颁布了一系列宗教条款，作为亨利八世反对教皇召集大公会议权力的宣言。在德意志，亨利八世的宣言受到了人们的热烈欢迎，并且至少印刷了三版。萨克森选帝侯约翰·腓特烈一世和黑森伯爵腓力一世敦促亨利八世共同采取一项政策。为此，1538年春，

萨克森选帝侯约翰·腓特烈一世

英格兰特使被派往德意志，而德意志的神学家前往英格兰。这为英格兰和德意志的神学联盟奠定了基础。在德意志，英格兰特使逗留了五个月，但与神圣罗马帝国各诸侯最终未能达成协议。德意志的神学家希望英格兰在三方面做进一步改革：第一，举行圣餐礼时，信众须兼领圣体与圣血；第二，废除私人弥撒；第三，不强制要求神职人员独身。亨利八世写了一封很长的回信，在各方面维护了天主教信仰。不过，英格兰王国与德意志各诸侯国的这次宗教会谈表明，当时，亨利八世急于在宗教问题上采取和解态度，但从政治角度看，他比以往任何时候都需要结盟。亨利八世试图打破弗朗索瓦一世和查理五世友谊的一切努力都失败了，向神圣罗马帝国和法兰西王国公主求婚的提议也失败了。1539年春，有传言称，查理五世将进一步证明自己与弗朗索瓦一世亲密无间：他将从西班牙途经法兰西前往神圣罗马帝国，而不是通过海路，或者途经意大利与奥地利的方式前往神圣罗马帝国。趁此良机，托马斯·克伦威尔说服亨利八世，让他从神圣罗马帝国各诸侯的宫廷中物色一位妻子以加强他与他们的联盟。

一旦托马斯·克伦威尔采取这一政策，为亨利八世挑选妻子的任务就变得很容易了。1530年，克利夫斯公爵约翰三世曾提议与英格兰王室结成某种婚姻联盟。约翰三世与约翰·腓特烈一世的关系十分密切，因为约翰·腓特烈一世娶的是约翰三世的女儿克利夫斯的西比尔。年轻的约翰·腓特烈一世很快就继承父亲"坚定的"约翰的选帝侯职位。约翰·腓特烈一世声称自己有权继承海尔德公爵查尔斯二世的公国，而海尔德公国是查理五世的眼中钉，它和尼德兰的关系与苏格兰和英格兰的关系一样。当查理五世和弗朗索瓦一世开战时，格德司公国一直是弗朗索瓦一世手中最有用的一枚棋子。因此，神圣罗马帝国各诸侯与丹麦、格德司公国、英格兰王国形成的政治、宗教同盟将严重威胁到查理五世对尼德兰领土的控制。当意识到查理五世与弗朗索瓦一世的友好关系依然没有中断，并且查理五世已决定访问巴黎时，托马斯·克伦威尔劝说亨利八世与神圣罗马帝国的某位诸侯联姻。1539年年初，亨利八世给出了想与克莱沃的安妮结婚的暗示。不过,唯一的困难是,克莱沃的安妮已与洛林公爵勒内二世的儿子——安托万订下婚约。在后来亨利八世与克莱沃的安妮的离婚过程中,这一情况对亨利八世是非常有利的。由于克莱沃的安妮没有同意与安托万的婚事,所以也就没有人反对亨利八世和克莱沃的安妮结婚。考虑到这桩婚事带来的好处和勒内二世的经济困难,亨利八世同意克莱沃的安妮可以没有嫁妆。1539年10月6日,英格兰王国与克莱沃公国签订了婚姻条约。

安托万

亨利八世见到克莱沃的安妮的画像

　　亨利八世驻德意志的大使爱德华·沃顿曾向亨利八世描述过克莱沃的安妮的容貌。1539年夏，小汉斯·霍尔拜因奉亨利八世之命去迪伦为克莱沃的安妮画一幅肖像。该画现藏于卢浮宫。爱德华·沃顿称这幅肖像画得"栩栩如生"。画中，克莱沃的安妮有着一张椭圆形的脸，长长的鼻子，栗色的眼睛，白皙的皮肤，颜色淡淡的嘴唇。此时，克莱沃的安妮二十四岁。据说，法兰西人觉得克莱沃的安妮长得很丑,但托马斯·克伦威尔告诉亨利八世,"人人都称赞她容貌出众、身材婀娜,还有人说她的美貌胜过丹麦的克里斯蒂娜,如同金色的太阳令银色的月亮黯然失色"。对克莱沃的安妮的才艺,爱德华·沃顿的评价并不高。克莱沃的安妮的温柔广受称赞,但她的时间主要花在了女红上。她只会德语,不会其他语言,更不会吹拉弹唱,因为在当时的德意志人看来,这些才艺与淑女的身份很不相称。1539年12月12日,克莱沃的安妮抵达加来,但恶劣的天气和潮汐让她一直滞留在此,直到1539年12月27日才重新启程。她在迪尔登陆,然后骑着马去了坎特伯雷。1539年12月30日,克莱沃的安妮继续前往锡廷伯恩。1539年12月31日,她从锡廷伯恩前往罗切斯特。亨利八世特意打扮一番,在罗切斯特等待迎接克莱沃的安妮。即便对克莱沃的安妮的外表感到失望,亨利八世也没有在众人面前表现出来。1540年1月3日,在格林尼治,为克莱沃的安妮举行的接待仪式并未受到任何影响。1540年1月6日,克莱沃的安妮与亨利八世的婚礼很隆重,也很顺利。亨利八世当众"深情拥抱并亲吻"了克莱沃的安妮。除了最宠信的朝臣,亨利八世没有向任何人说过:不管是自愿还是非自愿,他都陷入了执政以来最屈辱的境地。

事实上,亨利八世会陷入这种屈辱的境地是因为他没有按照自己1538年8月向法兰西大使路易·德·佩罗提出的原则行事。亨利八世当时宣称,选择妻子应慎重,不能假手旁人,在决定娶某位女士前,自己必须先见一见对方,了解一段时间。克莱沃的安妮是托马斯·克伦威尔一手挑选的。根据托马斯·克伦威尔的说法,众人交口称赞克莱沃的安妮的美貌,但在亨利八世看来,克莱沃的安妮长得很丑。在罗切斯特初次见过克莱沃的安妮后,亨利八世告诉托马斯·克伦威尔,克莱沃的安妮"一点都不像人们说的那么美","早知道是这种情况,我决不会让她进入英格兰"。亨利八世问托马斯·克伦威尔有什么补救办法。然而,托马斯·克伦威尔并不知道应该怎么办。1540年1月3日,托马斯·克兰麦、第三代诺福克公爵托马斯·霍华德、查尔斯·布兰登、威廉·菲茨威廉和卡思伯特·滕斯托尔都被叫来商议对策,但并没有商议出什么结果。亨利八世反复问道："难道除了让我违背自己的意愿，给自己套上枷锁，就没有其他补救办法吗？"显然没有其他补救办法。此时，查理五世正在巴黎接受弗朗索瓦一世的热情款待。如果亨利八世拒绝与克莱沃的安妮结婚，那么就会把约翰三世推向查理五世与弗朗索瓦一世的阵营，使神圣罗马帝国各诸侯与亨利八世离心离德，还会使亨利八世在基督教国家中找不到任何朋友。因此，亨利八世决定给自己套上枷锁，娶克莱沃的安妮为妻。

亨利八世与克莱沃的安妮

然而，对婚姻，亨利八世从来就没有耐心。另外，可以肯定的是，一旦可以毫无风险地抛弃那个毫无魅力的妻子克莱沃的安妮，他就会这么做，并且很可能还会做出其他事，因为克莱沃的安妮的长相让亨利八世失去了最后的耐心。受环境所迫，亨利八世不仅与克莱沃的安妮结婚了，还采取了他和大多数臣民都不喜欢的宗教政策和世俗政策。如果事情到了最坏的地步——弗朗索瓦一世和查理五世联手进攻英格兰，那么亨利八世与信奉路德教的诸侯的联盟或许就是最有效的武器，但就该联盟具有的优势来说，不能与他和查理五世相互理解相提并论。亨利八世一旦找到可以与查理五世重修旧好的办法，就会毫不犹豫地甩开神圣罗马帝国各诸侯，甚至不再关注德意志路德教的神学家。在坚持天主教信仰的基本观点方面，亨利八世从未动摇。只要天主教不妨碍他，他就对天主教没有敌意。在英格兰，罗马的宗教管辖权已被废除，因为它限制了亨利八世的权威。英格兰神职人员的一些权力也已被摧毁，一部分是出于类似的原因，一部分是出于对世俗人员的让步。不过，完全属于英格兰国教会的自我宗教主张并未受到影响。英格兰的神职人员仍属于一个排他的社会阶层。上帝赋予了他们每日创造奇迹的能力，即将面包和葡萄酒转化为基督的圣体和圣血的能力。即便在与信奉路德教的诸侯的联盟看起来非常重要时，亨利八世也努力说服路德教教徒相信天主教弥撒教义的真理，并且坚定不移地、狂热地迫害异端。这种狂热动摇了盟友对改革的信心。亨利八世认为，与没有权力、装腔作势的教皇相比，拥有至高的王权的他能更有效地捍卫信仰，此事成功与否关乎他的荣誉。对异端的皈依和火刑处决，亨利八世很感兴趣。好几条资料记载表明，亨利八世曾多次一整天都在与圣餐象征论者进行争辩。这些活动展示了亨利八世在宗教问题上的权威及学识渊博的双重优势。亨利八世这种执着的天主教信仰并非因为他反复无常，或者是无知。谈到对异端神学的研究，可能英格兰没有哪个主教能超过亨利八世。他一直关注着马丁·路德和其他异端首领的书籍，还有一个很大的御用神学图书馆。亨利八世对正统教义和教会形式的坚持不仅是通过学习加强的，还深植于他的性格深处。对像亨利八世和路易十四这样虔诚但不守天主教教规的人来说，宗教仪式是一种极大的慰藉。亨利八世很少忘记在耶稣受难日时俯身爬向十字架进行膜拜，也不会忘记在弥撒仪式上侍奉神父，每个主日都要领受圣餐，每天都要进行"其他值得称赞的仪式"。

对内心怀着如此赤诚宗教情感的亨利八世来说，他与信奉路德教的诸侯的联盟不过是权宜之计。与其他事情一样，在这一件事情上，亨利八世获得了大部分臣民的支持。据说，1539年，伦敦没有人敢反对天主教习俗。1539年，四旬期①时，有人因在星期五吃肉而被绞死。这显然是伦敦特委法官罗杰·乔姆利爵士下的命令。对教会的攻击一直围绕着教会的特权和财产展开，没有触及教会的教义。世俗人员中的上层人士将解散修道院得来的战利品尽收囊中后，安然自得；中产阶层对限制教会收费，以及禁止神职人员与世俗人员在酿酒、鞣革、土地和房屋投机等盈利行业中进行竞争的法令在一定程度上还算满意。此外，还存在一种普遍的反应。这种反应总是在一段时间的变革后才悄然出现。在1539年4月28日召开的议会上，亨利八世第一次了解到这种反应已发展到什么程度。

1539年议会选举的特点是，法院对选举活动的干预比亨利八世执政以来的任何时期都要多，尽管这次干预选举的证据不够充分，受影响的选区相对较少。此外，托马斯·克伦威尔而不是亨利八世，企图让下议院成为支持自己特定政策的议员的天下。这一企图在各选区引起了不满，甚至在法纳姆选区引发了骚乱。法纳姆是由温切斯特主教斯蒂芬·加德纳专门负责的选区。尽管如此，托马斯·克伦威尔还是要求威廉·菲茨威廉利用其影响力为自己在法纳姆物色一位议员候选人。于是，威廉·菲茨威廉不顾斯蒂芬·加德纳的反对，将托马斯·克伦威尔的心腹托马斯·赖奥思利作为南安普敦的议员送进了议会。这一代表性实例能充分证明托马斯·克伦威尔运用手段只是徒劳，因为他费了很大

---

① 基督教重要节日之一，从复活节前的第七个星期三开始，一般到复活节前一天截止，共四十天，不计六个主日。——译者注

力气才组建好的下议院，最后一致通过了针对他的褫夺公权法案。在1539年这届下议院未解散前，受托马斯·克伦威尔刻意排挤的斯蒂芬·加德纳重新获得了亨利八世的宠信，并且取代了托马斯·克伦威尔在亨利八世心目中的位置。反对托马斯·克伦威尔，支持亨利八世的潮流是不可遏制的。为避免大难临头，托马斯·克伦威尔被迫顺应局势，但最终只是徒劳。

1539年议会通过的主要法案是《六条信纲法案》。该法案旨在确保"信仰的统一与和谐"。亨利八世曾就此颁布圣旨，但并未产生任何影响。《六条信纲法案》确认了圣餐变体论；宣布在举行圣餐礼时，教徒领受面包和葡萄酒中的一种圣餐即可；神职人员不可以结婚，守贞誓言终生有效；私人弥撒合乎教义；秘密忏悔虽然是权宜之计但很有必要。必须对反对《六条信纲法案》第一条者，或者反对其余条款中任意两条的重罪犯处以火刑。实际上，《六条信纲法案》是第一个教会统一条例，是议会对教会信仰的最早定义。《六条信纲法案》的通过表明，大多数世俗人员仍然是十分正统的，他们可以和教会一样无情地迫害异教徒，并且唯一的愿望就是亲自动手。亨利八世与世俗人员联合起来共同反对托马斯·克伦威尔和少数主张改革的主教，并且这些主张改革的主教据说是在亨利八世的亲自干预下才放弃反对意见的。于是，《六条信纲法案》在议会获得了通过。当亨利八世不在场时，他的旨意由第三代诺福克公爵托马斯·霍华德，而不是副主教托马斯·克伦威尔传达。

托马斯·克伦威尔显然是战战栗栗走向垮台的。议会对他的政策表现出的敌意并非亨利八世授意的结果，因为这个赋予王国宣言法律效力的机构，也有独立表达自己意志的时候。托马斯·克伦威尔最初提交给下议院的《公告法》的草案引发了一场激烈的辩论，并且遭到了否决。于是，托马斯·克伦威尔提交了另一份符合下议院立场的替代草案。议会如果愿意，那么可以像否决第一个草案那样轻松地否决第二个草案。议会心甘情愿地将《公告法》这件武器交到亨利八世的手中，主要是为了表达它对《六条信纲法案》的根基，即"信仰的统一与和谐"的强烈渴望。只有一类违反王室公告的罪行可以被处以死刑，即

"因任何形式的反基督教教义的异端邪说,而违反亨利八世、其继承人或继位者任何公告"的罪行。亨利八世可以通过公告来规定信仰,由此建立的正统信仰标准将通过最严厉的法律制裁来强制执行。议会认为,英格兰只有形成严格统一的信仰才能保持团结,抵御外敌。这种统一只有基于臣民拥戴亨利八世才能实现,因为教会现在因教义问题陷入了严重的内部分裂。

这就是1539年年底英格兰的形势。托马斯·克伦威尔及其政策,以及亨利八世与神圣罗马帝国各诸侯的联盟,与克莱沃的安妮结婚等,都只是权宜之计,都不如一种政治需求更加可靠,即暂时以某种方式制衡弗朗索瓦一世和查理五世的联盟。只要这种政治需求还存在,亨利八世就会竭力掩饰自己的真实感受,他和克莱沃的安妮的这段婚姻就依然有效。然而,他现在一刻也坚持不下去了。革命以惊人的速度到来了。1540年4月10日,法兰西驻英格兰大使夏尔·德·马里亚克汇报称,托马斯·克伦威尔即将垮台,其原因不难理解。刚一离开法兰西,查理五世就开始为自己不履行与弗朗索瓦一世的承诺做辩解。查理五世决定永不放弃米兰,而弗朗索瓦一世从未停止过对米兰的渴望。查理五世本以为弗朗索瓦一世是自己征服英格兰的有用盟友,但目前自己有超过四分之一的领土都受到了威胁,尤其是英格兰王国和神圣罗马帝国各诸侯联盟带来的威胁。亨利八世巧妙地扩大了弗朗索瓦一世和查理五世的嫌隙。在向弗朗索瓦一世表示最大敬意的同时,亨利八世告知查理五世,自己很愿意与查理五世,而不是神圣罗马帝国各诸侯结盟。1540年4月之前,亨利八世就确定查理五世想维护德意志与尼德兰的安定,而不是征服英格兰,如果自己放弃与神圣罗马帝国各诸侯联盟,应该不会导致他们与弗朗索瓦一世、查理五世结盟。因此,当约翰三世的大使于1540年5月前来要求亨利八世协助约翰三世保卫格德司公国时,他的语气非常冷淡。

然而,托马斯·克伦威尔的垮台并非没有引起任何剧烈的震荡,其情形与法兰西恐怖统治时期马克西米利安·罗伯斯庇尔灭亡前的变化非常相似。托马斯·克伦威尔将自己提名的人悉数安插在英格兰的法院和政府部门。以托马斯·克兰麦为首的至少六名主教接受了托马斯·克伦威尔的神学观点和政治观点；大法官托马斯·奥德利和威廉·菲茨威廉的宗教信仰与托马斯·克伦威尔的宗教信仰如出一辙；一群为数不多的、热情的宗教改革者竭力通过民谣和布道来证明英格兰人渴望进一步的宗教改革。夏尔·德·马里亚克说，英格兰议会分化成了两派，即以托马斯·克伦威尔为首的宗教改革派和以温切斯特主教斯蒂芬·加德纳为首的天主教保守派。它们都试图摧毁另一派。亨利八世任由各派争斗，直到他认为自己该介入时才介入。1540年2月，斯蒂芬·加德纳曾和亨利八世与路德教的主要代表——罗伯特·巴恩斯有一次神学上的交锋。最终，罗伯特·巴恩斯被迫公开宣布放弃自己的观点。1540年4月，长期被排除在枢密院之外的斯蒂芬·加德纳和一两名保守派人士重新进入枢密院。另外，有报告称，卡思伯特·滕斯托尔将接替托马斯·克伦威尔担任亨利八世的副主教。不过，几天后，托马斯·克伦威尔的两名亲信——托马斯·赖奥思利

托马斯·赖奥思利

雷夫·萨德勒

和雷夫·萨德勒被任命为亨利八世的国务大臣,而托马斯·克伦威尔被封为埃塞克斯伯爵。1540年5月,奇切斯特主教理查德·桑普森、尼古拉·威尔逊、尼古拉·沃顿,三位反对教会改革的人士被送进了伦敦塔。亨利八世终于出击了。1540年6月10日,托马斯·克伦威尔被逮捕。枢密院是这样记载的:托马斯·克伦威尔"不仅一直在对抗亨利八世解决宗教问题的目标,还说,如果亨利八世和英格兰与他的意见不同,那么他会暂时忍耐。他希望再过一两年,情势会让亨利八世无法抗拒他的意愿"。然而,在那个冷酷的年代,托马斯·克伦威尔乞求怜悯的呼声没有得到任何回应。议会也对此充耳不闻,并且判了他的罪。1540年7月28日,托马斯·克伦威尔被斩首。

从现实中,亨利八世得出一个结论:抛弃克莱沃的安妮和她的亲戚并不危险。他下定决心,并且很快就找到了离婚的办法。亨利八世的情况,正如他所说,一如既往地、巧妙地将事实与虚构、理性与诡辩融为一体。他称自己当初的"结婚目的"存在问题，因此，与克莱沃的安妮的婚姻是无效的。亨利八世因为害怕在与弗朗索瓦一世和查理五世的对抗中毫无防御能力，被迫给自己套上枷锁，因此，如今他不再是自由身。他的婚姻只是一种有条件的形式婚姻。克莱沃的安妮从未完全与安托万解除婚约，并且亨利八世是在假定克莱沃的安妮的这桩婚事马上就会取消的情况下和她举行的婚礼。出于这种良心上的顾忌，他没有与克莱沃的安妮圆房。为了使最后这句话显得更逼真，亨利八世又补充了一个细节：克莱沃的安妮厌恶圆房。因此，他请求"我们的"教会宣布这桩婚事无效。克莱沃的安妮小心谨慎地做好了服从英格兰国教会裁决的准备。在亨利八世眼中，英格兰国教会主要就是为了处理他个人的宗教事务而存在的。1540年7月7日，英格兰国教会的主教大会宣布亨利八世与克莱沃的安妮的婚姻无效。克莱沃的安妮每年可以得到四千英镑的巨额收入，还拥有两处乡间宅邸，并且她与亨利八世，以及未来的几位都铎君主相处得十分融洽。1557年7月16日，克莱沃的安妮去世。1557年8月3日，她被葬于威斯敏斯特教堂。

　　亨利八世摆脱了婚姻的枷锁，也摆脱了德意志各诸侯国的纠缠。很快，查理五世就得知了亨利八世离婚的消息。查理五世说，亨利八世肯定会发现自己才是他最亲爱的兄弟、最热诚的朋友。从安特卫普传来消息称，亨利八世疏远了神圣罗马帝国信奉路德教的诸侯，开始亲近查理五世与弗朗索瓦一世。1521年至1522年，为躲避查理五世的追捕，马丁·路德化名容克尔·约尔格，隐藏在瓦特堡。德意志的路德教神学家菲利普·梅兰希通以前总是积极地为亨利八世开脱，但现在谴责亨利八世是尼禄般的暴君，并且希望上帝能让某个大胆之徒刺杀亨利八世。1540年7月10日，弗朗索瓦一世听到亨利八世离婚的消息后叹了口气。他预见到未来会有人结盟反对自己，但查理五世的国务大臣弗朗西斯科·德·洛斯·科沃斯–莫利纳相信上帝正在把所有这一切变成好事。

第15章

亨利八世的最后一搏

在与克莱沃的安妮离婚后，亨利八世遇到的第一件"好事"就是娶了第五任妻子凯瑟琳·霍华德。议会曾请求亨利八世解决困扰臣民的关于他与克莱沃的安妮结合的合法性的问题，现在又恳求亨利八世"为了臣民的福祉"，为了更多的子嗣，再次结婚。亨利八世选中了凯瑟琳·霍华德，并且把她当作促成与克莱沃的安妮离婚、使托马斯·克伦威尔垮台的工具。尽管凯瑟琳·霍华德在道德方面存在问题，但她信仰的正统性毋庸置疑。她是托马斯·克伦威尔的强敌——第三代诺福克公爵托马斯·霍华德的侄女[①]。1540年，在斯蒂芬·加德纳的宅邸，凯瑟琳·霍华德第一次有机会令亨利八世臣服于她的魅力。凯瑟琳·霍华德将担起安妮·博林在新教革命中扮演的反天主教的角色。在选择各自的"女主角"方面，新教和天主教都很不走运。凯瑟琳·霍华德的父亲埃德蒙·霍华德虽然出身高贵，但很贫穷，并且他忽视了对女儿凯瑟琳·霍华德的教育，致使她养成了禁不起任何诱惑的性格。凯瑟琳·霍华德曾先后与三个追求者发生过关系；她的音乐老师亨利·曼诺克曾吹嘘说她答应要做他的情妇；一个叫弗朗西斯·德雷汉姆的亲戚称她是自己的妻子。据称，凯瑟琳·霍华德与远房堂舅托马斯·卡尔佩珀[②]订有婚约。夏尔·德·马里亚克

[①] 第三代诺福克公爵托马斯·霍华德是凯瑟琳·霍华德的父亲埃德蒙·霍华德的哥哥。——译者注
[②] 托马斯·卡尔佩珀是凯瑟琳·霍华德的母亲乔伊丝·卡尔佩珀的远房堂弟。——译者注

认为，凯瑟琳·霍华德虽然很美，但没有什么特色。不过，从凯瑟琳·霍华德的肖像来看，这一评价过低。凯瑟琳·霍华德长着一双淡褐色的眼睛，一头赤褐色的秀发，与亨利八世其他几位妻子一样美丽动人。就连夏尔·德·马里亚克也承认，凯瑟琳·霍华德的面容很迷人。当时，凯瑟琳·霍华德的具体年龄虽然不确定，但可以肯定的是，她的实际年龄肯定比当时出于礼貌记录下来的二十一岁要大。与安妮·博林一样，凯瑟琳·霍华德的婚礼也是秘密举行的。夏尔·德·马里亚克认为，凯瑟琳·霍华德最晚于1540年7月21日就与亨利八世结婚了。驻查理五世宫廷的威尼斯共和国大使弗朗切斯科·孔塔里尼说，亨利八世和凯瑟琳·霍华德的婚礼是在主教大会宣布亨利八世与克莱沃的安妮的婚姻无效两天后举行的，即1540年7月7日。不过，1540年7月7日也许是他们订婚的日子。婚礼是1540年7月28日在奥特兰兹宫秘密举行的。自1540年8月8日凯瑟琳·霍华德在汉普敦宫被确认为王后，在随后的主日里，英格兰所有教堂为她进行祈祷。

亨利八世对这段新的婚姻很满足。他不喜欢过去几年实行的政策，并且极力逃避责任。如今形势发生逆转，他不再需要扮演什么角色，也不用为外国入侵的危险而焦虑，他终于解脱了。这些麻烦曾困扰他，损害他的健康。现在，他变得神采奕奕，并且身体也逐渐好转。他开始每天早起。即便是冬天的早晨，他也不到6时就起床了，然后骑四五个小时的马。亨利八世十分迷恋凯瑟琳·霍华德。与安妮·博林和托马斯·克伦威尔的观点相比，凯瑟琳·霍华德和伯父——第三代诺福克公爵托马斯·霍华德，以及她的支持者斯蒂芬·加德纳的观点更符合亨利八世的观点。直到亨利八世统治末期，第三代诺福克公爵托马斯·霍华德一直是帮助他制定或执行世俗政策的主要人物，而斯蒂芬·加德纳则代表了他的宗教观点。不过，第三代诺福克公爵托马斯·霍华德和斯蒂芬·加德纳都没有达到托马斯·沃尔西曾达到的地位，或者是他曾试图获得的地位。自此，亨利八世统治时期再没有首席大臣，也没有副主教。世人对英格兰内外政策的赞美或批评只能由亨利八世一人承担。

在外交事务上，亨利八世秉承着紧随查理五世的策略，一部分原因是几乎所有人都认为这是英格兰奉行的最安全的路线，另一部分原因是这种策略可以让亨利八世放手实施他针对苏格兰制订的帝国计划。在英格兰国内事务中，亨利八世以极强硬的手段实行世俗独裁，并且迫使臣民接受他在教会中的至尊地位，以及教会的正统教义。虽然《六条信纲法案》已于1539年获得通过，但托马斯·克伦威尔似乎没有批准发放执行该法案所需的资金。这一重大过失让议会很不满。在托马斯·克伦威尔倒台前不久，为了更有效地执行《六条信纲法案》，议会通过了另一项法案，即《神职人员纵欲从宽惩处法案》，放宽对"纵欲"神职人员的惩处：判处"纵欲"神职人员死刑是不可能的，因为人数太多了。不过，这是给予神职人员的唯一的宽容。1540年7月30日，有六人同时被处决。其中，三名神职人员——理查德·费瑟斯通、托马斯·埃布尔、爱德华·鲍威尔因否认国王的至尊地位，被作为叛徒绞死；另外三名异端分子——理查德·巴恩斯、威廉·杰尔姆、托马斯·杰勒德因抨击天主教信仰而被烧死。这一事件生动地说明了此后亨利八世治国理政的主导风格。

然而，英格兰并未因此而太平。亨利八世在许多领域取得了成功，并且得到了大多数臣民的支持。在这种情况下，他开始了一项注定要失败的任务。不是所有"六股鞭"[①]，也不是所有史密斯菲尔德刑场的火刑都能使亨利八世渴望的"信仰的统一与和谐"得到实现，并且他在不经意间做了许多事，破坏了"信仰的统一与和谐"。亨利八世也许会谴责英格兰国内多元化的宗教信仰——这是他在英格兰各教堂普及英文版《圣经》产生的结果，但那些已看到《圣经》中隐藏的真理的人，不可能否认自己看到的一切。亨利八世的专制暴政刺激了爱德华六世统治时期的宗教改革，甚至导致了玛丽一世疯狂迫害新教徒，并且最终摧毁了罗马天主教在英格兰的势力。亨利八世的主教几乎很少能意见统一、思想一致。休·拉蒂默和尼古拉·沙克斯顿被没收了各自的教区；其余人

---

① "六股鞭"，亨利八世统治时期，清教徒对《六条信纲法案》的称呼。——译者注

凯瑟琳·霍华德认罪

曾与王后凯瑟琳·霍华德发生过关系；亨利·曼诺克也承认自己曾对王后凯瑟琳·霍华德有过轻薄行为；王后凯瑟琳·霍华德也认罪了。亨利八世羞愤不已，忍不住号啕大哭。枢密院称，亨利八世的这种表现"与往日的勇武完全不同"。尤斯塔斯·查普斯写道，亨利八世"一直认为自己与凯瑟琳·霍华德是珠联璧合"。夏尔·德·马里亚克补充道，"亨利八世悲痛得让大家后来都觉得他已经疯了"。如果不是凯瑟琳·霍华德在与亨利八世结婚后，甚至在亨利八世携她一同巡行英格兰北部的途中还和托马斯·卡尔佩珀通奸的证据被曝光，那么亨利八世也许会赦免她，她就不会丧命，最坏的结局可能就是离婚而已。凯瑟琳·霍华德犯的是叛国罪，即便亨利八世能赦免她婚前的不检点行为，也无法掩盖她犯了叛国罪这一事实。然而,亨利八世仍怒不可遏,直到1542年1月,议会请求亨利八世不必亲自过问凯瑟琳·霍华德的叛国罪。忠心的上议院和下议院恳求亨利八世不要把此事看得太重,并且请亨利八世允许它们实施针对凯瑟琳·霍华德的褫夺公权法案。亨利八世只需在委任状上加盖御玺以示批准即可,无须书写任何文字或举行任何仪式,因为这可能会使亨利八世感到更痛苦。由此产生了王室通过委托状批准议会法案的惯例。褫夺公权法案也因此多了一项全新条例:任何不贞洁自守的女性嫁给国王即犯了叛国罪。对此,尤斯塔斯·查普斯挖苦道,"现在,宫廷里的女士几乎没有人——即使有也特别少——会渴望获得这份荣幸"。1542年2月11日,针对凯瑟琳·霍华德的褫夺公权法案获得了亨利八世的批准。亨利八世恩准凯瑟琳·霍华德在接受议会审问时可进行自我辩护,但被凯瑟琳·霍华德婉拒了。1542年2月10日,凯瑟琳·霍华德被移送到伦敦塔。当时,她身穿一件黑色天鹅绒礼服,受到了"王后一样

凯瑟琳·霍华德被移送到伦敦塔

的礼遇"。1542年2月13日，在安妮·博林的脖子被利剑斩断的同一地点，凯瑟琳·霍华德也身首异处了。

于是，亨利八世与克莱沃的安妮离婚后遇到的第一件"好事"就这样结束了。不过，其他好事持续的时间更长：弗朗索瓦一世与查理五世之间的裂痕越来越大。1541年7月，在里沃利，弗朗索瓦一世驻奥斯曼帝国的两位大使——切萨雷·弗拉戈索与安东尼奥·林科被神圣罗马帝国的米兰总督阿方索·德阿

处决凯瑟琳·霍华德

阿方索·德阿瓦洛斯

瓦洛斯下令扣押并处死。这让弗朗索瓦一世非常愤怒。弗朗索瓦一世仍在追寻已逝去的荣耀，徒劳地盘算着统治阿尔卑斯山脉以南的土地。他没能从与神圣罗马帝国的联盟中得到自己期望的任何利益；他与查理五世会面，向其主动示好，但都被查理五世这个无情的阴谋家无视了。弗朗索瓦一世意识到了亨利八世为什么会那样嘲笑他对查理五世的种种期望。当时，亨利八世嘲笑地说："我还和查理五世会晤了三个星期呢。"为赢得英格兰的支持，弗朗索瓦一世和查理五世展开了竞争。尤斯塔斯·查普斯说，现在，"为了结盟，法兰西几乎一切都听英格兰的"。因此，他告诉查理五世，神圣罗马帝国也必须不惜一切代价确保英格兰在神圣罗马帝国的利益。1542年6月，弗朗索瓦一世向查理五世宣战。到1542年7月月底，有四支法兰西军队入侵查理五世的领土，或者威胁他的领土主权。尽管弗朗索瓦一世与查理五世百般诱惑，但亨利八世不会成为他们中任何一方的工具，他有自己的打算。弗朗索瓦一世与查理五世的决裂给了亨利八世一个完成自己帝国计划的机会，完成方式就是将自己的影响扩大到不列颠群岛上至今仍保持独立的那片土地——苏格兰。

与实行其他计划一样，亨利八世总能轻易地为自己攻击苏格兰的独立找到看似合理的借口。教皇保罗三世任命大卫·比顿为枢机主教的意图非常明确，就是要在苏格兰公布针对亨利八世的教皇诏书，并且煽动詹姆斯五世入侵英格兰，而大卫·比顿深得詹姆斯五世的信任。詹姆斯五世曾与查理五世、弗朗索瓦一世密谋进攻英格兰，并且他认为只要自己以"受亨利八世压迫者的救星"的姿态进入英格兰，就会受到民众欢迎，至少在英格兰北部会受到民众欢迎。求恩巡礼的难民正在苏格兰避难，如果英格兰国王和苏格兰国王中的任何一方想挑起战争，那么没完没了的边境战事随时可以为他们提供开战的理由。当然，英格兰国王和苏格兰国王挑起战争的愿望随着各自能否取得成功而不断变化。弗朗索瓦一世和查理五世如果进攻英格兰，又如果其他国家针对亨利八世展开一场大规模讨伐，那么詹姆斯五世毫无疑问会入侵英格兰。弗朗索瓦一世和查理五世之间的战争给亨利八世挑起与苏格兰的战争提供了一些机会，也给他设下了一个不可抗拒的诱惑——亨利八世想彻底解决英格兰与苏格兰之间的问题。亨利八世重新提出了英格兰对苏格兰的宗主权这一陈旧主张，并且假称苏格兰人是叛乱分子。另外，1541年9月，詹姆斯五世不是拒绝与亨利八世在约克会面，讨论两国间具有争议的问题吗？因此，亨利八世很可能会坚称自己无意扩张英格兰的领土，但英格兰北部受到了苏格兰的威胁，并且苏格兰还与自己的宿敌——法兰西沆瀣一气，结成了联盟。因此，他唯一的愿望就是要铲除英格兰北部面临的这一永久威胁。事实上，如果苏格兰人愿意断绝和法兰西长久以来的关系，那么亨利八世似乎很愿意与苏格兰人讲和。然而，苏格兰人认为自己与法兰西的关系是自身安全的保障，因而拒绝与法兰西断绝关系。1542年8月24日，在哈登里格，苏格兰军队击败了英格兰军队发起的突袭。这让亨利八世怒不可遏，而为这小小的逆转复仇的愿望成了他心中一个关乎荣誉的问题，也成了英格兰对苏格兰政策中的一个重要因素。

　　1542年夏，英格兰和苏格兰一直在进行谈判。1542年10月，第三代诺福克公爵托马斯·霍华德率兵越过苏格兰边境区，攻入了苏格兰。不过，军队物资的运输出现了问题，军需供应很不完善。约克市市长乔治·劳森爵士无法向英格兰军队供应足够的啤酒。第三代诺福克公爵托马斯·霍华德不得不返回苏格兰边境区的凯尔索。除了对苏格兰造成一些破坏，第三代诺福克公爵托马斯·霍华德并没有立下什么战功。现在，詹姆斯五世要报仇雪恨。他命令苏格兰军队从西部边境入侵英格兰，以此回敬第三代诺福克公爵托马斯·霍华德对苏格兰东部的入侵。苏格兰边区总督托马斯·沃顿男爵虽然收到了密探的谍报，但只能用数百人的兵力去迎击苏格兰数千人的兵力。然而，即便第三代诺福克公爵托马斯·霍华德入侵苏格兰是一场华而不实的游行，苏格兰军队于1542年11月24日入侵英格兰的企图也不过是一场可怕的大溃败。在苏格兰无能统帅奥利弗·辛克莱的领导下，苏格兰士兵陷入了索尔韦沼泽。大批将士因此惨遭杀戮或者被俘，其中，不乏苏格兰历史上最杰出的一些人物。在得知苏格兰兵败索尔韦沼泽的消息后，詹姆斯五世驾崩了，把苏格兰留给了一个不到一岁的女婴，即未来的苏格兰女王玛丽一世。英格兰在弗洛登战役中获胜的场景再次上演，又一位苏格兰国王倒下了。苏格兰因为幼主即位再次陷入重重危险。

　　在詹姆斯五世驾崩后，约翰·达德利希望亨利八世能控制住年幼的苏格兰女王玛丽一世，并且让她与爱德华王子订婚，否则法兰西人可能会将她带到国外去。实现这种希望并防止这种担心变成现实是亨利八世此后的外交政策的主要目标。亨利八世如果真想让苏格兰女王玛丽一世嫁给爱德华王子，让英格兰和苏格兰走向联合，那么实现的过程肯定困难重重。然而，遗憾的是，亨利八世并不满足于将联合王国和帝国这样的光明前景留给自己的儿子爱德华王子。他紧抓着苏格兰王冠不放；他不愿意只是苏格兰幕后的宗主，还想要成为真正的苏格兰君主。在索尔韦沼泽被俘的苏格兰贵族向亨利八世发誓,"一定会让苏格兰人知道亨利八世有权继承苏格兰王位"。1543年年初,亨利八世发表了一份公告。该公告"包含了英格兰现在对苏格兰发动的这场战争的正当原因,其中指出亨利八世拥有继承苏格兰王位的合法权利"。尽管议会确认"苏格兰已故国王詹姆斯五世只是苏格兰王位和王国的篡夺者,凭着上帝的无限仁慈,亨利八世现在有机会恢复他对苏格兰王位和王国的上述继承权和所有权"。然而,对亨利八世想要实现的事业来说,公布这些冠冕堂皇的借口是十分致命的。以前,亨利七世奉行的是爱德华一世统治早期对苏格兰的政策中比较明智的那部分政策,即通过联姻来联合苏格兰。然而,亨利八世现在开始借助爱德华一世统治后期对苏格兰的政策,即努力把一个模糊的宗主权变成一个明确无误、让苏格兰人十分恼火的主权。苏格兰人认为,自己无法抵抗获胜的英格兰军队,于是于1543年3月同意了亨利八世的儿子爱德华王子和年幼的苏格兰女王玛丽一世的婚事。不过,如果想要苏格兰人承认亨利八世对苏格兰的主权这一过分要求,那就完全是另一回事了。只是提到亨利八世的这一要求就足以激起苏格兰人的猜疑和义愤。在苏格兰,大卫·比顿领导的法兰西天主教势力此时已壮大起来;弗朗索瓦一世宣布,永远不会抛弃自己的盟友,并且提供了船、金钱和人员去协助苏格兰,以此表达自己的诚意。于是,苏格兰人撕毁了与英格兰联姻的协定,并且开始与法兰西人商讨将苏格兰女王玛丽一世嫁给法兰西的某位王子。

必须不惜一切代价避免苏格兰人这一举动给英格兰带来的危险。对英格兰来说,苏格兰国王和法兰西公主联姻历来都不是一个好兆头。如果苏格兰女王玛丽一世嫁给了一位法兰西王子,并且这位王子有可能继承法兰西王位,那么这将成为英格兰面临的最大危险。如果苏格兰王位和法兰西王位合并,那么英格兰的大英帝国构想将会化为泡影。令人遗憾的是,野心勃勃的亨利八世把事情搞得一团糟,但他阻止法兰西和苏格兰联合的努力几乎无可指摘,而且这也是他上次与法兰西作战的真正原因。亨利八世的目的不仅仅是建立赫赫军功，或者是征服法兰西——这些都是他年轻时在托马斯·沃尔西的指导下所做的事，更是要削弱或摧毁苏格兰背后的支持力量，使它失去凭借，无法抵抗，只能与英格兰联合；并且警告苏格兰与法兰西的联盟。因此，1543年春，当查理五世想将英格兰拖入对法兰西的战争时，亨利八世比较干脆地表示同意了。1543年5月，亨利八世和查理五世签订了一项联合攻打法兰西的秘密条约。1543年6月22日，法兰西大使获悉，神圣罗马帝国与英格兰王国要联合攻打法兰西。约翰·沃洛普爵士和托马斯·西摩爵士率领一支英格兰军队的小分队前往法兰西北部，协助神圣罗马帝国的部队作战。

托马斯·西摩爵士

在战争爆发前，亨利八世娶了第六任也是最后一任妻子——凯瑟琳·帕尔。凯瑟琳·帕尔的结婚次数几乎和亨利八世一样多。1543年，三十一岁的凯瑟琳·帕尔已两度守寡。她的第一任丈夫是爱德华·伯勒，第二任丈夫是约翰·内维尔。1543年3月2日，在约翰·内维尔去世后，亨利八世的内兄——简·西摩的哥哥托马斯·西摩立即向凯瑟琳·帕尔求婚。相貌俊朗的托马斯·西摩赢得了凯瑟琳·帕尔的芳心，但他将成为凯瑟琳·帕尔的第四任而不是第三任丈夫，因为当时凯瑟琳·帕尔想和托马斯·西摩结婚的愿望"被亨利

凯瑟琳·帕尔

凯瑟琳·帕尔与亨利八世结婚

八世的至高权力打破了"。1543年7月12日，在汉普敦宫，凯瑟琳·帕尔与亨利八世结婚了。凯瑟琳·帕尔身材矮小，容貌并不出众，但性格极好。在亨利八世生命的最后几年，凯瑟琳·帕尔对他的健康产生了积极影响。凯瑟琳·帕尔承担的任务并不简单，但她以自己的机智克服了一切困难。她悉心照料亨利八世，并且使他暴躁的脾气变得相对缓和一些。在凯瑟琳·帕尔的干预下，许多人免于遭受《六条信纲法案》的惩罚。凯瑟琳·帕尔还促成了伊丽莎白公主和亨利八世的和解，并且玛丽公主和伊丽莎白公主都很喜欢她。据说，凯瑟琳·帕尔宗教信仰的正统性曾引起人们的怀疑,并且她曾和亨利八世在宗教问题上发生过争吵,由此引发了一场针对她的反动阴谋。据称,亨利八世曾这样说道:"如今女人成了布道的牧师,这可真是让人大饱耳福!我都这把年纪了,还要聆听妻子的教诲,实在是令人欣慰之至啊!"凯瑟琳·帕尔解释说,自己说那番话只是为了"制造话题,转移亨利八世的注意力,让他忘掉腿伤带来的痛苦",但自己坚持与他意见相左是很不得体的。亨利八世说:"亲爱的,真的是这样吗?那我们还是最好的朋友。"当大法官托马斯·赖奥思利来逮捕凯瑟琳·帕尔时,我们听说亨利八世骂他是恶棍、野兽、笨蛋。

1543年冬天至1544年春天,英格兰和苏格兰都忙着在边境上备战。苏格兰人撕毁与英格兰的婚约应当受到惩罚,而这一惩罚任务被委托给了作战经验丰富的爱德华·西摩。亨利八世将亲自率军渡过英吉利海峡,讨伐弗朗索瓦一世,从而续写自己年轻时的战绩。查理五世将从东北方向入侵法兰西,然后亨利八世将和他会合一起进军巴黎。然而,在16世纪上半叶,从来没有两个君主会为了一个目标真心通力合作。查理五世和亨利八世都想逼迫弗朗索瓦一世让步,但双方希望达到的目的各不相同,并且他们彼此也都不太在意对方会向弗朗索瓦一世提出什么要求。亨利八世的最终目的与苏格兰有关:他想迫使弗朗索瓦一世放弃支持苏格兰独立的举动;而查理五世的最终目的关于米兰和路德教——他想让弗朗索瓦一世放弃对米兰的诉求和对神圣罗马帝国信奉路德教的诸侯的支持。查理五世如果能得偿所愿,那么会毫不犹豫地放手让亨利八世去追求他希望获得的事物;而亨利八世也准备以类似方式回报查理五世。亨利八世对查理五世的猜忌决定了他的行动方针——他决意要先取得一些实质性结果。在战事尚未取得任何进展前,亨利八世于1544年7月19日围攻了布洛涅。占领布洛涅曾是查尔斯·布兰登1523年入侵法兰西的目标之一。当时,在托马斯·沃尔西和神圣罗马帝国盟友的说服下,亨利八世放弃了该目标。这一愚蠢举动造成的结果让人耿耿于怀。查尔斯·布兰登是亨利八世最得力的将军。如今,当年事已高的查尔斯·布兰登重返布洛涅时,那段往事又涌上了他的心头。在查尔斯·布兰登的指挥下,布洛涅受到了猛烈攻击,并且于1544年9月14日被攻克。与此同时,查理五世确信布洛涅就是亨利八世主要想获得的;在攻克它以后,英格兰军队不会再继续支持自己。因此,1544年9月19日,查理五世与弗朗索瓦一世讲和。对此,亨利八世大声表达了自己的愤怒。然而,查理五世并没有做出任何邀请亨利八世加入解决争端的表示。1544年秋,英格兰多次派遣大使敦促查理五世遵守他与亨利八世签订的条约,并且劝说查理五世于1545年春天重新发动对法兰西的战争。

亨利八世一切的努力都白费了,有生以来第一次他不得不独自面对法兰西对英格兰的真正入侵。英格兰的上空乌云密布。1544年5月,爱德华·西摩遵照

爱德华·西摩

亨利八世的作战指示，在苏格兰立下了显著战功：他焚毁了利斯，洗劫了爱丁堡。不过，当亨利八世刚一动身去布洛涅，英格兰北部就出了问题。1545年2月27日，在安克鲁姆沼泽，雷夫·埃弗斯爵士遭到苏格兰人重创。亨利八世失去了盟友；苏格兰人在英格兰北部获得了胜利；法兰西正准备向英格兰南部海岸发动舰队攻击，现在是英格兰人揭竿而起，推翻亨利八世这个嗜血的暴君、教会的敌人、人民的迫害者的好时机。不过，奇怪的是，亨利八世的臣民并没有这么做，甚至没有这么想。英格兰人对亨利八世的不满只是对手幻想出来的，并且亨利八世至死都控制着臣民的思想。亨利八世以前从来没有要求臣民交过一连串的贷款、补贴和善款，但当他要求臣民交这些款项时，臣民非常愉快地答应了。为响应国防号召，亨利八世以身作则，熔掉了自己的金银器将它们铸成货币，又抵押了自己的地产。1545年7月15日，亨利八世亲临朴次茅斯以防御对手的入侵威胁。法兰西人对布洛涅的进攻已开始，而第三代诺福克公爵托马

安克鲁姆沼泽战役

斯·霍华德的大意让他们在刚开始交战时略胜了几场。不过，1545年2月6日黎明前，爱德华·西摩带着四千名步兵和七百名骑兵从布洛涅出发突袭法兰西军队。这让法兰西军队指挥官乌达尔·杜·比耶和一万四千名法兰西士兵大吃一惊。他们的补给、弹药和大炮统统落入英格兰军队的手中。

布洛涅暂时安全了，但一支法兰西舰队于1545年7月19日进入索伦特海峡，并且在本布里奇登陆。本布里奇沿海一带树木繁茂、地势起伏不平。在这里，法兰西军队与英格兰军队爆发了小规模的武装冲突。在撤退时，英格兰军队毁坏了亚尔河上的桥。尽管河水并不迅猛，但法兰西军队因此受阻，无法前进。一两天后，为补给淡水，法兰西军队派了一队人到尚克林峡谷边的小溪去打水。不料，这队士兵遭到了英格兰军队的袭击，全部被消灭。法兰西军队打算强行攻入朴次茅斯港，但港口的急流和斯皮特黑德神秘莫测的沙洲使他们望而却步。突然刮来一阵西风，法兰西士兵被刮入萨塞克斯郡沿岸的海水中。英格兰军队也遭了大难："玛丽玫瑰"号战舰和舰上的四百多名士兵沉入水中，最后只有三十五人生还。1782年8月29日，也是在斯皮特黑德，意外事件再次上演——"皇家乔治"号战舰也沉没了。虽然遭遇了这一变故，但海军上将约翰·达德利紧追法兰西军队。1545年8月15日，在肖勒姆附近，英格兰军队和法兰西军队展开了一场小型战斗。这场战斗持续了一整夜。1545年8月16日破晓时分，最后一条法兰西军舰也被击沉了。英格兰军队这次之所以能够获胜，与其说是因为英格兰的军事力量强大，不如说是法兰西士兵被自己军队中肆虐的疾病击垮了。在塞纳河河口登陆时，撤退的法兰西军队可谓狼狈不堪。

如果战争继续下去，那么法兰西人难以从中获得任何好处，而英格兰人在战争结束时可以获得他们想要的一切。1546年6月7日，英格兰王国和法兰西王国最终签订了《阿德尔条约》。该条约规定：布洛涅由英格兰人占领八年；法兰西人要收回布洛涅，必须支付巨额赎金。条约内容并未涉及苏格兰。1545年9月，在苏格兰边境区，爱德华·西摩发动了一次毁灭性突袭，一洗英格兰人兵败安克鲁姆沼泽的耻辱；1546年5月29日，在亨利八世的默许下，苏格兰境内法兰

大卫·比顿遇刺身亡

　　西势力的灵魂人物大卫·比顿遇刺身亡。与英格兰人结盟的苏格兰新教徒占领了圣安德鲁斯城堡。1546秋，英格兰准备再次努力促成爱德华王子与苏格兰女王玛丽一世的婚事，但此事的具体操作事宜交给了其他人，而不是亨利八世，因为他把英格兰和苏格兰的关系搞得一团糟。亨利八世咄咄逼人的帝国策略毫不在意一个很弱小但依然倔强的对手的情感，但他没有奥利弗·克伦威尔那样镇压一切反抗的军事力量。亨利八世不愿与苏格兰和解，也无法逼它就范。

　　与此同时，除了对苏格兰的图谋、对法兰西的军事行动，以及对英格兰的保卫事宜，亨利八世还在进行他最后一次无望的努力：确保宗教信仰的统一与和谐。残暴的《六条信纲法案》一直以来是断断续续地执行着，亨利八世也克制着自己,没有充分行使议会赋予自己的宗教权力。凯瑟琳·霍华德的垮台可能削弱了其伯父——热衷于烧死异端分子的第三代诺福克公爵托马斯·霍华德的影响力。在英格兰,教会改革派迅速发展壮大,甚至在亨利八世的枢密院这样戒备森严的地方也是如此;总主教托马斯·克兰麦依然牢牢控制着亨利八世的思想,这实在是一件奇怪的事;爱德华·西摩如今平步青云;凯瑟琳·帕尔偷偷地全力支持新教;议会的大多数成员都准备好了要接受亨利八世授权的宗教形式,不管是什么形式;除了霍华德家族,斯蒂芬·加德纳是唯一虔诚的、坚定的天主教信仰捍卫者。即便是在托马斯·克伦威尔垮台的那一刻,他对教会做的事情也没有任何被取消的意思。亨利八世只是认为事情不应进展得如此之快,特别是托马斯·克伦威尔希望进行的教义变革。因为亨利八世知道,顺着教义变革这个方向走,根本无法取得宗教信仰的统一。然而,在路德教与英格兰国教会现状这两个极端之间,在改革的方式上,还有很多事情需要做,并且改革与维护天主教信仰并行不悖。1541年5月11日,英格兰王室发布了一个关于使用《圣经》的新公告。亨利八世宣称自己有意让臣民谦卑、虔诚地阅读《圣经》,谨守其中的训示,而不是只在举行弥撒圣祭或其他神圣仪式时朗读《圣经》,并且世俗人员不得对此持有争议。不过,亨利八世同时命令所有以前一直没有遵守他的禁令的助理牧师和教区的教徒为各自的教堂提供一本英文《圣经》,不得拖延。1541年7月22日,亨利八世发布了《更改瞻礼日与斋日公告》,从而控制了圣徒节的数量。废除各种圣徒节是亨利八世统治时期特有的现象。此举并非为了遏制迷信,而是因为各种圣徒节干扰了农忙收获和其他世俗事务。1541年,亨利八世发布了其他一些关于摧毁圣地并清除遗迹的公告。1543年,为根除《圣经》中或"权威神学博士"没有提到的圣徒及其"虚假传说",亨利八世下令全面修订祈祷书。莎霖礼弥撒①被采纳为坎特伯雷教省神职人员的标准弥撒仪式。一切正稳步朝着仪式和教义的理想统一方向发

---

① 11世纪末期,由索尔兹伯里大教堂的奥斯蒙德主教创立的一种礼拜仪式。1549年,英格兰国教会启用《公祷书》后,莎霖礼弥撒被废止。——译者注

展,这种统一最终体现在英格兰国教会不同时期的教会统一条例中。"由某些高级神职人员所创"的布道词被提交给了主教大会,但这些布道词的出版和宗教仪式的理论基础直到爱德华六世统治时期才得以实现,并且所有这些内容中最杰出的部分——连祷文,是1545年获准通过的。

在《基督教教徒必知的教义与学识》方面,亨利八世费了很多心思。该书通常被称为《国王书》,以区别于1537年的《主教书》。亨利八世拒绝对《主教书》承担任何责任。亨利八世的确曾敦促主教修改《主教书》,还与托马斯·克兰麦详细讨论了他认为书中需要修改的地方,要求主教就此形成统一意见,而主教花了三年时间议而未决。现在,亨利八世"为所有子民提供了一部真实、完美的教义"。议会因此满怀深情地将此书称为《国王书》。当代高级教士、法政牧师理查德·狄克逊称,亨利八世的《国王书》虽然没有主教六年前编写的教义高深,但"它的思想要开明得多,并且写得更精妙"。《国王书》不管是不是"一部真实、完美的教义",都没有达到自身的目的。新旧教派正在为了让英格兰国教会摆脱亨利八世划定的中间路线而不懈努力。一方面,我们看到,1543年的《真信仰推进法案》禁止士绅以下阶层人士阅读《圣经》;同时有人图谋以《六条信纲法案》治托马斯·克兰麦的罪。另一方面,部分枢密院朝臣图谋诬陷斯蒂芬·加德纳。托马斯·克兰麦说,"在亨利八世统治的最后几个月,他命令我写一份将弥撒礼改为圣餐礼的草案"。这一命令显然与这样一个事实有关——亨利八世对查理五世1544年攻打法兰西时的背信弃义感到十分恼火,并且担心自己的中立立场可能会引发其他国家对自己的敌意。于是,亨利八世又开始与神圣罗马帝国信奉路德教的诸侯进行联系。

英格兰的教会改革中唯一保持不变的内容是亨利八世对教会财产的攫取。亨利八世如果活得再久一些,还会把手伸向哪里呢?这令人十分好奇。在亨利八世统治末期,为满足他发动对外战争的需求,英格兰货币贬值速度非常快;同样,出于为对外战争筹款的目的,议会于1545年授权亨利八世解散所有小教堂、济贫院和无宗派小教堂。1545年12月24日,在本年度议会结束时,亨利八世最后一次亲临忠实于他的上议院和下议院。随后,亨利八世发表的演说可视为他最后的政治意愿与遗嘱。亨利八世说,由他而不是大法官托马斯·赖奥思利在议会致辞,是"因为托马斯·赖奥思利不能像我这样,能以如此简单的方式,开诚布公地阐述自己的想法和意愿,袒露自己内心的秘密"。亨利八世感谢臣民对他的赞扬,并且坚决表示自己"丝毫没有"一位君主应有的美德,但他向上帝表示了"最谦卑的谢意",因为上帝依然"赋予了我这些微不足道的品质……现在,我既然发现你们对我如此宽容,那么就只能选择爱护你们,眷顾你们。我肯定,这世上再没有哪位君主能像我一样眷顾臣民,并且我认为没有任何臣民或下议院能比你们更热爱、更服从自己的君主。为保卫你们,我会拿出自己的一切财富,并且会不顾风险,挺身而出。尽管我希望你们,你们也希望我,继续保持我们之间这种完美的友好关系,但这种关系已无法继续下去,因为你们——我的世俗议员和神职议员,以及亲爱的臣民,正煞费苦心地要改变一件事。你们这种做法肯定是错误的、不合乎规程的。我衷心地要求你们依照规程行事。你们之间并不仁爱和谐,充斥着不和与纷争。《圣保罗致哥林多前书》第十三章中说'爱有慈恩,爱是不嫉妒,爱是不张狂'等。然而,你把一个人称为异教徒、再洗礼派,而这个人把你称为教皇派、伪君子、法利赛人。这就是你们相互宽容的象征吗?这就是你们兄弟般友爱的标志吗?不,不,我向你们保证,除非你们给彼此造成的伤痛能够得到治疗并且痊愈,否则你们之间缺乏宽容的这种做法,只会妨碍并扼杀我们完美的君臣之爱。我听说你们神职人员相互抨击对方,言语中没有丝毫宽容。一些人顽固守旧,抱着自己的错误观念不放,而另一些人醉心于自己新的正确观念,感到非常新奇,无暇旁顾。因此,所有人固执己见,与他人格格不入。很少有人,或者说根本没有人真心实意地宣扬上帝的道……然而,世俗大众并非白璧无瑕,没有任何恶意与嫉妒,因为你们责备主教,诽谤神父,非难、奚落传道者。这些都有违良好的公共秩序和基督教的博爱精神。如果你们知道有主教或者是传道者犯了错,或者传授了不当教义,请向我的部分枢密院成员或向我说明这一点,因为上帝赋予了我改革此等事体与行为的至高权力。你们切不可对自己的奇思妙想和空洞的阐述自以为是……我知道,并且曾听说在每家酒馆和客栈里,人们是何等不敬地争论着珍贵的上帝的道,还把这些道改成韵诗加以歌唱,说些虚浮的话。对此,我深表遗憾。然而,让我更加遗憾的是,读经者随波逐流,做着同样的事,并且态度是那样淡然与冷漠。因此,我确信,你们的仁爱之情非常淡薄,并且你们的生活绝不是有道德的、虔敬的生活。在基督教教徒中,上帝从未如此不被敬畏、尊重,或者是受到如此侍奉。因此,如同我先前所说,作为你们的最高宗教领袖及君主,我劝勉并要求你们,要像兄弟一样彼此相爱,同时爱上帝,敬畏上帝,侍奉上帝。我也相信,我一开始所说的仁爱,永远不会在我们之间消散,并且我们的联盟也不会破裂"。

在持续了三十八年,经历了任何忠诚型人际关系中都罕见的紧张情形后,亨利八世与臣民的关系现在要被死亡打破了。1546年8月至1546年9月,亨利八世一如往常地巡行四方。他从威斯敏斯特宫出发,去了汉普敦宫,然后去了奥特兰兹宫、沃金宫、吉尔福德城堡,接着又从吉尔福德城堡去了乔伯姆庄园、

吉尔福德城堡遗址

伊利宫

温莎城堡，然后在温莎城堡度过了1546年10月。1546年11月月初，亨利八世回到伦敦。他先住在怀特霍尔宫，接着住在伊利宫。1547年1月3日，亨利八世从伊利宫返回怀特霍尔宫，然后在此驾崩。据说，亨利八世的身体当时已变得特别笨重，无法走路，也不能站立。在温莎城堡和其他宫殿，人们使用机械装置将亨利八世从一个房间移到另一个房间。亨利八世时日无多，很快就走到了生命的尽头。人人都在想着英格兰之后的情形——才九岁的爱德华王子将成为英格兰的君主，但具体由谁来统治呢？是爱德华·西摩，还是第三代诺福克公爵托马斯·霍华德？是改革派还是反对派？显然，亨利八世早已决定好，任何一派都不应主导另一派，并且他在给将要继承大统的爱德华王子提名的枢密院人员中，安排好了派系平衡。

然而，这种派系平衡突然间就被打破了。1546年12月12日，第三代诺福克公爵托马斯·霍华德和儿子萨里伯爵亨利·霍华德因叛国罪被捕，并且被关进了伦敦塔。萨里伯爵亨利·霍华德虽然诗歌天赋极高,但性格存在很大缺陷。1537年,萨里伯爵亨利·霍华德被伍斯特大教堂副主教约翰·巴洛称为"英格兰最愚蠢、自大的男孩"。萨里伯爵亨利·霍华德曾两次因夜间在城市街头游荡,打碎市民的窗户而被枢密院关入监狱。这种事是青春时期活力无限的年轻人爱犯的轻微罪行。对一个近三十岁的人来说,这些行为很不得体。萨里伯爵亨利·霍华德一心想在枢密院担任要职,并且他鄙视自己的大多数同僚,认为他们是暴发户。对西摩家族中爱德华王子的几位舅舅,萨里伯爵亨利·霍华德更加嫉恨。爱德华·西摩曾两次应召奔赴战场,力挽萨里伯爵亨利·霍华德犯下的军事失误。萨里伯爵亨利·霍华德还多次调戏爱德华·西摩的妻子安妮·西摩,但曾轻蔑地拒绝父亲第三代诺福克公爵托马斯·霍华德关于与西摩

安妮·西摩

玛丽·菲茨罗伊

家族联姻的建议。萨里伯爵亨利·霍华德的妹妹玛丽·菲茨罗伊作证说，哥哥萨里伯爵亨利·霍华德曾建议她做亨利八世的情妇，为霍华德家族争取更多的利益。萨里伯爵亨利·霍华德曾问过其他人：在亨利八世驾崩后，除了他的父亲第三代诺福克公爵托马斯·霍华德，还有谁能担任护国公一职？萨里伯爵亨利·霍华德还不顾王室徽章官，即父亲第三代诺福克公爵托马斯·霍华德的禁令，将王室徽章纹样的一角用在自己家族的徽章上。这立刻让亨利八世起了疑心。亨利八世知道，几年前曾有人暗示，第三代诺福克公爵托马斯·霍华德有可能成为英格兰王位继承人；并且还有人试图撮合萨里伯爵亨利·霍华德与玛丽公主的婚事。

最初是理查德·索思韦尔因个人嫉妒和内部争斗而指控萨里伯爵亨利·霍华德。理查德·索思韦尔是萨里伯爵亨利·霍华德派系的人，而不是西摩家族

理查德·索思韦尔

的人。他是天主教教徒。与霍华德家族一样,在诺福克郡,理查德·索思韦尔是一个举足轻重的人物。他好像是和萨里伯爵亨利·霍华德一起长大的。多年来,理查德·索思韦尔与霍华德家族的关系一直很密切。1546年12月2日,当萨里伯爵亨利·霍华德被传唤到枢密院回应理查德·索思韦尔的指控时,他希望和原告理查德·索思韦尔进行决斗,以证清白。不过,最后萨里伯爵亨利·霍华德和理查德·索思韦尔一起被拘押了。在另一位天主教教徒、大法官托马斯·赖奥思利的帮助下,亨利八世亲自调查此案。第三代诺福克公爵托马斯·霍华德供认隐瞒了儿子的罪行,犯了叛国罪。之后,他被关进了伦敦塔。1547年1月13日,在市政厅,一个特别委员会提审并宣判萨里伯爵亨利·霍华德死刑;1547年1月19日,萨里伯爵亨利·霍华德被斩首。1547年1月18日,议会开会处理关于第三代诺福克公爵托马斯·霍华德的案件；到1547年1月24日，一项褫夺公权的法案起草完成，只等亨利八世批准。1547年1月27日星期四，亨利八世授权王室委员会批准了针对第三代诺福克公爵托马斯·霍华德的褫夺公权法案。据说，该委员会下令于1547年1月28日早晨处决第三代诺福克公爵托马斯·霍华德。

1547年1月27日晚，时日无多的第三代诺福克公爵托马斯·霍华德躺在伦敦塔的监狱里，而亨利八世躺在怀特霍尔宫中。在他们的上空，死亡天使徘徊着，不知该带走哪一个。1528年，亨利八世说过，如果自己的意志遭到反对，那么即使这个反对者是英格兰最高贵的人，自己也会杀了他。现在，亨利八世大限将至。他不愿听到关于死亡的任何消息。甚至连御医也不敢对亨利八世如实禀报，因为根据《议会法案》，预言国王死亡的人犯了叛国罪。随着1547年1月27日那个漫漫长夜的消逝，内侍官安东尼·丹尼"大胆走到亨利八世床前，告

安东尼·丹尼

知他现在的情况，说根据一般人的状况来判断，他应该快寿终正寝了。因此，请他尽早安排后事"。亨利八世意识到自己虚弱无力，便"镇静下来，听从了安东尼·丹尼的劝告"，并且他回忆起自己过往的一生，尽管他把大把时光都浪费了。"然而，"亨利八世说，"基督的仁慈会赦免我所有罪，尽管这些罪现在看来并没有那么大。"然后，安东尼·丹尼问亨利八世要不要派人去请"一位饱学之士来与他商量一下，说些心里话"。亨利八世回答道，如果说有这样一个人，那他就是托马斯·克兰麦了，但他先要"小睡片刻，等感觉好些了，我再安排后事"。在亨利八世睡觉时，爱德华·西摩和威廉·佩吉特在外面的走廊里来回踱步，想设法抓住从主人亨利八世手中掉下来的权力缰绳。醒来后，亨利八世感到自己越来越虚弱了，于是叫安东尼·丹尼去请托马斯·克兰麦过来。午夜时分，托马斯·克兰麦到达怀特霍尔宫。此时，亨利八世已无法讲话，并且几乎失去了知觉。当托马斯·克兰麦劝亨利八世做些坚信基督的表示时，亨利八世伸出手，紧紧地抓住托马斯·克兰麦的手。1547年1月28日星期五，亨利八世用尽最后一丝力气紧紧抓着托马斯·克兰麦的手。2时左右，他驾崩了，享年五十五岁零七个月，在位三十七年零九个月。

"至于我的身体，"亨利八世在遗嘱中写道，"灵魂离开后，留下的只是一具遗骸，最后复归于尘土。上帝将王位与君主的尊荣赐给了我，我实行的世俗政策都没有违背上帝的旨意。将我的遗体埋葬在基督教教徒惯常安葬的任何地方，我都很满意。毕竟肉身本是尘土，仍要归于尘土。我尽管配不上上帝赐给我的尊荣，但为了子民的名誉，不愿让这份尊荣蒙羞。我希望并命令你们将我的遗体安葬于温莎城堡的圣乔治礼拜堂。"1547年2月8日晚，英格兰所有教区的教堂传出了庄严的挽歌，各地钟声齐鸣，并且1547年2月9日为亨利八世举行了追思弥撒。1547年2月14日，亨利八世的遗体"被郑重地用马车运往温莎城堡"。送葬队伍沿着道路绵延四英里。1547年2月14日晚，亨利八世的遗体停放在锡永宫中的一辆灵车里。1547年2月15日，灵车抵达温莎城堡。皇家礼拜堂的座堂主任托马斯·瑟尔比、唱诗班，以及伊顿公学的成员在此迎接。在温莎

锡永宫

城堡，亨利八世的遗体停放在另一辆更加奢华的灵车里。在1547年2月16日的弥撒结束后，亨利八世被安葬在圣乔治礼拜堂。

在唱诗班的座位和祭坛间，人们打开了简·西摩的墓门，将亨利八世的遗体安放了进去。简·西摩墓室旁边紧挨着的是亨利八世原本为自己建造，但尚未完工的那座"造价比世界上任何君主或教皇的墓室都高"的陵寝。最初，亨利七世把该陵寝所在地划为自己和继任者最后安息的地方，但后来他放弃此处，选择了威斯敏斯特教堂的礼拜堂。亨利七世的儿子亨利八世又把这座陵寝赐给了托马斯·沃尔西。托马斯·沃尔西为自己准备了一个由黑白大理石铺就的华丽墓室。在托马斯·沃尔西垮台后，亨利八世重新将此处设计为自己死后尽享快乐的陵寝和礼拜堂。不过，在追求身后荣耀的斗争中，亨利八世和托马斯·沃尔西收获的荣誉微乎其微。在世时，亨利八世无所不能，但他临终前的命令并未完全实现：他的纪念堂没有完工；在"大叛乱"[①]期间，他的大理石纪念碑被人拆除，装饰品被掠夺一空并被出售。最后，在一个更美好的时代[②]，在被冷落了三个多世纪后，这座宏伟的纪念堂最终完工了，但那是为了纪念一位亲王[③]，而不是亨利八世。这位亲王跟亨利八世没有任何血缘关系。

[①] "大叛乱"，指1642年至1651年的英格兰内战。——译者注
[②] 指汉诺威王朝君主维多利亚女王统治时期。——译者注
[③] 指维多利亚女王的丈夫阿尔伯特亲王。1861年，在阿尔伯特亲王死后，维多利亚女王在此修建了阿尔伯特纪念教堂。——译者注

第 16 章
结束语

英格兰最引人注目的国王亨利八世就这样死了，下葬了。他的统治，正如他的性格一样，似乎被划分成了前后自相矛盾的两部分。1519年，威尼斯共和国驻英格兰王国大使塞巴斯蒂安·朱斯蒂尼安宣称，亨利八世的统治比其他任何国家最伟大君主的统治都更加温和；1539年后，又有许多人宣称恐怖统治在英格兰大行其道。我们可以用一句笼统、概括性的话来总结亨利八世的一生，并且说这种前后自相矛盾表明了亨利八世的智力在不断发展，他的性格也在不断变坏。然而，我们在读亨利八世于1545年年底在议会上的演说词时，会很自然地认为亨利八世是个有着某种伦理操守和宏伟目标的人。至少在亨利八世统治的最初七年和最后七年里，他没有作恶。就意图的严肃性、目标的坚定性来说，亨利八世的人生是超迈绝伦的。与世界上许多被世人心甘情愿地视为英雄的人相比，亨利八世的道德标准并没有很大的不同。亨利八世最爱犯的错误就是以自我为中心。这是身为君主的人很难避免的过错，都铎一朝的君主也概莫能外。亨利八世的自我中心主义从一开始就表现得非常充分。最初，它是在有限的个人领域内游走，但后来逐渐扩大范围，吞噬了整个国家的宗教领域与政策领域。在与阿拉贡的凯瑟琳离婚起诉过程中遇到的障碍，是亨利八世在满足个人冲动时第一次受挫，而铲除这些障碍的努力使亨利八世登上了与罗马教廷发生冲突的世界舞台。亨利八世做事始终是一个从特殊到一般的过程——从攻击教皇的一道特许令到攻击教皇的特许权，再到攻击教皇的全部主张。一开始，亨利八世并不想让英格兰与罗马教廷决裂，也不想改革英格兰国教会，但他一步一步、慢慢地实施这些目标，并且用它们辅助自己实现一个宏大的个人目标。通过与罗马教廷的决裂并成立英格兰国教会的过程，亨利八世得出了自己的原则。

正如托马斯·莫尔描述的那样，随着自己统治的继续，亨利八世"敏锐、犀利的双眼"越来越看清自己能做什么，以及能做到什么程度。也正如亨利八世所说的那样，他意识到了教皇的权力是何等渺小。教皇的权力一直依赖于道德影响，而不是物质资源，并且这种道德影响早已受到破坏。1527年的罗马大洗劫进一步证明了教皇权力的无力。当教皇克莱门特七世纵容洗劫罗马的暴行，并且与这次暴行的主犯查理五世结成亲密联盟时，教皇的权力便遭到严重侵犯，再也无法恢复到全盛时期。世俗君主可能会继续承认教皇的权威，但这只是因为他们选择了这么做，而不是因为他们出于无奈被迫这样做。世俗君主支持教皇，不是把教皇当作上帝委派的"基督的牧师"，而是将其作为实现自己和子民愿望的有用工具。亨利八世统治时代虽然被称为神学时代，但本质上是个无信仰的时代，其主要特征就是世俗化。因为国家利益早已成为欧洲政治中的主导因素，不再屈从于罗马教廷的命令。在全世界，这种世俗化变化得到了默许或明确承认。在1555年的奥格斯堡和平会议上，神圣罗马帝国教会政纲依据的是"教随君定"原则。该原则认为，每位君主都可以在自己的国家任意而为；君主可以联合起来向一个被逐出教会的国王开战，但前提是战争须符合他们的世俗政策。弗朗索瓦一世和查理五世的竞争异常激烈，所以他们都十分重视亨利八世对自己的帮助，而不是希望亨利八世毁灭。

因此，英格兰实现与罗马教廷的决裂虽然并不容易，但已成为可能。亨利八世由此可以放手进行国内事务，丝毫不用担心来自国外的威胁，因为他知道那些威胁都是虚张声势。鉴于英格兰是这场宗教改革的主体，我们就必须在英格兰寻找亨利八世成功的主要原因。如果我们相信亨利八世的政策与英格兰的国家意志相悖，那么他的成功统治肯定会成为一个政治谜团：我们根本无法解释这些事实，即亨利八世为何能够按自己的心意行事？他的统治又为何能禁得住如此长时间的考验？毫无疑问，亨利八世拥有可以为所欲为的非凡才能，并且他的独裁统治是玫瑰战争的产物。臣民意识到亨利八世是防止内乱再起的唯一堡垒。另外，由于臣民主要从事的是商业活动和工业活动，因此，他们愿意在时局没有那么严峻的情况下，忍受一个比以前还要专制的政府。要在内乱与独裁中二选一也许很不幸，但最终的结果毕竟是臣民自由选择的。任何政府，无论其形式、资源如何，都不能永久抵制国家意志。大体说来，每个国家都有个实际政府和渴望的理想政府。在亨利八世执政期间，民众的投票永远不会导致他被废黜，尽管民众可能所知不多，思想可能会受到激情与偏见的扭曲，私心可能会受到蛊惑，但在亨利八世执政期间，民众是永远不会废黜他的。政府也可以通过分化对手、展开反制计划等巧妙管理方式，暂时调和民意。亨利八世曾是这方面的大师，但这种手段无法帮他取得最终的成功。1553年，约翰·达德利通过权谋控制了都铎王朝的所有政府机构。玛丽一世没有一兵一卒，并且身无分文。然而，凭借着民众的拥戴，她兵不血刃，大获全胜，最终于1553年7月19日登上了英格兰王位。亨利八世常常被迫向臣民让步，但臣民的卑躬屈节和亨利八世的巨大意志力加在一起并不足以让我们充分了解亨利八世的统治历史。

亨利八世虽然任性妄为，但很清楚自己能做什么和不能做什么。严格来说，亨利八世是一位立宪君主：他既没有试图解散议会，也没有试图规避法律。作为国王，亨利八世集暴君与煽动家于一身。无论扮演哪种角色，他都摆出都铎王朝君主优雅、威严的气势。他带领臣民走上了他们想走的道路，并且用臣民梦寐以求的东西做诱饵来诱惑他们。他迁就臣民对自命不凡的神职人员和罗马教廷的偏见，利用臣民的每一次让步来获取一些新权力来构建自己的权威。亨利八世将自己的力量归功于他抓住了英吉利民族的弱点：英吉利民族的主要特征是热情追求物质富裕，但对人类承受的苦难报以绝对的冷漠。亨的例证,证明了这一原则具有无限威力。在刑场上,被判死刑的叛徒关心的不是要声明自己无罪,而是要宣布自己已做好死亡的准备,以此作为服从法律的一个例子。无论都铎王朝时期的司法方式在我们看来是多么的不公平,那时的囚犯总会感谢亨利八世给予了他们自由审判。有罪还是无罪只是个小问题,最重要的是不能质疑国家意志的不可侵犯性。围观者对死囚大加赞赏。他们不期望死囚会认罪或表示忏悔,而只是希望他们服从国家法律。如果死囚服从了法律,那么人们就会对他们报以尊重和同情;如果不服从,就会死得很惨,并且受到大家的斥责。在一个政教合一、国王拥有至尊无上地位的时代,一切都不奇怪。人们以各种形式信奉基督教,但对所有人来说,国家才是他们真正的宗教,国王是他们的主教。16世纪,特别是亨利八世统治时期发生的事情生动地说明了这样一种理论:个人应在财产、生活和道德上服从于国家意志的最高指令,无论该指令是为了行善还是作恶。早在这一理论成为任何政治哲学的基础前,亨利八世就将它运用到了实践中。正如早在托马斯·埃拉斯图斯给国家至上主义命名前,亨利八世就已实行国家至上主义一样。

在都铎王朝时期,对国家的忠诚不可避免地使公知法的最高考验成为权宜之策,而不是成为正义或道德的准绳。的确,这些权宜之策虽然披着法律的外衣,但法律的主要目的既不是为了维护正义,也不是为了捍卫道德,而是为了确保国家的利益,并且法律中的最高刑罚是叛国罪。叛国罪是法律上和政治上认定的犯罪,不一定涉及任何违反道德准则的行为。叛徒被处决不是因为他们不道德,而是因为他们是危险人物。殒命于断头台的人中,再没有比简·格雷更无辜的了,也从来没有任何法律能证明哪桩死刑完全合法。这些审判与亨利八世统治时期的国家审判形成了鲜明对比。没有哪个国王能像亨利八世一样,那么谨慎地对待法律,但他没有那么谨慎地对待正义。法律是亨利八世维护自身安全的根本,因为它不承认不公正,认为唯有公正才是合法的,并且亨利八世很少触犯法律。他不仅遵守法律,还设法让国家宣布他的行为是合法的。《褫夺公权法案》——亨利八世最喜欢的武器,被错误地认为是他用来除掉那些

译名对照表

1536 Minorities Act	《1536年君主未成年法》
Abbeville	阿布维尔
Abbot of Winchcombe	温什科姆修道院院长
Abel	亚伯
Abingdon	阿宾登
Achille Grassi	阿希尔·格拉西
Achilles	阿喀琉斯
Act of 1543	《1543年法案》
Act of Annates	《首岁教捐法案》
Act of Apparel	《服装法案》
Act of Parliament	《议会法案》
Act of Proclamations	《公告法》
Act of Six Articles	《六条信纲法案》
Act of Submission of the Clergy	《神职人员服从法案》
Act of Succession	《王位继承法案》
Act of Uniformity	统一条例
Ad Nicoclem De Regno	《致尼古拉国王》
Adda	阿达河
Adriaan Boeyens	阿德里安·布因思
Adrian VI	阿德里安六世
Aeneas	埃涅阿斯

Agnadello	阿尼亚德洛
Agostino Agostini	阿戈斯蒂诺·阿戈斯蒂尼
Albert IV	阿尔布雷希特四世
Albert of Brandenburg	勃兰登堡的阿尔贝特
Alessandro de Medici	亚历山德罗·德·美第奇
Alexander Ales	亚历山大·艾利斯
Alexander Stewart	亚历山大·斯图亚特
Alexander the Great	亚历山大大帝
Alexander VI	亚历山大六世
Alfonso d'Avalos	阿方索·德阿瓦洛斯
Alfonso I d'Este	阿方索一世·德埃斯特
Alonso Manrique de Lara	阿隆索·曼里克·德·拉腊
Alps	阿尔卑斯山脉
Altering Feast Days and Fast Days	《更改瞻礼日与斋日公告》
Amicable Grant	善行捐
Amicable Loan	善行贷
Ampthill	安特希尔
Anabaptist	再洗礼派
Ancrum Moor	安克鲁姆沼泽
Andrea Badoer	安德烈亚·巴多尔
Andrea Doria	安德烈亚·多里亚
Andrew Windsor	安德鲁·温莎
Ann Browne	安·布朗
Ann Luke	安·卢克
Anna Jagellonica	安娜·雅盖洛
Anne Boleyn	安妮·博林
Anne of Brittany	布列塔尼的安妮
Anne of Cleves	克莱沃的安妮
Anne of York	约克的安妮
Anne Seymour	安妮·西摩
Anne Shelton	安妮·谢尔顿
Anthony Browne	安东尼·布朗

Anthony Denny	安东尼·丹尼
Anthony St.Leger	安东尼·圣莱杰
Antoine de Castelnau	安托万·德·卡斯泰尔诺
Antoine Duprat	安托万·迪普拉
Antonio Bavarin	安东尼奥·巴瓦林
Antonio de Leyva	安东尼奥·德·莱瓦
Antonio de Pulleo	安东尼奥·德·普莱奥
Antonio Giustinian	安东尼奥·朱斯蒂尼安
Antonio Rinco	安东尼奥·林科
Antonio Surian	安东尼奥·苏里安
Antonio Triulzi	安东尼奥·特留尔齐
Antwerp	安特卫普
Apostolica Camera	教廷财务院
Archbishop of Capua	卡普阿总主教
Archbishop of Mainz	美因茨总主教
Archbishop's Court	总主教法庭
Archdeacon of Chester	切斯特教区副主教
Archdiocese of St.Andrews	圣安德鲁斯总教区
Archibald Douglas	阿奇博尔德·道格拉斯
Ardres	阿德尔
Ariosto	阿里奥斯托
Armada Invencible	无敌舰队
Arnold	阿诺德
Arthur Stewart	阿瑟·斯图亚特
Arthur Tudor	阿瑟·都铎
Artois	阿图瓦
Attila	阿提拉
Avignon	阿维尼翁
Aztec Empire	阿兹特克帝国
Babylon the Great	巴比伦大城
Barbarossa Hayreddin	巴巴罗萨·海雷丁
Barcelona	巴塞罗那

Baron Abergavenny	阿伯加文尼男爵
Baron Herbert	赫伯特男爵
Baron Montagu	蒙塔古男爵
Baron Mountjoy	芒乔伊男爵
Battle of Bosworth Field	博斯沃思原野战役
Battle of Flodden	弗洛登战役
Battle of Hastings	黑斯廷斯战役
Battle of Landriano	兰德里亚诺战役
Battle of Mohács	莫哈奇战役
Battle of Mortimer's Cross	莫蒂默斯克罗斯战役
Battle of Pavia	帕维亚战役
Battle of Stoke Field	斯托克平原战役
Battle of the Spurs	马刺战役
Beaulieu Abbey	比尤利修道院
Bel	彼勒
Belgrade	贝尔格莱德
Belshazzar	伯沙撒
Bembridge	本布里奇
Bembridge Down	本布里奇当
Bermondsey Abbey	伯蒙西修道院
Bernaldino de Caravaial	贝尔纳迪诺·德·卡拉瓦
Bernard André	伯纳德·安德烈
Bernardo de Mesa	贝尔纳多·德·梅萨
Berwickshire	贝里克郡
Bessie Blount	贝茜·布朗特
Bishop of Asti	阿斯蒂主教
Bishop of Auxerre	欧塞尔主教
Bishop of Badajoz	巴达霍斯主教
Bishop of Bangor	班戈主教
Bishop of Bath and Wells	巴斯和韦尔斯主教
Bishop of Chichester	奇切斯特主教
Bishop of Ely	伊利主教

Bishop of Liége	列日主教
Bishop of Lincoln	林肯主教
Bishop of Llandaff	兰达夫主教
Bishop of Norwich	诺里奇主教
Bishop of Rochester	罗切斯特主教
Bishop of Sion	锡永主教
Bishop of St.Asaph	圣阿瑟夫主教
Bishop of Tarbes	塔布主教
Bishop of Worcester	伍斯特主教
Bishops' Book	《主教书》
Blackfriars	黑衣修士堂
Blackheath	布莱克希思
Blanca II	布兰卡二世
Blood of Hailes	基督宝血
Bodmin	博德明
Bologna	博洛尼亚
Bordeaux	波尔多
Borgo	博尔戈
Boulogne	布洛涅
Bourges	布尔日
Boxley Abbey	博克斯利修道院
Bray	布雷
Brescia	布雷西亚
Brest	布雷斯特
Bromehall	布罗姆霍尔
Bruges	布鲁日
Bryan Tuke	布赖恩·图克
Burgundy	勃艮第
Cadwaladr	卡德瓦拉德
Caistor	凯斯托
Calais	加来
Caligula	卡利古拉

Calshot Castle	卡尔绍特堡
Camden Society	卡姆登协会
Canon	法政牧师
Canterbury	坎特伯雷
Cardinal of Jaén	哈恩枢机主教
Cardinal of Tortosa	托尔托萨枢机主教
Cardinal Quignon	枢机主教基尼翁
Cardinal-Archbishop of York	约克的枢机主教
Carlos I	卡洛斯一世
Castel Sant'Angelo	圣天使城堡
Catarina of Austria	奥地利的卡塔里娜
Catherine Howard	凯瑟琳·霍华德
Catherine of Aragon	阿拉贡的凯瑟琳
Catherine of Valois	瓦卢瓦的凯瑟琳
Catherine Parr	凯瑟琳·帕尔
Catherine Swynford	凯瑟琳·斯温福德
Cato the Younger	小加图
Cervia	切尔维亚
Cesare Fragoso	切萨雷·弗拉戈索
Chancellor of the Duchy of Lancaster	兰开斯特公爵郡大臣
Chapel Royal	皇家礼拜堂
Charles Brandon	查尔斯·布兰登
Charles de Bourbon	夏尔·德·波旁
Charles de Marillac	夏尔·德·马里亚克
Charles de Solier	夏尔·德·索列尔
Charles I	查理一世
Charles II	查理二世
Charles III	夏尔三世
Charles of Austria	奥地利的查理
Charles Somerset	查尔斯·萨默塞特
Charles the Bold	"大胆"查理
Charles V	查理五世

Charles VIII	查理八世
Chobham Manor	乔伯姆庄园
Christian II	克里斯蒂安二世
Christina of Denmark	丹麦的克里斯蒂娜
Christopher Bainbridge	克里斯托弗·班布里奇
Church of St. Peter	圣彼得教堂
Church of the Observant Friars	遵规修士教堂
Clarencieux King of Arms	克拉伦斯纹章官
Claude Dodieu	克洛德·多迪厄
Claude of France	法兰西的克洛德
Clement V	克莱门特五世
Clement VII	克莱门特七世
Cleopatra	克莉奥帕特拉
Clerk of the Signet	御玺文书
Code of Justinian	《查士丁尼法典》
Coire	库尔
Colonnas	科隆纳家族
Commonwealth of England	英格兰联邦
Conciliar Movement	大公议会运动
Concordat of Bologna	《博洛尼亚协定》
Constable of Dover Castle	多佛堡总督
Constable of the Tower	伦敦塔总管
Controller of the Household	财政管家
convocation	主教大会
Cork	科克
Corneto	科尔内托
Cornwall	康沃尔
Coron	科龙
Corporation of Trinity House	海商促进公会
Corpus Christi College	基督圣体学院
Council of Pisa	比萨会议
Council of the North	北方法院

译名对照表 ● 445

Council of Wales and the Marches	威尔士和边区议会
Count of Buren	比伦伯爵
Count of Hainaut	埃诺伯爵
Count of St. Pol	圣波勒伯爵
Court of Augmentations	增收法庭
Court of Chancery	大法官法庭
Court of King's Bench	王座法庭
Court of Requests	申诉法庭
Court of First-fruits and Tenths	什一税征收法院
Court of Wards and Liveries	王室监护法院
Coventry	考文垂
Cowes	考斯
Crown Matrimonial	并肩王
Crown of Ireland Act 1542	《1542年爱尔兰王位法案》
Cuthbert Tunstall	卡思伯特·滕斯托尔
Daniel the Prophet	先知但以理
David Beaton	大卫·比顿
De Bapaume	德·巴波姆
De Calumnia	《论流言》
De Unitate Ecclesiae	《教会统一论》
Deal	迪尔
Defence of the Seven Sacraments	《保卫七种圣礼》
Deptford	德特福德
Description of England	《英格兰概览》
Desiderius Erasmus	德西迪里厄斯·伊拉斯谟
Diego Fernandez	迭戈·费尔南德斯
Dionysius Memo	狄奥尼修斯·梅莫
Dissolution of Lesser Monasteries Act	《解散小型修道院法案》
Doncaster	唐克斯特
Dorothy Clancy	多萝西·克兰西
Dourlens	杜尔朗
Dover Castle	多佛尔堡

Dowager Princess of Wales	威尔士太妃
Ducat	达克特
Duchess of Brittany	布列塔尼女公爵
Duchess of Burgundy	勃艮第公爵夫人
Duchess of Milan	米兰公爵夫人
Duchess of Suffolk	萨福克公爵夫人
Duchy of Ferrara	费拉拉公国
Duchy of Milan	米兰公国
Duchy of Urbino	乌尔比诺公国
Duke of Albany	奥尔巴尼公爵
Duke of Angouleme	昂古莱姆公爵
Duke of Bavaria	巴伐利亚公爵
Duke of Bouillon	布永公爵
Duke of Bourbon	波旁公爵
Duke of Brittany	布列塔尼公爵
Duke of Buckingham	白金汉公爵
Duke of Clarence	克拉伦斯公爵
Duke of Cleves	克利夫斯公爵
Duke of Cornwall	康沃尔公爵
Duke of Estrada	埃斯特拉达公爵
Duke of Exeter	埃克塞特公爵
Duke of Ferrara	费拉拉公爵
Duke of Gloucester	格洛斯特公爵
Duke of Guelders	海尔德公爵
Duke of Lancaster	兰开斯特公爵
Duke of Longueville	隆格维尔公爵
Duke of Lorraine	洛林公爵
Duke of Milan	米兰公爵
Duke of Norfolk	诺福克公爵
Duke of Northumberland	诺森伯兰公爵
Duke of Richmond and Somerset	里士满和萨默塞特公爵
Duke of Sessa	塞萨公爵

Duke of Somerset	萨默塞特公爵
Duke of Suffolk	萨福克公爵
Duke of Urbino	乌尔比诺公爵
Duke of Vendôme	旺多姆公爵
Dunkirk	敦刻尔克
Duns Scotus	邓斯·司各脱
Dunstable	邓斯特布尔
Düren	迪伦
Durham	达勒姆
Earl of Angus	安格斯伯爵
Earl of Bedford	贝德福德伯爵
Earl of Chester	切斯特伯爵
Earl of Derby	德比伯爵
Earl of Devon	德文郡伯爵
Earl of Kildare	基尔代尔伯爵
Earl of Lincoln	林肯伯爵
Earl of Northumberland	诺森伯兰伯爵
Earl of Ormond	奥蒙德伯爵
Earl of Richmond	里士满伯爵
Earl of Shrewsbury	什鲁斯伯里伯爵
Earl of Somerset	萨默塞特伯爵
Earl of Suffolk	萨福克伯爵
Earl of Surrey	萨里伯爵
Earl of Warwick	沃里克伯爵
Earl of Wiltshire	威尔特郡伯爵
Earl of Worcester	伍斯特伯爵
Edinburgh	爱丁堡
Edmund Audley	埃德蒙·奥德利
Edmund Beaufort	埃德蒙·博福特
Edmund Bonner	埃德蒙·邦纳
Edmund de la Pole	埃德蒙·德·拉·波尔
Edmund Dudley	埃德蒙·达德利

Edmund Tudor	埃德蒙·都铎
Edmund Walsingham	埃德蒙·沃尔辛厄姆
Edward Bocking	爱德华·博金
Edward Borough	爱德华·伯勒
Edward Carne	爱德华·卡恩
Edward Crome	爱德华·克罗姆
Edward Foxe	爱德华·福克斯
Edward Hall	爱德华·霍尔
Edward Herbert	爱德华·赫伯特
Edward Howard	爱德华·霍华德
Edward I	爱德华一世
Edward III	爱德华三世
Edward IV	爱德华四世
Edward Lee	爱德华·李
Edward of Westminster	威斯敏斯特的爱德华
Edward Plantagenet	爱德华·金雀花
Edward Powell	爱德华·鲍威尔
Edward Poynings	爱德华·波伊宁斯
Edward Seymour	爱德华·西摩
Edward Stafford	爱德华·斯塔福德
Edward V	爱德华五世
Edward VI	爱德华六世
Edward VII	爱德华七世
Edward Wotton	爱德华·沃顿
Elam	埃兰人
Eleanor Carey	埃莉诺·凯里
Eleanor of Austria	奥地利的埃莉诺
Elector of Saxony	萨克森选帝侯
Elizabeth Barton	伊丽莎白·巴顿
Elizabeth Blount	伊丽莎白·布朗特
Elizabeth Grey	伊丽莎白·格雷
Elizabeth Howard	伊丽莎白·霍华德

Elizabeth I	伊丽莎白一世
Elizabeth of York	约克的伊丽莎白
Elizabeth Woodville	伊丽莎白·伍德维尔
Ely Palace	伊利宫
Embarkation of Henry VIII at Dover	《亨利八世在多佛尔港登船》
Embrun	昂布兰
Empire of Charlemagne	查理曼帝国
Empress Matilda	玛蒂尔达皇后
Enrique IV	恩里克四世
Epistolae Obscurorum Virorum	《蒙昧者书简》
Érard de La Marck	埃拉尔·德·拉·马克
Erastianism	国家至上主义
Esteban Gabriel Merino	埃斯特万·加布里埃尔·梅里诺
Eugene IV	尤金四世
Eustace Chapuys	尤斯塔斯·查普斯
Evangelical	福音派
Evil May Day Riots	五朔节骚乱
Exeter	埃克塞特
Farnham	法纳姆
Feast Day of St.Edward	圣爱德华节
Ferdinand II	斐迪南二世
Fernando d'Ávalos	费尔南多·德阿瓦洛斯
Fernando Marin	费尔南多·马林
Field of the Cloth of Gold	金缕地
First Fruits	初年圣俸
Flanders	佛兰德斯
Fleet Street	弗利特街
Flemings	佛兰芒人
Floris van Egmond	弗洛里斯·范·埃格蒙德
Frances Dereham	弗朗西斯·德雷汉姆
Francesco Chieregati	弗朗切斯科·基耶雷加蒂
Francesco Contarini	弗朗切斯科·孔塔里尼

Francesco II Gonzaga	弗朗切斯科二世·贡萨加
Francesco II Sforza	弗朗切斯科二世·斯福尔扎
Francesco Maria I	弗朗切斯科·马里亚一世
Francis Aidan Gasquet	弗朗西斯·艾丹·加斯凯
Francis Bacon	弗朗西斯·培根
Francis Bryan	弗朗西斯·布莱恩
Francis de Bourbon	弗朗西斯·德·波旁
Francis I	弗朗索瓦一世
Francis Lovell	弗朗西斯·洛弗尔
Francis of France	法兰西的弗朗索瓦
Francis Walsingham	弗朗西斯·沃尔辛厄姆
Francis Weston	弗朗西斯·韦斯顿
Francisco de los Cobos y Molina	弗朗西斯科·德·洛斯·科沃斯－莫利纳
Francisco Jimenez de Cisneros	弗朗西斯科·希梅内斯·德·西斯内罗斯
François de Dinteville	弗朗索瓦·德·丹特维尔
Frederick II	腓特烈二世
Frederick III	腓特烈三世
Frescobaldi	弗雷斯科巴尔迪家族
Fuentarabia	丰特拉维亚
Fugger	富格尔家族
Gabriel Biel	加布里尔·比尔
Gasparo Contarini	加斯帕罗·孔塔里尼
Gatton	加顿
General Council	大公会议
Genoa	热那亚
Geoffrey Boleyn	杰弗里·博林
Geoffrey Pole	杰弗里·波尔
George Boleyn	乔治·博林
George Constantine	乔治·康斯坦丁
George de Athequa	乔治·德·阿瑟奎
George I	乔治一世
George II	乔治二世

George III	乔治三世
George Jeffreys	乔治·杰弗里斯
George Lawson	乔治·劳森
George Neville	乔治·内维尔
George Plantagenet	乔治·金雀花
George Talbot	乔治·塔尔博特
Gerald FitzGerald	杰拉德·菲茨杰拉德
Germaine of Foix	富瓦的热尔梅娜
Giles Duwes	贾尔斯·杜维
Gilles de la Pommeraye	吉勒·德·拉·波姆拉耶
Giovanni Battista Sanga	乔瓦尼·巴蒂斯塔·桑加
Giovanni Pietro Caraffa	乔瓦尼·彼得罗·卡拉法
Gipuzkoa	吉普斯夸
Girolamo Ghinucci	吉罗拉莫·吉努奇
Giulio de Medici	朱利奥·德·美第奇
Governor of the Habsburg Netherlands	哈布斯堡尼德兰总督
Gravelines	格拉沃利讷
Great Harry	"大哈里"号
Greenwich Palace	格林尼治宫
Gregory di Casale	格雷戈里·迪·卡萨莱
Gregory VII	格列高利七世
Guienne	吉耶讷
Guildford Castle	吉尔福德城堡
Guinegate	吉内盖特
Guisnes	吉讷
Gutierre Gomez de Fuensalida	古铁雷·戈麦斯·德·富恩萨利达
Hadrian de Castello	哈德里安·德·卡斯泰洛
Halidon Rig	哈登里格
Hamburg	汉堡
Hampshire	汉普郡
Hampton Court Palace	汉普敦宫
Hans Holbein the Younger	小汉斯·霍尔拜因

Harwich	哈里奇
Hector	赫克托耳
Heel of Achilles	阿喀琉斯之踵
Heinrich Bullinger	海因里希·布林格
Helen of Troy	特洛伊的海伦
Henry Beaufort	亨利·博福特
Henry Brandon	亨利·布兰登
Henry Brinklow	亨利·布林克洛
Henry Courtenay	亨利·考特尼
Henry Fitzroy	亨利·菲茨罗伊
Henry Gold	亨利·戈尔德
Henry Grace à Dieu	"天佑亨利"号
Henry Howard	亨利·霍华德
Henry II	亨利二世
Henry Imperial	"亨利皇帝"号
Henry IV	亨利四世
Henry Mannock	亨利·曼诺克
Henry Marney	亨利·马尼
Henry Norris	亨利·诺里斯
Henry of Bolingbroke	博林布罗克的亨利
Henry of France	法兰西的亨利
Henry of Valois	瓦卢瓦的亨利
Henry Percy	亨利·珀西
Henry Pole	亨利·波尔
Henry Stafford	亨利·斯塔福德
Henry Standish	亨利·斯坦迪什
Henry Stewart	亨利·斯图尔特
Henry V	亨利五世
Henry VI	亨利六世
Henry VII	亨利七世
Henry's Juno	亨利的朱诺
Hercules	赫丘利

Hieronymo de Vich	希罗尼莫·德·维基
History of England	《英格兰史》
Holy League of Cognac	科尼亚克神圣同盟
House of Borgia	波吉亚家族
House of Lancaster	兰开斯特王朝
House of Medici	美第奇家族
House of Saxe-Coburg and Gotha	萨克森－科堡－哥达王朝
House of Sforza	斯福尔扎家族
Hugh Latimer	休·拉蒂默
Hugh Rich	休·里奇
Hugo of Moncada	蒙卡达的乌戈
Hull	赫尔
Humphrey Plantagenet	汉弗莱·金雀花
Humphrey Stafford	汉弗莱·斯塔福德
Humphrey Wingfield	汉弗莱·温菲尔德
Hurst Castle	赫尔斯特堡
Inca Empire	印加帝国
Inigo Lopez de Mendoza y Zuniga	伊尼戈·劳佩斯·德·门多萨－祖尼加
Innocent III	英诺森三世
Intercursus Magnus	《马格纳斯协定》
Investiture	叙任权
Isabella d' Este	伊莎贝拉·德埃斯特
Isabella I	伊莎贝拉一世
Isabella of Portugal	葡萄牙的伊莎贝拉
Isle of Wight	怀特岛
Isleworth	艾尔沃思
Isocrates	伊索克拉底
Italian War	意大利战争
James Anthony Froude	詹姆斯·安东尼·弗劳德
James Butler	詹姆斯·巴特勒
James Gairdner	詹姆斯·盖尔德纳
James II	詹姆斯二世

James IV	詹姆斯四世
James Stewart	詹姆斯·斯图亚特
James V	詹姆斯五世
Jane Seymour	简·西摩
Jasper Tudor	贾斯珀·都铎
Jean du Bellay	让·杜·贝莱
Jean III	胡安三世
Jeanne d'Arc	圣女贞德
Jerome de Schio	杰罗尼莫·德·斯基奥
Joachim I	约阿希姆一世
Joachim II	约阿希姆二世
Joan Larke	琼·拉克
Joan of France	法兰西的若昂
Joan of Portugal	葡萄牙的胡安
Joanna of Castile	卡斯蒂尔的胡安娜
John Baptista Boerio	约翰·巴普蒂斯塔·博埃里奥
John Barlow	约翰·巴洛
John Beaufort	约翰·博福特
John Boerio	约翰·博埃里奥
John Clerk	约翰·克拉克
John Colet	约翰·科利特
John Constable	约翰·康斯特布尔
John de la Pole	约翰·德·拉·波尔
John Dering	约翰·迪林
John Dudley	约翰·达德利
John Fisher	约翰·费希尔
John Frederick I	约翰·腓特烈一世
John Frith	约翰·弗里思
John Hale	约翰·黑尔
John Hooker	约翰·胡克
John Houghton	约翰·霍顿
John Hussey	约翰·赫西

John Hutton	约翰·赫顿
John III	约翰三世
John Longland	约翰·朗兰
John Mason	约翰·梅森
John Mortimer	约翰·莫蒂默
John Neville	约翰·内维尔
John of Gaunt	冈特的约翰
John of Gloucester	格洛斯特的约翰
John Petit	约翰·珀蒂
John Rogers	约翰·罗杰斯
John Rudston	约翰·鲁德斯顿
John Russell	约翰·拉塞尔
John Seymour	约翰·西摩
John Sherbourne	约翰·舍伯恩
John Sherren Brewer	约翰·舍伦·布鲁尔
John Skelton	约翰·斯凯尔顿
John Stewart	约翰·斯图尔特
John Stile	约翰·斯泰尔
John Stokesley	约翰·斯托克斯利
John Taylor	约翰·泰勒
John the Steadfast	"坚定的"约翰
John Tregonwell	约翰·特里戈威尔
John Wallop	约翰·沃洛普
John Wycliffe	约翰·威克里夫
Juan Antonio Muxetula	胡安·安东尼奥·穆谢图拉
Juan Manuel	胡安·曼努埃尔
Jules Michelet	儒勒·米什莱
Julius Caesar	尤利乌斯·恺撒
Julius II	尤利乌斯二世
Junker Jörg	容克尔·约尔格
Juno	朱诺
Justice of the Peace	治安法官

Katherine Pleasaunce	"凯瑟琳快乐"号
Katherine Tudor	凯瑟琳·都铎
Khosrow II	霍斯劳二世
Kelso	凯尔索
Kent	肯特
Kimbolton Castle	金博尔顿城堡
King Authur	亚瑟王
King John	《约翰王》
Kingdom of Bohemia	波希米亚王国
Kingdom of Gwynedd	格温内斯王国
Kingdom of Hungary	匈牙利王国
Kingdom of the West Saxon	西撒克逊王国
King's College Chapel	国王学院礼拜堂
Knight of the Bath	巴斯骑士
Lady Catherine Gordon	凯瑟琳·戈登夫人
Lajos II	拉约什二世
Lambert Simnel	兰伯特·西姆内尔
Lambeth Palace	兰贝斯宫
Lancelot	朗斯洛
Landgrave of Hesse	黑森伯爵
Lateran Council	拉特兰宗教会议
Laws in Wales Acts 1535 and 1542	《1535年及1542年威尔士法案法令》
Le Conquet	勒孔凯
League of Cambrai	康布雷同盟
Leicester Abbey	莱斯特修道院
Leith	利斯
Lent	四旬期
Leonard Grey	伦纳德·格雷
Leonardo da Vinci	莱奥纳尔多·达·芬奇
Leonardo Loredan	莱奥纳尔多·洛雷丹
Leviathan	《利维坦》
Lewisham	刘易舍姆

Lichfield	利奇菲尔德
Life and Reign of Henry VIII	《亨利八世生平与统治》
Lille	里尔
Lizard Point	利泽德角
Lodovico Falier	洛多维科·法列里
Lollardy	罗拉德派
Long Parliament	长期议会
Lope de Soria	洛佩·德·索里亚
Lope Hurtado	洛佩·乌尔塔多
Lord Chamberlain of the Household	内廷宫务大臣
Lord High Admiral of England	英格兰海军大臣
Lord Lieutenant of Ireland	爱尔兰总督
Lord of Chievres	谢夫尔勋爵
Lord Warden of the Cinque Ports	五港总督
Lorenzo Campeggio	洛伦佐·坎佩焦
Lorenzo II de Medici	洛伦佐二世·德·美第奇
Lorenzo Orio	洛伦佐·奥里奥
Lorenzo Pasqualigo	洛伦佐·帕斯夸利戈
Louis I d' Orléans	路易一世·德奥尔良
Louis de Perreau	路易·德·佩罗
Louis IV	路易四世
Louis of France	法兰西的露易丝
Louis of Praet	普雷特的路易
Louis XI	路易十一
Louis XII	路易十二
Louis XIV	路易十四
Louise of Savoy	萨伏依的路易丝
Lubeck	吕贝克
Lucian	卢奇安
Ludlow Castle	拉德洛城堡
Luis Caroz	路易·卡洛兹
Luis Fernandez de Córdoba	路易·费尔南德斯·德·科尔多瓦

Macerata	马切拉塔
Magna Carta	《大宪章》
Maidstone	梅德斯通镇
Mammon	玛门
Manuel I	曼努埃尔一世
Marchioness of Mantua	曼托瓦侯爵夫人
Marco Dandolo	马尔科·丹多洛
Marcus Junius Brutus	马尔库斯·尤尼乌斯·布鲁图斯
Maredudd ap Tudur	梅雷迪思·阿普·都铎
Margaret Beaufort	玛格丽特·博福特
Margaret Neville	玛格丽特·内维尔
Margaret of Austria	奥地利的玛格丽特
Margaret of Parma	帕尔马的玛格丽特
Margaret of York	约克的玛格丽特
Margaret Pole	玛格丽特·波尔
Margaret Tudor	玛格丽特·都铎
Marguerite de Valois-Angoulême	瓦卢瓦－昂古莱姆的玛格丽特
Maria of Portugal	葡萄牙的玛利亚
Marie de Guise	玛丽·德·吉斯
Marignano	马里尼亚诺
Marino Sanudo the Younger	小马里诺·萨努多
Mark Smeaton	马克·斯米顿
Marquess of Dorset	多塞特侯爵
Marquis of Exeter	埃克塞特侯爵
Marquis of Mantua	曼托瓦侯爵
Marquess of Pembroke	彭布罗克女侯爵
Marquis of Pescara	佩斯卡拉侯爵
Marseilles	马赛
Marsilius of Padua	帕多瓦的马西略
Martin Schwartz	马丁·施瓦茨
Mary Fitzroy	玛丽·菲茨罗伊
Mary I	玛丽一世

Mary of Burgundy	勃艮第的玛丽
Mary of Hungary	匈牙利的玛丽
Mary Rose	"玛丽玫瑰"号
Mary Tudor	玛丽·都铎
Massimiliano Sforza	马西米利亚诺·斯福尔扎
Master of the Rolls	案卷主事官
Matteo Maria Boiardo	马泰奥·马里亚·博亚尔多
Matthäus Schiner	马特豪斯·申纳
Matthew de Englefeld	马修·德·恩格尔菲尔德
Maximilian I	马克西米利安一世
Maximilien Robespierre	马克西米利安·罗伯斯庇尔
Medes	米底人
Melfi	梅尔菲
Mendicant Friars of London	伦敦托钵修会
Mercurino di Gattinara	梅尔库里诺·迪·加蒂纳拉
Michelangelo	米开朗琪罗
Mincio	明乔河
Modena	摩德纳
Montdidier	蒙迪迪耶
Moors	摩尔人
Morlaix	莫尔莱
Myles Coverdale	迈尔斯·科弗代尔
Nájera	纳赫拉
Naples	那不勒斯
Napoléon Bonaparte	拿破仑·波拿巴
Navarre	纳瓦拉
Nebuchadnezzar II	尼布甲尼撒二世
Nero	尼禄
Newgate Prison	新门监狱
Niccolò Machiavelli	尼科洛·马基雅弗利
Niccolò Sagudino	尼科洛·萨古蒂诺

Nice	尼斯
Nicholas Shaxton	尼古拉·沙克斯顿
Nicholas West	尼古拉·韦斯特
Nicholas Wilson	尼古拉·威尔逊
Nicholas Wotton	尼古拉·沃顿
Nicolo Di Favri of Treviso	特雷维索的尼科洛·迪·法夫利
Nikolaus von Schönberg	尼古劳斯·冯·舍恩贝格
Ninety-five Theses	《九十五条论纲》
Nonsuch Palace	无双宫
Norman Conquest	诺曼征服
Nottingham	诺丁汉
Novara	诺瓦拉
Nunc Dimittis	《西缅之颂》
O Lord, the Maker of All Thing	《主啊,万物的创造者》
Oatlands Palace	奥特兰兹宫
Odet de Foix	奥代·德·富瓦
Oglio	奥廖河
Oise	瓦兹河
Oliver Cromwell	奥利弗·克伦威尔
Oliver Sinclair	奥利弗·辛克莱
Order of the Garter	嘉德勋章
Order of the Golden Fleece	金羊毛勋章
Orlando Furioso	《疯狂的奥兰多》
Orlando Innamorato	《恋爱中的奥兰多》
Ottoman Empire	奥斯曼帝国
Oudard du Biez	乌达尔·杜·比耶
Owen Tudor	欧文·都铎
Padua	帕多瓦
Pale	帕莱
Palencia	帕伦西亚
Papal consistory	枢密会议

Pardon of the Clergy	《赦免神职人员法令》
Parliament of Drogheda	德罗赫达议会
Pasajes	帕萨赫斯
Patriarchate	宗主教
Paul	保罗
Paul III	保罗三世
Pavia	帕维亚
Peace of Augsburg	奥格斯堡和平会议
Peace of Cambrai	《康布雷和约》
Peace of Étaples	《埃塔普勒和约》
Pedro de Ayala	佩德罗·德·阿亚拉
Perkin Warbeck	珀金·沃贝克
Peter Larke	彼得·拉克
Peter Martyr d' Anghiera	皮特·马特·德安吉拉
Peterborough	彼得伯勒
Pharisee	法利赛人
Philip I	腓力一世
Philip II	腓力二世
Philipp Melanchthon	菲利普·梅兰希通
Philippa of Hainault	埃诺的菲莉帕
Philip IV	腓力四世
Pierre Dubois	皮埃尔·迪布瓦
Pierre Terrail	皮埃尔·泰拉伊
Piers Butler	皮尔斯·巴特勒
Pietro della Vigna	彼得罗·德拉·维尼亚
Pietro Torrigiano	彼得罗·托里贾诺
Pilgrimage of Grace	求恩巡礼
Plymouth	普利茅斯
Polydore Vergil	波利多尔·弗吉尔
Pontefract	庞蒂弗拉克特
Pope July	教皇尤里
Portsmouth	朴次茅斯

Praemunire	蔑视王权罪
Predro Ortiz	普雷德罗·奥尔蒂斯
Prester John	祭司王约翰
Prince Edmund	埃德蒙王子
Prince of Wales	威尔士亲王
Princess Mary	"玛丽公主"号
Principality of Wales	威尔士公国
Private Mass	私人弥撒
Prophet Jeremiah	先知耶利米
Prosopopeia Britanniae	《不列颠的倾诉》
Provence	普罗旺斯
Public Record Office	公共档案局
Pyrenees	比利牛斯山脉
Queen of Navarre	纳瓦拉女王
Ralf Wulford	拉尔夫·伍尔福德
Ralph Evers	雷夫·埃弗斯
Ralph Sadler	雷夫·萨德勒
Ravenna	拉韦纳
Reading Abbey	雷丁修道院
Recorder of London	伦敦特委法官
Reformation Parliament	宗教改革议会
Reggio	雷焦
Reginald Pole	雷金纳德·波尔
Regius Professorships	钦定教授
René II	勒内二世
Renée of France	法兰西的勒妮
Rhine	莱茵河
Rhodes Island	罗得岛
Richard Barnes	理查德·巴恩斯
Richard de la Pole	理查德·德·拉·波尔
Richard Dixon	理查德·狄克逊
Richard Empson	理查德·恩普森

Richard Fetherstone	理查德·费瑟斯通
Richard Fitzjames	理查德·菲茨詹姆斯
Richard Foxe	理查德·福克斯
Richard Hunne	理查德·哈恩
Richard III	理查三世
Richard Kidderminster	理查德·基德尔敏斯特
Richard Lyst	理查德·利斯特
Richard Nykke	理查德·尼克
Richard of Shrewsbury	什鲁斯伯里的理查
Richard of York	约克的理查
Richard Pace	理查德·佩斯
Richard Pate	理查德·佩特
Richard Reynolds	理查德·雷诺兹
Richard Rich	理查德·里奇
Richard Risby	理查德·里斯比
Richard Sampson	理查德·桑普森
Richard Shelley	理查德·谢利
Richard Southwell	理查德·索思韦尔
Richard Symonds	理查德·西蒙兹
Richard Wingfield	理查德·温菲尔德
Richard Wolman	理查德·沃尔曼
Richmond Palace	里士满宫
Rinaldo de Modena	雷纳尔多·德·摩德纳
River Thames	泰晤士河
River Yar	亚尔河
Rivoli	里沃利
Robert Aske	罗伯特·阿斯克
Robert Barnes	罗伯特·巴恩斯
Robert Dymock	罗伯特·迪莫克
Robert III de la Marck	罗贝尔三世·德·拉·马克
Robert Sheffield	罗伯特·谢菲尔德
Robert Sherborne	罗伯特·舍伯恩

Robert Stillington	罗伯特·斯蒂灵顿
Rodrigo de Puebla	罗德里戈·德·普埃夫拉
Roger Cholmeley	罗杰·乔姆利
Roger Copley	罗杰·科普利
Royal College of Surgeons	皇家外科医生协会
Royal College of Physicians	皇家内科医师协会
Royal George	"皇家乔治"号
Royal Theology	神性王权制
Roye	鲁瓦
Sacramentaries	圣餐象征论者
Saint-Omer	圣奥梅尔
Salic Law	《萨利克法典》
Salisbury	索尔兹伯里
Sandwich	桑威奇
Sarum Use	莎霖礼弥撒
Sasanian Empire	萨珊王朝
Saul	扫罗
Scaramuccia Trivulzio	斯卡拉穆恰·特里武尔齐奥
Scarborough	斯卡伯勒
Scheldt	斯海尔德河
Sebastian Giustinian	塞巴斯蒂安·朱斯蒂尼安
Secretary of the Treasury	财政大臣
See of Rome Act 1536	《1536年罗马教廷法案》
Selim I	谢里姆一世
Serjeant at Arms	议会警卫官
Shanklin Chine	尚克林峡谷
Sheen	希恩
Shoreham	肖勒姆
Shrine of St.Thomas	圣托马斯神殿
Sibylle of Cleves	克利夫斯的西比尔
Silvestro de Gigli	西尔韦斯特罗·德·吉利
Simancas	锡曼卡斯

译名对照表 ● 465

Thomas Lovell	托马斯·洛弗尔
Thomas Matthew	托马斯·马修
Thomas More	托马斯·莫尔
Thomas Pigott	托马斯·皮戈特
Thomas Ruthall	托马斯·鲁塔尔
Thomas Seymour	托马斯·西摩
Thomas Spinelly	托马斯·斯皮内利
Thomas Stafford	托马斯·斯塔福德
Thomas Stanley	托马斯·斯坦利
Thomas Temys	托马斯·泰米斯
Thomas Wharton	托马斯·沃顿
Thomas Wolsey	托马斯·沃尔西
Thomas Wriothesley	托马斯·赖奥思利
Thomas Wyatt	托马斯·怀亚特
Thomas Wynter	托马斯·温特
Tithe Act 1536	《1536年什一税法案》
Titulus Regius	《王权法案》
Toulouse	图卢兹
Tournay	图尔奈
Tragic Muse	悲剧缪斯
Treason Act 1534	《1534年叛国罪法案》
Treason Act 1535	《1535年叛国罪法案》
Treason Act 1536	《1536年叛国罪法案》
Treaty of Ardres	《阿德尔条约》
Treaty of Barcelona	《巴塞罗那条约》
Treaty of Bruges	《布鲁日条约》
Treaty of Cambrai	《康布雷条约》
Treaty of Lille	《里尔条约》
Treaty of London	《伦敦条约》
Treaty of Madrid	《马德里条约》
Treaty of Noyon	《努瓦永条约》
Treaty of Perpetual Peace	《永久和平条约》

Treaty of Saint-Germain-en-Laye	《圣日耳曼条约》
Treaty of the More	《莫尔条约》
Treaty of Westminster	《威斯敏斯特条约》
Treaty of Windsor	《温莎条约》
Trent	特伦特
Trojans	特洛伊人
Tyrol	蒂罗尔
Ulysses	尤利西斯
Universal Church	普世教会
Universal Monarchy	世界帝国
Universal Pope	普世教皇
Urbino	乌尔比诺
Venetian Republic	威尼斯共和国
Vetor Lippomano	韦托尔·利波马诺
Viscount Lisle	莱尔子爵
Viscount of Lautrec	洛特雷克子爵
Vladislaus II	乌拉斯洛二世
Warden of the Scottish Marches	苏格兰边区总督
Wars of the Roses	玫瑰战争
Waterford	沃特福德
Wels	韦尔斯
Welser	韦尔瑟家族
Westbury	韦斯特伯里
Whitehall Palace	怀特霍尔宫
William Benet	威廉·贝内特
William Blount	威廉·布朗特
William Bolton	威廉·博尔顿
William Brandon	威廉·布兰登
William Brereton	威廉·布里尔顿
William Caxton	威廉·卡克斯顿
William Cecil	威廉·塞西尔
William Courtenay	威廉·考特尼

William de Croÿ	威廉·德·克罗伊
William Etty	威廉·埃蒂
William Fitzwilliam	威廉·菲茨威廉
William Harrison	威廉·哈里森
William Horsey	威廉·霍西
William I	威廉一世
William III	威廉三世
William Jerome	威廉·杰尔姆
William Kingston	威廉·金斯顿
William Knight	威廉·奈特
William Paget	威廉·佩吉特
William Peto	威廉·佩托
William Petre	威廉·彼得
William Pickford	威廉·皮克福德
William Sandys	威廉·桑兹
William Skeffington	威廉·斯凯芬顿
William Skiddy	威廉·斯基迪
William Stanley	威廉·斯坦利
William Stubbs	威廉·斯塔布斯
William Warham	威廉·沃勒姆
William Tyndale	威廉·廷代尔
Wilton Abbey	威尔顿修道院
Wiltshire	威尔特郡
Winchester	温切斯特
Windsor Castle	温莎城堡
Woking Palace	沃金宫
Wolfhall	沃尔夫霍尔
Woodstock	伍德斯托克
Woolwich	伍利奇
Worcester Cathedral	伍斯特大教堂
Worms	沃尔姆斯
Zurich	苏黎世